Yemliha Abi / Mustafa Ertekin

OZAN
İstanbul 2021

Yemliha Abi

Mustafa Ertekin

OZAN
İstanbul 2021

Yemliha Abi / Mustafa Ertekin

Yayın Yönetmeni: Mustafa Demir
Editör: Orhan Suveren
Kapak Tasarımı: Ata Durak

Baskı ve Cilt: Ozan Matbaacılık
Davutpaşa Caddesi Güven Sanayi Sitesi B blok Kat: 2 No: 352
Topkapı - İSTANBUL

Kütüphane Bilgi Kartı (CIP):
Yemliha Abi / Mustafa Ertekin
Biyografi, Coğrafya, Sosyoloji, Aşıklar, Afşin

Ozan Yayıncılık Ltd. 1. Baskı Mayıs 2021, Türkiye, İstanbul, ??? sayfa

ISBN: 978-605-7569-94-3
Sertifika No: 42194

DAĞITIM:
İstanbul: 2A, Alfa, Cağaloğlu, D&R, Derya, Final, Remzi, Totem, Yelpaze
Ankara: Kıta, Dost, Arkadaş
İzmir: Kitapsan
Adana: Kitapsan

İnternet satış:
www.ozanyayincilik kitap satılan her yerde.

OZAN YAYINCILIK LTD.

Alemdar Caddesi Güzel Sanatlar Sk. No: 13 Cağaloğlu İstanbul
Tel: 212.511 93 95 - 520 43 90 Faks: 212.527 98 47
Email: info@ozanyayincilik.com Web: www.ozanyayincilik.com

Bütün bunların yaşanmasını olanaklı kılan emekçiye, anama, Fadime Ertekin'e...

"Beni doğurdun, büyüttün, bu bile tek başına yeterken birçok evlat için, sen beni milyon kez doğurdun… Hem de bir sonraki doğum sancısı, bir öncekini aratırcasına… Öte git demeye kıyamazken, başıma her değen taşta kafan bin parçaya bölündü… Köyünün yolunu ancak bulurken Mamak, Metris yolları avucunun içi oldu… Ve sen hala yaptığın yemekleri yemezsem aç dolaştığımı sanıyorsun ve ben hala sen anneler gününde evinde otururken Van'a giden bir evladım… Ve benim aklım bin bir yerdeyken, senin aklın hâlâ oğullarında, kızlarında… Ne diyeyim ki benim anamsın işte… Bu bile hayat boyu gülümsememe yeter… Haydi, senin anneler gününü, benim doğum günümü birlikte kutlayalım uzak yerlerde de olsak… Uzat pencereden başını Ay'a gülümse, ay gözlerimizi buluşturur, gülümsemelerimizi çoğaltır, bize geri gönderir… Sımsıkı sarılırım sana..."

Teşekkürnamemdir...

Yazmak yolda olmak halidir. Kimi zaman tek başına kimi zaman yol arkadaşlarıyla...

Bu çalışma için tek başıma yola çıktım, yolda yoldaşlar edindim. Kimi çay kimi ayran ikram etti. Kimi de bilgi ve belge paylaştı. Olmadı tanıklıklarını paylaştı. Yolda dökülenler oldu, benimle birlikte bitiş çizgisine ulaşanlar oldu. Bitiş çizgisine kadar eşlik edenlere teşekkür borçluyum. Çok şey kattılar.

Sahada her zaman yanımda olan Aliyar Arslan, kitap kapağına emekleri için Ata Durak, son halini verirken desteklerini esirgemeyen Ayhan Çınar ve son okumayı yaparak önerileriyle çalışmayı daha vasıflı hale getirmem için katkı veren Ulaş Özdemir iyi ki varsınız. Teşekkür ederim.

Afşin'in köyleri ve köylüleri yolum ve yolağımda oldular hep.

Kaşanlı Köyleri'nden İsmail İpek, İsa Berk, Derviş Koç, Cafer Tabak, Hasan Boz, Kazım Kuş, Mustafa Mısır, Hüseyin Tabak, Hatice Levendiz, M.Ali Levendiz, Tevfik Levendiz, Derviş Levendiz ve Fırat İmirza Tabak'a,

Ağcaşar Köyü'nden Ali Rıza Arslan, Ali Rıza Kutlu (Efkâri), Doğan Yeşil, Süleyman Büyükgül, Elif Arslan ve Yusuf Kaptan'a,

Kötüre Köyü'nden Ali İhsan Erbil, Lütfi Erbil, İsmet Yüce ve Akif Özdil'e,

Emirilyas Köyü'nden Gülperi Gören Poyraz'a,

Binboğa Köyü'nden Halil, Mehmet, Niyazi, Salman, Feyzullah, Ali ve Fadime Çinpolat'a,

Koçovası Köyü'nden Hüseyin ve Lütfi Sönmez'e,

Hunu Köyü'nden Kemal ve Zeliha Dağlı'ya, Kamalak Mezrası'ndan Hasan Kamalak'a,

Berçenek Köyü'nden Mustafa Arslan, Hacı Cırık, Bektaş Pasin, Hüseyin, Keleş, Güley Keleş, Durdu Keleş, Züleyha Cırık, Emrah Mahzuni, Mustafa Kaya, Kemal Kaya, Hüseyün Kul ve Adalet Kul'a,

Kabayar Köyü'nden Ali Özen'e,

Afşin'den Hacı Mehmet Turan ve Ekrem Büyükgenç'e,

Sarız'dan Tacim Şimşek ve Hasan Beydilli'ye,

Çorum'dan Necip Özcan'a,

Dostum, kardeşim Tahsin Kozanoğlu'na emekleri için teşekkür ederim.

Son olarak, halam Raziye Ertekin'e, kardeşlerime ve yazma sürecinde tembelliğime katlanan anam Fadime'ye, geride bıraktığı değerli arşivle geçmişin karanlığına ışık olan babam Yemliha'ya teşekkür borçluyum, teşekkür ederim.

İÇİNDEKİLER

ÖNSÖZ

"Yazmanın nedeni, kafayı kurcalayan, bir sinek vızıltısı gibi uyku uyutmayan sorulara cevap vermeye çalışmaktır. Yazılanlar, cevaba olan toplumsal gereksinimle çakıştığı zaman, ortak bir anlam kazanabilir."
Eduardo Galeano

Yaşayan her insanın "yaşam"a ilişkin sorumlulukları vardır. Dünden gelen; bugüne ve yarına yayılan bir sorumluluk. Çünkü insan binlerce yıllık tarihe yayılmış toplumların ürünüdür ve sorumluluklarını yerine getirdikçe insanlaşır. Yaşam'a ilişkin sorumluluğunu yerine getirmeyenler veya yolunu tıkayanlar giderek tutuculaşır, gericileşir ve sonunda kendilerine yabancılaşır, insanlıklarından uzaklaşırlar.

Gelecek olan'ı kurmaya yönelenlerin atlayamayacağı şeylerin başında da olmuş olan'ı toplum çıkarını gözeten bir bakışla günümüze taşımak gelir...

İklimler kendi şartlarına uygun çiçeklerin yetişebilmesine olanak tanır. Onları şekillendirir. Çiçekler de değişen iklime göre kendilerini yeniden biçimlendirir. Dağın tepesinde olmak ister, ama rüzgâra da açık olmak istemez, tepede bir kuytuluk bulur, hem rüzgâra yakın hem uzak, tepedeki ters laleler gibi.

Aynı iklimde farklı biçimlere, kokulara bürünmüş farklı çiçeklerin aynı evlekte bir uyuma durması, iklim değiştikçe her birinin yeni formlara ulaşması ama aynı zamanda o uyumu sürdürmeye çalışması. Nasıl anlatılır ki, sürekli iklimi değişen bu ülkede bir Yemliha. Yemliha'daki Meluli, Cırık Baba, Şakir Baba, Perişan Güzel, Mahzuni, Maksudi, Serabi, Aladeli, Afe Ana, Umut Hüseyin, Kul Hasan ve diğerleri... Ya da onlardaki Yemliha.

Siyasetin iklimi, kültürel iklim, sanatsal iklim, ekonomik iklim, hulasa toplumsal iklim ne çok değişti, kısa Cumhuriyet Türkiye'sinde.

İklimdir var eden, biçim veren. Ama bir başka şey de vardır ki iklime, ortama bağımlı da olsa, onlara rağmen içindeki özü saklayıp, uygun iklimi bulduğunda filize duran 'tohum.' Tıpkı yıllardır, çöl diye bilinen bir Latin Amerika bölgesinde, üç-beş yıl önce, çölün çiçeklerle bezenmesi gibi. Tohum, öz her şarta dayanmış, uygun koşullarda kapıp kendini koyvermiş.

Demem o ki, bu çiçekleri anlatırken ne ekonomi politikten dem vuracağız, ne de Asya Tipi üretim tarzından. Ne altyapıdan ne de üstyapıdan gireceğiz. Endemik çiçekler, genel iklimin hüküm sürdüğü atmosferlerde değil, lokâl iklimlerde can bulur. Genel iklimi göz ardı etmeden vadi bazında, dere bazında lokâl iklimlere ve onların yarattıklarının yankılarına ses ve söz olmaya gayretleneceğiz.

Bu ne bir biyografi ne de bir belgesel çalışmasıdır. Bu, Yemliha ve dostlarının bizdeki yansısı, yankısıdır. İklimler biçimlendirebildiğine göre, yansıtılanlar yansıtanların iklimiyle değişik kokulara bürünmüş olabilir. Olmuştur, biline...

Etrafını çevreleyen ve her birinin kendi hikâyesi olan dağlarıyla, ovasıyla Afşin-Elbistan çanağı endemik bir iklime sahip olduğu kadar, coğrafyasının da etkisiyle yaşadığı tarihsel süreçler çerçevesinde endemik bir kültüre de sahip olmuştur. Biz bu endemik kültürü inançsal yapısındaki şekillenmede ve onun ürünü olan ozanlarında daha belirgin görmekteyiz. Öyle ki, "Hakikatçi Alevilik" anlayışı Sivas-Kangal'da şekillense de Afşin-Elbistan çanağında yeşerme ortamı bulmuştur. Bu bölgenin ozanları da benzerlerinden farklı bir yol izlemişlerdir. Bölge hangi kalıba sokulsa eksik, dolayısıyla da yanlış anlatılmış olur. Kendine özgülüğüne olabildiğince vurgu yapmak gerektiğine inandım. Üniversite yıllarıma kadar bu çanakta büyüdüm ve şekillendim. Hem siyasi mücadeledeki konumlanışım hem de bu bölgede yaşam çizgisiyle önemli bir kavşak haline gelen Yemliha Ertekin'in oğlu olmam bu çalışmada adı geçen kişilerin ya dizleri dibinde oturmuş olmamı ya da yaşım tutmuyorsa onların çocuklarının-torunlarının arkadaşı olmamı beraberinde getirmiştir.

Meluli-Yemliha dostluğu süreç içinde Hamdullah-Mustafa yoldaşlığına evrilmiş, başta Mahzuni olmak üzere ozanların ev ve dam konserlerinde dizlerinin dibinde olmuşumdur. Bölge tarihi ve kültürünün yanlı ya da çarpıtılmış olarak ele alınmasının yarattığı rahatsızlık kadar, babamın arşivinin gün yüzüne çıkması ve araştırmacıların kullanımına açılmasının da gerekliliği beni bu yazma yolculuğuna itti. Bunun için belgelerde dolaşmakla kalmayıp onların oturdukları taşlara oturarak, yürüdükleri tepelere tırmanarak, mihman oldukları hanelere yeniden mihman olarak da yol halini sürdürdüm. Onların geride bıraktıklarını da bu yolcuğun içine sokmaya çalıştım, gelenlerle yoldaşlık ettim. Ne kadar nesnel olmaya çalışsam da yazılanlar benim yaşam öyküm ve dünyaya bakışımdan yansıyanlardır.

Sözün özü, bu hikâye anlatılanlar kadar anlatanların da hikâyesidir. Anlatanın içini toplaması, içindekileri bir araya getirmesi çabasıdır. Kafayı kurcalayan sinek vızıltılarını akort etme çabasıdır.

Giriş

Afşin-Elbistan Ovası ve onu çevreleyen dağlar, vadiler neredeyse kendine özgü bir coğrafya oluşturmuştur. Her coğrafyanın olduğu gibi bu coğrafyanın da kendine özgü ürünleri, kendine özgü bir kültürü oluşmuştur. Tarihsel süreç içindeki çoğu politik, ekonomik, etnik ve inançsal göçler bu coğrafyayla birleşerek bölgenin son yüz yılının dünden gelen yarına uzanan kültürüne de damgasını vurmuştur. Ortaya çıkan kültür çok farklı inanç ve inanışların, farklı etnik grupların aynı coğrafyaya yaydığı kokuların o özgün coğrafya tarafından yoğrulmasıyla belirginlik kazanmış şiire, deyişe, saza yansımış, çok sayıda şairin ozanın filize durmasına yol açmıştır.

Bu kültürü oluşturan ögelere bakarken idari bölümlemelere pek de itibar etmemek yerinde olur. Zira Afşin, Elbistan ve Göksun idari olarak Maraş'a bağlı olsa da Maraş ile bu ilçeler coğrafi olarak iki ayrı bölgede bulunurlar. Maraş coğrafi olarak Akdeniz Bölgesi'ne ait ve o iklime uygun ürünlere sahipken, bu ilçeler Doğu Anadolu Bölgesi'nde yer almakta olup, o iklime elverişli ürünler yetiştirmektedir. Ürünler çoğu zaman kendi ticari, kültürel ilişkilerini de biçimlendirir.

Bu çanağı içine alan coğrafyayı düşündüğümüz zaman idari bölümlemelerin çok ötesinde geniş bir bölgeyle karşılaşırız. Binboğa Dağları'nın doğusunda yer alan Sarız'ın ve Afşin'in köyleri; Binboğalar'la Berit'in arasından, Göksun'dan Göksun Çayı'nı izleyerek ovaya akan köyler; Nurhak'ın batı ve kuzeyindeki yamaçlara tutunmuş Elbistan'ın köyleri; Malatya Akçadağ'ın Kürecik'in vadilerinden ovaya savrulan Elbistan'ın köyleri; Darende'den Afşin ve Elbistan'a yönelen köyler; Sivas Gürün'den Afşin'e kavuşan köyler bu coğrafyanın ve kültürünün birer yapıtaşıdır.

Bu topraklar Pınarbaşı-Göksun aksından, Sarız-Kırkısrak-Tanır'dan ve Gürün'den Afşin'e; Darende Yeniköy'den Elbistan ve Afşin'e; Akçadağ Kürecik'ten Elbistan'a, Nurhaklar'dan Ekinözü'ne ticari, kültürel ve göç yollarıyla beslenen bir havzadır. Avşarlar, Çerkesler ve Kürtlerin yoğun olarak göçüp yerleştiği köylerle doludur, dağların vadilerle ovaya uzanan kolları. Ermenilerin her yerdeki izleri de cabası...

Nakşilikle, Alevi ve Bektaşilik'in farklı renkleriyle boyanmış bu çanak. Genellikle orman köylerinde Çerkesler; dağlık ve nispeten merkezi otoriteden uzaktaki bölgelerde Alevi Kürtler; ovalık bölgelerde Türkler mesken tutmuşlar. Arada hepsinin bir arada olduğu köyler de yok değil, Berçenek gibi.

Gövdesi Dersim'den Elazığ'a, Erzincan'dan Malatya'ya, oradan Sivas ve Adıyaman'a kadar uzanan Alevi kültürünün Ağuçan ve Sinemilli Ocakları ve Alhas Aşiretleriyle gelip soluklanarak yeniden filizlendiği bir Ocak'tır bu çanak. Birçok ulu ozanın deyişini günümüze ulaştıran Kantarma Dedeleri'nin toprağıdır. Bu coğrafyanın doğusundan yayılan bu kültür Doğu'dan Batı'ya doğru neredeyse bütün Kuzey cephesini etkisi altına almıştır. Batı'dan Sarız Kırkısrak'tan Momki Kose'nin de öncülerinden olduğu Hakikatçi düşünce doğuya doğru yine bütün Kuzey cephesini etkisi altına alarak ikinci bir katman oluşturmuştur sanki. Göç edip geldiği topraklara yeniden döner gibi. Üstelik de yol boyu yeni bir kültürün tohumlarını ekerek.

Öte yandan Elbistan'ın Kantarma Köyü'nden atı ve sazıyla yola çıkan Sinemilli Ocağı'ndan bir dede Elbistan ve Afşin'e hiç uğramadan köyden köye cem ederek Sarız'ın Kırkısrak, Afşin'in Ağcaşar Köyü'ne kadar ulaşabilir, ulaşmıştır. Hakikatçi felsefeyi şiirlerine nakşetmiş olan Meluli, Afşin'in Kötüre Köyü'nden çıkıp Gürün'ün köylerinden eşi Bağdat'ı seçmiştir. Bir nedenle bulaştığı bir adli vaka sonrası jandarmadan saklanmak için de Elbistan'ın dedeleriyle ünlü Kantarma Köyü'ne sığınmıştır. Çanak bir uçtan ötekine sürekli etkileşim halinde ola gelmiştir.

Afşin'in Alemdar Köyü'nden dini şiirleriyle tanınan Kul Hamit'in Alevileri yeren şiiri Sarız-Kırkısrak'ta İbreti'de, Erzincan'da Davut Sulari'de yankı bulmuştur. Sözlü-sazlı edebiyat bu kadar da etkileşimli ve güçlüdür bu topraklarda. Akşam toprağa diktiğin dalın, serptiğin suyun saza deyişe dönüştüğü bir iklimi barındırır bu bölge...

Babai ve Kalender Çelebi İsyanlarına komuta merkezliği yapmış toprakların mekânıdır. Şah İsmail'le Hacı Bektaşi Veli'nin, Nesimi'nin ayak izlerinin birbirine karıştığı topraklardır. Yavuz Selim'in bu ayak izlerine kılıç çaldığı yerdir bu bölge.

Hacı Bektaşi Veli'nin Sulucakarahöyük'e gelmeden göç yolunda kırk gün kalıp erbain çıkardığı yeri, Eshab-ı Kehf'i içinde barındırır bu bölge. Eshab-ı Kehf ki, Hristiyanlık ve Müslümanlık öncesinden beri kendini Tanrı yerine koyan iktidarlara itiraz edenlerin temsilidir. Yemlihaların diyarıdır.

1 Yarpuz-Efsus-Afşin

Tanrı Yarattığından Korkar mı Hiç?

Bir itiraz dili olarak Yemliha, *"Tanrı yarattığından korkmaz"* demiş. Yemliha demiş. Çoğunuz ilk kez duyuyor, biliyorum. Yemliha kim mi? Bunu birlikte çözeceğiz. Ozan bir deyişinde "Ben Yemliha'nın Kîtmiriyim," diyordu. Siz Kîtmir'i de duymadınız! Anlaşıldı, yolumuz uzun, işimiz çok. Ama "Yediuyurlar"ı duyduğunuzdan eminim. Hayat dedikleri böyle birşey işte! Donkişot'u herkes duymuştur ama duyulmuşluğu ile okunmuşluğu arasında uçurum vardır.

Yediuyurlar hikâyesi dünün, bugünün hatta yarının hikâyesidir. Ve de sizin, bizim hatta onların hikâyesidir. Yani yeni bir hikâye değil. Yeni bir sorun bile değil ki yeni bir çözümü olsun. Olsun, yine de anlatalım.

Adlar ve olay örgüsü aynı olmasa da öz'ü hep aynıdır. Öz hep aynı.

Dakyanoz'un memleketindeyiz. Sonradan Yarpuz diyen olmuş, Efsus diyen olmuş ben bilmiyorum. Ankara bile olabilir! Ben Dakyanoz'dan devam edeyim. Dakyanoz Tanrılığını ilan etmiş. Ne ilk ne de son örnek aslında. Bir gün birkaç arkadaş Dakyanoz'un kediden korktuğuna tanık olmuş. Hiç kediden korkan Tanrı olur mu? Yaratıcı yarattığından hiç korkar mı? Sizin de Yemliha gibi, "korkmaz" dediğinizi duyar gibiyim. Aslında korkar elbette. Tarih örnekleriyle dolu. Ama neyse konumuz bu değil!

Dakyanoz'un kediden korktuğuna tanık olanlar anladılar ki, Dakyanoz Tanrı değildir. Bildiğiniz "Kral Çıplak!" hikâyesi. Ben demedim mi yeni bir hikâye değil diye. Siz yine de dinleyin!

Dakyanoz'un bir rastlantıyla kediden korktuğuna tanık olunması, ardından kuşku ve itirazın başlaması da tarihte ilk değil. Böyle şeylere hep tesadüfler mi neden olur yoksa rastlantı dediğimiz şey birçok etkenin bir araya gelmesi midir? Şimdi bunu araya sıkıştırmanın manası yok.

Dakyanoz'un Tanrı olmadığına ilişkin tanıklığı olanlar, haydi fikri olanlar diyelim, bunu dillendirmeye başlayınca olanlar oldu. İktidar iktidarının tartışılmasına, sarsılmasına ne zaman hangi ülkede seyirci kalmış ki! İktidar'ın doğasına aykırı şeyler beklemeyin siz de bu hikâyede. Din inkârcıları, pardon Tanrı inkârcıları kısa sürede açığa çıkarılır ve peşlerine düşülür. İnkârcıların yapmayı seçtiği tek şey, hep olduğu gibi kaçmak olur.

Beş kişidirler, elbette hepsinin de adları var. Ama hikâyede adı kullanılan bir Yemliha bir de Kîtmir vardır. İçlerinde Yemliha'nın da olduğu beş kişi şehir dışına kaçarken çoban ve köpeğine rastlarlar. Dertlerini çobana anlattıklarında çoban onlara hak verir. O da gruba katılır, arkalarından sürü taş olur. Koyuntaş diye birşey duyarsanız, bilin ki o taşlar bu sürüye aittir. Her itiraz eden arkasında böyle bir taş sürüsü bırakır. Çobanla bizimkiler altı kişi olurlar. Hikâye Yediuyurlar'a aitti, yedinciyi de tamamlayalım. Yedinci kişi, çobanın köpeği Kîtmir'dir. Hani Ozan diyordu ya "Ben Yemliha'nın Kîtmiriyim" diye. İşte o Kîtmir!

Hep birlikte zulümden kaçar bir mağaraya sığınırlar. Üçyüz yıl o mağarada uyurlar. Sonra acıkır ve uyanırlar. *"Üçyüz yıl uyunur mu?"* sorusunu bana sormayın, ateistlere sorun. Belki onlar açıklar. Benim bildiğim, bir zulmün ardından halkın üçyüz yıl kadar uyuduğudur!

Uykucular uyanınca Yemliha'yı ekmek alması için Yarpuz'a yollarlar. Yemliha parayı fırıncıya uzatır, para üçyüz yıl öncesinin parasıdır. Fırıncının gözleri açılır, gerisine de sahip olmak ister. Uyanmanın bir yararı yoktur, Yemliha bir kez daha kaçar. Kaçış o kaçış. Mağarasına döner. Bu mağarayı görmek isteyebilirsiniz. Afşin'de, Tarsus'ta ve Efsus'ta bulabilirsiniz. Bana kalırsa hiç aramayın, o mağara burnunuzun dibinde!

Bizim Yemliha yalnızca ismini almış Yediuyurlar'ın Yemlihası'ndan. Çünkü o kaçmamış. Yani yalnızca itiraz etmemiş isyan da etmiş.

Bunları ıhlamur ağacının gölgesinde, kokusunda anlatıyorum. Dut ağacının altında yazsam her şeyi farklı anlatabilirdim. Koku yönlendirir. Dut ağacının altında *"dut ağacı değilem, her gelene eğilem"* diye yazabilir miydim? Nankörlük olmaz mıydı? Koku birine bir şeyi hatırlatan en güçlü ögedir. Ihlamur kokusu bana hiçbir şeyi hatırlatmaz. Çünkü bizde ıhlamur ağacı yoktur. Yani diyorum ki, anlattıklarım tarafsızdır! Yani benim kokularımı içerir, yani o kadar tarafsız!

"Tanrı yarattığından hiç korkar mı?" Korkar elbette. Hitler'i yaratan Almanlar Hitler'den korkmadı mı, Almanları yaratan Hitler en çok Almanlardan korkmadı mı?

Tanrı en çok yarattığından korkar, korkmazsa mutlak kâfirdir!

Haa, itirazla yetinmeyen Yemliha mı, başlayalım o halde ama hikâye uzun. Belki de ben uzun yolu seçtim. Ya da hakikatin sırrı uzun ve engebeli bir yoldadır.

19. Yüzyıl 20. Yüzyıl'ı Oluştururken Sarız-Yarpuz-Elbistan Çanağı

Bu çanakta dünden bugüne kalan izlere kısacık bir bakış attığımızda, bu topraklarda ne dilini ne inancını bildiğimiz kültürlerin boy verdiğini görürüz. Luvilerden Hititlere, Asurlardan Medlere, Romalılardan Moğollara birçok kültürün ayak izlerine rastlanır. Hristiyanlık ve İslamiyet dönemleri bölgenin binlerce yıllık tarihi içinde kısa bir dönem gibi kalır. Bölgede bugün kullanılmaya devam eden bazı köylerin ve yedi uyurların isimlerinin Süryanice olduğunu düşünürsek, bir dönem geniş bir Süryani nüfusu yaşadığını da kabul etmek hiç de zor değil. Günümüzde yöreyle özdeşleşmiş ve İslam kültürünün parçası olarak anlatılan Eshab-ı Kehf varken henüz Müslümanlık yoktu. Mağaranın önüne önce Süryaniler bir kilise yapmış, Müslümanların eline geçince de kilisenin üstüne cami yapılmıştır. Kur'an'ın Kehf Suresi'nin 9-26. Ayetleri

Yedi Uyurlar'ın hikâyesine yer vermiştir. "Yedi Uyurlar Kültü"ne hem Hristiyan kültüründe hem de Hristiyanlık öncesi inançlarda da rastlayabiliriz. Bugün bu mağaraya ulaşmak için önce Cami'den sonra kilise kalıntısı koridordan geçip, kilisenin bir ayin parçası olan beyaz taşta sırtınızı ovup, günahlarınızdan arınıp öyle geçersiniz. Tek bir yapıda bölgenin izini sürmüş olursunuz.

Elbistan-Darende yolu üzerinden devam ederseniz binlerce yıl öncesine tarihlenen Arslan heykellerine; Kaşanlı Köyü'ne giderseniz; Bizanslılara ait Kız Oğlan Kayası'na; Kerevin-Marabuz arasında Hurman Çayı'nı seyreden bir tepede yine Bizans'a tarihlenen Hurman Kalesi'ne; Hunu'dan Binboğa yaylalarına giderken, Ermeni kilisesi kalıntılarına rastlarsınız.

1000'li yıllarla birlikte bölgede ekmeğini aramayan, daha doğrusu kılıç kuşanıp at oynatmayan devlet, beylik kalmamış. Bu durum aynı zamanda nüfus hareketliliğinin de sürekli artması, farklı etnik ve inanç gruplarının sahne alması demektir. Selçuklulardan Eyyubilere, Memluklulardan Ermeni Beyliklerine, Dulkadiroğullarından Osmanlılara yönetimler değiştikçe etnisite de sürekli değişip iklim halden hale geçmiştir. Bu bölgenin Haçlı Seferleri'nin uğrak yeri olması da cabası. Yerleşik bir kültürün kök salmasının olabilirliğini neredeyse sıfırlayan bir iklim.

1239-40'larda Selçuklulara karşı ortaya çıkan Dede Garkın halifelerinin önderlik ettiği Babai Ayaklanmaları'nın ilk ateşi bu çanakta yakılmıştır. Bastırılmalarına rağmen, sonrasında Anadolu Selçuklularının nefesi uzun sürmemiştir. 1507'de ise Şah İsmail ordusuyla Elbistan'a gelerek Dulkadiroğullarını başkentlerinden etmiştir. Sonrasında belini doğrultamayan Dulkadiroğullarının bölgedeki egemenliğine Çaldıran sonrası 1515'de Yavuz Sultan Selim son vermiştir. O Dulkadiroğulları ki, Safaviler'le Osmanlılar arasında kültürel geçişlerin de merkezidir. Osmanlı eyaletine dönüşen Dulkadiroğulları bölgesi hem inanç temelli hem de vergi sistemindeki aleyhte düzenlemeler ve dirlikleri ellerinden alınan sipahilerin yoksullaşması ile nice isyana beşiklik etmiştir. Hacı Bektaşi Veli

Dergâhı Postnişini ve yöredeki Alevi toplulukların inanç önderi olan Kalender Çelebi ayaklanmasına da 1527'de Yarpuz-Elbistan çanağı yurtluk etmiştir. Hem Babai Ayaklanmaları'nın hem de Kalender Çelebi Ayaklanmaları'nın olduğu dönemi ve üzerinde yükseldiği halk kesimini göz önüne alırsak, iki ayaklanma arasında bölgenin en az 300 yıla yayılan köklü bir Alevi-Bektaşi kültürüne yurt olduğunu görürüz. Aynı zaman diliminde bu çanağın hemen yanı başında Pir Sultan Abdal'ın varlığını da hatırlarsak, bölgenin nasıl bir kaynak olduğunu anlamamız kolaylaşır.

Osmanlı egemenliği boyunca da bölgede Ermeni, Türkmen, Kürt, Arap nüfus hareketliliği ve Hristiyan, Kızılbaş ve Sünni İslam inanç etkileşimi sosyal ve ekonomik yaşamda süre gitmiştir.

Batıdaki Sanayi Devrimi ve Fransız İhtilali kaçınılmaz olarak Osmanlı topraklarında da ekonomik, sosyal ve siyasi etkilerini göstermiş, 19. Yüzyılla birlikte ekonomide, yönetimde bir dizi güçlükle karşı karşıya kalınmıştır. Ekonomik çöküşe paralel olarak, ulus devlet oluşumlarıyla ve yeni güç dengeleriyle ortaya çıkan yeniden paylaşımlarla toprak kaybına uğramıştır. Bir dizi askeri, idari, ekonomik ve sosyal yeniden yapılanma çerçevesindeki uygulamalar da çözüm olmamıştır. Osmanlı padişahları ilk kez yönetimi ayanlarla, mebuslarla paylaşmış; Müslümanlarla Gayrimüslimleri eşitlemeye çalışan ıslahatlara imza atmıştır. Artık ekonomide, idarede yokuşların çoğaldığı bir ortamda çareyi batılı modern devlet teşekkülünde aramak kaçınılmaz olmuştur. Bu süreç aynı zamanda Osmanlı'nın kapitalizme selam verme sürecidir de. Vergi toplanması ve asker ihtiyacı yanı sıra, tarım alanlarındaki işgücü ihtiyacı ve güvenlik sorunlarının çözülmesi gibi farklı gerekçelerle konar-göçerlerin zorunlu iskânı yaygınlık kazanmıştır.

Özellikle II. Mahmut dönemiyle başlayan ıslahatları peş peşe diğerleri izlemiştir. II. Mahmut Yeniçeri Ocağı'nı kaldırarak Asakir-i Mansure-i Muhammediye ordusunu oluşturmuştur. Beraberinde 1826'da Bektaşi tekkeleri yerle bir edilmiş, yerlerine camiler dikilmiş, birçok ileri geleni idam edilmiş, Hacı Bektaş Veli Dergâhı postnişini Hamdullah Çelebi sürgüne gönderilip yerine Nakşibendî şeyhi Mehmet Sait Efendi atanmıştır. Bektaşiler uzun yıllar kendilerini saklamak durumunda kalmışlar. Abdülmecit'le birlikte Tanzimat Fermanı ve Islahat Fermanı ilan edilerek, farklı etnik grupların eşit haklara sahip olması, özel mülkiyet garantisi, dört yıllık süreli ve zorunlu askerliğin getirilmesi gibi toplumsal yaşamı etkileyecek bir dizi karar alınmıştır. Yeni Osmanlılar hareketinin baskısıyla kısa süreli Meşrutiyet ilan edilmesi de bu yüzyılın önemli olaylarındandır.

Ruslarla Osmanlılar arasında yapılan önce Kırım Savaşı, sonrasında ünlü 93 Harbi 19. yüzyılın sonuna doğru toprak kaybının iyice artmasını, ciddi ekonomik bunalım neticesinde Duyun-u Umumiye'nin kurulmasını beraberinde getirmiştir. Kırım'dan sonra Tatarların, 93 Harbinden sonra da Balkan ve Kafkas halklarının Osmanlı'ya büyük göçleri, Ermenilerin mevcut durumlarını daha ileriye taşıma talepleri 20.nyüzyıl Osmanlısının temellerini atmış oldu.

Osmanlı'da olup biten tüm bu gelişmeler Sarız-Yarpuz-Elbistan Çanağı'nın yeni kültürel iklimlere yelken açmasının da zeminini oluşturmuştur. 16. yüzyıldaki Safevi-Osmanlı mücadelesinden sonra hem baskılar hem ekonomik daralmalar nedeniyle Batı Dersim bölgesinden Sivas ve Malatya'ya doğru göçlerin olduğunu görüyoruz. Özellikle de 18. yüzyılda yoğunlaşarak 19. yüzyıl başlarına kadar süren bu göçlerle Sivas, Malatya ve Elbistan'ın doğusundaki belli bölgelerde Baba Mansur, Sinemilli ve Ağuçan Ocakları başta olmak üzere Dersim kökenli birçok ocağın kümeleştiğine tanık oluyoruz. Yörenin 19. yüzyıldaki panoramasına baktığımızda yerleşim yerlerinden yaşam koşullarına, devlet-vatandaş ilişkilerinden kültürel yapılanmalarına kadar yeni bir oluşumla, yeni bir harmanlamayla karşılaşırız.

Daha önce Erzincan, Sivas ve Malatya'ya göç eden Kürt-Kızılbaşların bazıları 19.byüzyıl başlarından 20.byüzyıl başlarına kadarki süreçte Akçadağ, Hizanlı Dağı, İtgıran Dağı ve Binboğalar çizgisi boyunca başta Kaşanlı, Haticepınar, Örenli, Koçovası, Kırkısrak (O dönemde Sarız'ın Kürt köylerinin çoğu

Hurman nahiyesine bağlıydı), Serkizçayırı, Ağcaşar, Gözpınar ve Kötüre gibi köylere yerleştiler. Göçlerin temel nedeni ekonomik daralma olmakla birlikte, buna bağlı kan davalarının artması ve idari baskılar da göçlere yol açmıştır. Bu köylerin çoğu ya sıfırdan kuruldu ya da eski Ermeni yerleşimleri yeniden inşa edildi. Anadolu'da ulu ozanların deyişlerinin, nefeslerinin en çok derlendiği Kantarma Köyü dedeleri köy köy, oba oba kültürlerini kapalı mekânlarda aktarıp geleneklerinin devamlılığını sağlamaya çalışırken, 1826'da Bektaşi tekkelerinin kapatılıp yeraltına itilmesi yörede Bektaşilerin de kendilerini 'öteki' hissetmelerine yol açmıştır. Bu durum kültürlerini zaten kapalı biçimde yaşayan Kürt-Kızılbaşlarla Bektaşileri kader ortağı olmaya itmiştir.

Bu topraklarda aynı dönemde yaşanan bir başka önemli göç dalgası da Avşarların yaşadığı zorunlu iskân uygulamalarının getirdiği ve on yıllara yayılan göçlerdir. Bu yüzyılda bölgede Avşarların yaşadıkları, aynı dönemdeki Osmanlı hikâyesinin de bir özeti gibidir. Avşarlar çanağımızda oluşan kültürel iklimin de asıl yapıcı ögelerindendir.

Çukurova kışlağından bugünkü isimleriyle Kadirli, Kozan, Saimbeyli, Tufanbeyli, Sarız, Pınarbaşı boyunca Uzunyayla yaylağına kadar uzanan dağlık alanlardaki konar-göçer yaşamlarının hikâyesi eşkıyalıktan, asker kaçaklığına; Osmanlı'nın daha çok asker toplamaktan ve vergi toplama ihtiyacına; ekonomisi tarımdan gelen vergilere bağlı olan Osmanlı'nın yeni tarım alanları açma ihtiyacından, kapitalizme kapı açacak olan pamuk tarlalarına tarım işçisi toplamaya kadar birçok sorununu çözmeye dönük zorunlu iskân uygulamalarının hikâyesi bölge Avşarlarının da hikâyesidir.

Hayvancılıkla uğraşmaları nedeniyle kışın Çukurova'da yazın Binboğa ve etrafında yaşayan konar-göçer Avşarlar nüfusa kayıtlı olmadığı için kendileri istemedikçe Osmanlı'ya ne asker verir ne de vergi verir. Geçtikleri yerlerde de eşkıyalıktan geri durmazlar. *"Ne kaçıyorsun, arkandan Avşar atlısı mı geliyor?"* sözü boşuna söylenmemiştir. Hele de dağlara alışmış bir halkın sıtma ve sivrisineğin kol gezdiği yeni tarım alanlarına yerleştirilmeye çalışılması ölüm fermanı gibidir. Sıtma ve Osmanlı Avşarların bu yüzyıldaki iki belalısıdır. Osmanlı Fırka-i İslahiye'yi Kozanoğullarının üstüne sürdüğünde ne kadar direnseler de kimisi kurulan yeni kasabalara yerleşir kimisi de başta Sarız olmak üzere Binboğalar'ın dört bir yanına savrulur.

"Kalktı göç eyledi Avşar elleri
Ağır ağır giden eller bizimdir
Arap atlar yakın eder ırağı
Yüce dağdan aşan yollar bizimdir

Belimizde kılıcımız kirmani
Taşı deler mızrağımın temreni
Hakkımızda devlet etmiş fermanı
Ferman padişahın, dağlar bizimdir

Dadaloğlu'm birgün kavga kurulur
Öter tüfek davlumbazlar vurulur
Nice koçyiğitler yere serilir
Ölen ölür, kalan sağlar bizimdir"

Dadaloğlu'nun başkaldıran sesi Binboğalar'dan Berit'den, Koç Dağı'ndan Nurhak'tan yankılanır; Elbistan-Yarpuz ovasını dolaşır yine Binboğaların vadilerine, zirvelerine döner. Döner döner de o günden bugüne bu çanaktan çıkan her dizedeki söze ses olur.

Bu çanağa aynı yüzyılda gelen üçüncü büyük göç dalgasıysa, Çarlık Rusya'sının Kafkas Halkları sürgünü sonucu oluşmuştur. Osmanlı Aziziye'den (bugünkü Pınarbaşı) Göksun'a, oradan Göksun Çayı boyunca Yarpuz'a doğru verimli ve ormanlık alanlara Çerkesleri (Oset, Çeçen, Adige, Abazalar vd.) yerleştirmiştir. Osmanlı açısından, Çerkesler için bir yanda Zeytun Ermenilerinin diğer yanda asi Avşarların olduğu bu bölgeden daha işlevli bir bölge bulunamazdı. Osmanlı için "köle Çerkes kadınlar"dan ibaret olan Çerkesler, şimdi Müslüman ve savaşçı özellikleriyle başka bir işleve sahiptir artık.

Avşarların yüzlerce yıldır yaylak olarak kullandığı Uzunyayla'nın da Avşarlardan alınıp Çerkeslere verilmesi Osmanlı'nın Avşarlar'a uyguladığı bu dönemdeki bir başka iskân zulmüdür.

Kürdlerin, Avşarların ve Çerkeslerin değişen yaşam alanları yeni algılama ve ilişki biçimlerini beraberinde getirir. Sosyal ve kültürel iklimde yaşamı var etme çabaları yeni kalıplarını arar bulur. "*Sefalet asaleti öldürür!*" sözünü doğrulatan örnekler de çoğalır. Kürd Avşar'ın, Avşar Çerkez'in, Çerkez Kürd'ün atını-koyununu çalmaktan, bağını-bostanını talan etmekten geri durmaz. Rivayete göre, bir Çerkez çaldığı atı oğluna verir "*git pazarda sat*" der. Pazarda bir Avşar, ata müşteri olur, bakar sağına soluna, dişine bacağına. "*Atın şu ayağı sakat galiba*" der. Çocuk itiraz eder "*Atım sapa sağlam.*" der. Avşar "*o zaman deneyelim*" der ve ata biner, kaçar gider. Çocuk bakakalır Avşar'ın ardından. Eve döndüğünde babası "*Oğlum kaça sattın atı?*" der. Çocuk boynunu büker "*Valla baba geldiği fiyata gitti!*" der.

Avşar, "*Giydikleri deri, yedikleri darı. Gözleri göğ, benizleri sarı. El aman, Sultanım geri gönder onları,*" dese de artık Binboğalar'ın vadileri, ovaları Kürdlerin, Avşarların ve Çerkeslerin kendilerini var edecekleri ortak alanlardır.

Zorunlu iskânlarla yaşam biçimlerinin doğal akışının dışında değiştirilmesi, her etnik grup için aynı zamanda kültürel kimliklerine de müdahale anlamına gelse de Binboğa'nın karakteri ortak yanlarıdır. Binboğalar saklayan, koruyan, kucaklayan, besleyen hem anne hem babadır. Kürd'ün de Çerkes'in de Binboğalar'a bakışı Dadaloğlu'nunkinden farklı değildir. Çanağın sonraki dönem ozanlarında da bu izleri görürüz hep:

"Çaldırırdık curayınan sazları
Avlatırdık şahin ile bazları
İskân verdik gelinleri kızları
Cennete misaldir yerin Binboğa

Binboğa derler de çok yerde ünün
Başına tırmanmış üç beş yüz yavrun

Dibinde gider de kızınan gelin
Onları seyretmek işin Binboğa
Başın görünmüyor tozdan dumandan
Bir koyağında kal'yom gümandan
Bahar aylarında mordur çimenden
Dostla yaylanacak günün Binboğa
Başında çıkıyor da kömürün hası
Sağ yanında eksik olmaz savaşı
Karışır laleye ağca haşhaşı
Dostlar mahallidir gülün Binboğa
Her bir koyağından bir suyun akar
Güzellerin hası yanı başına çıkar
Ablak sığınlara ima geyik bakar
Kınalı keklikler eşin Binboğa
Karların yağmış da ardıç boyunca
Lale sümbül gül boynunu eğince
Yaz baharda aşiretler gelince
Karışır sağmala yozun Binboğa"

Bölge bu yüzyılda önemli göçlere sahne olup yeni bir sosyal-ekonomik-kültürel iklime evrilirken, yüzyıllardır bu topraklarda yerleşik bir hayata sahip olan Ermeniler de zanaat ve ticaret hayatında aktif bir rol oynuyorlardı. Örneğin 1850 yılı vergi kayıtlarına göre, Yarpuz'da 1 aile "çok zengin" vergisi verirken, 65 aile "orta halli"' vergisi, yalnızca 25 aile "yoksul" vergisi vermekteydi. Hemen dağların arkasında Malatya'da, Haçin ve Zeytun'da yoğun bir Ermeni yerleşimi olmasına rağmen çanak içinde nispeten nüfusları azdı. Genellikle de kasaba gibi yerleşim bölgelerinde yaşıyorlardı. Yarpuz ve Elbistan'da kilise ve okulları vardı. Ticarette olduğu gibi sosyal-kültürel yaşamda da etkinlerdi.

Bölgenin genellikle şehir merkezleri ve ovalık köylerinde yaşayan bir diğer halkı da Türkmen boylarıdır. Çoğunlukla Irak ve Suriye üzerinden gelen bu boyların ana uğraşları tarım olmuştur. İçlerinde Alevi-Bektaşi barındırmalarına rağmen 16.yy'dan itibaren uygulanan politikalar Sünni-İslam anlayışının baskın hale gelmesine yol açmıştır. Çoğunlukla da Nakşibendi Tarikatı'nın etki alanındadırlar. Özellikle Sivaslı Ahmet Nalçacı Efendi ve onun öğrencisi olan Darendeli Muhammed Hilmi Efendi dönemin etkili Nakşi dini önderleriydi. Osmanlı yönetiminin Türk-Sünni İslam tercihi bu kesimi toprak paylaşımı ve yerel yönetimde diğerlerine göre daha avantajlı kılsa da ekonomik çöküş her kesimi sarmıştı.

19.yüzyılda Osmanlı'nın içinde bulunduğu ekonomik sıkıntılar daha fazla vergi baskısı nedeniyle Yarpuz halkının 1848 ve 1860'da topluca silahlı isyanına yol açmıştır. 1848'de ek vergilere ve Yarpuz Nahiyesi Müdürü Hacı İsmail Oğlu Hüseyin Ağa'nın baskılarına isyan ederek Hüseyin Ağa'nın konağını basmışlar, devlet ancak 1852'de birikmiş vergileri tahsil edebilmiştir. 1860 yılında yine vergi vermek istemeyen Efsus halkı silahlı isyana kalkışır. Osmanlı, Tacirli Aşireti'nden oluşan 200 kişilik kuvvetle Başpınar Köyü'ne, 150 kişilik kuvvetle de Atlas Pınarı'na kamp kurarak Yarpuz'u kuşatır, isyanı askeri güçle bastırır.

Göksun-Sarız-Yarpuz-Elbistan çanağı 19.yüzyılda dağıyla ovasıyla farklı etnik köken ve inanç gruplarıyla dolmuştur. Gerek devletle gerek birbirleriyle kavgaları ekonomik nedenledir. Kendi aralarındaki kavga "ötekileştirme"ye dayalı değildir. Yüzyılın sonuna doğru özellikle II. Abdülhamit'le birlikte Türk-Sünni İslam sentezinin öne çıkarılmasının, Malatya ve Zeytun Ermeni isyan ve kırımlarının ve Gayrimüslim nüfusu azaltılma politikalarının etkileri henüz çanakta güçlü değildir. Fetvalarla Kızılbaşların katlinin vacipliği, Kızılbaşların her tür ahlak dışı bir yaşam sürüşleri Sünnilerin toplumsal hafızasında yüzyıllardır yer etse de "Kızılbaş" sözcüğünün negatif çağrışımları ovada etkili olsa da dağlarda bir hükmü yoktur.

Çanağın 20. yüzyıl ozanlarının sözüne, sesine, felsefesine tarihsel sürecin imbiğinden süzülerek gelen nefesler, deyişler, şatiyeler, mersiyeler, koşmalar el verse de 19. yüzyıl sonlarında hakikat arayışının filizlenişi bu ozanlara da yeni bir ses yeni bir soluk olmuştur.

Hakikat Yolculuğunda Hakikatli Bir Kavşak

Alevi-Bektaşi anlayışının değişmeyen insan odaklı bir özü olsa da dinamik bir kültürdür. Her etnik kökenin dününden getirdiği kendine özgü kültürel ögelere ve yaşanılan coğrafi bölgelere-tarihsel oluşumlara paralel olarak şekillenmiştir. Özünü de ona şekil veren kabını da ayet hükmündeki deyişlerde ve telli Kuran'da görürüz. Nesimi'den Yemini'ye, Fuzuli'den Şah Hatayi'ye, Virani'den Pir Sultan'a, Kul Himmet'ten Dedemoğlu'na kadar tüm ozanların bu ayetlerini ister Kızılbaş dede eşliğinde ister Bektaşi babası eşliğinde yapılsın her muhabbette her cemde görmek mümkün. Nasıl ki 16. yüzyıldaki gelişmeler etkili ozanları ortaya çıkardıysa, 19. yüzyıl da kendi rengiyle kendi seslerini kendi nefeslerini yarattı ve 20. yüzyıla damgasını vurdu.

19. yüzyıl tam da ekonomik, sosyolojik, siyasi dönüşüm ve değişimlerin kavşağı durumundadır. Kültürel iklimin değişmesinin güçlü etmenlerinden biri değişen koşullarsa, bir diğeri de farklı kültürlerin karşılaşmasıdır. Kültürel ilişkiler çerçevesinde kimliklerin kendilerini var etme çabası bazen yeni oluşumların fitilini de ateşler. Buna coğrafi yapının kendine özgü karakteri de eşlik ettiğinde içine aldığı yapıyı yoğurup yeniden üretebilir, 19. yüzyıl Binboğalarında yaşandığı gibi.

16. yüzyıldan 19. yüzyıla kadar, Dersim'den Sivas ve Malatya üzerinden süre gelen göçlerin nedenlerinden biri de değişen yaşam koşulları paralelinde Alevi Ocakları içinde ortaya çıkan sürek farkıdır.

"Baba Mansur'un bir yerlerden aldığı bir top güneşin mirası, Dersim'de tüm kızıllığıyla parlarken, yine aynı topraklarda; bu ocağa bağlı iki kardeşin, birbiriyle müsayip iki gerçek erin elinde, sonra da herkesin dilinde hümanist yeni bir aşamaya dönüşüyordu. Dersim'deki çekirdek zamanı gelince Sivas'a, Kayseri'ye, Malatya'ya, Maraş'a, Adana'ya; buralardan da başka yerlere kök salacak, dallanıp budaklanacaktı.

Bin sekiz yüzlü yılların ilk çeyreği gerilerde kaldı. Kâr Deresi sanki dedeler deresi. Daha sonraları Araboğlu bilinecek Veyis'le, Şıh diye bilinecek Süleyman, kalabalık bir ailenin iki oğlu. Dokuz kardeşler.

Araboğlu'nun okuması yazması yok, divâne biri. Şıh okuma yazma biliyor. İkisi de gönüllerini aydınlatan ışığın yolunda. Belli bir aşamaya geldikten sonra, mürşitlerinden emaneti de teslim alırlar. Araboğlu'yla Şıh'ın inançlara bakış açısı sadece kardeşler arasında değil, çevrelerinde de sorun olmaya başlar. İkisi de dedelik düzenine karşı çıktılar. Çıralık, hakullah, başlık parası, gösterişli hareketler, zevk sefaya düşkünlük, aşırı masraf, ölçüyü aşan takılar, süslenme; dedelerin dedegan aileler dışında kız almamalarına, vermemelerine karşı çıktılar. İkisi insanı ön plana alıyor. İnsan dışındaki unsurlar hiçbir zaman insanın önüne getirilmiyor."[1]

Kültürün homojen olduğu bir yerde yeni bir anlayışın filizlenme zemini bulamayacağı sosyolojik bir belirlemedir. Veyis ve Süleyman da diğer dedelerin ve kendi yakın çevrelerinin tepkisiyle karşılaşırlar. Kurulu düzenin bozulması istenmez. İki yol eri de çareyi Dersim'i terk etmekte bulur. Önce Zara Kolikan'a kısa bir süre sonra da Kangal ağalarından satın aldıkları topraklara, taliplerinin olduğu Mecit'e (şimdi Mescit) yerleşirler. Burada anlayışlarına uygun bir dede-talip ilişkisi oluştururlar. Binboğalar'dan, Kürecik'e kadar uzanan bir coğrafyada bu ilişkilerini sürdürürler.

Bu çalışmada "hakikatçilik" bir kuram olarak değil, yaşam pratiği olarak ele alınmış, Aleviliği anlamak için nasıl ki bir nefes, bir deyiş birincil kaynak ise, Süleyman Çiltaş'ın üç romanı da benzer niteliğe sahiptir. Hakikatçiliğin yeşerip geliştiği topraklar, dağıyla-ovasıyla Sarız-Göksun-Yarpuz-Elbistan çanağıdır. Süleyman Çiltaş'ın üç romanının ana karakterleri: Binboğa çevresi ve Hakikatçilik'tir. Kaynağı bu çanakta yaşanmışlıklar ve halkın süzgecinden geçip günümüze kalanlardır. Misyonerler Veyis ve Süleyman'dan sözederken baba-oğul oldukları notunu düşüyorlar.

"Felsefelerini burada uyguladılar. Çobanlarını bile, bu maddi manevi varlıklarına ortak ettiler. Tarlalarını onlarla, sınır koymadan bölüştüler. Dedeler, dedegan kesiminden başkasına kız alıp vermezken, hakikatte böyle olmadığına inanan iki kardeş bu kuralı kaldırdı-

[1] Süleyman Çiltaş, *Binboğalı Kökçüler*, 1993, s.313-14

lar... Tüm olumsuzluklara karşın; bağlı oldukları dört kapı kırk makamı bir yaşama biçimi olarak sürdürmeye çalıştılar. Çevrelerinde Prodlar, mum söndüren olarak da bilindiler. İki kardeşin oluşturduğu düzenden çevredekilerin şikâyetleri üzerine Kangal Ağaları rahatsız oldular."[2]

Kangal Ağaları kendi düzenlerine kötü örnek olarak gördüklerinden midir, Osmanlı'nın çevredeki misyonerlerle ilişki kurdukları endişesinden midir bilinmez Sivas Kadılığı'nın takibatına uğrarlar. Bir orta yolla, Sarız'da taliplerinin de olduğu Kızılbaş Kürtlerin yaşadığı, Zara Karabel'den göçenlerin oluşturmuş olduğu Küçük Söbeçimen'e yedi yıllığına sürgün edilirler. Bu sürgünün sorunların büyümesini önlemek için "gönüllü sürgün" olma ihtimalini de göz önünde bulundurmak yerinde olur. Muhtemelen yıl 1880-90'lar. Binboğaların uzun kış geceleri irfan mektebinin, hakikatin çatısı olmuştu. Binboğa arılarının bala durması, sarı sümbüllerin koku yayması gibi Şeyh Süleyman'la Araboğlu Veyis de kaldıkları süre içinde, Binboğalar'a inci gibi dizilmiş başta Söbeçimen, Çağşak, Dallıkavak ve Kırkısrak olmak üzere Kızılbaş Kürtlerinin inanç dünyasında yeni bir nefes yeni bir ruh oldular. Bu ruh Binboğalar'a kapısı-deresi olan dört bir yana, çanağın her bir koyağına yayıldı. Pınarbaşı'ndan Göksun'a; Sarız'dan Gürün'e, Darende'ye; Yarpuz'dan Elbistan'a, Akçadağ'a dalga dalga Binboğa'nın ovaya saldığı rüzgâr gibi yayıldı. Analar bu kokuya bürünerek doğurdular. Haydari 1872'de Elbistan Beştepe'de, Mücrimi 1882'de Doğanşehir Katerzi'de, Ali Haki Edna 1889'da Elbistan Yapılıpınar'da, Caferi Gango 1891'de Hozat Karaca'da, Meluli 1892'de Afşin Köture'de, Halil Öztoprak 1892'de Elbistan Aktil'de, Aziz Özcan 1894'te Sarız Küçük Söbeçimen'de dünyaya geldiler. Ve bu iklimden beslendiler.

Şeyh Süleyman'la Araboğlu Veyis Mecit'e dönerken, Binboğalar'da filizleri çiçek açmaya başlamıştı. Dahası, kendilerinden sonra yolu sürdürmeleri için Kırkısraklı Şeyh Mamo'ya (Momki Kose) çoktan el vermişlerdi.

---

[2] Süleyman Çiltaş, *Binboğalı Kökçüler*, 1993, s.314

"Mamo canı gönülden dinledi. İçindeki kayıtlara, gönül erinin söylediklerini bir bir aldı. Gözleri dolu dolu Şıh-Araboğlu'nu uğurladı. Başka bir dünyaya yol alırken ne yapacağına karar verdi... Arı gibi çalıştı, hangi çiçekten bal alacağını bildi... Şıh Mamo oğul veren arı misali, hakikat birliğine uzanan çetin yolun muhabbet meclisini oluşturdu: Kırkısrak'tan çirkin Baba, musahibi Bektaş, Fatmaoğlu Küllo, Veli oğlu Muhammed, Âşık Mamo'nun babası Kelo Mehmet; Söbeçimen'den Seydo, Ali Kâhya, İbrahimi Velo; Örtülü'den Kara Velo; Çağşak'tan Aziz Ağa; Ahtil'den Şükrü, Hatayi İnsan; Dallıkavak'tan Gali Ali Pısey; Yarpız'dan Melûli'nin dayısı Kötreli Ali... Bu birlikte yer aldılar."[3]

Dönemin koşullarından doğan bu tür çıkışlar yalnızca Baba Mansur Ocağına has değildi. Ağuçan Ocağı da benzer gelişmelere gebeydi. Ağuçan Ocağı'ndan Seyit Tacim Erzincani de Darende'nin Yarımca Köyü'ne yerleşip dedelik sisteminde değişiklik gerektiği fikrini öne sürenlerdendi. Sık sık Kırkısrak'a gelip Şeyh Mamo'nun evinde kalan muhabbet ehillerindendi. Nitekim bir ziyaretinde hastalanmasının ardından Kırkısrak'ta Hakk'a yürümüştür. Yine Kürecik Dumuklu Köyü'nde Ali Tumkî'nin de etrafında bir cemiyet toplanır. Dumuklu Ali, çevre Kızılbaş Kürt köylerinde kerametleriyle de tanınan biridir. Dedelerin etkisinden uzak, neredeyse komün hayatı kabul edilebilecek bir yaşam tarzları vardır. Ziynet ve süs eşyaları put kabul edilir, yasaklanır. Ne var ki, bir vergi olayı ile köye müdahale eden yerel yöneticilerin gördükleri direniş karşısında çevre Sünni köylerinden topladıkları güçlerle Dumuklu'ya müdahaleleri, buna karşı Kürecik Kızılbaş-Kürt köylerinin de Dumuklu'ya destek vermesi sonucu çok sayıda köylü ve içlerinde Dumuklu Ali'nin de olduğu cemaat mensubu öldürülür ve malları talan edilir. Bu olay sonraki yüzyıldaki katliamların ayak sesleri gibidir.

Öte yandan 16. yüzyıldan itibaren Bektaşilerin Kızılbaşlar içinde etkin olma çabası, 1826'da Hacı Bektaş Dergâhı'nın kapatılmasıyla birlikte hız kazandı. Kader ortaklığının bunda etkili olduğu da düşünülebilir. Bu etkileşim çerçevesinde Bektaşilerin Kızılbaş Ocaklarında erkânlarda kullanılan "tarik"

---

[3] Süleyman Çiltaş, *Binboğalı Son Kökçüler*, 1999, s.205-06

yerine pençe kullanımı için yoğun bir propagandaya giriştikleri görülür. Onlara göre "tarik" bir erkân çubuğu olarak puttur, küfürdür. Pençe ise "Pençe-i Al-i Aba" Ehl-i Beyt'i temsil eden insan eliydi. Keramet insan elindedir. Tarikçilerse, tarik'in yalnızca bir kuru ağaç olmadığını, nice dedenin kuşaktan kuşağa elinin değdiğini, Hz. Ali'nin Zülfikar'ını temsil ettiğini söylerler. Bu tartışmanın bile bu dönemde Kızılbaş Ocaklarında gedik açtığı görülür.

20. yüzyıla girerken Sarız-Yarpuz-Elbistan çanağı Alevileri bir yandan Ocakların gölgesindeyken diğer yandan Bektaşilerin etkisi altındadır. Hakikat Pınarı ise ikisinin arasında durarak bölgede geniş bir yayılma, yayılırken de kendini oluşturma zemini bulmuştur.

20. Yüzyıl Şafağında

Şeyh Süleyman'la Araboğlu Veyis döndükleri Mecit'de birer yıl arayla 1907-08'de sır olurlar. Dostlarına "Bizi arayanlar dışarda mezarda değil, dost gönlünde, eş dost içinde, Maraş tarafında arasın... İnsana kıymet verin mezarla uğraşmayın," diye vasiyet ederler. Yaşadıkları ve onların ardından yaşanan hakikat ışığını torunlarının oğlu Ape Aziz şöyle özetler:

"Çıralık (Hakullah) hakkı yoktu, semah yoktu, davul çalmak ayıptı, Makama çıkmak için eşiğe yüz sürme kaldırıldı. Yüz yüze, cemal cemale görüşme vardı. Xızır orucu vardı. 12 imam orucu yoktu. Çünkü bizimkiler diyordu ki "eğer 12 imam bir yas tutma ise, bizim için her gün yastır." Bundan dolayı siyah giyinirlerdi. Dolayısıyla 12 gün yas tutmanın anlamı yoktu. Tarla sınırlarının kaldırılması ve ortaklığa gelince; herkesin tarlası elbette belliydi. Ancak öküzün yoksa benim öküzümü alıp tarlanı alıp biçerdin. Benim de öküzüm yoksa senin öküzünü alırdım. Bir evde ekmek varsa, tüm evlerde ekmek var demekti. Ayrı gayrı yoktu. Şex Süleyman ve Veyis Dede cemiyetinde bir evde pişen yemek hepimiz için pişerdi. Biliyorsun bu zor bir iştir. Boşuna dememişler Hakikatçılık ateşten gömlektir."[4]

---

4 Derleyen: Hasan Beydilli, yazan: Tacim Şimşek, *KIRKISRAK*, 2019, s.201-02

Bu gömleği giyen Şeyh Mamo cemiyetinin muhabbet cemlerinde, Kızılbaş geleneği de Bektaşilik de enine boyuna tartışılır. Ulu ozanların deyişleri yanı sıra, sazlar Ruhsati gibi, Harabi gibi, Sıdkı Baba gibi 19. yüzyıl Bektaşi ozanlarının nefeslerini de havalandırır. Düşüncelerini yaşama geçirmenin derdinde olurlar. Yol arkadaşlarıyla, köyün hemen yakınında yan yana olacakları evler kurarlar. Tıpkı Ape Aziz'in Şeyh Süleyman ve Araboğlu Veyis'in ardından yıllar sonra söylediği gibi, Şeyh Mamo'nun torununun oğlu Tacim Şimşek de Şeyh Mamo cemiyetinin görüşlerine ilişkin benzer aktarmalarda bulunur.

"-Dedelik kurumu reforme edilerek, en bilge kişi cemiyetin öncüsü, yol göstericisi olarak kabul ediliyor. Cemiyet katılımcıları ile öncü arasında dikey bir hiyerarşi söz konusu değil. Cemiyete katılan herkes (öncü dâhil) eşit ve kardeşlik hukuku ile birbirine bağlanıyor.

-Cemiyet cemlerinde (muhabbetlerinde); Makama çıkmak için eşiğe yüz sürme kaldırılıyor. Yüz yüze, cemal cemale görüşme esas alınıyor.

-Çıralık (Dede hakkı) kaldırılıyor. Cemiyet liderine saygı sevgi dışında herhangi bir ayrıcalık tanınmıyor.

-Müsahiplik (Yol kardeşliği) etkili bir şekilde sürdürülüyor. Ancak müsahip çocuklarının evliliklerine izin veriliyor. Bu durum şu şekilde gerekçelendiriliyor. Müsahiplik; dört can bir gömlek ise, beşinci canı bundan sorumlu tutamayız. Dört kişi gönüllü olarak ikrar vermişken, bu konuda ikrar şansı olmayan çocuklarımızın bundan sorumlu olması doğru değildir.

-Cemiyet ilişkilerinin esasını, gönüllülük ve eşitlik oluşturuyor. Toplumla olan ilişkilerde ise ahlaki değerler belirleyici oluyor.

-Cemiyet katılımcıları arasında dayanışma ve paylaşım esas alınıyor. Genellikle mal ve mülkler birbirinden esirgenmiyor. Aynı yaklaşım toplumun diğer üyeleriyle olan ilişkide de gösteriliyor.

-Cemiyet muhabbetlerine katılım gönüllülük esasına dayanıyor. Ancak hırsızlar, tecavüzcüler, haksızlık yapanlar, başkalarının emeğinde, ekmeğinde gözü olanlar muhabbetlere katılamadıkları gibi, dışlanıyorlar.

-Evlilikte başlık parası alınması doğru bulunmadığı gibi, başlık alanın düğününe gidilmiyor.

-Şatafat ve gösteriş ayıplanıyor, mütevazılık ve hoşgörü yüceltiliyor.

-Kadının sosyal hayattan dışlanması, insani haklarından mahrum edilmesi hoş görülmüyor.

Bu ilkesel yaklaşımlar ve yaşam pratiklerine baktığımızda, Şex Mamo ve cemiyetinin amacı; bencillikten arınmış, ahlaki değerlerin en üst mertebesini yaşayan, eşitlikçi, adaletli, paylaşımcı, 'İNSANİ KAMİL' olarak tanımladıkları bir mertebeye erişmek."[5]

1917'de Hakk'a yürüyen Şeyh Mamo'nun yol arkadaşı Seyit Tacim Erzincani'nin yanı başında toprağa verilmek dışında bir isteği olmamıştır. Çok değil, toprağa kavuşmasından 3-4 yıl sonra dostları mezarını yaptırmak isterler. Hem destek hem onayı içeren bir belge imzaya açılır. Bu belgedeki köy adları ve imzalar hakikat arayışının çanağın bir ucundan diğerine ne kadar yayıldığının da bir kanıtı gibidir. Sarız'dan Akçadağ'a kadar uzanmıştır hakikatin ışığı: Yarpuz Berçenek'ten, Darende Yarımca Köyü'ne; Elbistan Beştepe, Toprakhisar, İncecik, Aktil, Erdelek Köyleri'nden Akçadağ Bekiruşağı'na kadar. Kırkısrak geldiği köylere yeni bir nefes olarak dönmüş gibidir.

Araboğulları'nın ışığının, doğduğu yerlerde değil de Sarız-Yarpuz-Elbistan çanağında gelişip, dallanıp budaklanarak meyveye durması boşuna değildir. Bunun kaynaklarını çanağın şu ana kadar fotoğrafını sergilediğimiz coğrafi yapısında, tarihsel süreç içinde yaşananlarla şekillenen endemik kültürel yapılanmasında aramak gerekir. Binboğa'nın balına, peynirine, damına dönüşen geven otunda, çiriş otunda, ardıcında, mazısında; florası, faunasıyla insanını koruyan kollayan yapısında; bin bir kokuya yol açan sümbülünde, navruzunda; bütün hırçınlığını yavaş bir yaşam oluşumu sağlamasında aramak gerekir. Binboğalar her kültürel oluşumun filizlenip meyve vermesi için uygun bir karakterle donanmıştır.

Süreci kısaca özetlersek, her biri başka bir aşiretten Kızılbaş-Kürtlerin Doğu'dan Batı'ya çanak boyunca dağlık bölgelerde sıfırdan köyler kurduklarını, bu bölgelerin hem merkezi hem

---

5 Derleyen: Hasan Beydilli, yazan: Tacim Şimşek, *KIRKISRAK*, 2019, s.214-15

yerel yönetimin denetiminden uzak alanlar olduğunu, üstelik Kızılbaş Ocakları'nın ana gövdesinin denetiminden de uzak olduğunu, o gövdenin sınır bölgelerinde olduğunu görürüz. Kızılbaşlar hem dedelerle hem Bektaşi babalarıyla etkileşim halindedir. Üstelik Avşarlar'la Çerkesler Binboğalar'ın sırtlarına, ovalarına Kürtlerle aynı dönemlerde yerleşmişlerdir. Bütün bunlara ovalarda eskiden beri yerleşik olan Ermenilerin varlığı ama azlığını ve Türkmen Alevi-Bektaşilerin varlığını eklersek kültürel olarak baskın olsalar da Nakşibendilerin fiziki bir baskı gücünden yoksun oldukları sonucuna varırız. Bu da bölgede hiçbir etnik kökenin ve inanç grubunun bir diğerine etnik köken-inanç bazlı baskı uygulayamadığını gösterir. Ötekileştirme güç ister. Bütün bu koşullara Osmanlı merkezi yönetiminin o dönemlerde daha büyük güçlüklerle boğuştuğu gerçeğini eklersek, ortaya çıkan iklimde suyun kendi yolunu bulup verimli topraklara ulaşmasının zemininin var olduğunu görürüz.

Sonuçta, 20. yüzyıl başlarında Yarpuz'da bir esnaf kahvehanesinde oturan bir Bektaşi'nin anlattığı fıkraya orada bulunan bir Ermeni, bir Kızılbaş-Kürt, bir Çerkes, bir Nakşi aynı anda gülebiliyordu.

Osmanlı'nın bu döneminde Elbistan ilçesinde bir ilkokul ve bir ortaokula karşılık, Yarpuz ve Sarız'da 1905'te ilkokul açılabilmişken, hem Yarpuz'da hem Elbistan'da Ermeni okulları olduğu biliniyor. 1895'te yanı başlarındaki Malatya ve Zeytun Ermeni ayaklanma ve kırımlarına rağmen, Ermeniler bu çanakta 1915 kırımına kadar yerlerini korumuşlardır. Çanakta izlerini bulmak güç olsa da bazen Osmanlı arşivlerinde rastlamak mümkün:

"26 Haziran 1907 tarihinde Elbistan'ın Efsus Nâhiyesi'nden Orçanoğlu Bağdasar, eski Yunan ve Bizans devirlerine ait gümüş ve bakır sikkeler bulmuştur. Bağdasar, sikkeleri Maraş'ın Şekerli Mahallesi ahalisinden Bulgurcu Panos'a satarken güvenlik güçlerince yakalanmıştır"[6]

---

6 Kemalettin Koç, *Afşin Ashabü'l Kehf'in Tarihsel Süreci*, Doktora Tezi, s.285

1915 sonrası ise bölgede hiç olmamışlar gibi ne okulların ne de kiliselerinin izi vardır. Gidemeyenler de Türklere, Kürdlere karışmıştır. Yarpuz'a da Dişçi Yusuf'un (Demir) annesi Ermeni'ydi, Kul Hasan'ın annesi Ermeni'ydi sözleri kalmıştır yadigâr. Yine Yarpuz'da ilk açılan mektebin izini sürerken rastlarız Ermenilere:

"II. Abdulhamid Dönemindeki Anadolu'da Okullaşma hamlesi içinde 1905 yılında Efsus'a da bir ilk mektep açılarak bu tarihten itibaren Efsus'ta modern eğitim-öğretim müfredatı uygulanmıştır... Ulu Caminin medresesinde okuyanlar geleneksel eğitim-öğretim alırken, Tehcirden sonra (1915) Efsus İlkokul binası olarak kullanılan Okkuoğlu adındaki Ermeni yurttaşın evinde ise öğrencilere asri eğitim ve öğretim verilmiştir."[7]

O sıralar okul yaşlarında olan Meluli'nin de oluşumunun ilk adımlarının atıldığı yerdir Yarpuz. Karaca Erbil Kötüre'nin zenginlerinden Raşo'nun oğlu olarak Yarpuz'da Ermeni Mektebi'nde okur. Ermeni bir ailenin konağında yatılı olarak kalır. O yılları Karaca; kendi kaleminden şöyle aktarır:

"İlk tasavvuf gıdamı ben bu aileden aldım. Kadın gerçek inançları olan birisiydi. Kocası Penes batıl inançlı, Kilise'ye gidip gelen bir insandı. Kadın zorunlu olarak Kilise'ye giderdi, ama hiç inanmazdı. Benden biraz daha büyükçe bir kızı vardı; ikisi de bana 'Küçük Dostum' diye hitap ederlerdi. Annem bile bana bu kadar emek çekmemiştir. Bana derdi ki; 'Küçük Dostum, sen bu Penes'e ve onun çevresindeki insanlara bakma. Bunlar Tanrı'yı gaipte arayan, Kilise'ye gidip dua etmekle ibadet ettiklerini sanan ve bundan dolayı da bir gün Tanrı tarafından mükâfatlandırılmayı bekleyen, o umut ve cehennem korkusu olmasa dönüp de Tanrı'nın yüzüne bile bakmayacak insanlardır. Oysa Tanrı'ya gerçek ibadet, insanı sevmektir ve Tanrı insanın kalbindedir.'

Beni kendi çocuğundan hiç ayırt etmedi. Ermeni okulunda Arapça, Ermenice, matematik ve edebiyat öğrendim, dinleri inceleme fırsatım oldu; ama bana gerçek inancı ve düşünme yöntemini o kadın

---

7 Doç.Dr. Necati Demir, *Afşin'de Asri Mektebin Kuruluşu ve Elbistanlı ve Afşinli İlk Muallimler*, Yeşil Afşin Gazetesi, 23 Mayıs 2017

öğretti. Sonra 1915 Ermeni kıyımı öncesinde buralardan göçüp gitmek zorunda kaldılar."[8]

Bir Ermeni konağı nasıl ilkokula dönüştüyse, sonraki yıllarda da bu konak bir dönem Afşin Cezaevi olarak kullanılmıştır. Meluli de 50'li yılların sonunda bir süre bu cezaevinde tutuklu olarak kalmıştır.[9]

Elbistan Nakipoğulları ve Karabekiroğuları'nın, Yarpuz da Ağalar sülalesinin kontrolündeydi. Topraklar da yerel yönetim de bu ailelerin denetimindeydi. Ovada tarım, dağlarda hayvancılık yapılsa da yoksulluk çoğunluğun kaderiydi. Binboğa ve Nurhaklar'ın kimi koyağı ise eşkıya yatağıydı. Her ağanın ilişkisinin iyi olduğu ya da sahibi olduğu eşkıyalar da vardı. 1910'da büyük nahiyelerde belediye teşkilatı kurulmasına dair bir yasa çıkmıştı ama Yarpuz'un belediyelik olması için Mehmet Ağa'nın ilginç bir müdahalesi gerekmiştir. Ağa-Eşkıya ilişkisi:

"Gangozadelerden Ramiz Ağanın evinde Ağaların Mehmet Ağa, yörenin ileri gelenleri ve ağaları ile misafir olarak sohbet ederken sabahleyin bir Ermeni yurttaş gelip, yeğeninin Haçin yöresinde çeteler tarafından kaçırıldığını söyleyip yardımcı olunmasını rica eder. Mehmet Ağa, telaşlanmamasını, her şeyin bir çaresinin bulunacağını belirtip o bölgede ünü yayılan Gizik Duran namındaki çete reisine bir haber gönderir... Ermeni genç akşama doğru bir atla Ramiz Efendinin evine getirilir. Ermeni yurttaş bundan çok memnun kalır. Mehmet Ağa ile tanışır ve kendisinden bir talepte bulunmasını ister. Mehmet Ağa da Efsus'un belediyelik olmasını ister. Ermeni yurttaş İstanbul'da ikamet ettiği ve sarayla yakın teması bulunduğu için kısa bir süre içinde saraydan (Sultan Mehmet Reşat' tuğralı) Efsus'un belediyelik olduğuna ilişkin emirname gelir ve böylelikle Efsus 1910 yılında belediyelik olur. Mehmet Ağayı da Efsus halkı bu saygınlığı ve dirayeti nedeniyle ilk belediye başkanı olarak seçer. Ancak Mehmet Ağa, resmiyet ve protokol kaideleri içinde yaşamaktan pek hazzetmeyen bir mizaca sahip olduğundan arkadaşı Sadık İnan'a belediye başkanlığı görevini devretmek ister. Sadık İnan da eğer kendisine bir elbise diktirirse görevi kabul edeceğini belirtir. Mehmet

---

8 Latife Özpolat-Hamdullah Erbil, *Melûli Divanı*, 2006, s.25

9 Hüseyin Sönmez'le kaset kaydı, İskenderun, 20 Ekim 2020

Ağa, Sadık İnan'a bir elbise diktirerek başkanlık görevini arkadaşına devreder."[10]

II. Abdülhamid'in yaklaşık son on yılı, Osmanlı'nın da son on yılıdır. Bu dönem 1895'lerdeki Zeytun, Malatya ve Van Ermeni ayaklanmaları-kırımı, kaybedilen topraklardan içeriye olan göçlerin Müslüman nüfusu artırmasıyla Panislamizm hesaplarının güçlendiği, aynı zamanda İttihat ve Terakki'nin farklı versiyonlarıyla Abdülhamid'in iktidar kavgaları dönemidir. 1. Dünya Savaşı bitimine kadarki Trablusgarp ve Balkan Harbi ardından, Sarıkamış, 1915 Ermeni kırımı, Yemen Harbi'ni içeren dönemse Türk milliyetçiliği ile Sünni-İslam'ın kol kola yürüyeceği ve ulus devlete sürüklendiği İttihat-Terakki dönemidir.

Bu dönem Sarız-Yarpuz-Elbistan çanağındaki bileşenlerden Ermenilerin denklemden çıkarıldığı; Kürdün, Çerkes'in ve Türk'ünse Yemen illerinde telef olduğu bir dönemdir. Birçok yetişkin erkek ya Yemen'de toprak olmuş ya esir düşmüş ya da Nurhak ve Binboğalar'da asker kaçağı olarak dolaşır hale gelmiştir. Ne merkezi ne yerel otoritenin olmayışı ağaların da halkın da kendi sorunlarını kendilerinin çözmesi dönemini beraberinde getirmiştir. Bu durum zaten var olan eşkıyalığın yayılmasına dağları mesken tutmasına yol açmıştır. Kaçakçılık da eşkıyalığın yol arkadaşıdır. Eşkıyalık dağ ister. Eşkıya kış olan da düze indiğinde marabadır. Kamuflajı marabalıktır. Dağ ister eşkıyalık, hem saklayacak hem besleyecek dağlar. Yani Binboğalar, yani Nurhaklar lazımdır. Eşkıya deyip de tek kaleme indirmemek lazım eşkıyalığı. Eşkıya var yol keser haraç alır, eşkıya var köylünün derdine derman olur. Birini ağası besler, diğerini köylü. Biri ağalığın devamlılığının araçlarından biri, diğeri köylünün baskısız-sömürüsüz yaşama umudunun sembolü.

Eşkıyalığın bir başka yol arkadaşı da ağıtlardır. Eşkıya bu; yaşlanıp ölmek de yakışmaz. İşte o ağıtlar bize anlatır. Nasıl

---

[10] Doç.Dr. Necati Demir, *Afşin'de Belediyeciliğin Tarihçesi*, Yeşil Afşin Gazetesi, 6 Haziran 2016

bir adamdı, derdi neydi, kimden yanaydı? Sevileni sevilmeyeni ağıtlarda ifşa olurdu. Bir de ısmarlama ağıtlar olurdu, ısmarlama olduğunu saklamadan. Her ne olursa olsun bu yörenin her ağıdı Dadaloğlu'nun isyanını, Karacaoğlan'ın sevdasını tuz-biber gibi içine katmadan söze-sese dönüşmezdi.

Genç Cumhuriyet Türkiye'yi Yaratırken

Doludizgin bir süreç olarak 19. Yüzyıl Osmanlı'sının ve sonrasında İttihat-Terakki'nin genç Cumhuriyet'in kucağına bıraktığı yapıtaşları aynı zamanda Cumhuriyet boyunca yapıbozum taşları da olacaktır: İslamiyet, Alevi-Bektaşilik, Türkler ve Kürtler.

Türkiye'deki Türklerin de Kürtlerin de çoğunluğunun Sünni-İslam içinde olması ümmet-i Müslim'i çatı yapmıştı. Said-i Nursi'nin de dediği gibi "*Türk, Müslüman demektir. Hatta Müslüman olmayan kısmı, Türklükten de çıkmışlar.*"[11] Ya da 27 Şubat 1920'de Silvan ileri gelenlerinin dünya âleme çektiği telgrafta dendiği gibi "*Muazzam Osmanlı kitlesinin en metin ve sarsılmaz, kale gibi direnci olan Kürtler, her şeyden evvel İslam'dır. Ve ikinci olarak Osmanlı'dır ve en sonra Kürt'tür.*"[12]

1921 Anayasası'ndaki "*Devletin dini İslam'dır,*" maddesi bu çatı işlevinin en resmi haliyle vücut bulmasıdır.

Öte yandan 1826'da yasaklanmış olan Bektaşi tekkelerinin süreç içinde önce İttihat-Terakki'yle resmiyet değilse de meşruiyet kazanması ve Dergâh Postnişini aracılığıyla orduya asker toplama girişimi, sonrasında da Mustafa Kemal'in Dergâhın iki kanadının (Çelebiler ve Babaganlar) da desteğini almak için Hacıbektaş'a gitmesi, Bektaşilerin kendilerini genç Cumhuriyet içinde tanımlamasında önemli ipuçlarıdır. Hele de Cumhuriyet ilanı önerisinin postnişinden geldiği rivayeti ve ilk mecliste başkan vekili olması Cumhuriyet'e aidiyeti pekiştiren unsur olmuştur. Aleviliğin gerçek Türklük, soya özgü

---

[11] Said-i Nursi, Emirdağ Lahikası
[12] Ayşe Hür, Radikal Gazetesi, 31.1.2016

inanç olduğu vurgusu da Cumhuriyet milliyetçiliğine bir başka destek ögesiydi.

'Kürd'ün Alevisi mi olur, tüm aleviler Türk'tür' dense de başta Dersim'den Diyap Ağa, Hasan Hayri (Gangozade) ve aynı aileden Kıdemli Yzb. Ahmet Ramiz Tan olmak üzere bazı Kızılbaş-Kürtler de ilk mecliste yerlerini almışlardı.

Sonuçta İslam Türklerle Kürtleri bir çatıda topluyordu. İster Alevi olsun ister Sünni Türkler de Cumhuriyet'in ana yapı taşıydı. Kızılbaş da olsalar Kızılbaş-Kürtler, Kürtlerin bir parçası değil miydi? Kervanın gerisi yolda dizilirdi. Başlangıçta Cumhuriyet için yapıştırıcı olan bütün bu özellikler sonraki dönemlerde çözülemeyen kördüğümün de kaynağı olacaktır. Toplumun sosyal, politik ve kültürel yapısını da günümüze dek şekillendirecektir.

Osmanlı'daki Kürdistan'ın bütünlüğü İngiliz ve Fransızlar tarafından bölünmüş, sonradan Irak ve Suriye olacak şekilde bir kenara ayrılmıştı. Türkiye'deki kısmındaysa Sünni-İslam çoğunluktaydı ve İslam kimliğiyle genç Cumhuriyet'in yanındaydı. Kızılbaş Kürtlerin bir bölümü de Cumhuriyet'te yerini almışken 1921'deki Kızılbaş Kürtlerin Sevr'in de etkisiyle "özerklik" talepli Koçgiri Ayaklanması'nın başarı şansı zayıftı. Nitekim kanla da bitti. Ama bu durum hem Kızılbaş Kürtlerin kendi aralarındaki hem de Sünni Kürtlerle bugüne devredilmiş ayrılıkları için bir hafıza oluşturmuştur.

Bu topraklarda İslam'ın şekillenmesi, öğretilmesi, toplum üzerindeki etkisi çoğunlukla başta Nakşibendi ve türevleri olmak üzere tarikatlar ve vakıflar aracılığıyla olmuştur. İslam tarikatlar üzerinden örgütlenmiştir. Şeyhülislam dahi bir fetva verirken yönünü tarikatlara dönmek zorunluluğu hisseder. Dolayısıyla sosyal ve siyasal oluşumlarda da ağırlıkları vardı. Nitekim Bektaşiler de tarikat örgütlenmesiyle anlayışlarını sürdürüyorlardı. Kızılbaşlar da Ocak'lar aracılığıyla örgütlenmişlerdi. Varlıklarını Ocaklar sistemiyle sürdürüyor ve gelecek kuşaklara aktarıyorlardı.

Genç Cumhuriyet ise 1923'deki Lozan Antlaşması'ndan sonra dışardaki işlerini bitirmiş, içerde devlet olma peşine düşmüştü. 29 Ekim 1923'te Cumhuriyet ilan edildi ama TBMM'ye bağlı olsa da Halifelik devlet için çift başlılık olarak algılanıyordu. En önemlisi de din işlerinin tarikatlar tarafından yürütülüyor olmasıydı. Tarikatlar güçlü siyasi muhalefet potansiyeline sahipti. İktidar oluşturmanın en güçlü araçları olan din ve eğitim de devlet denetiminde yürütülmeliydi. 3 Mart 1924 tarihi, iplerin ele alınmasında önemli bir kavşak oldu. O gün TBMM Hilafetin kaldırılmasına, tek elden yürütülmesi amacıyla bütün eğitim kurumlarının Maarif Vekâleti'ne devrine, din işlerinin yürütülmesi amacıyla da Diyanet İşleri Reisliği'nin kurulmasına karar verildi. Kanun Diyanet'in kuruluş amacını açık seçik ifade ediyordu:

"İslam dininin itikat ve ibadet alanıyla ilgili işleri yürütmek ve dini kurumları idare etmek."

Devlet, *"din tarikatların işi değil, benim işim ve ben de bunu Diyanet'le yürüteceğim,"* diyordu. Bu durum yüzyıllardır egemenliği elinde bulunduran tarikat ve müritleri için Cumhuriyet'le savaşmada hafıza oluşturan bir olgudur. Çünkü İslam demek tarikatlar demektir. Bu aynı zamanda Sünni-Kürtlerin Cumhuriyet'teki varlık nedenlerini sorguladıkları bir olgudur.

Sünni Kürtlerin geniş bir kesiminde ağırlığı olan ve Nakşibendi Tarikatı şeyhi de olan Şeyh Said, Cumhuriyet'le aramızdaki İslam'a dayalı ittifak bittiğine göre, biz Kürtler kendi geleceğimizin peşine düşebiliriz der: *"İslam'ın Türklerle Kürtler arasındaki tek bağ olduğu, Türkler ise şimdi bu bağı kopardığına göre; Kürtler de kendi geleceklerini düşünmek zorundadırlar."*[13]

Şubat 1925'de ortaya çıkan Şeyh Said İsyanı Sünni Kürt kesimini harekete geçirse de Kızılbaş Kürtlerden ciddi bir destek alamaması Sünni Kürtlerle Kızılbaş Kürtler arasında günümüze devredilmiş ayrılıklar için hafızalarda ikinci bir kanal açmıştır. İlk Dersim milletvekillerinden Gangozade Hasan

---

[13] Bilal Şimşir, *İngiliz Belgeleriyle Türkiye'de Kürt Sorunu (1924-1938): Şeyh Sait, Ağrı ve Dersim Ayaklanmaları,* Ankara, Türk Tarih Kurumu Basımevi, 1991, s. 21

Hayri Bey'in bu isyana katıldığı iddiasıyla idam edilmesi de başka bir karmaşık meseledir.

Önce Hıyanet-i Vataniye Kanunu'na eklenen bir madde ile "*dini ve mukaddesatı siyasi amaçlara esas ve alet etmek maksadıyla cemiyet kuranlar*" vatan hainliği kapsamına alınmış, ardından Tekke ve Zaviyelerin kapatılması ve yasa dışı ilan edilmeleriyle İslam dini Diyanet aracılığıyla devletin denetim ve yönetimine bağlanmıştır.

Mustafa Kemal'in 30 Ağustos 1925'deki konuşması tarikatlara karşı genç Cumhuriyet'in son sözüdür: "*Efendiler ve ey millet, iyi biliniz ki, Türkiye Cumhuriyeti şeyhler, dervişler, müritler, meczublar memleketi olamaz. En doğru, en hakikî tarikat, tarikatı medeniyedir. Medeniyetin emir ve talep ettiğini yapmak insan olmak için kâfidir.*"

Cumhuriyet'le tarikatlar arasında günümüze kadar süren kavganın toplumdaki hafızası oluşturulmuştur. Artık tarikatlar için Cumhuriyet kadroları din düşmanıdır. Kızılbaş Kürtler açısından ise Tekke ve Zaviyelerin kapatılmasının pratikte hiç bir hükmü yoktur. Zaten Ocak içinde kapalı mekânlarda, otoriteden uzak bir şekilde süren cemlerini etkileyecek bir karar değildir.

Öte yandan 1826'dan beri kapalı olan Bektaşi tekkeleri açısından da bir şey değişmemiş, zaten uzun süredir kapalı yürüttükleri faaliyetlerini sürdürmeye devam etmişlerdir. Hatta bu kez Hacıbektaş'taki Dergâhın temelli kapatılması bile yakalanmış olan olumlu ilişkileri bozmak şöyle dursun, Sünni tarikatların Alevi-Bektaşiler üzerindeki baskılarının azalacağı düşüncesiyle gizli bir sevinç bile yaratmıştır. Özellikle Türk Alevi-Bektaşiler'in bugün kendilerini Mustafa Kemal ve Cumhuriyet'e yakın hissetmelerinin altında, o dönemde hafızalarında oluşan bu olgu yatar.

1928'de Anayasa'dan "*Devletin dini İslam'dır,*" ibaresinin çıkarılması, 1937'de Anayasa'ya Laiklik ilkesinin eklenmesiyle Genç Cumhuriyet İslam'la ilişkisinin sınırlarını tamamlamıştır.

Bunlara 1925'deki Şapka Kanunu'nu ve 1928'deki Latin Alfabesi'ne geçişi de eklersek Cumhuriyet kadrolarının din yönetiminde ve eğitimde kendi Türk-İslam anlayışını kendi kurumlarıyla yürütme kararlılığına tanık oluruz. Bu aynı zamanda yurt sathına yayılmış yeni cepheleşmeler demektir.

Cumhuriyet'in İslam'ı mı Tarikatların İslam'ı mı, Cumhuriyet Milliyetçiliği mi Türk Milliyetçiliği mi? Kürtler içinse, Türklerle devam mı tamam mı?

Çok partili sistemde her partinin kendi potansiyel müşterisine göre satışını yapacağı bir pazar ortamı... İktidara gelmek için ötekileştirmelere hız verilmesi çok partili dönemin önemli bir argümanı haline gelir.

2 Hakikatçi Kültür: Deyişlere Doğru

Hakikatli Deyişler Filize Dururken

Gişi Ömer; ataları Irak'tan Yarpuz'a gelen Bayatlar'dan Mulla Hüseyin'in torunudur. Erkek kardeşlerinden ikisi Yemen'de ölmüş, biri de yedi yıl esir kalmıştır. Önce öksüz Ayşe ile evlendiği için askerlikten muaf tutulur, sonrasında da asker kaçağı olur. Kötüre'de Karaca'nın babası Raşo'da saklanır. Yerini askere bildirmeyen bir kardeşi de Elbistan Karakolu'nda dövülerek öldürülür. Karaca Erbil (Meluli) de o sıralar babasından ayrı ticaret hayatına başlamış düşünsel gelişiminin de başlarındadır. En yakınında ise Şeyh Mamo'nun da cemaatinde yer alan Karaca'nın Ali Dayısı, Ali Kötüri vardır.

Bu kuşağın insanları, okul çağları Osmanlı'nın son dönemlerine denk geldiği için okuma-yazmayı Arap alfabesiyle öğrenmiş, Latin alfabesine geçildiğinde de uyum sağlamışlardır. Bölgedeki birçok köyde eğitim askerde ya da mahalli medresede eğitim almış gönüllü eğitmenler tarafından yürütülmüştür. 1924'de eğitimin Maarif Vekâleti'ne, Din'in Diyanet'e devredilmesi sürecinde ve 1928'deki Latin Alfabesi'ne geçiş süreciyle birlikte Cumhuriyet kadroları acil eğitmen-öğretmen ihtiyacıyla da karşı karşıya kalmıştı. Önceleri askerde okuma-yazmaya ağırlık verilip, "köyünüze gittiğinizde çocuklara eğitim verin" telkininde bulunuldu. Bu sistemin işlemesi yönetimi askerde çavuş olan eğitilmiş insanlara 4-5 aylık "*Köy Eğitmenliği*" kursu vererek köylerinde eğitimle görevlendirmelerine götürdü. Nüfusu çok olan hemen her köyde, eğitmenlerin yetkili olduğu 3 yıllık ilkokullar açıldı. Köy Eğitmenliğinin başarılı olması, beraberinde Köy Enstitüleri'nin kurulmasını getirdi. Sürecin tamamı Genç Cumhuriyet'in kendi yönetim anlayışına uygun Türk-İslam sentezinin empozesinde de önemli bir aşamadır.

Elbistan Yapılıpınar Köyü'nden Ali Doğan (Ali Haki Edna) mahalli medreselerden öğrendiklerini yıllarca hem kendi köyünde hem de çevre köylerde çocuklara öğretmiştir. Osmanlı'nın savaşlarına katılmayı reddeden Ali Haki, Cumhuriyet'le umutlanmış, Mustafa Kemal ve eğitim seferberliği için şu mısraları yazmıştır:

"Bilelim Ha ile Dal'ı
Öğrenelim bütün halı
Unutmayalım Kemal'ı
Gören düşmanlar bayılır.

Ne hoş adın Kemal Paşa
Meclisinle çokça yaşa
Mülkün emin baştanbaşa
Ne oyulur ne soyulur."[14]

Kaşanlı Köylerinden Keyfo Aydoğan da 30'lu yılların sonunda kendi köylerinde eğitim veren ilk kişilerdendir. Köyden çıkmadan yaşayanlar açısından Türkçe'nin eğitim yoluyla köye girişi de ilktir.[15]

Kırkısrak'ta Taşçi Mayre, Berçenek'te Mevlut Kul kendi köylerinde eğitim veren ilk eğitmenlerdir.

Mücrimi, Ali Haki Edna, Meluli, Halil Öztoprak okuma yazmayı eski harflerle öğrenip sonradan yeni alfabeye geçenlerdendir. Çoğunlukla da şiirlerini, yazılarını eski yazıyla kaleme almışlardır. Elbistan'ın Alhas ve Sinemilli köylerinden Yarpuz'un Atmi, Sinemilli köylerine; Sarız'ın Sinemilli köylerinden Koçgiri köylerine kadar ister Ocaklara bağlı olsunlar ister Hakikatçi felsefenin etkisi altında olsunlar muhabbet cemlerinde Şah Hatayi'den Virani'ye, Fuzuli'den Pir Sultan Abdal'a eskilerin yanı sıra Âşık Dertli, Ruhsati, Sıdkı Baba ve

---

[14] *Ali Haki Edna-1*, Ali Haki Edna Vakfı

[15] Mehmet Ali Levendiz, Sözlü Anlatım, Haticepınar Köyü, 8 Haziran 2020

Harabi gibi 19-20.yy Bektaşi ozanlarının deyişleri de yaygın olarak söylenirdi.

Hakikatçilik duruş olarak hem Ocaklara hem Bektaşi Dergâhı'na mesafeli olsa da bir anlamda birbirlerine yaklaştıran ortak bir yan üretir. Bölgeden çıkan 20. yüzyıl Hakikatçi ozanları genellikle hem içerik olarak hem üslup olarak Bektaşi ozanlarından etkilenmiştir. Bunda dönemin koşulları kadar bölgedeki Sünni topluluğun bir kesiminin mezhepte Hanefi meşrepte Bektaşi olmasının da etkisi vardır. Özellikle de Harabi etkisi Ali Haki, Meluli ve Afe Ana şiirlerinde hissedilir. Hatta çoğu Hakikatçi ozan kendini Bektaşi olarak görür. Tek farkla ki, Dergâh'a bir erkânla bağlı değildirler, Ocaklara da bağlı olmadıkları gibi. Nitekim Meluli bu durumu bir söyleşide kendi sesiyle şöyle ifade eder:

"Biz Bektaşi tekkesine gitmedik, tekkelerde hizmetimiz yok; fakat Bektaşilerin yetişmiş, faziletli, kâmil mürşitleriyle görüşüp, hizmetlerimiz onlarla oldu. Ders aldık onlardan, ilham aldık. Daha doğrusu bizim aldığımız bütün ilham insandadır, ilahi ilham zaten insandadır."[16]

Meluli mahpus arkadaşlığı yaptığı ve sonradan yanında çalışmış olan Koçovalı Hüseyin Sönmez'in *"Emmi, Bektaşiler Hacı Bektaş'a gidiyor, sen niye gitmiyorsun?"* sorusuna, *"Oğlum Hacca gitmeyle Hacı mı olunur. Gidenler gitsin. Benim fikrim de böyle,"* der.[17]

Çanağın kendi içinde deyişlerin kolaylıkla yayılmasında ve toplumla etkileşiminde Kızılbaş-Bektaşi köylerinin birbirine yakınlığının etkisi büyüktür. Örneğin Elbistan'daki bir Alhas köyü olan Yapılıpınar Köyü, Sarız'in Dallıkavak Köyü'ne çok yakındır. Ya da Elbistan Sevdilli Köyü, Sarız'ın Söbeçimen Köyü'ne kapı komşusudur.

Aktil Köyü'nden Halil Öztoprak Kırkısrak Köyü'nden Şeyh Mamo'nun kızıyla tanışıp evlenebilir. Nesimi Çimen Sarız İncemağara'dan Caferi Gango'nun kızını kaçırıp Elbistan'ın

---

[16] Latife Özpolat-Hamdullah Erbil, *Melûli Divanı*, 2006, s.33

[17] Hüseyin Sönmez'le söyleşiden, sesli kayıt. 20 Ekim 2020

Sevdilli Köyü'ne yerleşebilir. Kötüre'den Meluli'nin ya da Yapılıpınar'dan Ali Haki'nin bir deyişini Dallıkavak'ta Haydar Bayrak'ın sazında havalanmış olarak görebilirsiniz. Mesafe ne kullanılan araçlarla ölçülür ne de yolun fiziki koşulları ya da kilometresiyle. Mesafe Hakikat'e ulaşmaktaki aşkla ölçülür. Yol'a duyulan bağlılıkla ölçülür. Köylerde açılan İrfan Mektepleri'ndeki Kamil İnsanlar'ın varlığı ve onlara ulaşma azmiyle ölçülür. O yüzden bölgenin bütün Kızılbaş köyleri iç içedir, aralarında mesafe yoktur.

Kuşkusuz cemler yolun öğrenildiği, kuşaktan kuşağa aktarıldığı ama aynı zamanda yeni deyişlerin irdelenip kabul görüp yayıldığı yerdir de. Deyişleri cemden ceme köyden köye taşımak aşktır. Ozanlar aşk taşıyıcısıdır. Ali Haki Edna'yı bir gün Söbeçimen'de Aziz Baba'nın muhabbetinde, ertesi gün Caferi Gango'nun muhabbetinde görmek mümkündür. Mücrimi'nin bir deyişini bir gün Berçenek'te, ertesi gün Ağcaşar'da bir cemde Tacim Dede'den duyabiliriz. Meluli'nin bir deyişini bir gün Serkizçayır'da, ertesi gün Dallıkavak'ta dinleyebiliriz. Halil Öztoprak'ı bir gün Kamalak'ta ertesi gün Kırkısrak'ta görebilirsiniz.

Deyişlerin köyden köye, cemden ceme, sazdan dile kolayca yayılmasının bir başka yolu da yaylalardır. Binboğa yaylalarıdır, Nurhak yaylalarıdır. Yaylalar çiçekli giyitlerini kuşandığında önce börtü-böceklere, ardından yaylacılara mekân olur. Önlerinde koyunlar, sırtlarında bebeler, yüreklerindeyse kışın muhabbetlerinde biriktirdikleri deyişler, nefeslerle yaylaklara konarlar. Yarpuz'dan, Göksun'dan ve Sarız'dan gelenler Kürdüyle, Avşarıyla Binboğa'nın dört bir yanındaki yaylaklara yayılırlar. Kiminin heybesinde Dadaloğlu kimisinde Âşık Hüseyin; kimisinde Mücrimi kimisinde Meluli; kimisinde ağıtlar kimisinde klamlar doludur. Dışarda odun ateşinde çay demlenirken, kıl çadırın serinliğinde saza vurulur. O deyiş senin, bu nefes benim, Binboğalar özüne özünü katar savurur dört bir vadisine, deresine.

Ah O Yaylalar...

Yalnız kültürün mü, ekonominin de can damarıdır yaylalar. Ovadaki tarlalar buğday, arpa, küşne, nohut, şekerpancarıyla dolsa da; yaylalar doyurandır, doğurandır. Sütü, yoğurdu, peyniri, deri çökeleği, loru, tereyağı, balı, şifalı otları, çirişi, kengeri, eti, kışlık kavurması, köşkerin mestlik derisi yaylalardan gelir, kış için hazındamını doldurur. Binboğa'nın koyunu da talihlidir, arısı da. Öyle bir ot, öyle bir çiçek sunar ki, iştahla üşüşür koyunu da arısı da. Otu da çiçeği de endemiktir, kültürü gibi. Binboğa'nın peyniri de balı da aranır bunu bilence.

Meluli de yayla zamanı geldiğinde alır sürüsünü çıkar Binboğa'ya, Binboğa'da olur bildiğimiz Karaca Emmi. Binboğa'nın balını, tereyağını Binboğa'nın kendi havasında suyunda yer. Nefesine nefes katar. Karaca Emmi'nin sesi gelir: *"Ye balı içme suyu, yandırırsa yandırsın. Ye yağı iç suyu, dondurursa dondursun."* Temmuzun ortasında sabah yüzünüzü yıkadığınız su, dondurur elinizi ama bir yudumu hayat verir. Mazide de kalsa alırız o havayı Meluli'nin şiirinde tattığımız gibi...

"Hani gönül o yaylanın yolları
Yokuş iniş karlı karlı belleri
Her derede kar suyunun selleri
Hayal oldu şimdi sanki hep yalan

Yurt ederdin Çevirme'nin başını
Seyrederdin ormanını taşını
Ağlatırdın kekliğini kuşunu
Hayal oldu şimdi sanki hep yalan

Yurda gelir koyun kuzu meleşir
Çobanları etrafında dolaşır
Kimi sağar kimi sütünü taşır
Hayal oldu şimdi sanki hep yalan

Kıra çıkar kuzuları yoklardın
Dolaşır kırları çiçek toplardın
Deste deste sarı sümbül koklardın
Hayal oldu şimdi sanki hep yalan

Melûli'm der bu yaylanın havası
Siler içindeki mikrobu pası
Hayat verir o suların bir tası
Hayal oldu şimdi sanki hep yalan"[18]

Yayla sevda dokuyucudur, arının peteğe bal dokuması gibi. Binbir rengini, binbir kokusunu salar sevdalara, örer ince ince. Bu topraklarda, bu yaylalarda "sevda" deyip de Telli Senem'le Osman Ağa'nın sevdasına mihman olmazsak, Binboğa almaz bir daha yaylasına közüne.

18. yüzyıl Osmanlı'sında Tanır'da bir beyin oğludur Osman, boylu poslu yakışıklı bir delikanlı. Senem her yaz Çukurova'dan gelip bu yaylalarda yaylayan göçer-konar bir Yörük ailesinin kızıdır. Karacaoğlan'ın türkülerinden çıkmış gibi yürek yakan bir güzel. Yakan var, yakılan var, bir de Binboğa'nın havası olunca, yangın kaçınılmaz olur. Ayrandede, Hurman Çayı ve Binboğa'nın sarı sümbülü şahittir bu sevdaya. Ama gelenekler vardır, kör olmayası gelenekler ayırır seveni can'dan. Beyin oğluna yakışır mı bir Yörük kızı! Konar-göçer bir obaya yakışır mı yerleşik hayattan bir bey! Sonunda kız istenir istenmesine ama rivayet odur ki, Bey el altından bir gecede kovdurur obayı yayladan ya da oba bir sabah kalkar gözden kaybolur beladan uzak olmak için. Hakikatse, iki sevdalının bir daha birbirinin yüzünü göremeyişidir. Senem arkasına baka baka, gözyaşları Binboğa'nın topraklarına karışa karışa gitmiştir. Osman boş obayı görünce yıkılmıştır yüce dağlar, yok olmuştur Ayrandede'nin ayranını yapan beyazı. Zaman hızla geçmiş mekân nice sevdalara nice obalara yurtluk etmiş, eskitmiştir hikâyeyi. Sahi zamanın her şeye gücü yeter mi? Çerçi zamanıdır; dükkânını köy köy sırtında katırında taşıyandır çerçi. Tanırlı Ermeni bir çerçinin yolu Kozan taraflarına düşer. Bir nine yaklaşır "*Oğul nerelisin, nerelerde gezersin?*" der. Çerçi Agop "*Yarpuz'danım, Tanırlıyım,*" der. Nine düşünür, çok eskilere gider, görenin sevdalandığı günlere, "*Tanır'da bir Osman Ağa vardı, ölmüştür herhal; ölmüşse Allah*

[18] Latife Özpolat-Hamdullah Erbil, *Melûli Divanı*, 2006, s.192

rahmet eyleye, ölmemişse köye döndüğünde git ona de ki: Telli Senem'in selamı var, senden başkasını sevmemiştir. Amma geçti artık bizden."

Agop bir zaman sonra köyüne döndüğünde divane Osman'ı bulur, selam üstümde kalmasın der. Olanı biteni anlatır birer birer. Osman gider eskiye, döner yeniye; elini kulağına atar, ünler Binboğa'nın dört bir yanına; "Telli Senem" türküsünü. O gündür bu gündür yankılanır Osman'ın Telli Senem'i köy köy, oba oba.

"Bir haber geldi de Telli Senem'den
Deli gönlüm şadolmaya başladı.
Gözlerimden damla bile çıkmazken
Coşa coşa çağlamaya başladı.

Aşkın cezvesi de ocakta kaynar
Durma deli gönlüm meydanda oynar
Ermeni, dillerin şekerler çiğner
Tatlı tatlı söz olmaya başladı.
Senem'in giydiği Frengi sarı
Ölmeden yüzünü göreydim bari
Yıkık değirmenin bozuk çarkevi
Suyu geldi düzelmeye başladı
Güller takıp Senem sümbül saçına
Karışıp da gitti kendi göçüne
Alev düştü şu kalbimin içine
Yanıp yanıp köz olmaya başladı
Atımı getirin binek taşına
Binip gidem şu dağların başına
Senem değmiş yetmiş seksen yaşına
Benimki de yüz olmaya başladı.
Şu görünen Binboğa'nın dağları
Gıcı, boran aşılmıyor belleri
Yazıcıoğlu Şerefli'nin Beyleri
Koca Tanır yaz olmaya başladı"[19]

---

[19] Tanırlı Âşık Yener, *Binboğadan Marmaraya*, 2003, s.22

Şu insan dediğini kim doyurabilmiş ki Binboğa doyursun. Yaylaları da paylaşılamaz Binboğa'nın.

Sahi nedir eşkıyalık, eşkıya?

Halk kahramanı mıdır, devletin olmadığı dağlarda ağaların kurduğu sistemin parçası mıdır? Yoksa kimisi o kimisi bu mudur? Ne olursa olsun Binboğalara ilişkin her söz eşkıyasız eksiklidir. Hele de 1840-1970 arası yıllarda Binboğalar. Eşkıyalık da her türü ile bölgenin sosyolojik gerçeğidir. Ama eşkıyalığa toptancı bakış her zaman gerçeğin örtüsüdür. Yayla kavgası olmadan, eşkıyası-ağıdı olmadan Binboğa olmaz.

Yaylalar bazen aynı köy içinde farklı aileler arasında, bazen komşu köyler arasında senin-benim kavgasına neden olur. Yayla o dönemler için büyük bir ekonomik değerdir. Hele de hayvancılık dışında bir geliri olmayan köyler için. Kimi zaman otlak için kimi zaman pınarı için köylüler mavzere sarılmıştır. Hem sahiplenmek hem koruyabilmek için Binboğa'nın içinde olmak, kucağında olmak bir adım önde olmak demektir. Bu yüzden Kırkısrak, Çağşak, Topaktaş, Hunu, Lorşun, İncirli, Kızılcık, Marabuz yaylaları arada bir mavzer sesiyle yankılanır. Bostanbeli Kürd Kırkısrak'la Avşar Lorşun'un paylaşamadıkları yaylalardandır. Bostanbeli'nde birbirine destek olan Çağşak'la Kırkısrak Kavurma Çukuru'nda karşı karşıyadır. Dava etnik köken davası değil, yayla davasıdır. Kaman yaylasında Hunu ile Kırkısrak birbirlerine karşı mevzilenirler. Çandır'da Marabuz'la Kırkısrak'ı yayla davasında vuruşurken görürüz. Dikenli'de ise Lorşunluları kendi aralarında kavga ederken görürüz.

Lorşunlu Dirgen Ali efsanesinin filiz verdiği yer Yağlıca'dır. Çağşaklılar da aynı yaylayı kullanır. Davarların sulanması sırasında pınarın başında patlak verir kavga. "*Ağabeyini kan revan içerisinde gören Dirgen, aniden toparlanarak dayısından aldığı palayla Çağşaklı Hasan Ağa'nın ahraz oğlunun bir kolunu bedeninden ayırır. Ahraz yere can hıraş düşer. Dirgen Ali fırsattan istifade ile ahrazın başını büyük bir taşla ezerek öldürür.*"[20]

---

[20] Sıddık Demir, *Dirgen Ali*, 2006

Binboğa kana belenir. Kendi köyünde babasından ve dayısından devraldığı kan davasına, komşu köylerden yeni kanlar ekler. Yaralı olarak Kerevin'e sığınır. Yakalanıp cezaevine girip çıktıktan sonra, Kerevin'de kendine bakan ailenin gelinini kaçırır. Dirgen Ali'nin yaşamında onu şekillendiren iki kadın vardır: Anası Eşe Kadın ve ikinci eşi kaçırdığı Hacce Kadın. Dirgen Ali hikâyesi yöredeki ekonomik-siyasi egemenliğin de hikâyesidir. Astığı astık, kestiği kestik bir adamın hem yöre ağalarıyla hem devlet erkânıyla dirsek temasıyla kurduğu otoritenin sonradan biraz milliyetçilik biraz Sünni Tarikat'la süslendiği bir hikâyedir. Yöreye kalansa Binboğa Yaylalarına yayılmış kandır, ağıtlardır:

"Yağlıca'da bir su akar
Akar bulanı bulanı
Beş kardeşin bir bacısı
Ağlar, dolanı dolanı

Yağlıca'nın yolu taşlı
Ben ağlarım gözüm yaşlı
Şimdi Dirgen Alim gelir
Göğ kıratlı eli kuşlu

Haze, deli gönül haze
Geldi başımıza kaza
Bizde düğün kurmuş idik
Hunu'daki öksüz kıza

Havlusunda göğ kıratı
Haymasında çayır otu
Hele ölen bir adam olsa
Çağırşak'ın ahraz iti

Parmağı altın tokalı
Meşreha sırma yakalı
Mor koyun suya inmiş
Çatal koçlu ger teke"[21]

---

[21] Sıddık Demir, Dirgen Ali

Dirgen Ali'nin ilk cinayetinden sonra bacısının Dirgen Ali için söylediği bu ağıt "ötekiler"e bakışını da yansıtır. Dikenli Yaylası'nın kullanımı için kendi köylülerinin başkaldırması hikâyenin başladığı yerde bitmesine yol açar. Dirgen Ali, Dikenli Yaylası'nda kendi köylüleri hatta kimi akrabaları tarafından vurulur.

Yayla kavgalarının bir de Kürt cephesi vardır. Hayvancılık ve kaçakçılık dışında bir geliri olmayan Kürt köylerinin hikâyeleri.

Sinemilli Aşireti'nden Çağşaklı Bektaş-ı Şirine, Kırkısrak'tan Şeyh Mamo'nun cemaatindendir. Yolu hakikatin yoludur. Eşi Salve ile dört çocuğunu da aynı felsefeyle yetiştirir. Dört kardeş Şeyho, Süleyman, Mamo ve Basse emeksiz lokmada gözleri olmayan evlatlardır. Osmanlının son dönemleri dağların asker kaçağı ile dolu olduğu dönemlerdir. Çoğu dağlık köy de evinde işindedir. Ne var ki muhbirler de boş durmaz. Süleyman ve kardeşleri de geçici bir süre Kızılcık Yaylaları'nda bir kulübe yapıp kışı geçirirler. Kızılcıklılar bu işten hoşnut değildir. Bir gün küçük kardeş Mamo'yu yaylada tek yakalar ve her gün bir uzvunu keserek işkenceyle öldürürler. Süleyman şüphelendiği Kızılcıklıları tek tek öldürür. Ağabeyi Şeyho ile birlikte dağları mesken tutar. Cumhuriyet'ten sonra teslim olur, aftan yararlanır.

Köyüne döner hayvancılık yapar, kaçakçılık yapar. Kaçakçılık dedikse basit eşya ticareti. Halep'e mal götürülüp; kumaş, hazır giyim, tütün ve çay getirilir. Köy evlerimizdeki geyikli duvar halıları da bu yolla gelmiştir. Kaçakçılık arttıkça jandarma pususu da artar. Bir seferinde Raşko Süleyman jandarma çevirmesiyle karşılaşır:

"Birçok sefer yapar; bir gün Halep'ten dönüş yolunda, Maraş'ta Ali Kayası'nı geçtikten sonra, sanırım Süleymanlı (eski Zeytun) Köyü'nü geçince pusuya düşer. Jandarmanın 'dur' ihtarına uymaz. Çünkü kaçak kumaş var ve pusuyu arkadaşı İbrahim'le yarar, uzaklaşır. Jandarma peşini bırakmaz, Süleymanlı Köyü'nden sonraki köyde jandarma yine önünü keser. Jandarma çağırı yapar. 'Kimsiniz, teslim olun!' der. Raşko cevap verir. 'Benim adım Raşko Süleyman,

bende sadece kumaş var. Ben bugüne kadar bin teslim ol çağrısı aldım, hiçbirine rağbet etmedim. Size de etmem,' der. Bunu duyan yüzbaşı askeri geri çeker. Ama İsmail üç jandarmayla takibe devam eder, ilk kurşunda dedemin atının yükünü deler. Dedem tam vurulma mesafesindedir, ikinci kurşun dedemin ayakkabı topuğunu sıyırır geçer. Bunun üzerine Raşko: 'Asker gelme vururum seni!' dese de İsmail dedeme sıkmaya devam eder. Dedem, İsmail'i mecburen tek kurşunla düşürür. Akşama doğrudur, bir temmuz akşamı. Adı geçen İsmail bir jandarma onbaşısıdır ve Tokatlıdır. Yıllar sonra, Tokat'tan İsmail'in ailesi ve kardeşi Kamalak Köyü'ne geldiler, Alevi bir ailedendir. Babamın babası Kubucuk Hasan iki öküz ve bir inek verir; çünkü hakikaten yetim kalmıştı İsmail onbaşının çocukları. Annemin (Afe Ana) ilk gelinlik yıllarıdır. Orada bir ağıt yakar. İsmail Onbaşı'nın ailesiyle çok iyi bir dostluk kurulur."[22]

Yayla kavgalarının Dirgen Ali'yle Raşko'yu da karşı karşıya getirdiği olur. Reşko'yu kimi zaman Kırkısrak-Lorşun yayla davasında Kırkısrak'a destek olurken, kimi zaman jandarmayla birlikte Dirgen Ali'yi Raşko'nun peşine düşerken görürüz. Hikâyesini yine Raşko'nun torunu Hasan Kamalak'tan dinleyelim:

"Bir gün yaylalar yüzünden bir anlaşmazlık çıkar. Kırkısraklılarla Dirgen Ali Aşireti arasında silahlı bir çatışma yaşanır Dirgen Ali yurdunda. Şirin Bektaş'ın yurdu, Dirgen Ali yurdunun tam karşısındadır ve 2 km. mesafededir. Bu çatışmayı haber alan Reşko Kırkısraklılar'a yardıma gelir ve çatışma aksama kadar sürer. Dirgen Ali Aşireti geri çekilir, ikinci bir saldırı için hazırlıklara başlarlar. Dirgen Ali olayları büyütmemek için devreye girer ve der ki, 'Ben Aşiretle (Kürtlerle) çatışmak istemiyorum, yüz yıllık komşuyuz.' Ve Reşko'ya haber gider, taraflar bir yaralı dışında kayıp vermeden barışırlar. Dirgen Ali hanedandır, Reşko'yu çadırında ağırlar. Ama sonraları yayla sorunu yeniden alevlenir ve Dirgen Ali müfreze kaldırır. Müfreze annemi ve teyzemi de alır dedemi aramaya çıkar. Ama bu Dirgen Ali'nin istediği bir şey değildir. Müfreze dedemin yeğeni Kullo Kamalak'ı da yanına alır (henüz 17 yaşında) dağlarda Reşko'yu aramaya çıkarlar. Yanlarında Dirgen Ali ile uzun bir aramadan

---

[22] Hasan Kamalak, Raşko'nun Torunu, Afe Ana'nın Oğlu, Sözlü Anlatım, 7 Ekim 2020

sonra müfreze yorulur. Osmanoğlu Yaylası'nda İncirli (İncili) Kız yurduna gelirken, Kullo'ya bağırır yüzbaşı. 'Çık yolun üstüne' der. Dirgen Ali anlamıştır, Kullo'yu vuracaktır yüzbaşı. Dirgen atından iner, yüzbaşıya yalvarır. 'Yüzbaşım yapmayın, beni Reşko'yla düşman etmeyin, ben bu dağlarda aşiretle barışık yaşamak istiyorum,' der. Ve ekler aynen şu cümleyi kurar: 'Yüzbaşım, sen Kullo'yu vurursan, hemen yarın Reşko gelir beni çadırda sarar, yakar beni.' Yüzbaşı çok sinirlenir. 'Dirgen, hem bizi kaldırıyorsun, yoruyorsun; bırakmıyorsun takibi bitirelim.' Ve 'geri dön' der askere. Bunu Kullo Amca'nın ağzından birebir dinledim. Ondan sonra yayla sorunu Kırkısraklılar'ın dediği gibi çözülür. Dirgen Ali'ye de Şirin Bektaş'ın yurdunda yayılma hakkı verilir."[23]

Yıllar geçer, jandarmanın takibi sıklaştırdığı yıllar gelir. Kayseri Jandarması Reşko'nun peşindedir. Sarız henüz ilçe değildir, Pınarbaşı'na bağlıdır. Jandarma, muhbirinden aldığı ihbarı değerlendirir. Reşko Çağşak'ta evindedir.

"Dedem kendi evinde uyurken sabaha karşı etrafı çevrilir, 'teslim ol' denir. O ara Hulisi, dedemin atlarına hizmet eden adam, içeri girer. Reşko der ki, 'Hulisi bak, dışarıda kaç asker var?' Dedemin niyeti, üç beş askerse kuşatmayı yarıp çıkmaktır. Hulusi çıkar, bir süre sonra gelir; 'Süleyman, 150 asker var, seni sağ bırakmazlar,' der. Dedem yorulmuştur, büyük bir çatışmayı göze alamaz, 'tamam' der. O ara Hulusi dama çıkar, dedem kapıdan dışarı adımını atar atmaz dedeme sıkar ve dedemin karnı yarılır, ayaktadır. 'Salve, silahımı yetiştir' der annem silahını kapar, kurşun gibi çıkar, mermiyi sürer, Hulusi'ye yönelemeden, nenem silahı alır, üstüne kapanırlar. Reşko der ki, 'kızım, benim için ağlamayın, ben çok ocak söndürdüm..."[24]

Reşko'nun kızı Elif'in duyguları ağıt olur, akar. Afe Ana'nın babası için yaktığı iki ağıt günümüze kadar gelir. Bazen eklemelerle, bazen eksiltmelerle. Kimi beyitleri başka ağıtlara misafir olur, kimi ağıttan da misafir alır. Biz yine de Mehmet Bayrak'ın kaynaklarından aldıklarını olduğu gibi aktaralım:

---

[23] Hasan Kamalak, Raşko'nun Torunu, Afe Ana'nın Oğlu, Sözlü Anlatım, 7 Ekim 2020

[24] Hasan Kamalak, Raşko'nun Torunu, Afe Ana'nın Oğlu, Sözlü Anlatım, 7 Ekim 2020

"Kara çadır is mi tutar
Altın kılıç pas mı tutar
Tez gelsin babacığım
Elin kızı yas mı tutar

Seni vuran dağlı mıydı
Kurşunları yağlı mıydı
Eloğlu seni vururken
Senin kolun bağlı mıydı

Tüm Binboğa hanesiydi
Öfkesi barhanesiydi
Reşko teslim m'olurdu
Kalleşçe vurulmasaydı

"Lena lena siyaro lena
La haspaki kıri çena
Siyarımı la siyabuyne
Mı dast hakıra dizgine

Hava ile hava ile
Kötü Tümüklü sebebiyle
Hulusi de babamı vurdu
Beş jandarma marifetiyle.[25]

***

Fişekliğin düzüm düzüm
Karda belli olmuş izin
Kara yasla dolaşıyor
O sevgili iki kızın

Öle öle kızların öle
Ölmiye ne günler göre

Halep'ten malı kaldırır
Tokat Zile'de sattırır
Namı büyük benim babam
Evine misafir kondurur

---

[25] Mehmet Bayrak, *Eşkiyalık ve Eşkiya Türküleri*, 1985, s.296

Öle öle kızların öle
Ölmiye ne günler göre

Şıho dersen ağalar ağası
Binboğa yaylası Elbistan kışlası
Sırtında görülür sırma meşrası

Öle öle kızların öle
Ölmiye ne günler göre

Aslan babam aslan babam
Devletten sana çıktı ferman
Dizlerimde kalmadı derman

Öle öle kızların öle
Ölmiye ne günler göre

Tüfengin elden ele dolaşıyor
Yetim kaldı iki kızın
Kuzu gibi meleşiyor

Öle öle kızların öle
Ölmiye ne günler göre

Değen kurşun yağlı mıydı
Elin kolun bağlı mıydı
Seni vuran yoldaşların
Ciğerleri yanmış mıydı

Öle öle kızların öle
Ölmiye ne günler göre

Çok cefan gördüm yalancı dünya
Çok kahrını çektim çürüdü bünyem
Senin için çıktı bir büyük ferman

Öle öle kızların öle
Ölmiye ne günler göre

Haleb'i yol ettim kalmadı sana
Fişeklik belinde tüfek bir yana
Kızların dolaşır hem yana yana

Öle öle kızların öle
Ölmiye ne günler göre

Postayı ayırdı iki kardaşın
Ne kadar büyüdü belalı başın
Felek size yedirdi zehirli aşın

Öle öle kızların öle
Ölmiye ne günler göre

Elif durmadan sizleri izler
Düşman dam başında gözler
Yetim kaldı iki kızlar

Öle öle kızların öle
Ölmiye ne günler göre"[26]

Hakikat Arayışının Deyişlerle Meyve Vermesi

20. yüzyılın ilk yarısı düşünsel olgunluğa ermiş hakikat şehrinin ürüne durduğu dönemdir. Daha önceki dönemlerde nefes ve deyişler genellikle Alevi-Bektaşi yol ve erkânını anlatan, kendi kültürünü içeren özellikler taşırken, bu dönem daha önceleri şehirli Bektaşi şairlerinde rastlanan bir tarzda, inançlarını-kültürlerini eleştiren odaklara karşı yanıt vermeyi de içermektedir. Bunda 19. yüzyılda bölgede şekillenen kültürel-sosyal oluşumun etkisi kadar; Haydari, Ali Haki Edna, Meluli (1892-1989) gibi eğitimli Farsça ve Arapçaya da hâkim, Kur'an'ı, İncil'i iyi bilen, şehirli Bektaşi şairleri de takip eden hakikatçi şairlerin ortaya çıkmasının da etkisi vardır. Hakikat arayışının kendisi yol'da farklı bir sürek'ken, Sünni-İslamcılardan gelen sataşma ve karalamalara itiraz etmemesi düşünülemezdi. Baskının ve ötekileştirmenin dozuna göre yanıtların sertliği de artmıştır. Elbistan'ın aynı bölgesinde yer alan Yapılıpınar (Biregani), Yalıntaş (Aktil) ve Beştepe Köyleri genellikle Alhas Aşireti yerleşkeleridir.

[26] Mehmet Bayrak, *Eşkiyalık ve Eşkiya Türküleri*, 1985, s.295-6

Haydarî (1872-1942), Şıh Hatayi, Ali Haki Edna (1889-1961) ve Halil Öztoprak (1892-1966) gibi Hakikat arayışındaki etkili ozan ve yazarların yeşerdiği verimli bir iklime sahiptirler. Sık sık Elbistan ulemasıyla atıştıkları olur. Haydari, Alevileri namaz kılıp oruç tutmuyorlar diye kınayanlara seslenir, sesinde Nurhaklar'la Binboğalar arasında yankılanan Dadaloğlu'nun sesinin tınısı da vardır. Üstelik Yol'un özünü de aktararak:

"Nasihat eyleme bize ey vaiz
Bizi özümüzde gafil mi sandın
Nefsine nasihat eyle ey âciz
Sen kendi özünü kâmil mi sandın

Allah(ın) emrini bilmezler deyu
Oruc tutmaz namaz kılmazlar deyu
Abdest almaz gusul almazlar deyu
Bizi sizin gibi câhil mi sandın

Evlâd-ı Resûl'e biat kılmadan
Dört kapıyı kırk makamı bilmeden
Mürşid'i kâmilden irşad almadan
Sen özünü Hakk'a vasıl mı sandın

Mürşidin elinden dolu içmeden yan
Hak yoluna can u serden geçmeden yan
Yetmiş iki sözün özün seçemeden yan
Gürûh-u naciye dâhil mi sandın

Hak deyub da Hak yoluna gitmeden
Hakk'ın düşmanına lanet etmeden
Okuyub da bildiğini tutmadan
Sen seni ilmine âmil mi sandın

Allah(ın) emrini işidib duydun
Nehyine aldanub emrini saydın
Dünyaya meyl edüb nefsine uydun
Hakkı hakikatı batıl mı sandın

Her kim ki Âdem'e secde kılmazsa
Hakk'ı öz adamda hayiz bilmezse

Kendi vücudundan vakıf olmazsa
Hayderî sen onu âkıl mı sandın"[27]

Haydari yalnız değildir. Komşu köyden muhabbet meclisi ehli Ali Haki Edna da "cehennem"i işaret eden softalara "*Cehennemden Korkar mıyım?*" diye seslenir.

"Tanrı demiş cehennem var
Cehennemden korkar mıyım?
Hey gidi saf Müslümanlar
Cehennemden korkar mıyım?

Fazlı olup satılmışım
Diyar diyar atılmışım
Bir ummana katılmışım
Cehennemden korkar mıyım?

Cennet cehennem de nedir?
Beklerler kaç bin senedir?
Gafil düşünmek nemedir?
Cehennemden korkar mıyım?

Dünyayı boş görenler boş
Hancı sarhoş yolcu sarhoş
Hak'tan gelen ne olsa hoş
Cehennemden korkar mıyım?

Hicrani'yim yanacak nem?
Aşk oduyla büryanım hem
Bendedir cennet cehennem
Cehennemden korkar mıyım?"[28]

Haydari ile Ali Haki Edna'nın sesleri Binboğa'nın vadilerinde, Kötüre Köyü'nde Meluli'de ahengini bulur:

"Hak yoluna giden Bektaşileriz
Safsata değildir yolumuz bizim
Arı gibi bir kovanda işleriz
Görünmez münkire balımız bizim

---

27 Mehmet Kömür, *Haydarî Divanı*, 2010, s.614
28 www.ahev.org.uk, ali haki edna 1

Her sözümüz gerçek, yalan değiliz
Kurt gibi koyuna dalan değiliz
Biz dili zehirli yılan değiliz
Yaralara merhem dilimiz bizim

Âdem soyundanız değiliz köpek
Ne kadar yıkansa it olur mu pek
Selâti daimiz abdestimiz tek
Harama değmemiş elimiz bizim

Yıktı bu zalimler arşı alayı
Unutmuş değiliz biz Kerbelâ'yı
Daima çekeriz böyle belayı
Her zaman böyledir halimiz bizim

Melûli'm biz doğru yoldan şaşmayız
Muaviye'nin tuzağına düşmeyiz
Mundar merkep gibi ölüp şişmeyiz
Temizdir dirimiz ölümüz bizim"[29]

Hakikat Ehli Şeyh Mamo'nun damadı da olan Aktilli Halil Öztoprak ise diğerleri gibi Kur'an'ı iyi bilenlerdendir. Kur'an delil gösterilerek Alevi-Bektaşilere yapılan ötekileştirici saldırılara önce "*Kur'an'da Hikmet/Tarih'te Hakikat*" sonra "*Kur'an'da Hikmet/İncil'de Hakikat*" adlı kitaplarla cevap verir:

"Dinler ve mezhepler tarihi tetkik edildiği takdirde görülür ki her din ve mezhebin kuruluşunda mevcut olmayan birçok akait ve kavait sonradan bu din ve mezhebin teşkilatçıları, havarileri, imamları ve müçtehitleri tarafından peygamberlerin ölümünden sonra vazedilir. Sonradan vazedilmiş olan bu kaideler zamanla kat'iyet kesbetmekte ve dinin esaslarından zannedilerek buna göre amel edilmektedir. Ve zannedilmektedir ki hakikat ancak bu ahkâmdadır, bu ahkâmın dışında kalan her şey batıldır... Alevilerin ibadete niçin riya katmadıklarını açıklayarak asırlarca gizli tutulmuş ve sır bilinmiş ibadete ait meselelerin mahiyeti asliyesini, mevcut basın ve fikir hürriyetine istinaden meydana koyacağım"[30]

---

[29] Halife Özpolat-Hamdullah Erbil, *Melûli Divanı*, 2006, s.117
[30] Halil Öztoprak, *Kur'an'da Hikmet/Tarih'te Hakikat*, s.6-7

Hürriyet para etmez, kitapları da kovuşturmaya uğramaktan kurtulamaz. Ama ayetlerle ve tarihsel olgularla görüşlerini dile getirmiş olur. Kızılbaşlara "*namaz kılmıyorsunuz, Hacc'a gitmiyorsunuz siz Müslüman değilsiniz*" diyenlere Kur'an'a dayanarak, "*siz niçin 5 vakit namaz kılıyorsunuz ki*?" sorusunu sorar. Bölgedeki Hakikat arayışı yalnızca Alevi-Bektaşilere özgü bir arayış değildir. Bu sorunun paralelinde kimi Sünni de kendi kendine "*Kur'an varken bu mezhepler niye var ki*?" sorusunu sorar.

3 Bereket Ovası

Ovadan Sesler

Kâh Dadaloğlu kâh Karacaoğlan damarından beslenen ova sulak tarla gibi verimlidir. Dört bir yanındaki ulu dağlardan kopup gelen Göksun Çayı, Hurman Çayı ve Söğütlü Çayı ovayı sulayı sulayı gelip, Ceyhan Nehri adını alıncaya kadar şairler tarlasını da ihmal etmez. Sanki bölge bölge öbekleyip toprağı şairlerle nakışlamıştır. Yarpuz'da Nahiye müdürlüğü, Elbistan'da Belediye Başkanlığı yapan Rıfat Saltoğlu (1837-1911) ovayı gazel ve kasideleriyle harmanlamıştır. Mezhepte Hanefi meşrepte Bektaşiler'in bol olduğu ovada Izgınlı Virâni (1831-1911) Hacı Bektaş sevgisini dile getirir.

"O kimdir cennetin kapısın açan
Süreyim yüzümü eşiği nerde?
Hünkâr Hacı Bektaş çorbasın içen
İçilen çorbanın kaşığı nerde?

Ölmez ama bu dünyadan göçerler
Mahşer günü yeşil bayrak açarlar
Günahlıyı günahsızdan seçerler
Kalır o kulların şaşığı nerde?

Söyleyen Virânî günahkâr imiş
Hakk katında çok kusurum varmış
Amanın efendim dünya çürümüş
Hakk deyip yürekten coşuğu nerde?"[31]

Virani'nin torunu olan ve köylerde imamlık yapan Pehlül Ali

---

[31] Celalettin Kurt, Elbistanlı Şairler Antolojisi, 1993, s.177

(1886-1957) tıpkı imamlık yapan Alemdarlı Kul Hamit gibi badeli âşıklardandır. Bir gece rüyasında aksakallı pir gelir iki elinde iki kadeh, birini kendisi için diğerini Güllü Fadime için içmesini söyler. Uyandığında dört bir yanına bakar, pir gitmiştir.

"Dört yanıma baktım kimse kalmamış
Çağırıram Hacı Bekdâş Pîr deyi
Ezeli ervâhta îman getirdim
Muhammed Peygamber Allah bir deyi

Şu dertli sînemde sızlaşır yaram
Bir tabîp bilmem ki yanına varam
Sevdiğim Aslıhan ben oldum Kerem
Şehir şehir dolanıram yâr deyi[32]

Sıradanın başına gelen her konuda şiirler yazsa da Güllü Fadime için içtiği kadehten olsa gerektir, aşk üzerine yazdıkları bir başka heyecan taşır, toprağının özelliklerini de yansıtır. Bunda Elbistan Kızılcaoba'dan Derdiçok (1875-1937) ile dedesi Vîrânî'nin etkisi vardır elbette.

"Gene gün değdikçe ahıyor balın
Meyveler içinde irmalı mısın
Elinen çekilmiş kara sanardım
Tâ anadan doğma sürmeli misin

Şeker olsan dudağımda ezerim
Zedef olsan diş yerine düzerim
Urûhum üstünde kaldı nazarım
Hayalin karşımda durmalı mısın

Güzelsin sevdiğim ayınan günden
Seni gören âşık vaz gelir candan
Ölürsem kanımı alıllar senden
Zorunan kanıma girmeli misin

Behlül Ali'm der ki ohur yazarsın
Ağca ceran gimi çölde gezersin

---

[32] Ali Karaçalı, *Behlül Ali*, 2008, s.59

Til til edip mâh yüzüne düzersin
İpek mi gümüş mü sırmalı mısın"[33]

Ovayı etkileyen en önemli âşıkların başında Derdiçok (Ömer Lütfi Pişkin) gelir. Derdiçok Elbistan Kızılcaoba'da doğup, Yarpuz'un Tanır nahiyesinde yaşama veda eden ve ovanın iki yakasını birleştiren imam âşıklardandır. Yörede bunca imam âşığın olmasında Cumhuriyet öncesi dönemde imamların okur-yazar olmalarının, medrese eğitimi görmüş olmalarının da etkisi vardır. Behlül Ali şiirlerini düşünüp yazarken, Derdiçok irticalen ve sazla icra eden bir âşıktır. Kadiri Tarikatı üyesi olan babası iyi bir dini eğitim alması için sık sık tarikat zikirlerine götürür. O yine de sazdan sözden vazgeçmez. O da badeli âşıklardandır.

"Rivayete göre; Eshab-ı Kehf'e gittikleri bir gün babası Lütfi'yi Kıtmir taşının bulunduğu yere yatırır. Burası dilek sahipleri hastalar ile dertlilerin yattıkları ve Yedilerin yardımını bekledikleri bir mağaradır. Ömer Lütfi, burada yatar ve uyur. Rüyasında Yedilerden Yemlihâ'yı görür. Yemlihâ onun ağzına bir tulumdan kum darısı döker ve ona: 'Oğlum Lütfi! Bundan sonra senin adın Derdiçok'tur. Dertlerini şiirle söylemek için dilindeki bağı çözdüm. Bu tulumdan şu darı nasıl akıyorsa, ağzından da deyişler öylece akacaktır,' der."[34]

Çektiği acılar da sevinçler de onun sazına deyiş olur ama en çok da gördüğü güzellere, sevdiği kadınlara söyler.

"Boşa efkâr etme gidiyor diye
Gelirim sevdiğim yol benim olsa
Bilirim her vakit senin karşında
Eğlenir kalırdım el benim olsa

Kudretten mi böyle gözlerin sürme
Ok kirpiklerini sineme vurma
Siyah perçemine katardım sırma
Karakaş üstünde tel benim olsa

Kaşı karam ne buyursan tutardım
Benim olsan canı cana katardım

---

[33] Ali Karaçalı, Behlül Ali, 2008, s.97
[34] Nükte Derdiçok, Aşık Derdiçok, folk-portal.org

Başımı kor incitmeden yatardım
Nazlım ak bilekli kol benim olsa

Şol karakaşında kaldı nazarım
Yitirdim aklımı mecnun gezerim
Ak göğsünden düğmelerin çözerim
Kınalı parmaklı el benim olsa

Şimdilik perişan Derdiçok'un hali
Hiç gözümde yoktur dünyanın malı
Verseler de yemem şekeri balı
Dostumun lebinde bal benim olsa"[35]

Yüreğindeki bütün sevdayı sazıyla söze döker, akıtır içindeki balı güzele. Mısralarındaki özü Hurman'ın suyundan, Ovanın şeker pancarından, rüzgârın taşıdığı Binboğa çiçeklerinden derleyip yüreğinde harmanlar Derdiçok. Sonra söz olur, ses olur bir coşkuyla yürür gönüllere.

"Aman güzel yavaş yürü
Yollar incinir incinir
Güzelim diye nazlanma
Eller incinir incinir

Güzel olan yıkmaz hatır
Kesme selamını yetir
Berk sallanma acık otur
Kollar incinir incinir

Geçme âşıklar peşinden
Güzel ayrılmaz eşinden
Ağlatma didem yaşından
Seller incinir incinir

Nazlım bana azgın bakma
Beni ateşine yakma
Yeter burcu burcu kokma
Güller incinir incinir

---

[35] A.S. Emirmahmudoğlu, A.O.Özavşar, M.A. Küçükpınar, *Derdiçok ve Şiirleri*, 1946, s.25

Canım kurban ala göze
Verme Derdiçok'a ceza
Ne desem yakışır size
Diller incinir incinir"[36]

Ovadaki kimi âşığın mısraları Yarpuz'un mor sümbüllü bağlarından alır kokusunu. Fabrika şekerlerinin dillere değmediği zamanlarda üzüm her şeydir. Pekmezdir, pestildir, cevizli samsadır, cevizli sucuktur, cepte kuru üzümdür. Bu toprakların şairi, aşığı olup da mor sümbüllü bağlardan ilham almamak olur mu? Hele de Yarpuz'un Erçene Köyü'nün üzüm bağları varken. Ev yapımı şarapları ve boğma rakıları nice aşığa bade olmuştur. Erçene, Çağılhan, Altaş ve Tıl-Avşın bir dörtgenin dört köşesi gibidir. Göksun Çayı ile Hurman Çayı'nın birleşip Ceyhan'a dönüştükleri kavşağa da tanıklık eder bu dörtgen. Yani üzüm bağları diyorum; Binboğalar'ın, Berit'in, Nurhaklar'ın suyunu taşıyan Göksun Çayı, Hurman Çayı, Ceyhan Nehri diyorum. Yani Erçene Köyü'nün bu topraklardan beslenen aşığı, Âşık Hüseyin(Tenecioğlu-Tahtacı) diyorum. Baba adı Yemliha olan Âşık Hüseyin 1896-1945 yılları arasında yaşamış, yaşadıklarını söze-saza dökmüş bir Yarpuzlu âşık. Hüseyin birçok bölge insanı gibi ekmeğini Çukurova'da aramış bir âşık. Sazlı sözlü kumpanyalarda şanoya çıkıp çalıp-söylemiş. Gönlünü de açmış elbette.

"Çırpınıp da şanoya da çıkınca
Eğlen şanoda da kal Acem Kızı.
Uğrun uğrun kaş altından bakınca
Can telef ediyon bil Acem Kızı.

Gözlerin olmuştur zemzem dolabı
Kaşın eder Beyrut ile Halep'i
Kıvrılmış saçların sırma kelebi
Gün vurdukça parlar tel Acem Kızı.

Amerika kurban çatık kaşına
Avrupa, Belçika düşmüş peşine

---

[36] A.S. Emirmahmudoğlu, A.O.Özavşar, M.A. Küçükpınar, *Derdiçok ve Şiirleri*, 1946, s.157-58

İngiliz, Fransız köle döşüne
Bir de Alman kurban bil Acem Kızı.

Seni gören âşık neylesin canı
Yumdukça gözünden döker mercanı
Burnu fındık ağzı kahve fincanı
Şeker mi şerbet mi dil Acem Kızı.

Seni gördüm yüreciğim sızılar
Ak gerdanda dizim dizim gaziler
Çark elinden çıkma gibi pazılar
Altın burma takmış kol Acem Kızı.

Canım kurban olsun ikrar güdene
Belin ince, boyun benzer fidana
Ateşine yanmış Tarsus, Adana
Nasıl zil vuruyor el Acem Kızı.

Şahin gibi yükseğinde düneği
Avrupa'dan gelmiş cansız bineği
Berber aynasından duru yanağı
Akıyor dudaktan bal Acem Kızı.

Kaşlar arasında Zühre Yıldızı
Seni görenlere düşer bir sızı
Gerdan beder beder, dudak kırmızı
Açılmış yanakta gül Acem Kızı.

Aşık Hüseyin'im söyler söz olur
Çok sallanma güzel sana söz olur
Mısır'ı Bağdat'ı versem az olur
Ara menendini bul Acem Kızı"[37]

Kumpanyada şanoya çıkan Acem kızına döker içini. Amma burası Maraş ve Çukurova ağalarının borusunun öttüğü yerdir. Bir güzeli bir âşığa yar etmezler. Âşık Hüseyin sırtını dayar mor sümbüllü bağlara "*ya beni de götür ya sen de gitme*" der.

"Dayanamam gayri ben bu hasrete
Ya beni de götür ya sen de gitme

---

[37] Yrd. Doç. Dr. Seher Atmaca, *Binboğa'nın Söz Pınarı*, 2017, s.71-72

Ateş-i aşkına yakma çıramı
Ya beni de götür ya sen de gitme

Ahtı amanımız vardı seninle
Gönül mü eğledin yoksa benimle
Kavli kasem eylemiştik yeminle
Ya beni de götür ya sen de gitme

Sen gidersen kendim berdar ederim
Bülbül gül dalına konmaz niderim
Elif kaddim büker keman ederim
Ya beni de götür ya sen de gitme

Aşk-ı muhabbetle düştük dillere
Bu hasretlik beni salar çöllere
Bırakıp da gitme gurbet ellere
Ya beni de götür ya sen de gitme

Yâr sineme vurdun kızgın dağları
Viran koydun mor sümbüllü bağları
Hüseyin'im geçiyor gençlik çağları
Ya beni de götür ya sen de gitme."[38]

Dağlarıyla, vadileriyle, çaylarıyla, ovasıyla endemik bir iklime duran bu çanakta Melûli'nin sesi, Viranî'nin sesine, Derdiçok'un sesi Haydari'nin sesine, Ali Haki'nin sesi Behlûl Ali'nin sesine, Âşık Hüseyin'in sesi Mücrimî'nin, Tacim Dede'nin sesine karışıp Hurman'ın suyuna berraklığını, Nurhaklar'a isyanını, Binboğalar'a deyişlerini bağışladı. Yeni filizlere su oldu, hava oldu, toprak oldu. Aşık Yener'e, Kul Hamit'e, Kul Hasan'a, İbreti'ye, Mahrumi'ye, Afe Ana'ya, Aladeli'ye, Abdurrahim Karakoç'a, Hayati Vasfi'ye, Perişan Güzel'e, Hayretî'ye, Nizari'ye, Aşık Hüdai'ye, Aşık Fedai'ye, Mahzuni'ye, Maksudi'ye, Yemliha'ya ve daha nicelerine dönüşen kültürel bir iklim oldu.

---

[38] Yrd. Doç. Dr. Seher Atmaca, *Binboğa'nın Söz Pınarı*, 2017, s.73

Yemliha'nın Aile Fotoğrafı 1937-38

Gişi Yemliha

Gişi Ömer'in oğlu Yemliha 1927'de Yarpuz'da doğar. Yemliha bir Yarpuzlu adıdır, Yediuyurlar'dan miras. Yarpuz "itirazı sürdürsün" diye konur bu ad. Kimisi sırtında taşır bu adı, kimisi süründürür. Aynı zamanda Gişi Yemliha'nın Yemen'de kalan amcasının da adıdır. İlkokulu Yarpuz'un tek mektebinde okur. Sonrasında, eğitim-öğretimine yeni başlamış olan Düziçi Köy Enstitüsü'ne gider kardeşiyle birlikte. Gişi Ömer bakar n'oluyor oralarda diye. Çocukların halleri perişanlıktır. Türkiye orada sıfırdan inşa ediliyordur. Gişi Ömer "Benim yanımda çalışanlar bile sizden rahat yaşıyor" der, geri götürür Yarpuz'a.

Aynı dönemde Düziçi'ne giden Tanırlı Hacı Yener (Âşık Yener) devam eder okula; Düziçi'nden de Hasanoğlan'a gider bitirir okulunu. Yemliha'nın da kendini inşa süreci Yarpuz'da başlamış olur böylece. Kardeşi Feramuzla birlikte köşkerliğe başlar, çiftçilikte babasına yardım eder.

İkinci Dünya Savaşı yıllarıdır, yokluk yoksulluk diz boyudur ama babasının durumu nispeten iyidir. Kötüre'den balı, tereyağı, peyniri eksik olmaz. Kürtlerle iyi bir ilişkisi vardır. Gişi

Ömer Kötüreli Karaca (Meluli) ile dosttur. Karaca'nın evlatlığı Hüseyin Erbil; İlkokulu Yarpuz'da okurken Gişi Ömer'in evinde kalır. Yemliha ile Meluli'nin tanışıklığı 40'lı yılların başına kadar uzanır. Ama o sıralar Yemliha'nın başında kavak yelleri esiyordur.

"Sene 1943 sonrasındayız, artık 15 yaşımı bitirmek üzereyim. Bütün düşüncem Remziye Ertekin'le evlenip iyi bir yuva kurup güzel bir hayat geçirmekken, atalarımız rıza göstermiyorlar. Bazı akraba ve arkadaşların gayretiyle babamı dünürcü ya da dövüşçü olarak bir kaç defa gönderebildik. Fakat İbiş Efendi kati olarak red cevabını esirgemediği için, tabii olarak bunun tek çaresi bizim kendi rızamızla olmasıydı... Bu günler pek de iyi geçmiyordu. Bir gün 1944 Şubat'ında Remziye'den bir mektup geldi. O sıra arpa ekiyordum. Mektubun sevincini yaşarken, kalbimin sevincini durduran bir pusula daha geldi. Pusulada diyor ki, 'Ben ondan vazgeçtim, babam kime verirse ben ona varırım.' Çok fenayım, hayat benim için hiç oldu. Günler günlere devir yapmış, benim de sıkıntım taşmak üzereydi ki bir pusula daha geldi: 'Ben her şeyi bir taraf ettim. Benim için yalnız sevgilim lazımdır. Hemen harekete geçip evlenelim,' diyor. Ben bahçeyi beklerken kendisi eve gelmiş, kapı takırtısını duyup koştuğum zaman Ökkeş Öztürk ve Durdu Köş'le beraber yolda idiler. Ben de katılıp Afşin merkezdeki eve geldik. Aynı gece 16 Mart 1944 Perşembe günü Hüseyin Hafız tarafından nikâhımız da kıyıldı."[39]

Yemliha'nın küçük kız kardeşi Raziye, İbiş Emmisi'nin evine kolayca girip çıkarak pusula taşıyordu. Haberleşmeyi sağlayan kuş Raziye Ertekin'di. Amca çocukları olan Gişi İbiş de Gişi Ömer de bu oldubittiden hoşnut değildir ama çok da üstelemezler. Ev kalabalıktır. Gişi Ömer'in ilk eşi Ayşe ve ondan doğan çocuklar evdedir. Askerde olan iki büyük oğlunun eşleri de aynı evdedir. Gişi Ömer, Yemen'de 7 yıl esir kaldıktan sonra Yarpuz'a dönen ve 10 yıllık evlilikten sonra ölen ağabeyinin üç çocuklu eşiyle de evlenmiştir. Çocuklar, gelinler büyük bir ailedir. Ayşe Ana ikinci evliliği nedeniyle Gişi Ömer'i hiç affetmez. Çocuklarına "*Onların babası ölmedi, sizin babanız öldü.*" der.

---

[39] Yemliha Ertekin Arşivi, Notlar, Küçük Defter

"Bu işe babam taraftar olmadığı için bazı kahırlarla karşılaşıyoruz. Fakat iyiyiz ve rençberlik ediyoruz. Mehmet ve Kemal Abilerimiz askerdeler, çalışan yalnızca babam ve ben varız. Anamdan dolayı da sıkıntılıyız. Çünkü anamın yenge yüzünden elindeki her şeyi gitmiştir, bu kayıp onu deli etmiştir. Ben iki taş arasındayım. 1945 güz aylarında Mehmet Abim askerden geldi, parası da vardı. Babama 'Ben ayrı bir ev kuracağım. Zaten yokluğumda hiç çalışmamışınız,' diye de ısrar ediyor. Bizim yırtınıp didindiğimizi aklına bile getirmiyor. Ben de buna canım sıkılarak ayrılmak istedim. Babam da kızarak herkesi ayırdı. Kırk lira da kalay sermayesi alıp Hasan Balaban'la kalaycı olduk."[40]

Ev kurmakla, kışlık zahireyi hazırlamakla uğraşırken 10 Kasım 1946 günü askere çağrılır. Askerlik Şubesi 19 Kasım 1946 tarihinde sevkini yapar. Yürüyerek Afşin'den Maraş'a 2 günde gider. Orada toplanma merkezinden İstanbul Yassıveren'de 52. Tümen, 174. Piyade Alayı, 2.Tb, 8.Ağır Makineli'ye sevkedilir.

Yaşamında yeni bir öğrenme sürecidir askerlik yılları.

O yıllar İkinci Dünya Savaşı'nın bittiği, yeni bir dünyanın kurulmaya başlandığı yıllardır. Çok partili sistemle DP'nin de siyaset sahnesinde yerini aldığı, ABD'nin Sovyetlere karşı bir yeşil kuşak oluşturmak için Truman Doktrini'nden NATO'nun kuruluşuna kadar evrilen bir sürecin yaşandığı, Türkiye'de anti-komünizmin köşe taşlarının yerleştirildiği yıllardır.

"6 Şubat 1947 senesinde 86. P.A. 174. P.A. 16. ve daha birkaç alayla, topçu alaylarıyla Örcünlü ile Kızılca Ali Köyü arasında Genel Kurmay Bşk.nı orgeneral Salih Omurtak Baba'ya resmigeçit geçtik, çok yorulduk, fakat Omurtak'ı gördük."[41]

Orgeneral Salih Omurtak Truman Doktrini çerçevesinde ABD ile 12 Temmuz 1947'de varılan askeri antlaşma çerçevesinde Türkiye'den ABD'yi ziyaret eden ilk genelkurmay başkanıdır. Ordunun ABD formatında örgütlenmesini-donatılmasını sağlayan ve Soğuk Savaşı kuran tarihî önemi olan bir gezidir.

---

[40] Yemliha Ertekin Arşivi, Notlar, Küçük Defter

[41] Yemliha Ertekin Arşivi, Mini Defter, Askerlik Notları

Yemliha 18 Ekim 1947'de onbaşı, 30 Ocak 1948'de de çavuş olur.

ABD'nin işi para ve teçhizat göndermekle bitmez. Yardımların yerinde kullanılıp kullanılmadığını da kontrol ederler. Yardımlar Türkiye'nin bağımlılığı yolunda temel kilometre taşlarıdır.

"21 Haziran 1948 günü öğleyin bizim Alaydan 35. Alaya gittik; giderken çok fazla yorulduk. Akşam orada çadır kurduk ve gece orada yattık. Ertesi gün bizi bölüklere ve mangalara dağıttılar. Tam teçhizatla talim yaptırdılar. Bu dört gün zarfında iki gün Alay komutanına teftiş ve resmigeçit geçtik. 2 gün de Tümen ve Kolordu komutanlarına aynı hareketi yaptık. 29 Haziran 1948 günü Amerikan Yardım Heyeti'nden 3 general geldi. Ve Akpınar'ın karşısında asfaltta resmigeçit ve teftiş verdik."[42]

Yemliha ordunun askere sunduğu konser, tiyatro ve sinema etkinliklerinin de müdavimidir.

"19 Ağustos 1948 günü Kolordu'ya Münir Nurettin ve başka birkaç erkek ve kadın sanatkâr şarkı söylediler ve bir kaç büyük şairin şiirlerini okudular. Şaab Baba'nın şerefineydi; çünkü orgeneral oluyordu."[43]

Yönetmenliğini Ferdi Tayfur'un, başrolünü Cahide Sonku'nun yaptığı "*Senede Bir Gün*" adlı 1946 yapımı film dâhil birçok filmi askerliği sırasında tümen sinemasında izler. Arada bir İstanbul'a geçip İstanbul'u gezer, tiyatroya gider.

6 Nisan 1949'da Alayı lağvedilir ve Erzurum'a sevk edilir. 27 Temmuz 1949 tarihinde Yarpuz'a izinli olarak döner. 3 Eylül 1949'da izin bitimi askerlik şubesine teslim olsa da birliğine gönderilmeyip, terhis edilir.

Askerlik sonrası Yemliha için zorlu yıllardır. Ailenin geçimini sağlamak başlı başına bir derttir. Bir süre köşkerlik yapar. Ardından bir hayvanla çerçiliğe başlar. Köy köy gezerek iğne, iplik, tarak ve daha bilumum köyde bulunmayıp şehirden alınabilecek taşınabilir eşyalar satar. Çoğu zaman da para yerine ilçede satabileceği ya da evde kullanabileceği köy ürünleriyle

---

[42] Yemliha Ertekin Arşivi, Mini Defter, Askerlik Notları
[43] Yemliha Ertekin Arşivi, Mini Defter, Askerlik Notları

takas eder. Bu iş yeterli geliri getirmese de köylerde yeni arkadaşlıklar kurmasına ve farklı kültürlerle tanışmasına vesile olur. Kalaycılık, çiftçilik, köşkerlik ve çerçilikten sonra bakkallık dönemi başlar. Yeterli sermayesi olmadığı için bakkallıkları da hep ortaklıklarla geçer. Akrabası İsmail Kayhan'ın teklifiyle birlikte dükkân açarlar. 1952 Mart'ından sonra da önce babasıyla, sonra Mehmet Ağabeyi ile bakkallık yapar. Bir süre sonra da kendi başına bakkallığı sürdürür.

Çerçiliği ve bakkallığı sırasında etnik ve inançsal açıdan zengin çeşitliliğe sahip olan yöredeki birçok köyle-köylüyle iletişimi olur. Köken değil insan seçmiştir. Babasından böyle görmüştür. Yemliha için dostluk, muhabbet önemlidir. Sevgi temel düsturudur. Meyli en çok da şairlere ya da şair ruhlulara-dır. İbnülemin Mahmut Kemal İnal'ın hazırladığı "Son Asır Türk Şairleri"nin bulabildiği her cüzünü okur, sevdiklerini defterlerine not eder. Yörenin eski şairlerinin dilden dile dolaşan şiirlerini de takip eder. Kul Hamit, Âşık Yener ve Hayati Vasfi Taşyürek'in yeni şiirlerini defterlerine geçer. Kötüre, Ağcaşar, Serkizçayırı, Kaşanlı, Binboğa, Kamalak ve Berçenek'teki muhabbet cemlerine alışır. Bakkal dükkânına alış veriş için gelen Cırık Baba'yla tanışmasından sonra Berçenek Köyü'nü evinin yolu eder. Şakir Baba (Keleş), Cırık Baba (Keleş), Pehlül Cırık (Fezali), Hüseyin Pasin (Umut Hüseyin), Mahrumi (Rahmi Kaya), Aladeli (Haydar Kaya)'nın olduğu muhabbet cemlerinde bulunmak için sık sık yürüyerek Afşin'den Berçenek Köyü'ne gider. Henüz 14-15 yaşında olan sonradan Şerif Cırık'ı (Mahzuni Şerif) da orada tanır, sever.

Bütün bu muhabbetler Yemliha'yı Kur'an'ı daha iyi anlamaya, Kur'an'a vakıf oldukça Sünni mezheplere kuşkuyla bakmaya iter. Kafası karışıktır. Karıştıkça daha çok okur, araştırır; inancını sorgular.

Kafasının karışık olduğu alan sadece bu değildir. 10 yıldır evlidir ve çocuğu yoktur. Mahalle baskısıyla karşı karşıyadır. En önemlisi de bir gün babasının "Ben ceketimi yatağa atsam karımın çocuğu olur!" sözü ağırına gider. Onlar da çocuk isterler ama doktor doktor gitseler de çare bulamamışlardır. Onca yıl çocuk için ikinci bir evlilik yapma fikriyle mücadele etmiştir. Ama babasının lafı içine taş gibi oturmuştur. Direnci kırılır, ikinci evliliğin yollarını arar utangaçça. Eşiyle konuşur rızalığını alır. Eşi "doğan çocukları kendi çocuğum olarak yetiştireceğim," der. Babasına da açar konuyu; babası bu gidişattan pek hoşnut değildir. Fitili kendi ateşlese de iki evliliğin nasıl bir zindan olduğunu kendi yaşamından bilir; kendi de iki evlidir. Yine de rıza gösterir. Arkadaşı Fettah Kayhan'la Berçenek'te bulunduğu bir sırada Kara Durmuş'un yeni evlenip ayrılmış olan torunu Fadime Arslan'ı isterler. Fadime evli birine gitmem der ve konu kapanır.

Eşi Remziye'yi 1955 Mart'ında G. Antep'e tedaviye götürür, Dr. Lütfi Söylemez ameliyata alır. İki hafta orada kalırlar. İyileşme umuduyla Afşin'e dönerler. Zamanla çaresizlikleri ar"tar. 1955 Eylül'üne geldiklerinde Remziye eşine gidip "Fadime'yi birlikte isteyelim, sen değil kendim evleniyormuşum gibi davranacağım," der. Yemliha'nın içi rahatlar. Arkadaşı Fettah ve Remziye'yi de alarak Afşin'in tek cipi olan Hasan Salt'ın cipiyle Berçenek'e giderler ve Fadime'yi bir daha isterler. Heyette Remziye'nin varlığı tereddüdü giderir. 25 Eylül 1955'de Yemliha; Fadime ile evlenir. Ne var ki yaşamın gerçekleri niyetler karşısında kördür. Yemliha bu kararıyla etkilerini yaşam boyu taşıyacağı bir bombayı yuvasının orta yerine koymuştur. 8 Mart 1956'da yazdığı bir şiir ruh halini yansıtır:

"Sana ait işte tutma bir veli
Yağmuru yağmadan hesap et seli
Kadınlar bulursa yanına deli
Kadı olsa eğlenirler gidersin
...
Gişi oğlum der de kime söylersin
Mutlak Allah'tandır hata eylersin
Bize gelmiş başkasına gelmesin
Sonra işi sen de sarpa sararsın"[44]

[44] Yemliha Ertekin Arşivi, Notlar, Küçük Defter

Berçenekli Fadime kendini ev işlerine adar, evin tüm yükü sırtındadır, üreterek var edecektir kendini; Remziye sık sık baba evine döner, şiirlerle ilenir şiirlerle umutlanır. Kâh kendine kâh sevdiğine seslenir. Evi terketmekle duygular bitmez, umut tükenmez. Peşpeşe şiirler yazar.

"Perişan haldeyim gelemem akla
Bunları yazıyom sana ne hakla
Sır olarak kalsın sevgilim sakla
Elbet bir gün gelir uslanır

Hangi dalı tutsam kestiler onu
Böyle mi bitecek hayatın sonu
Sevgilimin bana dönmezse yolu
Elbet bu gidişle yaşlanır gönül

Halimi görenler delidir sanır
Sanma gönül muhabbetten usanır
İşleyen demiri ışıldar denir
Elbet böyle böyle paslanır gönül

Küçük yaşta neler geldi başıma
Felek daim ağu kattı aşıma
Tutulmuşum kara kader kışına
Elbet bu havada ıslanır gönül

Allah'a yalvardım sabır vermiyor
Gönüle yalvardım halim bilmiyor
Şimdilik yârimden seda gelmiyor
Elbet bir gün olur seslenir gönül

Gözümden günlerce kanlı yaş aktı
Ağarmaz mı dersin acizin bahtı
Şimdi haraboldu gönlümün tahtı
Elbet acır mevlam süslenir gönül"[45]
(Remziye Ertekin)

Bu şiirin ardından iki gün sonra yine kalemine sarılır, kahırlanır sevdiğine...

---

[45] Yemliha Ertekin Arşivi, 10 Mayıs 1956, Şiirler Dosyası

"Yaşama şartlarım elimden aldın
Katlime silahsız ferman verildi
Takatım kalmadı vücut yoruldu
Yorulup yollarda kaldım Allah'ım

Bin yıllık yol oldu yarla aramız
Bu gidişle kapanır mı yaramız
Candan yakın olmak ister gönlümüz
Bu yüzden sararıp soldum Allahlım

Merhamet et acı bana hastayım
Yârim bana dargın diye yastayım
Kime avuç açıp yardım isteyim
Ümitsiz kapına geldim Allah'ım

Gönülden çıkarıp boşlukta koyan
Şefkat libasını sırtımdan soyan
Yareli gönlüme darbeler vuran
Kusuru özümde buldum Allah'ım

Duygusuz gönülsüz nasıl yaşayım
Muhabbet bent tutmaz kime taşayım
Leylam sensin başka kime koşayım
Leylam evde imiş bildim Allah'ım

On ay oldu yaralarım sarılmaz
Anne olmayanın hali sorulmaz
Gönül ümidini kesip yorulmaz
Bu gönül elinden yıldım Allah'ım"
(Remziye Ertekin)

Remziye'nin şiir sonuna eklediği not ise bütün duyguların özetidir: *"Allah'ın değil, aşkın kuluyum/Muhammed'in değil muhabbetin ümmetiyim."*[46]

Yemliha da içini mısralarla döker; kâh kendine kâh Remziye'ye.

Bu günlerde ak karayı seçemem
Düz ovada atlı olsam kaçamam

[46] Yemliha Ertekin Arşivi, 24 Mayıs 1956, Şiirler Dosyası

Serden geçer ben o yardan geçemem
Ağu olsa yerim aşını senin

Bu sene de yağmur dolu olmadı
Onun için hiç kulları gülmedi
Gitti yârim hani geri gelmedi
Böyle yedim ben de taşını senin

Zemheride yağan beyaz kar mısın
Bülbülü inciten adı har mısın
Bulamazsak biz de bunun çaresin
Koymazlar ağzında dişini senin

Yârim böyle miydi senle kavlimiz
Ayrı kalsak geçer'mola devrimiz
Yok mu kavuşmaya hemen çaremiz
Yoksa çökertirim döşünü senin

Böyle miydi ta eskiden kararın
Ölçülür mü şimdi bana zararın
Daima isterdin bana yararın
Dolu diyen bendim boş'una senin

Senin ile kışım dahi yazımdır
Senin rahatına neler lazımdır
Maksuda ermeye azim lazımdır
Hareket gitmiyor hoşuna senin

Gel Karaoğlan bunu söyleme ele
Bülbül olan konar daima güle
Seni tanıyanlar istemez bile
Bu işin gitmedi hoşuna senin[47]

O yılın Haziran'ında Remziye eve döner. 7 Eylül 1956'da Fadime'den bir oğulları olur, Sefer adını koyarlar. Ertesi gün Gişi Ömer hayırlı olsuna gelir. İsmini koyup koymadıklarını sorar, Remziye "*koymadık*" der. Gişi Ömer çocuğun adını Nedim koyar. Nedim; hastalığı sırasında Yemliha'yı iyileştiren

---

[47] Yemliha Ertekin Arşivi, 12 Mayıs 1956, Şiirler Dosyası

doktorun adıdır. Ses çıkarmazlar, ilk çocuğun adı Nedim olur, sonra Mustafa ve diğerleri.

Yemliha 1 Kasım 1956'da annesi Ayşe'yi kaybeder. Sonraki yıllarda üçüncü çocuğu kız olduğunda adını Ayşe koyar. Çocuklar hem Fadime'nin hem Remziye'nindir. *"Bir çocuk ancak bir anadan doğar"* bilgisine erişinceye kadar her ikisini de 'ana' bilirler. Öğrendiklerinde de bir şey değişmez, ana söylemi devam eder. Çocukların ilkokul ve ortaokullu yıllarında Remziye Anaları ödevlerine yardımcı olan ayaklı sözlükleridir. Remziye ile Yemliha'nın evliliklerinden tam 25 yıl sonra bir oğulları olur; adını Ömer koyarlar. Nice zaman çocuğa hasret kalan Yemliha'nın dokuz çocuğu olur: Nedim, Mustafa, Ayşe, Mehmet Akif, Orhan Gazi, Aynur, Ömer, Murat ve Emel. En küçükleri olan Emel'i daha yedi yaşındayken yakınlarının cehaletine kurban verirler.

Yarpuz

Yarpuz, Binboğa'nın vadilerinden eteklerine doğru akan ovaya yerleşmiş bir kasabadır. Binboğa bir dağ olmaktan, coğrafi bir birim olmaktan çok daha fazlasıdır. Özellikle 19. yüzyıldaki Avşar, Kürt ve Çerkes yerleşimleriyle ve farklı inançların varlığıyla zengin bir kültür merkezidir. Farklı kültürleri kendi iklimsel özellikleriyle yoğurarak özgün ve endemik kültürlere ortam yaratmıştır.

Bir zamanlar ormanlarla kaplı olan Binboğalar, Yarpuz ve çevresine odun oldu, evlere direk oldu, mertek oldu. Dağlık Kürt köylerinde yaşayanlar ova köylerin odun kaynağıdır, mertek kaynağıdır. Yarpuz çevresi evleri genellikle damlıdır. Yoğun kar-kışa rağmen çatı yerine dam tercih edilmiştir. Kar kürünür, dam loğlanır. Damın su geçirmemesi için Pur önemli bir toprak çeşididir. İlçenin orta yerinde Purluk bile vardır. Yalnızca Çerkes köylerinde çatı görünür. Dam bir kültürdür, yörenin ürünlerini, yaşam biçimini oluşturan bir kültür. Üzümden yapılan şıra bezlere sıvanıp damlara konur pestil yapılır, tarhanalar damda hasırlara serilir, kaliteli ve dayanıklı salça için salçalık malzeme sinilere konup 3 gün güneş altında karıştırılır. Damda kirlenmeden güneşle buluşarak olgunlaşırlar. Kaklık, çirlik meyve kesilip damlarda bezlere serilir. Her şey kışlık gıdaları hazındamına koyabilmek içindir. Kimi zaman sazlı-sözlü muhabbetler misafir odasından daha geniş olan damlarda yapılır. Yaz gelende serinlikte uyumak için yine damlar imdada yetişir. Dama düşmek de damdan düşmek de bu kültürün parçasıdır.

20. Yüzyıl'ın ilk yarısında ovada yerleşik olan kültürün ayırt edici özelliklerinden biri de mezhebi Hanefi, meşrebi Bektaşi denilecek toplulukların çokluğudur. Daha önce sözünü ettiğimiz imam şairlerimizin şiirlerinde bu kültürü görebiliyoruz. Sünni İslam saza uzak dururken, bazılarının elinde saz, bazılarının şiirlerinde Hacı Bektaşi Veli övgüsüne rastlıyoruz. Muhtemeldir ki, bu durum bölgeye Irak'tan, Suriye'den gelen Türkmenlerin oradan getirdikleri inançlarıyla Osmanlı'nın Sünni İslam'ı arasında kalıp şekillenmelerinin bir sonucudur. Bu toprakların Babai İsyanlarına ve Kalender Çelebi Ayaklanmasına ev sahipliği yaptığını da düşünürsek Bektaşi damarın varlığını görmek hiç de zor olmaz. Her nereden oluşursa oluşsun bu durum bölgenin endemik kültürel özelliklerinden biridir. Hem Berçenek hem Binboğa Köyü'nün kültürel oluşumunda önemli bir yere sahip olan Emirilyas Köyü'nden Türkmen Âşık Kör Hüseyin'in etki alanına baktığımızda ovada Çağılhan Köyü'nden Erçene'ye oradan Elbistan Izgın'a kadar taliplerinin olduğunu görürüz. Askerlikte Bektaşi komutanından enikonu Bektaşi felsefesini kavrayıp özümseyen Şıh Hüseyin (Sarı) memleketine döndüğünde ova köylerinde neredeyse Bektaşiliği yeniden diriltmiştir. Kör Hüseyin'in de yeğeni olan, Binboğa'dan da evli olan Kul Hasan (Gören) musahibi Berçenekli Haydar Kaya (Aladeli) ile birlikte başta Binboğa-Emirilyas-Berçenek olmak üzere köylerde mekik dokurlar cemlerden cemlere koşarlar. Afşin-Elbistan-Sarız köylerinde katılmadıkları muhabbet kalmaz. Daha ilk gençliklerinde Pazarcık'a yayan gidip Ali Qute'den el alırlar. Ali Qute'nin deyişini dillerinden düşürmezler:

"Bektaş-ı Veli'nin yolun bilmeyen
Gündüzü karanlık gece sayılır

Evlad-ı Ali'den eli olmayan
Zümresi münafık piç'e sayılır

Evlâd-ı Ali'den tutmayan dâmân
Onlardan uzaktır din ile iman
Kim Hasan Hüseyn'e ederse güman
Yüzbin emek çekse hiçe sayılır

Arşın yücesidir başımın tacı
Kâbe'ye ulaşır zülfünün ucu
Ehl-i Beyt katarı Güruh-u Naci
Cümle güruhlardan yüce sayılır

Harab Ali'm bu mânâya erenler
Zamanenin imamını (imanını) bulanlar
Bektaş-ı Veli'yi mürşid bilenler
Bir niyazı yüz bin hacca sayılır"[48]

Emirilyas'tan çıkan bir ozanı Kırkısrak'ta, Kırkısraklı bir ozanı Binboğa Köyü'nde, Kaşanlılı bir ozanı sık sık Berçenek'te görmek mümkündür. Ovadaki Bektaşilerle dağlardaki Kızılbaş-Kürtler uyum içindedirler.

1944'e kadar Elbistan'ın bir nahiyesi olan Afşin (Yarpuz, Efsus) 2 Ağustos 1944 tarihinde ilçe olur. O tarihe kadar ilçede yalnızca 1, köylerinde de 7-8 ilkokul vardır. Elbistan'dan farklı olarak kasaba merkezi kendini çevre kültürlere kapalı tutmaya çalışmıştır. İkinci Dünya Savaşı sonrası Türkiye yeni bir dünyaya evrilir. Türkiye artık anti-kominist kuşak içindedir. Soğuk savaşın en önemli argümanlarından biri de komünizmin en azılı İslam düşmanı olduğudur. Cumhuriyet'in kuruluşunda mevzi kaybedenlerin Genç Cumhuriyetle hesaplaşma zemini de oluşur yavaş yavaş. Yarpuz da özellikle İkinci Dünya Savaşı'ndan sonra oluşan anti-komünist kuşak Türkiye'sinin milliyetçi-muhafazakâr atmosferine kolay uyum sağlamıştır.

---

[48] Mehmet Bayrak, *İç Toroslarda Hakikatçi Alevilik*,2020, s.217

"Dinlerin en önemli sosyal işlevlerinden biri, inananlarına çeşitli toplumsal durumlarda, değişik toplumsal olaylar karşısında takip edecekleri tutum ve tavırları belirleyen bir zihniyet ve ideoloji kazandırma işlevidir. Her din temel bir bilişsel yöne sahip olup insanlara belirli bir zihniyet ve dünya görüşü sağlar. İnananlar, dinin kendilerine kazandırdığı zihniyet yapısıyla, sözgelimi dünya ve dünyevî olaylar karşısında nasıl bir tutum ve eylem içinde bulunacaklarını belirlerler. Şu halde insanlar, dine dayanarak, eşyaya, tabiata, sosyal olaylara karşı bir tavır ve tutum içine girerler. Dinin verdiği zihniyetle sosyal olaylara karşı içine girilen tavır ve tutumlar, aile, ekonomi, eğitim, siyaset, sanat, ahlak gibi toplumun temel kurumlarını içine alacak boyutlardadır... Dinin bütünleştirmenin tersine parçalama ve çatıştırma işlevi de bulunmaktadır. Din, kendi inananları içinde bir birlik ve bütünlük sağlarken, daha genel anlamda bir çatıştırma işlevi görebilir."[49]

Yarpuz'da da süreç işler. Kasaba merkezinden uzaklaştıkça ekonomik, sosyal ve kültürel olarak çoğalarak ve güçlenerek gelen dışa açılan bir dalga söz konusudur. Yöre Bektaşileri "*Laik Cumhuriyet*"e daha yakındırlar. Ovadaki Bektaşi ozanlarının her birinin Mustafa Kemal'e en az bir şiiri vardır.

Sevin Köyleri bölgenin bir prototipi gibidir. Berçenek'in kanaat önderlerinden Cırık Baba ve Şakir Baba genellikle kendilerine yakın köyler dışında köyden pek çıkmazlar. Binboğa Köyü (Oyumgoz) hariç. Şıh Hamit, Cırık Baba, Şakir Baba, Haydar Kaya (Aladeli), Umut Hüseyin, Kul Hasan sık sık Binboğa'ya gelir cem tutarlar. Özellikle Şakir Baba, Cırık Baba ve Şıh Hamit Binboğa Köyü'nde kerametleriyle de bilinir, sevilir, sayılırlar. Köyün hem içme suyu hem sulama suyu ile ilgili öngörüleri hep çıkmıştır.

"Hatırladığım kadarıyla 1958 yılıydı. Kul Hasan, Şakir Baba, Aladeli, Umut Hüseyin, Hasan Hüseyin Sarı ve Alhas Hüseyin köyümüzde muhabbet cemine gelmişlerdi. Bir müddet köyde kaldılar. Çevre köyler köyümüzdeki cemleri duymuşlar. Onlara göre köyde

---

[49] Ömer Yıldırım, *Dinin Toplumsal İşlevleri*, Makale, felsefe.gen.tr

dine aykırı işler yapılmaktadır. Ceme katılanlar köylerine dönerken Büyüksevinliler kalabalık bir grupla önlerini keser. Yedi-sekiz kişilik küçük bir grup kalabalık bir saldırgan topluluğu ile karşı karşıyadır. Alhas Hüseyin 'Madem öyle, Kerbela'daki gibi direnip ölelim' dese de Şakir Baba önlerini kesen gruba ne istediklerini sorar. 'Sazı' cevabını alınca, 'Biz yeterince çaldık, buyrun alın, biraz da siz çalın'der. İşin daha ileri gitmesini önler. Çok sonraları saz kırık vaziyette bir tarlaya bırakılarak iade edilmiş olur."[50]

Ama Sevin köylüleri ne zaman Sarız tarafındaki Alevi köylerinde ürünleri satmak için gitseler, o olaydan dolayı dayak yerler. Kendilerince Kul Hasan'ın sazının elinden alınmasını cezalandırmış olurlar. Kul Hasan'ın o olaydan sonra yazdığı "Sarı Sazım" şiiri dilden dile dolaşır.

"Dilerim mevladan murat almasın
Sarı sazım seni benden ayıran
Dünyada ahretde yüzü gülmesin
Sarı sazım seni benden ayıran

Gerçekleri tanımazlar dışlarlar
Peygamberi tanısalar taşlarlar
Şimir mervan işleğini işlerler
Sarı sazım seni benden ayıran

Yetmiş kişi sevin köyü kavşağı
Kimi kama almış kimi bıçağı
Maviye soyunun yezit uşağı
Sarı sazım seni benden ayıran

Kul Hasanım sazım alan taş olsun
Çıban çıksın iki gözü keş olsun
Gün görmesin bahar yazı kış olsun
Sarı sazım seni benden ayıran"[51]

---

50 Binboğa Köyü'nden Ali, Halil ve Mustafa Çinpolat, Sözlü Anlatım, 18 Ekim 2020

51 Kul Hasan Arşivi, Şiirler

"Gişi Yemliha", "Yemliha Abi"ye Evrilirken

"İddiadır şer işlerin anası
Ben ustası yapan onun binası
Cehennemde kor içinde yanası
Haram söyler böyle dili neylersin

Doğuştan mı dolar Hakk'ın binası
Nefis komşusudur şeytan danası
Hakk'ın emri ednaların ednası
Haramdan zevk alan beli neylersin

Alışmayıp adetlerden bilme sen
Cahili dinleme âlim dinle sen
Canım Hakk'ın kulu olmak dilersen
Yaram sarmayan eli neylersin

Yemliha çıksaydın dağın başına
Sakın ha karışma Rahman işine
Kendin için düzelt bakma dışına
Şaşkın yolcusu var beli neylersin"[52]

Yol uzun ve engebelidir. Yemliha okudukça, muhabbetlerde yer aldıkça kasabanın kapalı kültürünü daha çok sorgulamaya başlar. Ağcaşar'da Veli Dede, Kötüre'de Karaca Emmi, Berçenek'te Cırık Baba cemlerine girdikçe şiire, varoluşu anlamaya daha çok düşer. Şakir Baba'nın Malatyalı musahibi olan Hannan Baba'ya seslendiği bir şiirde bu arayışının izlerini görmek mümkün.

"Gelin kardeşlerim dinleyin beni
Bütün yollar bence Allah'a gider
Gelin nefis ile idelim cengi
Sizler iyi olun onları niden

Ben de bilirim ki sevgili Ali
Şeriat değil mi onların yolu
Bir tek Allah vardır Ali de kulu
Saz ile esrar ile bunları niden

---

52 Yemliha Ertekin Arşivi, Defterler

Rahman rahıyme ettiler hizmet
Doğru yürüdüler buldular izzet
Böyle boş şeylerle alınmaz lezzet
Hak ile Hak ol kulları niden

Şeriatı Kur'an yaptı bu yolu
Hazreti Muhammed, değil mi Ali
Daha doğrusunu ararsan deli
Kurduran kuran o kulunu niden

Hazreti Ali'dir aslanı onun
Hazreti Muhammed hamisi bunun
Muhammed ummanı bütün nehirin
Sen onun paresi gölünü niden

Gel Yemliha sen de karışma buna
Herkesin bildiği savuşmasına
Sen küsme gayret et barışmasına
Benliğin annesi gelini niden"[53]

Sazsız da edemez, muhabbetsiz de. Muhabbetlerde Niyazi Mısri'den Harabi'ye, Şah Hatayi'den Azmi Baba'ya, Mücrimi'den Meluli'ye herkesin deyişi dillendirilir.

Yemliha Alevi-Bektaşi felsefesini okuyarak da anlamaya çalışır. M. Tevfik Oytan'ın "*Bektaşiliğin İçyüzü, Köşesi, Astarı Nedir?*" adlı kitabı edinir. Bu kitap o dönem koşullarında sayılı kaynaklardandır; Bektaşi deyişleri eşliğinde Bektaşiliğin anlatıldığı bir kitaptır. Deyim yerindeyse Yemliha'nın yolunu deyişler açar. Nesimi'nin bir deyişinde söylediği gibi: "*Sorma be birader mezhebimizi/Biz mezhep bilmeyiz yolumuz vardır.*" Kitaptan birçok deyişi defterine geçirir. Ve kendine bir not düşer, ödev verir: "*Mademki, bütün varlıkta Hakk'ı görmek mümkündür. O halde gözünü açmak da Hakk emridir.*" O yıllarda yazdığı bir şiirdeki dörtlük bize arayışının yolu için de ipucu verir:

---

[53] Yemliha Ertekin Arşivi, Defterler

"Bir batini bul da hece al ondan
Gel çabuk temizle ol beni senden
Hiç iyilik gelmez fâni gelinden
Aliyyün Veli'nin elinden medet"[54]

Herkesin bulunduğu nokta gereği Hakikati arama ve Hakikate ulaşma süreci farklı yollar izler. En önemlisi de yolculuk için bir red noktası gerekir. Bir kuşku ve bir çekim noktası. Okuduklarıyla yaşanan arasındaki din ilk kuşku noktasıdır. Yaşam pratiği kuşkuyu besleyen kaynaktır. Mezheplerin varlığının Kur'an'a ulaşmada engel olabileceği endişesi de başka bir sorgulama nedenidir. Bulunduğu meclisler, okuduğu ve dinlediği deyişlerse onun için bir çekim merkezidir. O deyişler insan odaklıdır. Kendince seçme şiirlerle doldurduğu bir defterde kimler yok ki: Yunus Emre, Adem Dede, Şah Hatayi, Seyrani, Genç Abdal, Harabi, Nesimi, Mehmet Ali Hilmi Dede, İrşadi, Keşfi Baba, Aşık Paşa, Hacı Bayram Veli, Eşrefoğlu, Muhiddin Abdal, Teslim Abdal, Ümmi Sinan, Azmi Baba, Niyaz-ı Mısri...

"Şu yazılan şiirlerden ve aşk ehlinin gitmek arzuladığı hedeften anladığıma göre Hak 'doğrunun' din 'doğrunun'dur. Böyle din veya mezhep veyahut sülale bahis mevzu değildir. Allah Hakla Hak etsin, aşk ehline uyar etsin," der o defterin sonunda.

Hakikat arayışı bir yolculuktur. Bu arayış içinde yaşadığı toplumla kişi arasına mesafe koydurur; ötekileşmeyi göze aldırır. En belirgin olansa Yemliha için yolculuğun bir son hedeflememesidir, yolculuk sırasında avucunda birikenleri yaşama geçirmesidir. Bu nedenle bir hedefe varmayı beklemez; öğrendiklerini içselleştirir, yaşar. Çevresiyle ilişkilerinde uygular. Çünkü yol bitmez bir varoluş sürecidir, yolun getirdikleri yaşanmalıdır. Ötekileştirmenin revaçta olduğu o yıllarda Yemliha 'öteki'nin yanındadır, sosyal yaşamlarının içindedir. Bu davranışı Kızılbaş-Kürtler arasında da Bektaşiler arasında da

---

[54] Yemliha Ertekin Arşivi, Defterler

bir 'Yemliha Abi' sevgi ve saygısının oluşmasında temel nedendir.

1950'li yılların sonlarında yazdığı şiirler Yemliha'nın düşüncelerinin, toplumdaki konumlanışlarının izdüşümü gibidir. Bellİ ki nefs ile mücadele, insan sevgisi ve hoşgörü temel düsturlarıdır. Hayata gelişin bir anlamı vardır, o anlamın gerçekleşmesindeki en büyük engel de insanın nefsidir ve bununla mücadele edilmelidir. Tıpkı ölmeden ölmek gibi...

"Söyle ki dünyaya sen niye geldin
Buraya gelmeden adi bir seldin
Acep ondan evvel nereli idin
Sanki sen buraya düş'e mi geldin

Senden evvel gelen nereye gitti
Onun imtihanı ya nice bitti
Hakka yoldaş mı oldu batıl mı gitti
Yoksa sen buraya boşa mı geldin

Kadere atma ki işleme günah
Helalinden kazan eyleme tamah
Vazifeli şeytan sen olma yamah
Kanıp sen benliğe leşe mi geldin

Nefsin kapanına kapılma sakın
Benlik binasına yapılma yakın
Sen de bil dünyanın ahreti yakın
Yoksa sen laine eşe mi geldin

Gel Yemliha meyil verme kahpeye
Tetik davran asmasınlar sehpaye
İçine al bakma dıştan ah vaye
Kuyunu elinle deşe mi geldin"[55]

---

[55] Yemliha Ertekin Arşivi, 1957 Yılı Orman Cep Defteri

Bu temayı o yıllardaki çoğu şiirinde görmek mümkün. Ve bu aslında başkasına öğüt değil, tamamen kendine dönük hatırlatmalar biçimindedir:

"Bil ki benlik kadar yoktur günahın
Bunu öldürmezsen boşa ahvalın
Daim uğraş öldürmeye tamahın
Dünyaları versen doyuramazsın"[56]

"Benliğimden Yanabilsem" şiirinde de yine benliği ile uğraşmasına tanık eder okuyucuyu:

"Hep kullara güzel baksam
Haktan geldim ona aksam
Benliği kazana tıksam
Erenlere yenebilsem"[57]

Yemliha'nın bir başka derdiyse, çıkar için ikiyüzlülük edenlerdir:

"Şu kahpeye sıkı dostum diyenler
Helal haram aramadan yiyenler
Para için Batıla Hak diyenler
Köprüde ayağı erise gerek"[58]

Yaşamı boyunca söylemine ve eylemine temel aldığı düstur ise sevgidir. İlk şiirlerinde de son şiirlerinde de bıkıp usanmadan ardına düşmüştür. Bulduğu kin olsa da sevgiden vazgeçmez.

"Bugün sizin bahçenizden geçerken
Bir sevgi aradım kin ıras geldi
Ariflere seni yoldaş seçerken
Şekil değiştirip ben ıras geldi

Bülbül olup güle konmak isterim
Sevdiğimi muhabbetle beslerim

---

[56] Yemliha Ertekin Arşivi, Defterler
[57] Yemliha Ertekin Arşivi, Defterler
[58] Yemliha Ertekin Arşivi, Defterler

Aşıkı'm deliyi bulmak isterim
Meleği ararken cin ıras geldi

Ummana dalmışım ama susuzum
Görmedim gündüzü hep uykusuzum
Cenneti Cehennem ben korkusuzum
Bir Kâmili ararken sen ıras geldi

Gel Yemliha ariflere kurban ol
Bende değil senden gider ona yol
Sevgi ek kalbine selâmeti bul
Kendimi ararken ün ıras geldi"[59]

1957 yılı "Orman Cep Takvimi" el kadar bir cep takvimidir. O el kadar defterde kendi şiirleri ve Şerif Cırık'ın ilk gençlik şiirleri yanı sıra Kaygusuz Abdal'dan iki dörtlük de kayıtlıdır. Sanki hep elinde, hep kalbinin üstünde, hep aklında olsun derdindedir.

"Âdem'i balçıktan yarattın yaptın
Yapıp da neylersin bundan sana ne
Yarattın cihanı saldın insanı
Salıp da neylersin ondan sana ne

Bakkal mısın teraziyi neylersin
İşin gücün yoktur gönül eylersin
Kulun günahını tartıp neylersin
Geçiver suçundan bundan sana ne"[60]

---

[59] Yemliha Ertekin Arşivi, Defterler
[60] Yemliha Ertekin Arşivi, 1957 Yılı Orman Cep Defter

Şakir Baba (Keleş)

4 Abi-Kardeşlik İnşaa Edilirken

Berçenekli Olmak

"*Berçenekli Olmak*" daha önce düşündüğüm bir durum, bir davranış biçimi değildi. Bir homojenlikten söz etmek mümkün olmasa da farklı bir iklimden söz edilebilir. "*Mahzuni*" olmak, "*Yemliha*" olmak nedir, onları oluşturup besleyen iklim nedir, diye düşündükçe, araştırdıkça karşımıza hep iki "Baba" çıktı. Şakir Baba, Cırık Baba...

Bu iki ismin geçtiği yerde, sanki sihirli bir çubuk devreye giriyor, insanlığın düşlediği o ideal toplum iklimi çevredeki insanları yeniden aşılayıp filizliyor, topluma farklı bir ses farklı bir ton olarak salıveriyordu. Onların olduğu yerde çok sesli bir barış egemendi, hoşgörü ve sevgi iklimi hâkimdi. Muhalif bir köy olmasına rağmen radikal bir köy olmamasında da Şakir ve Cırık Babaların ruhunu içermesi yatar.

Afşin'de Türk ve Sünni kökenli geniş bir ailenin çocuğu olan Yemliha Ertekin'in yaşamındaki kırılma noktalarına baktığımızda da yolumuz hep Şakir Baba ve Cırık Baba'yla kesişiyordu.

"Derdime derman ararken
Derdim bana derman imiş
Aslıma burhan ararken
Aslım bana burhan imiş

Gözetirdim sağım solum
Dost cemalin görem diye
Ben taşrada arar iken
O can içinde can imiş

Nerde gelir yolun senin
Hangi yandadır mekânın
Nerde gelip gitticeğin
Bilmeyenler hayvan imiş.

Som u Selat Hacci Zekât
Zahit beller işim bitti
İnsan-ı Kamil olmaya
Lazım olan irfan imiş

Her mürşide el verme ki
Yolunu sarpa uğradır
Mürşidi Kamil olanın
Yolu gayet ihsan imiş

Niyazim der bir yüz durur
Dere tepe dümdüz olur
Kamu âlem bir yüz görür
Onu gören hayran imiş"[61]
(Cırık Baba'dan Alma-Hüseyin Pasin)

Deseniz ki *"Yemliha'yı anlatırken olmazsa olmazın kimdir?" "Cırık Baba"* derim. *"Berçenekli olmak"* kavramının içini dolduranların başında yine Cırık Baba gelir. Bunca önemine rağmen hakkında en az veriye sahip olduğumuz kişidir de. Ne kullanabileceğimiz sağlam bir fotoğraf ne bir kayıt var elimizde. Onu yol arkadaşlarındaki yansımalarından aktarabiliyoruz. Sanırım bunun nedeni felsefesinde gizli, *"Mezarımın taşını da sökün!"* sözünde gizli.

Berçenek'in hakikatçi damarlarından Bektaş-ı Umude (Daşo, 1875-1948)'nin torunu Umut Hüseyin (Pasin, 1930-2010) dosyasını (Yemliha Ertekin'deki dosya) karıştırırken yukardaki şiire rastladım. Hüseyin Pasin'in şiirin altındaki *"Cırık Baba'dan Alma"* notuyla heyecanlandım. Nihayet, Cırık Baba'dan bir şiir mi bulduk diye. Şiir Niyazi Mısri'nin bir şiiriydi. Umut Hüseyin'in bu notu düşmesinin nedeni belli ki, Cırık Baba'nın

---

[61] Yemliha Ertekin Arşivi, Umut Hüseyin Dosyası

muhabbet cemlerinde bu şiiri sıkça okumasıydı. İlk ondan dinlediği için "*Cırık Baba'dan Alma*" notunu düşmüştü.

Bu örnek, aslında Cırık Baba'nın beslendiği kaynaklar hakkında bize bilgi veriyordu. Nitekim Yemliha'nın "*Cırık Baba'-dan Anlamlı Sözler*" diye not ettiği sözlere baktığımızda da bu izleri yakalarız.

Notlardaki "*Somu Salat, Haccı Zekât; Beller zahit işim bitti,*" sözünün Niyazi Mısri'nin şiirinden olduğunu görüyoruz.

Niyazi Mısri Yunus'un izlerinden giden biridir. Yukardaki şiire benzer bir şiir Yunus'ta da vardır. Yine notlara döndüğümüzde Cırık Baba'nın sıkça söylediği "*Görmezsem dostun yüzünü, bu gözlerim nemdir benim,*" sözü de Yunus'a aittir. Böylece Cırık Baba'da süzülüp kalanları ve Cırık Baba'nın felsefesini yakın dostlarındaki yansımalardan takip edebiliyoruz. Elbette ki Yemliha'nın şiirlerinde de görüyoruz Cırık Baba'nın yaşamını, düşüncelerini:

"Bir zamanlar Berçenek'te erenler
Sevgiyi sevenden alır verirdi
Toplanırdı bu meclise girenler
Dostluğu dostlardan alır verirdi

Sevmeden olmazdı hayatı bahar
Sevgi oluşursa benliği yakar
Meclisinde öter bülbül her seher
Haslığı haslardan bilir verirdi

Şakir Baba Cırık diye severdi
Kötülükler kalksın diye everdi
Şer deliğe muhabbeti sıvardı
Barışı küslerden alır verirdi

Cırık Baba hak diyordu sazında
Neler anlatırdı tatlı sözünde
Gördüm onu hak doluydu özünde
Gerçeği elekten eler verirdi

Vurun derdi öldürün beni
Bağışlayın onu unutup kini

Seni kurtaracak bırakma canı
Çekinmez varını böler verirdi

Yıkılanı görse elinden tutar
Hakkı bir bulursa o da on katar
Misafir döşekte o yerde yatar
Kuru ekmeğini sular verirdi

Boş bırakmaz isteyenin elini
Alıştırmış tatlı söze dilini
İncitmezdi bir kedinin kılını
Ekmeğine katık bular verirdi

Cırık Baba benliğine ah derdi
Binerdi sırtına hadi dah derdi
Sevgiyi görünce güler peh derdi
Mangırı alır da dolar verirdi

Yemliha demezdi 'Yamılham' özden
Gerçeği ölçerdi kaçmazdı gözden
Severdi insanı anlardı dozdan
İçten bir sevgiye beler verirdi"[62]

Cırık Baba için de Yemliha özünden biriydi. Yemliha arzuhalciliğe başlamadan önce bakkallık yapardı. Dükkânında varsa, Cırık Baba hanesinde bir eksik yoktu. Yemliha'nın getirdiği gaz lambasının camı islendiğinde kimselere vermez kendi eliyle temizlerdi. Yakıp da lambanın ışığına baktığında "*Yamılham ne güzel de ışık saçıyor*" derdi.[63]

Şakir Baba ve Cırık Baba iki kardeştir. Soyadları Keleş olsa da ister köy içinde ister köy dışında onlar Cırık Baba ve Şakir Baba olarak anılır, hatırlanır. Berçenek Köyü caminin de olduğu, dedelere karşı mesafeli duran Hakikatçi Alevilerin de olduğu, dedelerle cem tutanların da olduğu bir köydür. Toplumsal yaşamda bu durum bir sorun yaratmaz. Köy genel anlamda hoşgörünün egemen olduğu bir köydür.

---

[62] Yemliha Ertekin, *Gönülden Damlalar*, 2000, syf.133-34

[63] Durdu, Hüseyin ve Döndü Keleş ile Söyleşi, İstanbul, 23 Ocak 2018

Afşin ve köyleri için Berçenek bir Kürt ve Alevi köyüdür. Algı böyledir. Kuşkusuz Afşin'deki Alevi köylerinin büyük bir çoğunluğunun Kürt köyleri olması, Alevi olarak bilinen Berçenek için de yer yer Kürt köyü algısı yaratmıştır. Gerçekte Berçenek Kürt-Alevileri, Türk Alevi ve Sünnileri aynı potada eritmiş bir köydür. Afşin köyleri arasında Çomudüz Köyü gibi bir kaç benzer biraradalıklar olsa da söz konusu algı Berçenek'e özgüdür.

Berçenek Köyü'nün kuruluşu da Afşin-Elbistan çanağındaki birçok Kürt, Çerkes ve Avşar köyü gibi 19. yüzyıla tarihlenebilir. Berçenek tarihi yazımı, araştırmacıların önünde yakıcı bir konu olarak dura gelmektedir. Bu, homojen bir Berçenek tarihi yaratmanın negatif etkilerini önleme açısından da yakıcı bir görevdir. Biz şimdilik kültürel oluşum kaynaklarına değinmekle yetinelim.

Her ne kadar Berçenek anlatılırken, Elbistan Hasankendi Köyü'nden geldikleri söylense de köyün kültürünü anlamak için oraya hangi bölgelerden hangi kültürlerle geldikleri daha önemlidir.

Umut Hüseyin tıpkı Daşo dedesi gibi araştırmacı, bulduklarını sentezleyen bir zekâya sahiptir. Yaşamı boyunca da Yemliha ile yakın bir yoldaşlık içinde olmuştur. Yaşamlarının son demlerine kadar da karşılıklı şiirleşmişlerdir. Umut Hüseyin'in el yazması karalamalarına göre Berçenek Köyü 1840'-lara doğru yerleşim yeri olarak kullanılmaya başlanmıştır. Koçovası'na yaylaya gidip-gelirken keşfettikleri bir yerdir Berçenek toprakları. Kimisine göre de köyün tuz ihtiyacı için Sivas'a gidip gelirken keşfedilmiş verimli topraklardır. Bu topraklar Elbistanlı Karabekirler'e Osmanlı'nın verdiği araziler olsa da uzun yıllar ekilip-bakılmayan topraklardır. Elbistan'ın hemen burnunun dibinde ovalık Hasankendi Köyü'ne farklı yerlerden gelen Berçenek'in kurucularının kimisi Hasan Köyü'nde asimile olsa da Berçenek her ailenin kendi köken kültürüyle var olduğu bir köydür. Hem etnik köken olarak, hem inanç olarak hem de geldikleri yöreler olarak farklılıklara sahiptirler. Kimisi Kızılbaş-Kürtlerin olduğu bölgelerden kimisi Türkmen Bektaşilerin olduğu bölgelerden gelmiş, geldikleri çevrede de Sünni kökenlilerle içli dışlı olmuş, bir köyde yeni bir iklime evrilmişler, Berçenekli olmuşlar.

Umut Hüseyin; Umut'un oğlu Hüseyin demektir. Hüseyin'in dedesi Bektaşi Umude, yani Umut'un oğlu Bektaş (Daşo Dede) Akçadağ'ın Kızılbaş-Kürt köylerinden Bekiruşağı Köyü'nden gelmiştir. Aynı ailenin bir kısmı Berçenek'e komşu Çomudüz Köyü'ne, bir kısmı da Tepebeşı'na (Kasım oğlu İbrahim) yerleşmiştir. Bektaşi Umude'nin eşi Zöhre Ana ise Hakikatçi düşüncenin önderliğini yapan Şıh Mamo'nun köyünden, Kırkısrak'tandır. Çoğu Kırkısraklı gibi Zöhre Ana'nın ailesi de Akçadağ Harunuşağı Köyü'nden göçmüştür. Gerek Umut'un oğlu Bektaş gerekse Kasım oğlu İbrahim Hakikatçi Şıh Mamo Cemaatindir. Daha önce de Şıh Mamo'dan söz ederken Şıh Mamo'nun mezarı için toplanan imzalarda Umut'un oğlu Bektaş'la Kasım oğlu İbrahim'in de imzalarının olduğundan bahsetmiştik. Sonraki kuşaklara baktığımızda da ailenin Çomudüz kanadından Şıh Hamit'i görürüz. Şıh Hamit Çomudüz-Berçenek-Binboğa üçgeninde kerametleriyle tanınan biridir. 1958'de Tepebaşı'nda çiftçilik yapan hakikatçi felsefeyi içeren şiir ve müzikleriyle tanınan İbrahim Erdem (Baba) da yine Daşoların yeğenidir. Berçenek Köyü'nde Hakikatçi damar neredeyse kuruluşundan beri vardır ve asıl kaynağı da Daşo Dededir.

Berçenek Köyü'nü oluşturan ailelerden biri de Alhaslar'dır. Alhaslar Hasankendi Köyü'ne Elbistan Hasanalili Köyü'nden gelirler. Hasanalili Köyü Malatya-Elbistan sınırlarında dağlık bir bölgedir. Hemen üstünde Atmalı Kaşanlı Köyü ve Tapkıran, vadinin aşağılarında da Kantarma Köyleri vardır. Kürt-Alevi bir köydür. Günümüze kadar da devletin ötekileştirmeyi sürdürdüğü köylerdendir. Geçmişinde dede-talip ilişkisinin olduğu köylerdendir. Alhaslar aracılığıyla bu kültürün etkilerini de Berçenek'te görmek mümkündür.

Ne köyün Bektaşileri Hacı Bektaş Dergâhı'yla düzenli bir bağa sahiptir ne de Aleviler Dede-Talip ilişkisi içinde ikrar verip musahip oldukları ya da Dar'a çekildikleri cemlere sahiptir. Bütün bu ilişkiler geleneksel erkânların dışında muhabbet cemlerinde sazlı-sözlü, semahlar eşliğinde sürmektedir. Musahiplik daha çok gönül kardeşliği biçiminde şekillenmiştir. Ağırlık deyişler söylenip üzerine muhabbetler yapılması üzerine kuruludur. Bu nedenle de köy Alevi-Bektaşiliğin birleştiği bir iklime sahiptir. Farklılıkların bir arada olduğu daha özgürleştirici bir iklim. Kürecik'ten Berçenek'e yerleşen Ali Beşik'in kerametlerine, sonraki kuşaktan Şıh Hamit'in, Cırık Baba'nın, Şakir Baba'nın kerametleri eklenmiş bir gökkuşağı oluşturmuştur Berçenek'in üstünde.

Berçeneği Berçenek yapan unsurların başında elbette saz ve söz gelir. Hem geleneksel deyişler hem 20.yy. Alevi-Bektaşi ozanlarının deyişleri muhabbet cemlerinin baş konuğudur. Bu cemlerin konukları yalnızca Berçenekliler değildir; Ağcaşarlı ozanlar, Kaşanlılı ozanlar, Kantarma dedeleri hiç eksik olmaz. Kimi zaman Sünni ozanları da bu mecliste görmek mümkündür. Afşin-Elbistan çanağında sazı olan, sözü olan kim varsa sesi yankılanmıştır Berçenek'te.

Dalgalı Baba'nın, Dalgalı Halil'in üç oğlu Haydar Kaya (Aladeli), Rahmi Kaya (Mahrumi) ve Âşık Mamet daha çocuk yaşta sazı ellerine alan üç Berçeneklidir. Babalarından mirastır. Berçenek'teki cemlerin süpürgecisi, zakirleridirler. Çiftçilik zamanları dışında da köy köy dolaşıp cemlerde deyişleri sazlarıyla havalandırırlar. Böylece hem kendi köylerinde hem diğer Alevi-Bektaşi köylerinde görgülerini-bilgilerini artırırlar. Mahrumi irticali, Aladeli derin şiirleriyle Berçenek kültürünün oluşmasına katkı veren can olurlar. Çoban Mustafa(Sarı) da oğlu Hasan Hüseyin'e devretmiştir sazını, sözünü. Memed Cırık'ın oğulları Gülali ve Pehlül (Fezali) Cırık yine köyün iki saz ve söz ustasıdır. Sazı abileri Şerif'ten öğrenmişlerdir. O da amcaları Zeynel'den. Kuşaktan kuşağa bir yol izlemiştir saz-söz. Cemlerin köşe taşlarıdır. Komşu Alevi-Bektaşi köyleriyle de musahiplikleri vardır.

Kimi zaman Cırık Babalar'da kimi zaman Pehlül Amcalar'da (Cırık) kimi zaman da Ali Rıza Amcalar'da (Bulut) yapılan cemlerin 1950'li yıllardaki müdavimleri köyden Cırık Baba,

Şakir Baba, Fezali, Gülali, Aladeli, Mahrumi, Umud Hüseyin, Ali Rıza Bulut, Hasan Hüseyin, Bozali, Hidayet Savran'dır. Bölgenin diğer yörelerinden Büyük Tacim Dede, Ağcaşar'dan Nizari, Kaşanlı Köylerinden Kamil İpek, Kamil İspir, Emirilyas'tan Kul Hasan, Afşin'den Semerci Kamil ve Yemliha Ertekin cemlere mihman olanlardandır. Bu cemler irfan mektebidir, fazlalıklar yontulur, eksikler tamamlanır. Nefesler, deyişler yeniden yeniden anlamlandırılır, yeniden yeniden üretilir. Katılanların nefsini öldürür, nefeslerine nefes katar.

Alevi-Bektaşi kültürüne sahip kimi kanaat önderine kendilerinin karşı çıkmalarına rağmen inananları tarafından çeşitli kerametler atfedilir. Yaşadıkları yerler de kavuştukları toprak da ululanır. Hakikatçi Aleviliğin önderlerinden Şıh Mamo da diğerleri de kurtulamaz bu ululanmaktan. Öngörüleri ve malum oluşlar dilden dile kuşaktan kuşağa yayılır, kerametlerine keramet katılır. Mezarları ziyaret yerine döner. Berçenek'te kerametlariyle anılan kişilerden ilki Ali Beşik'tir. Ali Beşik Berçenek'e Bekiruşağı'ndan göçüp gelmiştir.

"Bir kızgınlık neticesinde köyünü terk etmiş, köylülerine 'Ben gidip Berçenek'te kalacağım, sizler de benim toprağıma hasret kalacaksınız,' demiştir. Bundan dolayı Akçadağ'dan gelen ziyaretçilerin onun mezarından toprak götürdükleri söylenir. Yalnızca bir ineğinden başka mal varlığı olmayan Ali Beşik'in keramet ehli olduğuna inanılır. Anlatıldığına göre onun evi sağlığında dolup taşmakta ve herkes ondan yardım istemektedir. Yardımsever olan Ali Beşik her gelenin derdine derman olur onları boş çevirmez. Evinde tek bir ineği olmasına rağmen ineğin sütü tükenmez ve gelen tüm misafirleri doyurur. Ali Beşik'in hanımı gelen misafirler ne kadar kalabalık olursa olsun her seferinde ineğinden süt sağıp ikram eder. Normalde birkaç sağımdan sonra sütün kesilmesi gerekirken ineğin sütü hiç bitmez, bir saat sonra sağıldığında yine normal sütünü verir. Köy halkı onun elinden ve evinden bir şeyler alır saklarsa, işlerin rast gideceğine, kaza belaya uğramayacağına inanmaktadır... Ziyarete çevre köylerin yanı sıra Akçadağ'ın bir kısım köylerinden de ziyaretçiler gelir. Burada kurban keser lokma dağıtırlar. Hastalanan hayvanlar mezar etrafında yedi kere dolaştırılırsa hastalıklarının geçeceği, mezarından alınan toprağın evin bir köşesine asılmasıyla da

evin bereketleneceğine inanılır. Ziyaretçiler, buradan aldıkları toprak ve suyu şifa amacıyla saklar, yeri geldikçe kullanırlar."[64]

Daşolar'ın yeğeni Şıh Hamit de keramet yüklenen isimlerden biridir. O ise kimin çocuk sahibi olacağını önceden bildirir. Binboğa Köyü'nde bir ziyaretinde bir ailenin ilk çocuğuna ad koyar, sonraki doğacak çocukların adlarını da önceden bir bir ekler: Feyzullah, Hamdullah, Hayrullah Çinpolat…

Şıh Hamit bir gün Yemliha'nın evine mihman olmuştur. "*Kalk*" der, "*Zikir çekeceğiz.*" Zikir sonrasında "*Kardeşinin erkek çocuğu olacak,*" der. Yemliha'nın küçük kardeşinin kızları vardır sadece. Yemliha'nın Berçenekli eşi Fadime gider, sorar geline. Gelinin üç aylık hamile olduğunu öğrenir. Hamileliğin sonunda bir erkek evlat dünyaya getirir.[65]

Şakir Baba ve Cırık Baba da çevrede keramet yüklenenlerdendir. Şakir Baba sık sık Binboğa Köyü'nde ceme gidenlerdendir. Bir muhabbette su problemi yaşayan köylüye suyun geleceği yeri işaret eder. İşaret ettiği yer suyun aktığı bir yer değildir, bir süre sonra gerçekten köyün sulama suyu Şakir Baba'nın işaret ettiği yerden getirilir. İçme suyu getirilirken de köyün Sünni kesimi "*Siz hayal görüyorsunuz, oradan su mu gelir, biz katılmıyoruz işçiliğine,*" derler ve işçiliğine katılmazlar. Köyün Bektaşi kısmı olan Kulaksızlar çalışır içme suyunu köye getirirler. Su gelince katılmayanlar da pay ister. Emek edenler buna tepki verirler. Köy büyük bir çatışmaya gebedir. Şakir Baba "*Bırakın onlar da kullansın. Bir süre sonra hiçbiri o sudan içemeyecek,*" der. Gerçekten de hastalık ve göç nedeniyle o suyu kullanamazlar. Şakir Baba ileriyi görmüştür.[66]

Yine Şakir Baba Binboğa Köyü'nde Kulaksız Hasan'ın evinde muhabbettedir. Saz çalınır, deyişler söylenir, sohbetler edilir. Muhabbet sırasında biri "*Yahu Deli Çoban da burada olsaydı keşke,*" der. Deli Çoban Serkizçayırı Köyü'ndedir. Mevsim kış-

---

[64] Kahramanmaraş Ansiklopedisi, I. Cilt

[65] Fadime Ertekin, Sözlü Anlatım, 20 Haziran 2020

[66] Halil ve Ali Çinpolat'la Söyleşiden, 18 Ekim 2020

tır ve arada karlı bir dağ vardır. Birbuçuk-iki saatlik bir yoldur. Şakir Baba topuğunu yere vurur. Serkizçayırı'da evinde oturan Deli Çoban Cennet Bacı'ya "*Hanım, beni Oyumgoz'dan Hasanlar'a çağırıyorlar,*" der. Eşi "*Delirme Deli Çoban, nerden duydun bu karda kışta,*" derse de Deli Çoban birbuçuk saat sonra Kulaksız Hasan'ın evindedir. Kalpten kalbe bir yol vardır bilinmez, görünmez.[67]

Cırık Baba'nın büyük kızı, Şakir Baba'nın oğlu Hüseyin'le evlidir. Kızını eve çağırır "*Kızım, Durdu bağ belliyor, anan da azık götürecek, sen de evi bir temizle akşama misafiriniz var,*" der. Kızı "*Baba bugün ekmek yapacaktık,*" diye cevap verir. Cırık Baba "*tamam*" der, kızını evine yollar.

İkindi vakti Cırık Baba'nın oğlu Durdu Şakir Baba'nın evine gelir "*Amca babam rahatsızlandı,*" der. Cırık Baba'nın evine geldiklerinde Hakk'a yürüdüğünü anlarlar. Çocuklar ağlaşırken Şakir Baba "*Kızım ne ağlıyorsunuz, herkes babanız gibi ölüme gitsin, bakın Tacim Dede de bugün burda. Onu sırlamaya gelmiş,*" der. Daha son nefesini vermeden Tacim Dede Kantarma'dan köye gelmiştir. Cırık Baba'yı Büyük Tacim Dede sırlar.

Cırık Baba "mezarım belli olmasın" dediği için Mahzuni Berçenek'e geldiğinde her defasında ailesinin yeniden yaptığı mezarını bozardı.[68]

"Berçenek'ten geldi geçti ileri
Cırık Baba görülecek pir'idi
Üç beş sevenine açtı sırrını
Cırık Baba varılacak er'idi

Şakir Baba, Koca Cırık der idi
Bağlı değil inancında hürüdü
Dosttan gelen zehir olsa yer idi
Cırık Baba sarılacak yar'idi

---

67 Hüseyin Keleş'le Söyleşiden, İstanbul, 23 0cak 2018

68 Güley, Hüseyin ve Durdu Keleş Sözlü Anlatımı, İstanbul, 23 0cak 2018

Sevgi dilenirdi engin yürürdü
Sevgiyi görünce divan dururdu
Sevdiğini ejderhadan korurdu
Cırık Baba yoklar ile varidi

Onun ejderhası hırs ile nefis
Manalı konuşur söylerdi nefes
Harama inanır görürdü nakes
Cırık Baba erilecek sıridi

Haksızlığı görse söylemez ele
Ne güzel vururdu aşk ile tele
Farkına varmadı Yemliha bile
Cırık Baba bin sayılan biridi"[69]

Böyle bir kültürel iklim Şerif Cırık'ın sesini, sözünü, mızrabını daha çocuk yaşta şekillendirmeye başlar. Bu kültürel iklimi anlamak Mahzuni'yi anlamaktan değil, Mahzuni'yi anlamak onu oluşturan bu coğrafi-tarihsel-kültürel iklimi anlamaktan geçer. Tıpkı Yemliha'yı anlamakta olduğu gibi.

Berçenek İrfan Mektebi; ***Hüseyin Pasin, ..., Şakir Baba, Hasan Hüseyin Sarı, Pehlül Cırık (Fezali), Haydar Kaya (Aladeli)***

[69] Yemliha Ertekin, *Gönülden Damlalar*, 2020, s.261

Yemliha-Şerif: Bir Abi-Kardeş

Şerif Cırık'ın amcaları Pehlül ve Gülali Cırık hem saz çalan hem şiir yazan insanlardır. Onlar da abileri Şerif Cırık'tan el almışlardır. O da amcası Zeynel'den öğrenmiştir. Ailenin her kuşağında Şerif ve Zeynel isimlerinin olması basit bir tesadüf değildir. Şerif bilinen en az üç kuşaktır saz çalıp deyiş söyleyen, şiir yazan bir geleneğin çocuğudur. Saza ve şiire yeteneği olan hele de farklı yanık bir sesi olan Şerif için böyle bir ortam iyi bir tohumun verimli bir tarlayla buluşması gibidir. Zeki, girişken, ele avuca sığmaz, yaramaz ve üstelik şımarık bir çocuktur. Şımarıklığı da çevresinde tolere edilen biridir. Helede amcası Pehlül'ün (Fezali) gözbebeğidir. Pehlül onu ölen ve sazı öğrendiği ağabeyi Şerif yerine koyar. Sever, korur, kollar, eğitir. "*Şerif sazı-şiiri ilk kimden öğrendi?*" sorusu böyle bir ortamda doğan bir çocuk için anlamsız bir sorudur. Şerif sazın, deyişlerin, nefeslerin, şiirlerin içine doğmuştur. Bunu yetenekleri ve ilgisiyle birlikte düşündüğümüzde sorunun ayakları yerden kesilir, uçar gider.

Berçenek Köyü'nde ilkokul 1938'de 3 yıllık olarak açılır. Bugünkü Afşin sınırları içindeki köyleri düşündüğümüzde ilkokul Tanır ve Hunu'dan sonra Berçenek'te açılır. 3 yıllık eğitim veren ilkokullar Genç Cumhuriyet'in eğitim seferberliği çerçevesinde askerde seçilip kısa bir eğitimden sonra Eğitmen olarak köylerine atananların yetkili olduğu okullardır. 5 yıllık ilköğretim içinse öğretmen atanmış olması gerekir. Berçenek'te 3 yıllık eğitim başladığında Şerif Cırık henüz doğmamıştır bile.

Şerif, Berçenek'te Mevlüt Kul eğitmenliğinde üç yıllık ilköğretimden geçer. Amcası Pehlül ile Kaşanlı Köyleri'nden Kamil İspir musahiptir. Kaşanlı Köyleri'ne henüz ilkokul gelmemiştir. Kamil İspir oğlunu Berçenek'te musahibi olduğu Pehlül Cırık'ın evine yollar ve Perişan Ali ile Şerif Cırık sınıf arkadaşı olurlar. Şerif beş yıllık eğitim için birkaç yıl beklemek zorunda kalmıştır. Aslında birçok sınıf arkadaşı köyde beş yıllık okulun açılmasını beklemeden ya yakındaki Tanır Kasabası'nda ya da Yarpuz'da eğitimlerini beş yıla tamamlarlar. Şerif şehirde okula gitmek yerine annesinin köyünde, Alembey Köyü'nde Kur'an kursuna gönderilir. Kuran kursları köylerde yaygın bir uygulamadır. Milli Eğitim okullarına da gitseler, uygun boşlukta Kur'an kursuna da gönderilirler. Öğretilen Arapça değil, Arap Alfabesi ve Kur'an'ın hatmidir. Ailesi Arapçayı da öğrensin diye Şerif'i Kur'an kursuna gönderdi demek, bugünden düne hikâye uydurmak demektir. Ailenin eğitim için bir öngürüsü olsa beş yıllık eğitim için Şerif'i Tanır'a ya da Yarpuz'a gönderirlerdi. Kur'an kursu tamamen Şerif'in annesi Döndü Bacı'nın ısrarıyla olmuştur. Geç başlayıp ara vererek 1956'da Berçenek'te ilkokuldan mezun olur.

Şerif daha 12-13 yaşlarında cemlere katılmaya başlamıştır. Aslında o yaştakileri cemlere almazlar ama topluluk Şerif'deki ışığı görmüş olacak ki, onu ceme alırlar. Şerif'in görgüsü o cemlerde şekillenir. Sazı, sözü, sesi oluşmaya başlar. Mahrumi'de sazını, Aladeli'de şiirini, Cırık Babalar'da özünü demlendirir. Yemliha Şerif'i Berçenek'teki muhabbet cemlerinde tanır, sever. Yemliha Şerif'in sazına, sesine meftun olur. O Şerif'in abisidir artık. Şerif'in nazı da niyazı da Yemliha Abisinedir. Ya köyde ya Afşin'de sık sık buluşurlar. Şerif Cırık Yemliha Abisine köyden haber yollar, özlemiştir. Yemliha 10 Mayıs 1956'da bir şiirle Şerif'e seslenir:

"Efkârlanma deli oğlan gülmede
Bugün yarın geleceğim bilmede
Ağlamadan gözyaşımı silmede
Tan yeriniz atar atmaz ordayım

Siz söyleyin bizi arzu edene
Benziyoruz bizler taze fidana
Takar isek deli tokun gerdana
Sevda bana çatar çatmaz ordayım

Bugünlerde biz de bir deli olduk
Şöyle bil ki Velilere kul olduk
Yaylalara çıkıp giden yol olduk
Mahi Şemsi batar batmaz ordayım

Kurtların sevdiği buhranlık imiş
Delinin sevdiği karanlık imiş
Yolcunun adusu boranlık imiş
Kurt kuzuya çatar çatmaz ordayım

Şerif şimdi acap bağa göçtü mü
Dostun çeşmesinden biraz içti mi
Acap bülbülünden karga seçti mi
Tavuk tar'a yatar yatmaz ordayım

Gel Yemliha böyle yalan söyleme
Söyleyip de âlemi ben eyleme
Yakın gidip ırağını boylama
Beni benden atar atmaz ordayım"[70]

Şerif Cırık pek de yerinde duran uslu biri değildir. Sık sık Afşin-Elbistan'a, komşu köylere Kaşanlı'ya, Çomu'ya kaçar durur. Anası Döndü Bacı "bu çocuğun başını bağlamak gerekir, yoksa ne zaman nerede bulacağımızı bilemeyiz," der ve 1956'da Emine Bulut'la evlendirilir. Bu evlilik iki baskın karakterin, iki ananın, Döndü Bacı ile Hatice Ana'nın yarattığı bir evliliktir. Şerif bu; bağlasan durmaz. Sazı elinde köy köy dolaşır. Her gittiği yerde bal derler. Ama dönüşlerinde bal gibi karşılanmaz, Emine kir-pasak içindeki Şerif'e pek sıcak bakmaz. Şerif 1956-57 öğretim yılında Mersin Astsubay Hazırlık Orta Okulu'na başlar. Okul döneminde Mersin'de öğrencidir, tatillerde köylerde dolaşan gezgin bir âşıktır.

"Bilseydim yar deyi sevmezdim seni
Yazık olsun sana kuldan farkın yok
Kahbesin ağlattın yandırdın beni
Kıymetin belirsiz puldan farkın yok

Güzelim diyorsun vefa arama
Küstüm sana zülüfünü tarama
Merhem derken biber ektin yarama
Padişahım dersin kuldan farkın yok

---

[70] Yemliha Ertekin Arşivi, Şiirler Dosyası

Bana yapma zalim nazı cilveyi
İşin gücün mesken tutmak hileyi
Başına getirdin türlü belayı
Bir güzelim deme duldan farkın yok

İnşallah bahçende gülün bitmesin
Baykuşların dönsün bülbül ötmesin
Bir sevenin olup seni tutmasın
Kurumuş kavrulan çölden farkın yok

Kırılsın kolların şerif gibi yan
İçerin tutuşsun vermesin aman
Ne kadar yalvardım koymadın zaman
Hiç kerem etmedin elden farkın yok

(Kahretme kadere
Esir olun kedere)"
Berçenekli Şerif Cırık[71]

[71] Yemliha Ertekin Arşivi, 1957 Orman Cep Takvimi.

5 Mektuplaşmalar

Abi-Kardeş Mektuplaşmaları:

Mersin Astsubay Hazırlama Orta Okulu

Yemliha'yı anlamak ya da Genç Şerif Cırık'ı anlamak, Yemliha'daki Şerif'i anlamak ya da Şerif'teki Yemliha'yı anlamak, bütün mesele bu! Dışardan bir bakışla anlamak ya da anlatmak onları yeniden yazmak olur. Dücane Cündioğlu "*Görmek yorumdur,*" diyor. Gördüğümü, anladığımı anlatmak ancak yorumumu aktarmak olur. Fakat bir ateş topu aklıma da kalbime de vurup duruyor: "*Senin aralarına girmeye ne hakkın var? Çık aradan, onları çıplak görmek istiyoruz. Gördüklerimizi biz yorumlayamaz mıyız?*" Doğrusu aklıma da kalbime de ihtiyacım var. Saldırıya maruz kalsınlar istemem. Söz vermeyeyim ama bir süre araya girmemeye çalışacağım. O kadar da sabırlı değilim. Ama önceden uyarayım. Mektuplar ve içindeki şiirler şiddetli bir aşk içeriyor. "*Aşk Bir Şiddet Eylemidir.*" Bu mektupların tamamı gelen mektuplar, Yemliha'nın arşivinden. Gidenleri gelenlerden anlamaya çalışmak durumundasınız. Şerif'ten yansıyanlardır Yemliha'nın yazdıkları. Henüz ben doğmadığım için Yemliha gönderdiklerinin bir kopyasını arşivine koymamış. Ben doğduktan sonra "*bu oğlan büyüyünce bu arşivi çalışmalarında kullanır belki,*" diye düşünmüş olacak ki arada bir gidenlerin kopyasını da koymuş arşive. Yemliha ne de olsa benim gibi değil; o hem sabırlı hem ileriyi gören bir adam.

"Bilmiyorum talihten mi
Hor görüyor eller bizi
Bizi yakan bir tek sen mi
Göndermiyor beller bizi

Yağmur yağar şimşek çakar
Gurbetlik canımı yakar
Gözlerimden yaşlar akar
Sürüklüyor seller bizi

Mersin şehri sıcak olur
Bizim ile uzak olur
Ayağıma tuzak olur
Bırakmıyor yollar bizi

Annem babam mektup gözler
Askerim yüreğim sızlar
Su doldurur güzel kızlar
Ararmola dullar bizi

Yeşil bağlar güzel olur
Güz gelince gazel olur
Yâre sevgi ezel olur
Hara sürer güller bizi

Mahzun Şerif Kerem oldu
Aslım bana haram oldu
Hicran bile bir em oldu
Çiçek saymaz dallar bizi"
Şerif Cırık[72]

Şeriften Yemliha'ya Mektup: Alev Yanarken Mum Eriyecek

Ruhum Benim, Kardeşim, Sevgili Gülüm,

Önce 'estağfurullah' derim. Çünkü ilk mektupta 'kusura bakma' kelimesini boşuna sarfetmişsiniz. Sizin yüzünüzü görmem en büyük kazancımdır. Ateşte yansam da yine Leyla diye feryadım çıkar. Emin olun kardeşim yanına vardığımda, dilim tutup da şu şöyledir diyemiyorum. Kalbimde alevlenen bu aşk, bu sevgi, bu muhabbet küresi

[72] Yemliha Ertekin Arşivi, Şiirler Dosyası

daima dönüyor. Lâkin sizi görünce ispat edemiyorum. Adeta şaşıyorum, bizzat berbat ediyorum neden? Şımarıyor muyum bunu sen izah et bilmiyorum. Siz açıklayın.

Evet sevgili sizin şu hitabınız yani 'Sen son zamanlarda Kâmil Emmiyi cevapsız bırakıyorsun' cümlesi zehirli ok gibi zavallı kalbimi püryan eyledi neden? Ben cevap vermek göreviyle yoğruldum ama şu şartla 'Alev yanarken mum eriyecek' emrine dayanarak senin bulunduğun yerde cevap vermekten acizim. Evet sen bana bir gece dehlizinde öyle söyledin. Emrinizi hemen yerine getirmek için baş koyarım.

Gönderdiğiniz emanetle emanet olmayan ve insanlar üzerinde hazin bir tesir yaratan baharatlı lezzetli ahenkli tatlı 'adam' tabiriyle acı 'Adem' bakışıyla, Muhammet tacı esansınızı aldım. Bağrıma basarak, yüzlerime sürdüm, evet şimdi çıktı hiç aldanmıyorum. Hani Acem seyahında iken çadırın önünde verdiğin 'engür' cilasıdır. Düşünüp, ne zaman deme saf melek kardeşim haberin yok senin ondan. Yine memnuniyetliğim Kaf dağından Kafkaslar kadar yükseğe çıktı tabi.

Hor görme sevgili, suç senin yakandan tutandadır. O bıraksın ki ben de bırakayım seni çünkü bir eli de benim gırtlağımda olduğu için kalp ceryanı bırakmıyor. Bu elin parmakları arasına giren muhakkak cefa çeker... Hasretle ellerinden koklayarak öperim. Mahzuni(1)

Şerif'ten Yemliha'ya Şiir:

"Düşmüştüm yanarken deli diyerek
Aradım derdime dermanı buldum
Arkaya bakarak, boyun eğerek
Serbest olduğuma fermanı buldum

Eyvallahım çoktur sevdiğim sana
Aradığım şifayı vermişsin bana
Gözlerin benziyor mah-i tabana
Yüzünde mektebi irfanı buldum

Leyl-ü nehar olsun eviyin taşı
Dahi tükenmesin ekmeği aşı
Odları söndürsün gözüyün yaşı
Ben de senin gibi sultanı buldum

Eyvallah sevdiğim gevheri mahar
Haberin yok fakat sende çok şey var
Böylece kapalı kalmaz ya zahar
Kalbinde şefkatli pünhanı buldum

Bir kadehle düşmanımı öldürdün
Turabım ben sana beni kaldırdın
Ne mutlu ki seyrettirip yandırdın
Külümü seyrettim püryanı buldum

Ben beni sen seni hep gördüm bende
Ruhumsun inan ki neler var sende
Hicran ile sızlanırken veremle
Aradım Afşin'de lokmanı buldum

Turablar turabda görür yerini
Turab bilir maşukunun sırrını
Benimle yoldaş kıl yüzün nurunu
Çayında mekteb-i irfanı buldum

Biz gibi dünyada kavuşan yoktur
Biz biziz inan ki bizdeki haktır
Ben gibi dünyada mecnunlar çoktur
Bir cefa çekmeden Leylamı buldum

Muhammed Ali'ye yapmadı böyle
Allah kullarına yaptı mı söyle
Şaşma turablıktan yürü gel öyle
Leylasın, Leylayım, Mevlamı buldum

Her yerde hep sana çağırdım inan
İnmez imiş harap atına binen
Cevretme bendene ey güzel canan
Dibinde yüzdüğün ummanı buldum

Bir deli olmuşum senin elinden
Ölsem bile geçmem ben bu yolundan
El döşünden emer ben de salından
Ben onun tozunda şifamı buldum

Hakikaten senin ismin bu mudur
Yoksa boz bulanık coşkun su mudur
Eyvallah mı bravamı Hu mudur
Ben bu sözlerinde bir mani buldum

Yükseklerde esen deli yel misin
Enginlerde gezen harap kul musun
Yakıp da geçici coşkun sel misin
Gözüyün yaşında Hurman'ı buldum

Diken misin har dalı mı gül gibi
Feryadı tükenmez bir bülbül gibi
Yaralansam bakmaz mısın el gibi
Bir el uzatışta merhemi buldum

Yeter ey Mahzuni ölüsün hani
Nerelere attın ne yaptın canı
Bırak da göreyim mektep irfanı
Kudreti hayalde hülyanı buldum"[73]

Şerif'ten Yemliha'ya Mektup:

Saygı, Şevk Efendisi ve Turabı, Meftuni'ye,

Kardeşim Yemliha Abiciğim, geldim geleli 40 adet dünyayı bağışlayan tatlı ve gerçek kalbin izlerini taşıyan 2 mektubunuzu aldım ve aldığımda esasında ben üzüldüm. Çünkü diyorsunuz ki 'Sevginin bu kadar ilerisine layık değilim.' Hayır kardeşim, siz size bizim gözümüzle baksanız, bu sevginin gerçeğinden gerçek simalar taşıyan deliller çıkarırsınız. Evet, bir insanın kendi kendine sevgisi olduğu görülmeyebilir, lâkin her tavrı hareketiniz karekter ve duygunuz o kadar üstün bir dereceye mensuptur ki.

Kardeş, sevgi zahir hayatının hub bir unsurudur. Ama batın dünyanın tahtının Sultanı'dır. İnsanlar yalnız kendini tanımakla değil, adamcık arasından Âdem seçmekle müşerreflik mertebesine nail olur. Size benim noksan olmayan hitaplarım garip gelecektir. Şimdi ben sizin gibilerin içinden de daha üstün birini seçebilsem kendimi mutlu sayarım ama ne yazık ki öteye yolum uzamıyor ancak bu men-

[73] Yemliha Ertekin Arşivi, Mektuplar

zile kadar yetişebiliyorum ve bulamıyorum. Sözlerimde isminiz geçerek dilimi muhabbet sahasında bir heyecanla söyletiyor. Övdüğüm sevgi yazılarımın misillerle katına eşitsiniz. İnanın bana, Kerbelâ hınçlı kalbim hıçkırıklarla çarparken 'Ah Yemliha Abiciğim' demekle avunuyorum. Bu sevginin ansızın nereden geldiğini hâlâ anlayamadım ve başınızı ağrıttım. Kâmil Amcama mahsus selam eder ellerinden öperim. Siz kardeşime hürmetlerimi sunarken aşk havasını çalan muhabbet busesiyle nazik ellerinizden öperim. Ablalarıma selam eder, yeğenim Nedim'in gözlerinden öperim.

Köyümüze, babamlara bildirmenizi arz ediyoruz.

İzin kâğıdımı ve yol paramı göndersinler yoksa yine burada birkaç gün kalacağız gibi geliyor.

İstemeyerek son verirken sonsuz saygı ile ellerinizden öperim.

Yani yanımda gibisiniz ayrılmak bile istemiyorum.

Bu dünyada biz
Sevginin esiriyiz
Biz bizden verildi
Sizi tanımıyoruz henüz
Mahzuni Şerif hicrandadır
Ruhun mayası kandadır
Kerbelâ kopacak
Korkarım pek yakındadır

Elimden gelse zarfın üzerini de yağ ile süslerim.

Kardeşim bu sene mektubumuz sona erdi. 10 gün sonra önümüze bir mani olacak bir şey olmazsa varıyoruz. 1957[74]

Bu kez Yemliha'dan Şerif'e Şiir:

"Ey sevdiğim deli Âdem
Görmeden ayrıldın neden
Çok mert olan Mehmet Deden
Sen onları yeren misin

Ey deliler delisi sağ
Aramızda sıkıdır bağ

---

[74] Yemliha Ertekin Arşivi, Mektuplar

Mağaraya örüldü ağ
Sen onları gören misin

Söz verdin ki gelecektin
Sen Ali'den gülecektin
Beni gülü bilecektin
Has goncayı deren misin

Terketti İbrahim Ethem
Hani odur odun satan
Varı yara sıtkı katan
Sırrı vara eren misin

Sen Mahzuni idin ama
Beni de düşürdün gama
Aslı hanla yari dama
Yanıp küle eren misin

Mecnun isen Leyla'nı bul
Seni nice aradım bil
Sana da verilsin düldül
Yari ağyar gören misin

Gel Yemliha açma yare
Bunda kudretli ol göre
Müftüyle hallacı dare
Sende bile gören misin"[75]

Şerif'ten Yemliha'ya Mektup:

Muhterem Ağabey,

Siz belki de bana çok kırılmışınızdır ama ben kırılmam. Sizin yanınızda kalmak için rapor alacaktım olmadı. Mehmet Ali Dayımı da o vaziyette görünce fazla tahammülüm kalmadı. Telefonun başındayken hâlâ gözlerimden yaş akıyordu. Çarçabuk ayrıldınız daha fazla beklemek istemedim. Jip postanın önünde bekliyordu, mendilim gözümde ayrıldım. Hâlâ da içimin alevi sönmedi. Hele siz evet siz ah size karşı hem minnettar hem rüsvay mahcubum.

---

[75] Yemliha Ertekin Arşivi

Ne yapalım kardeşim işte şimdi 'Elbistan'dan gelen selam Mersin'i gezse de yorgundur.' Sana karşı içimin sevgisi orada bir türlü ispat olunamadı. Ne yapsam artık beyhude midir acaba?

Hem de bak bir kere, herhalde böyle seni görmeden gelişimde de bir sebep olması gerek değil mi?

Ablamlara söylemeni istiyorum, bana darılmasınlar.

İznimde neşelenmekten ziyade acılarımı bir kat daha derinleştirdim yani, cevrile yüklenip geldim. Allah doğru getire, çok melal bir vaziyete sahibim. Gelirken de bin bir türlü güçlükler çektim. Olmadı, âşıklar hep böyle kavuşmadan gider. Hayatta ilk defa baş başa bir yolculuk yapmak istedim. Ona da kış mani oldu. Şerif. 1958[76]

Şerif'ten Yemliha'ya Mektup:

İçim yanıyor evet içim, neye yandığını bilmiyorum. Ah dedikçe kalbimin her köşesi bir sahra veya semalar kadar inliyor.

Zannederim ki, farkına varmadığım ve bilerek akıttığım hicran ateşli mercan gözyaşlarım sizin izinizle dolup ayak tozunuzla bir vuslat balçığı vuslediyor. Yalan mı vallahi yalan değil, hem de ulu şah şahidim olabilir. Bir buna değil bundan sonra gelecek ayrılık ve bu ayrılığın tesiri için yanmaktayım.

Bir gün de olsa bin yıllık bir cehennem ithamiyeti kadar tesir bırakıyor. Bir sefer kalp gözünüzün bana güldüğünü görsem en az dünya kadar bahtiyarım. Nolur bana yardım edin sizin kuvvetinize ihtiyacım var. Zorlayın şu taşı kaldırın. Benim gücüm kâfi değil. Ben her defasında muhakkak ki bir parçamı kaybediyorum. Onun için sizin himmet elinizin mümkün'i bir kuvvet olduğunu tahmin ettik. Siz de cip gizlenip esirgemeyin kardeşim. 'Var iken harcet şu paranı, bol olunca bozacaklar aranı' sözüne dikkat et. Şimdiden kendinizi bizden gizlemeye kalkışmayın gizleyeceksen elden gizle kardeş. 'Kardeşten tatlı ceviz gizlenmez.'

Yapmayın şunu yalvarmışken kaçırmayın, bir de sövmeye kalkarsam kaç defa piçiniz olarak gelirim. İyisi mi şu devlet kuşunu kaçırmayın. Belki de ne demek istediğimi anlamadınız. Hakkınız var anlamaya bilirsiniz. Çünkü her dilden konuştuğunuz için bu sefer de Laz olabilirsiniz, korkarım sizden.

---

[76] Yemliha Ertekin Arşivi, Mektuplar

Anlamadıysan anla, dara düştüm, hazin bir sıkıntı içindeyim. Diyeceksin ki elimden ne gelir? Hâlbuki ben senin ne ve kim olduğunu biliyorum, başka tarife lüzum yok.

Bir mektubunu aldım, bilsen ne kadar memnun oldum, sevindim. Sen de senden memnun olasın, bu kadar derim. Mektubu en az ben kadar dolduracaksın.

Ablalarıma selam eder yeğenim Nedim'in gözlerinden öperim.[77]

Şerif'ten Yemliha'ya 30.3.1958 Tarihli Mektup

Kardeşim Yemliha Efendi,

Göndermiş olduğunuz pek kıymetli mektubunuzu aldığımda bilseniz ne kadar müşerref oldum. O güzel selikane sözleriniz benim katımda adeta acı bir muhayyilemle neticelendi.

Muhannen anlıyorum ki siz ağbeyciğimin bana karşı ruhen bir sevgi itibarı olarak kıymetlendirmeniz insaniyetin en ileri gelen samimiyet ve hüsnüniyetidir. Emin olun ki, hayatımda en fazla arkadaş olarak değil de kardeş olarak kemaline değer verdiğim şahıs sizsiniz.

Belki de diyeceksiniz ki martaval mıdır, öyle değil kardeş Allah'tandır. Belki de ilk karşılaştığımız an bile inanın ki size candan samimilenip ve hüsnüniyetle tanışmamızı tercih etmiştim.

Selamıma bu an olmak üzere müsaadenizle son verirken en büyük hürmetlerimi sunarak ellerinizden öperim. Ablalarıma selam eder Nedim'in gözlerinden öperim. Şerif

3'üncü Ast. Sb. Hzl. Ort. Ok. Sınıf 2 Kısım 2 No:2128

Kardeşim hatıra defterimi de eve gönderdim. Onunla da biraz alakadar olun, postaya attım bugün.[78]

Şerif'ten Bir Şiir:

Hasret

"Hasretle yanarım derdim sayılmaz
Gurbette Leyla'ya erenden medet
Bu yalan dünyadır kimseye kalmaz
Deli olup demi sürenden medet

---

[77] Yemliha Ertekin Arşivi, Mektuplar

[78] Yemliha Ertekin Arşivi, Mektuplar

Akıl gerek değil deli olana
Fikir ne yapar ki kökten yalana
Neler gelmiş bizden ezel gelene
Sağ yâre gönlünü verenden medet

Kâmil derken vardın bir deli oldun
Yârimi ararken kahbeyi buldun
Zahirde ağlarken batında buldun
Tokunu boynuna vurandan medet

Muhatabın aksi, yoktur neşesi
Mabetin ıstırap elem köşesi
Merhemin dermanın yeşil şişesi
Doldurup önüme sürenden medet

Beyhude sevmedim ahu gözlüyü
Bedbahtım görmedim o mah yüzlüyü
Hasretle ararım bir mert sözlüyü
Benliği turabta görenden medet

Mahzuni Şerifi sürdüler geri
Eşiklikte süpürgeci lâv eri
Süzüp doya doya görmedim piri
Onun makamında durandan medet"[79]

Mersin Astsubay Hazırlama Orta Okulu'nda Şerif'le Birlikte Öğrenci Olan Hüseyin Doğan'dan Yemliha'ya 23 Nisan 1958 Tarihli Mektup:

Hü! Erenler, Ertekinler, tek erler!

Kıymetli selamlarınızı alıyorum ve benim de sizin kalbinizde yarı gölge kadar yerim olduğu için kendimi bahtiyarlar arasında ve haraplar sırasında addediyorum. Sebebi size malum hele şu imzanızı görmeye can atıyorum. Mektubunuzu aldığım zaman Şerif'e götürmeden imzanıza bakıyorum. Çünkü çok kıskancım bunda kabahat sahibini de bilmem.

Sizin dükkâna baktığım zaman ve etiketleri zor güç heceleyerek okuyordum ama böyle bir mal yoktu, şunlar vardı: Nur, uğur, buna ben-

---

[79] Yemliha Ertekin Arşivi, Mektuplar

zer muhabbet, şefkat. Bunu aldıksa Cırık Baba'nın yeni yapılan evinden aldık, ona sor hele böyle bir şeyi evine koymuş mu? Şimdi de bir şey daha beni kurcalıyor, bak kıskançlığa. Tek-er Berçenek Köyü'ne gittiği zaman falanla geziyor der tutuşurum ya. Dükkânı kapat kendi burada cemalini buraya getir.

Aşkı niyazlarımı bildirir ellerinizden öperim, ablamlara selam eder hatırlarını sorarım. Nedim Beye sevgiler bildirir gözlerinden öperim.
Hüseyin Doğan-Bakkal Çırağı[80]

Şerif'ten Yemliha'ya Şiirli Mektup

O günlerden beri, yani ayrılığımızla başlayan ve acı hayat sayılan her sözünüze neftun ve hayranım. Ağabeyciğim, sağlık olsun 27 günümüz kaldı kavuşuruz diye zavallı gönlümü teselli ediyorum. Bu sefer deli gönlün hıncını almak için yanınızda giderken en az üç gün kalacağım.

Huzurunuzda dilim tutuluyor bir icaziyet şemasıyla karşılaşıp tatlı muhabbet yapamıyoruz. Vesilesini bilmiyorum. Bu sefer diyorum ki canımı dişime aldım, bu herifin yanında gırtlağımı yorucu kastiyle konuşup ve gayemi neticelendireceğim diyorum.

Kardeşciğim, siz benim yerimde olsanız da sizi hatırlasanız, hakkımın olduğunu mühürlersiniz. Dayı bilhassa gurbette radyolar çalarken dahi bir muhayyileniz gözümden yaşımı döküyor, belki de size palavra gelir ama onu sultan bilir.

Nârda da olsanız beraber yanıp cezanıza şerik olmak isterim.

Kardeşim biraz da zahmet olacak ama vesikalık olsun tek bir resminizi gönderin.

Sonsuz selamlarımla mübarek ellerinizden saygılarım ve hürmetlerimle öperim. Fadime Ablama ve diğer ablama selam eder, Nedim'in gözlerinden öper, amcalık sevgimi sunarım.

Burada mühim havadis yok. Orada Cırıklar tarafına Aşkı Niyazımı bildiririm. Şerif Cırık

III. Ast bs. hzl. Ort. O. Sınıf2/2 No:2128 Mersin

---

80 Yemliha Ertekin Arşivi, Mektuplar

"Hıçkırı hıçkırı dönüp ağlasam
Ağaçlar derdimi yazar görünür
Bir gönüle birkaç güzel bağlasam
Başımın belası kızar görünür

Bir iş şûrâsına müracât etsem
Nefti nebatıma hardalı katsam
Mağduren cihanda imanı satsam
Önde bin bir çeşit Pazar görülür

Tebberru edilmez çoktur günahım
Tecessüsüm nedir kalbimde ahım
Tetris dedim teczi ettin Allah'ım
Cürmüm layıkıma Sezar görünür

Dibi görünmeyen kuyu derindir
İçimin alevi dışa serindir
Dünyanın yapısı erenlerindir
Uzatsa tekmeyi bozar görünür

İltifat mı gördüm azmi ramandan
Köprü iken geçtik ahi zamandan
Seyret bir fakiri çayır çimenden
Cevizin dalında tozar görünür

Mahzun Şerif annem yoktur babam kim
Elbet bunu yapan Rahmanı Rahim
Bakkalım[81] *olursa sevgimiz kaim*
Bizim üstümüze nazar görünür

Varıp bir dertliye döksem derdimi
Sevme der güzeli girme denize
Bir vuslata verdim sevgi yurdumu
Ruhsat cüdasında emroldu bize

Bakkalım satarım cennet gülünden
Koklayıbilirsen eğer elimden
Ham söz çıkmaz Kâmillerin dilinden
Delinin eseri ehl'e mucize

---

[81] O tarihlerde Yemliha bakkaldır.

Onbeş yıl yaşadım doğmadan öldüm
Turab sıfatında haraba geldim
Yüzü nurlu bir güzele kul oldum
Ne melek ne huri mahfi refize

Tüccardır kumaşı bedesten gelir
Böyle bir güzele âşıklar ölür
Mahzun Şerif gönül dostunu bilir
Deliyim çok görmen çıkarım yüze"

Bu kadar yorucu mektup olmaz ama ruhum kardeşim sizin hayalinizle konuşuyorum. Bütün ona içimi açıp ve dert yandığım için dalmışım kusura bakmayın. 1958[82]

Şerif Astsubay Ortaokulunda

---

[82] Yemliha Ertekin Arşivi, Mektuplar

"Har Var Diye Bülbül Gülden mi Kaçar"

Nefesler Alevi-Bektaşi kültürünün, felsefesinin temel taşıyıcılarıdır. Müziğinde de sözlerinde de o felsefe, o kültür kendini gösterir. Madem nefes bu kadar yaşamsal, mektuplara bir ara verelim, nefeslenelim. Belli ki nefesler nefes alıp vermekten çıkmıştır. Nefes alıp vererek bedenimizdeki kiri dışarı atar, bedenimizi temiz havayla buluştururuz. Can nefestendir. Dinlediğimiz nefesler de ruhumuzu temizler. Siz nefeslenirken bunu fırsat bilip araya gireyim. Söz, aralarda size mektupları da şiirleri de ben okurum.

Mektuplardan da anladık ki, Şerif daha ilk gençliğinden beri Yemliha Abisine meftun. Yemliha Abi de sabırla, sınırları olabildiğince geniş tutarak ama kontrolü de elden bırakmadan abiliğini sürdürür. Alınan gıda karşılıklıdır. 58 Baharı yaza dönerken Yemliha 1 Haziran 1958'de Şerif'e bir şiirle seslenir.

Öze Düşkünüm

"Bilemedim bu dünyada işimi
Çalışmadım yükseltmeye başımı
İşim tarif olsa karakaşını
Esas kaşa değil göze düşkünüm

Kardeşimsin vakıf olsam işine
Çok yücesin eremedim başına
Beni çağırsalar söz savaşına
Esasta söz değil öze düşkünüm

Arifler de âşıkları yanında
Biliyorum Hak Âdemin canında
Günahkârlar yanar imiş sonunda
Ateşe değil de köze düşkünüm

Benim sevdiğimin sözünde olan
Bilmeyen var mı ki bu dünya yalan
Size deseler de Berçenekli falan
Görüş Berçeneğe öze düşkünüm

Sizin köye bizim diye bakarım
Elimden gelirse size akarım

Akarsu ben olsam odu yakarım
Akarsuya değil göze düşkünüm

Gel kardeş sözünde dur da gel bize
Gitme ki yorulma çöllere saza
Yem olalım senle ördeğe kaza
Esasta ördeğe kaza düşkünüm

Severim sevenler öz niyazını
Avcılar ararlar şahin bazını
O mecliste olan Hak avazını
Esasta avaza naza düşkünüm

Bu yıl da bahardan geçiyor yaza
Hasan Hüseyin de vursaydı saza
Haktan bize gelen cefayı ceza
Ben niyaza değil naza düşkünüm

Kardeşim Şerif'im kıymet yok tende
Şairler pazarı kurulsun sende
Ezelden ebede sarhoşluk bende
Erenler meclisi muza düşkünüm

Bizim gibi yol erine vay ola
Ol hayleykayyuma hay'ü hay ola
Ezelden ebede işler hayrola
Sürüye değil de yoza düşkünüm

Gel Yemliha ariflere kul ol sen
Âşıkların ayağına yol ol sen
Onların yanında gözden kör ol sen
Esasta göze değil öze düşkünüm"[83]

1958 yılı Şerif'in yaşamında kırılmaların olduğu bir yıldır. Emine'den bir kızı olur, adını Züleyha koyarlar. Züleyha doğmuştur ama kimse de gelip anasız ve babasız büyüyeceğini kulağına fısıldamamıştır. 58 Yazı Mahzuni için her zamanki gibi köy köy dolaşıp saz çalıp deyişler söyleyerek geçmiştir.

---

[83] Yemliha Ertekin Arşivi

Yemliha ile Şerif görüşemediklerinde Şerif yine kâğıt-kaleme sarılır:

Değerli Yemliha Ağabeyciğim,

Seni başka 'Yemliha' bileli kendim bambaşka bir 'Şerif' oldum. Ben Örenli Köyü'ne gittiğimde Kâmil Emmi'me halimi arzettim. O da dedi ki, 'Beni bende bulmak için yâvi kıldım ben beni.' Kardeş sen âşık boyu çaydan geçiyorsun, ben ise dağlar boyu ummanda yüzüyorum. Sonra unutma ki kaybolduğumda bulundum, beni boşa arama.

Korktuğum yavaş yavaş başıma geldi, eğer işin fikrimi çalmaksa muradın, aldanıyorsun. Bu gömleğin sizden zevcenize verildiğini bizzat men tasdik ediyorum. Tetik davran elinden kaçırıyorsun. Büyük bir sel önündesin, yakılıp yıkılmadan çaresini düşün. Bu sel Hayber'e vurulan darbe, bu sel Eyyub'un sitem vesilesi, bu sel Nuh'un amansız felaketi, bu sel bir seldir ki coşkunluk anında bir kadresi Şerif'in alnına düşüp de deli eden seldir. Buna karşı durmasını bilmek istiyorsan hiçte birinin beşte biri kadar zerresin yarısına hükmedebiliyorsan olur.

Yoksa bu yürüyüşle menzile kavuşamazsın işte şimdi 'kusura bakma' kelimesini ilave ediyorum.

İmza: Deli[84]

Yaz biterken beklenen olur. Suyun akışı değiştirilemez. Emine Şerif'i değiştiremez, Şerif Emine'yi. Emine Abla'nın annesi kızına "Topla eşyalarını, gel!" der. Emine Abla evlenirken anne sözü dinlediği gibi, yine anne sözü dinler. Bohçasını toplar evi terk eder. Şerif, Emine'nin eve dönmesi için çaba sarf eder ama etkili olamaz. 'Emine Abla' diyorum. Çünkü ömrü boyunca Emine Ablam olmuştur. Şerif'ten ayrılığı kesinleştikten bir süre sonra, Yemliha'nın Berçenekli eşi Fadime, Emine Abla'nın Yemliha'nın komşusuyla evlenmesine vesile olmuştur. Böylece Emine Abla'nın çocuklarıyla aynı bahçede büyüdük. O yüzden Emine Ablamdır.

Emine Abla'nın evi terk etmesi Şerif'in bir yandan üzülmesine yol açsa da diğer yandan elini rahatlatmıştır. Çıktığı yolda eşiyle birlikte yürüyemiyordu. Öte yandan Şerif'in boşandığı

---

84 Yemliha Ertekin Arşivi, Mektuplar

her eşinden geriye kalan çocuklarının kadersizliği de Züleyha ile başlamış oldu. Şerif hakkındaki hiçbir kayıt "İlk eşinden bir kızı oldu" cümlesi ötesine geçemedi. Kimse Züleyha'nın "nasıl büyüdüğü, ne yaşadığı" ile ilgili bir soru sormadı. Anababa hayattayken babaannede öksüz büyüdü.

Okulların açılma dönemidir, Şerif buruk bir halde Mersin'e okula döner. Geride Yemliha'ya 11 Eylül 1958'de bir şiir bırakarak. Ayrılık kaçınılmaz olsa da o kadar da kolay değildir. Hele de "Bir mektupla ilk eşinden ayrıldı," cümlesine hiç mi hiç indirgenemez. İçini Yemliha'sına döker de gider.

Ah Ayrılık

"Gidiyorum hazin yolculuk vardır
Gülerek kal sevdiceğim gülerek
Bir zaman öterdim güllü bahçende
Can verirdim senin için bilerek

Virane sokaklar dopdolu olsun
İsterse bu güle baykuşlar konsun
Giderse bu taşlar bir gevher kalsın
Gidiyorum bu dünyadan yılarak

Belki dönmem dosta veda edersem
Bu berbat hayata artık ne dersem
Ebedi dönmeyen yola gidersem
Ağlar mısın gözyaşını silerek

İsterse bu çaya çaylaklar konsun
İsterse Berçenek virana dönsün
İster yeşil bağlar kül olup yansın
İster yapsın bir de deli gelerek

Bakıp bakıp eğlenin mi resmime
Yoksa lanetm'okursun cismime
Bir gün dilin döner ise ismime
Telgraf eden mi figan kılarak

Gezer idik tarlalarda bağlarda
Gezer oldum mecnun gibi dağlarda

Bir eserim görünürse sağlarda
Alır mısın iki gözün dolarak

Belki kara toprak örter üstümü
Sütsüz olup unutun mu dostunu
Belki gurbet eller anlar kastımı
Ben gelsem de zalim kader salarak

Bazı uğra bizim pınar başına
İçmesen de bir seyreyle taşına
Belki kara kartal konar leşime
Pençe atar cesedimi delerek

Hayal meyal olsun şu sizin düven
Pek hoş olur aleyhimde çok söven
Benim geç dönüşüm sizlere ayan
Arzederim ahu vahla ölerek

Helali hoş olsun ekmeğin tuzun
Sana bağışlansın bir Nedim kuzun
Görüşek kardeşim ayrılık uzun
Bütün günüm gurbet elde kalarak

Mahzuni Şerif'in ayrılık günü
Bensiz seyran eyle davul düğünü
Mevlam unutmasın sen ile beni
Kalpler bir çark etsin bürhân bularak

Belki dönmeyeceğim gül yüzlü kardeşim.
Himmet ve duadan unutma beni."[85]

Şerif artık üçüncü sınıftadır. 18 yaşında hem baba olmuş hem ilk eşinden ayrılmıştır. Çok geçmez Şerif kendini toparlar, geriye yalnızca öfke kırıntıları kalmıştır. 13 Ekim 1958'de hem Hüseyin hem Şerif sarılırlar kalemlerine:

Ey Benim Penahım,

Biz sizden ayrılmadık, yalnız buraya geleli 25 gün kadar bir uzun müddet geçmektedir, muhabbetinizi her zaman için kalbimizde canlandırıyoruz ve bütün ümitlerimiz sizdedir, sizin de biraz gözünüz

---

[85] Yemliha Ertekin Arşivi, Mektuplar

bizde olsun da muradımıza erelim ve bakkalı bir daha görelim. Hakkı Yemliha olduğunu kimseden saklama, herkese yaşsa bize kurumuş. O dükkânda oturan siz değilsiniz sizin elbiseniz. Siz burada veya şorada şurada Hüseyin'in, Şerif'in kalbindesiniz. Her zaman bizi rahatsız ediyorsunuz, biz de sizi rahatsız edebilsek ne mutlu bize. İşte Pazar akşamı dümeni size doğru kırdık ve şudur budur derken Şerif yine eski haline düştü. O dakikada iki sever tuttu, o anda bile isminizi söylüyor, işte mesele bundan ibarettir gerisini siz düşünün. Sevgilerimle selamlarımı sunarım ve ellerinizden öperken himmet eylemenizi beklemekteyim. Büyük aklamada o gömleği giydiğin malum, imanım var.

Ablalarıma da selamlarım tabidir. Nedim'in gözlerinden öperim.

Hüseyin Doğan

3.Astsb.Hzl.Ort.O. Sınıf:3 Kısım:2 No:2140 Mersin

Ey Kardeşim, Abiciğim, Canım, Kalbimin Padişahı Yemliha Abiciğim,

Bu mektup size kimden geliyor biliyor musun?

Deli, serseri, mecnun, meftun, mahzun, bir sözü bir sözüne uymayan, yalancı, dünyanın en kıymetsiz, değersiz, doğruluktan başka her şeye giren, Şerif'ten başka her şeye benzeyen Allah'ın belası, Cihanın yüz karası, kalblerin katili, cahillerin softası, bütün alçakların vahşilerin adnâların, ismini bilmediğim muzurların elebaşısı, hâsılı ne dersen o, serserinindir.

Dikkatimi çekti, geçerken de bir bakayım dedim. Elinde bohçasıyla eşiğinize yüz koymuş, ağlamak istiyor falan. O zaman varıp dedim ki bu yük sende olduktan sonra kimse seninle yola gitmez vahşi, dedim. Çekil efendi, adamı ne hakla rahatsız edeceksiniz, dedim. O da bana sen karışma diye iktifa ve mukabele etti. Tabi ne diyeceğim, yaramaz, cahil, sözden ne anlar, karışmadım. Girdiğinde sizi çok rahatsız etmiş, sen onun kusuruna bakma abiciğim. O hep kimi bilip kimden koparacak, galiba sizin keseyi biraz dolgun görmüş.

Çok uzatmak işe yaramadı, kusura bakma. Kardeşim köyden defteri getirttin mi, bana bildir. Ben aynı öyle bir defter daha yazıyorum 'Derin Dünya' isimlidir. Bundan başka bir de 'Gurbetlik Türküleri' diye biri daha var. İnşallah nasib olursa bunları hep size vereceğim, doldura bilirsem.

Mektubu biraz çok doldur. Kâmil emmime ayrıca selam eder ellerinden öperim, Hacıbilal Çavuş emmime mahsus selam eder ellerinden öperim.

Ablam Remziye ve Fatmalara selam eder, yeğenim Nedim'in gözlerinden öperim. Tekrar sizlere selam eder ellerinizden öperim. Şerif[86]

Arada bir şu Mersin'den yazılmış şiir ve mektupları azaltsam ve topluca başka bir kitapta yayınlasam mı diye düşündüğüm olmuyor değil. Ne var ki, anlam ayrıntılarda. Onları ayaklanmaya kalkmak, anlam eksilmesine daha doğrusu anlam kaymasına yol açabilir. Ben sorumluluk alamam. O yüzden fazla elemeden ve nadiren araya girerek mektup ve şiirlere devam etmek istiyorum.

Şerif'ten Yemliha'ya 10 Kasım 1958 Tarihli Mektup:

Ey Akıllı Abiciğim Yemliha Efendi,

Her harfi dünyalar kadar değer taşıyan ve çok sevginizi ispat eden mektubunuzu aldığımda sizlerce bilinmesi muhakkak ki ne kadar sevindim, ben de seni biraz meşgul edip üzmek için şu yorucu satırları uzun uzadıya erinmeden yazdım.

Yahu kardeşim, senin bize bunda karışmamanı arz ediyorum. Ben sana nasıl bakarsam bakarım. Ne olur bir sefer de kendinizi layık gördüğüm şahsın tam kendisi olarak gösterin. Kardeşim şöyle bir söz var: 'senin annen iyiydi de orada ne işi vardı.' İşte bu kanlı gömleği ipek farz edersek sizin işin gerçekliğine tesadüf eder. Kardeşim balıkçının oltasına düşen ala da bir kara da bir.

Bir de şunu ilave edeyim ki, benim şu dünyada senden başka tanıyacağım kimse yok. Ben askerim, neye nöbetçi yaparlarsa ona ölünceye kadar da sahiplik yapmam lazım. Bunu kimse ayıplamaz kimse de günah saymaz. Seni gösterdiler seni bilirim. Ne zaman ki sen bu memuriyetten tekavüte çıktığın gibi yakanı bırakırım.

Diğerlerinin kaşı gözü ayrı bir mizaçta mı yaratılmış yani. Hepsi sen veya benden müteşekkildir değil mi? Sakın gizlenmeye kalkışma,

---

86 Yemliha Ertekin Arşivi, Mektuplar

ben nöbetçisiyim, üç teklif ricasından sonra aksi takdirde ateş ederim, bunu göz önünde tut.

Ben derslerime çalışıyorum. Çok da rahatım. Düşüncem bütün sensin ve her zaman her saat ve her dakikanın saniyesinde de aklımda hayalimdesin. O günler evet o günler bir daha elime geçmiyor... Kardeşim hazin bir ayrılığımız olacak galiba, bizim şu meseleden de biraz malumat ver, uzun tutun mektubunuzu. Evden mektup alamıyorum.

Ablalarıma selam eder, yeğenim Nedim'in gözlerinden öperim. Mektubu 'son' kelimesini ilave ederken hasretle ellerinden, yüzlerinden, gözlerinden öperim. Haydi hoşçakalın. Kardeşin Şerif.

Ey deli ahmak Mahzuni, Yemlihasın bunu bil
Seni Şerifsin diyen aklı yetmez serseri dil
Avlandın işte budala, dururken böyle gafil
Şahın elinden tutup da zorunan tapsam gerek[87]

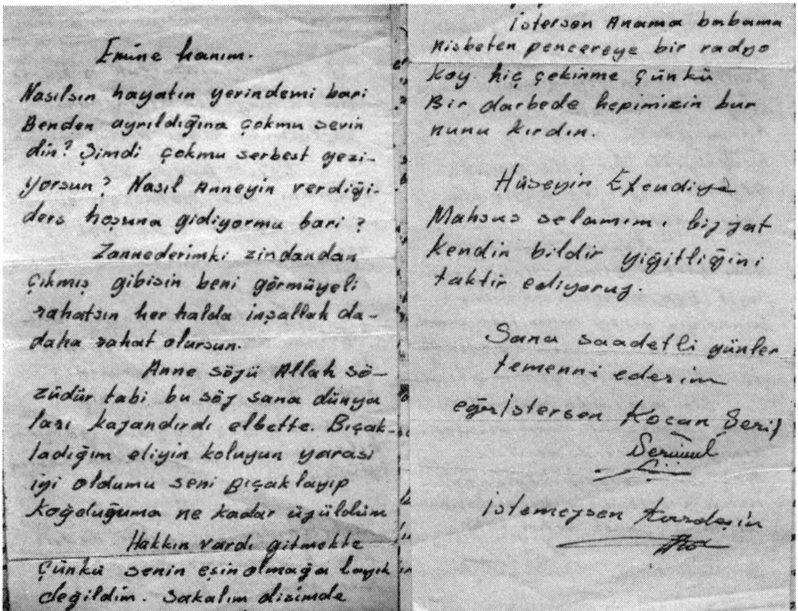

Emine hanım.
Nasılsın hayatın yerindemi bari
Benden ayrıldığına çokmu sevin
din? Şimdi çokmu serbest gezi-
yorsun? Nasıl Anneyin verdiği-
ders hoşuna gidiyormu bari?
Zannederimki zindandan
çıkmış gibisin beni görmüyeli
rahatsın her halda inşallah da-
daha rahat olursun.
Anne söjü Allah sö-
züdür tabi bu söj sana dünya
ları kajandırdı elbette. Bıçak-
ladığım eliyin koluyun yarası
iyi oldumu seni bıçaklayıp
koğoluğuma ne kadar üzülolüm
Hakkın vardı gitmekte
çünkü senin eşin olmağa layık
degildim. Sakalım dizimde

İstersen Anama babama
nisbeten pencereye bir radyo
koy hiç çekinme çünkü
Bir darbede hepimizin bur
nunu kırdın.
Hüseyin Efendiye
Mahsus selamım. bizjat
kendin bildir yiğitliğini
taktir ediyoruz.
Sana saadetli günler
temenni ederim
eğer istersen Kocan Şerif
İstemeysen kardeşin

Şerif'ten İlk Eşi Emine'ye Mektup

---

87 Yemliha Ertekin Arşivi, Mektuplar

"İnsan Olmasa, İnsan Cennetlik Olur"

1958 Aralık ayı mektup ayıdır. Yarısı uzun olmak üzere 6-7 mektup vardır. Aşkla dert iç içe geçince söz uzamış. Uzamış uzamaya ya, bizim açımızdan ilk evliliğin bitmesinin kodları da açığa çıkmış. Yine Yemliha'yı anlama çabamızı da Şerif'in mektuplarından sürdürebiliyoruz.

Şerif'in Yemliha'ya 8 Aralık 1958 Tarihli Mektubu:

Sevgili Özcüye,

Kıymetli Ağabeyim Yemliha Efendi,

Dünyaları bağışlayan ve yanmış bir yüreğe şifa olarak dizilmiş sözlerinizi gizleyen kıymetli mektubunuzu aldım, en az sizden fazla sevindim. Fakat mektubun okumunu geliştirdikçe yüzümde acı çekreler çizdin.

Çünkü bütün sözleri siz söylemeyip içine başka bir şey tebeası kattığınıza üzüldüm. Ve bunda haklıyım, ben yalnız sizin o muhterem dudaklarınızdan vusla gelen balın üzerine dönüyorum ve ona meftunum. Evet, benim bütün sırrım sizlerde mevcut ama mektupta belirttiğiniz bir sır değil bir el nasırıdır.

Şunu söyleyeyim ki ben hiç ne muhabere ne de mektuba ait bir şey konuşmadım. Zaten konuşamadım ki. Herif bizi insan yerine koymadı ki... Bana söyleseydi 'Sen gidiyorsun, beni babamgile koy git, sen tahsilini bitirene kadar orada durayım.' Hayhay, hiç gücenmez koyardım ama kendisi cahil annesinin teşvikiyle benden ayrıldı. Diyeceksiniz ki, küsmüş gitmiş. Şöylece izah etmek isteyeceğim. Pekâlâ, neden doğrudan doğruya kalkıp gitmemiş de çeşitli kurnazlıklar, umulmadık hileler düşünmüş, elbisesini yanımda koyup, hiç hayâ etmeden bütün eşyalarını toplamıştır. Bu neye delildir? Demek istiyor ki, 'işte her şeyimi aldım, şükür senden de kurtuldum, ne yaparsan yap' diyor. Mamafih yolum bunu reddettiği için, gece gittim kardeşiyle münakaşa ettim. Bağa kadar gittim, yalvardım vermediler. Ben de hiç sesimi çıkarmadan okula döndüm.

Yine de mademki istiyorsunuz, ben bir ufak yollu bir şey yazıyorum ona ver isterseniz vermeyin. Ben de bir emir kuluyum ama kimin olduğunu bilemiyorum. Elbette ben senin yanındaydım bunun sebebini biliyorum. O yalvaran şahıs vaktiyle bana da aynı hareketi yapsa olmaz mıydı? Şimdi beni koydu kardeşime düştü.

O adam tekrar yanına geldiğinde şöyle söyle: 'Ben kızınızı olgun bir kadın yapmak için elimden geldiği kadar munislikte bulundum, iyiliği için biraz kendimi üzecek hareketler yaptım, maatteessüf anlamadı, şerefini pul etti, fakat ben kendini dul etmek istemem. Beklerse koruk da üzüm olur. Beklemezse belki sözüm lüzum olur,' diyor dersiniz, olur mu Ruhum?

Benim bir tek kardeşim,

Şu an bilmiş ol ki, o kadar hasret bir çekreyi taşıyan zavallı mecnun gibi şu ceviz sırada oturuyorum. Gözlerimi siyah tahtaya dikmiş bir noktayı evet bir hayali seyrediyorum.

Bu hayal bir kardeş şefkatini taşıyan derin ve siyah gözlerini vuslat sahasına tekabül ettiren bir kucak açandır. Evet, öyle bir şey ki bu, bütün âşıkların, dertlilerin, zavallı mecnunların dilinin persengi olan 'Ah' kelimesidir. Bu 'Ah'ın ikinci aksetmesi benim tam alev ocağımdan yani bütün varlığım olan 'kalbim'den yansıyor.

Ağlıyorum, acayip bir iştir niçin ağlıyorum? Karşımda sevdiğim adamı bütün seyrettiğim için mi? Hayır, değil, onun için değil. Abiciğim bizim en mühim özelliğimiz olan bir şeyimiz vardır ki 'Sevgiliyi yalnız özümüz gözümüz değil, ruhumuzun süsülmüş pervasız göllerinde aşk için durmadan çağlayan gözyaşlarımız bile o sevgiliyi görmek ister.' İşte bunun için kirpiklerimi nemsiz bırakmayan hicranlı gözyaşlarım çağlıyor.

Diyorsunuz ki, siz yalnız ayrılıktan bahsediyorsunuz... Düşünün bir kere ki işlenen bir cinayetin esas ana sebebini, yani kimin yüzünden olduğu aranır. İşte bu da böyledir. Bütün engellerin, cüdakârlığın, hasretliğin vs. gönül yakıcı bütün şeylerin anası ayrılıktır. Biz de her şeyden evvel bu zalimle mücadeledeyiz.

Gurbette her şey kıymetlidir. Hayatın bir saniyesi bile insanı mesut edecek kadar mukaddesleşiyor. Ah, ah, ah, ah, ah söyleyebilirim ki 'ah' da olmasa göz göre göre Kerem gibi yanıp kül olurum. Mektubu uzattığınıza ne kadar memnun oldum. Hiç olmazsa böyle olmalı, ya kısacık yazıyorsunuz nur görmüş acıya dönüyorum. Şimdi ise sizinle bir dakika olsun tam konuşmuş gibiyim. Ne yaptın eski defteri alabildin mi İsmail'den, ben bir şeyler yazdım gene onun gibi bir şey.

İnşallah doldu mu yine gönderirim. Burada istemiyerek satırlarıma son vermeden Hüseyin'in de mahsus selamını bildirir, hasret ve hürmetle ellerinden öperim. Ablalarıma selam eder, yeğenim Nedim'in gözlerinden öperim. Kâmil Emmi'nin ellerinden öperim, Çavuş Emmi'ye de selamımı söyle.

Hoşça kalın kardeşim. Şerif.[88]

Ve Yemliha'ya söz verdiği gibi, Emine'ye de beklediği mektubu yazar gönderir:

Emine Hanım,

Nasılsın hayatın yerinde mi bari. Benden ayrıldığına çok mu sevindin? Şimdi çok mu serbest geziyorsun? Nasıl annenin verdiği ders hoşuna gidiyor mu bari?

Zannederim ki zindandan çıkmış gibisin beni görmeyeli rahatsın herhalde. İnşallah daha da rahat olursun.

Anne sözü Allah sözüdür tabi, bu söz sana dünyaları kazandırdı elbette. Bıçakladığım elinin kolunun yarası iyi oldu mu, seni bıçaklayıp kovduğuma ne kadar üzüldüm.

Hakkın vardı gitmekte çünkü senin eşin olmaya layık değildim. Sakalım dizimde, ağzım gözüm çıkla kir. Sen ise medeniyetli bir aile çocuğu, gayette nazlı ve nazik bir kızdın değil mi?

Kuzum senin hayatını berbat etmek istemiyorum. Şayet ben oradayken söylemeye utandığın bir şey varsa işte şimdi sen Berçenek'te ben ta Mersin'de elim yetmez gözüm görmez. 'Bir mektupla maksadını bildir.' Demişsin ki 'bana mektup atmaya söz verdi' demişsin. Ben öyle bir şey söylemedim, madem istemişin ben bu mektubu attım, acıyarak attım tabi. O annen de inşallah o kararda kalmaz, ben olmazsam Nazlı'nınki elbet bir şey söyler.

Evet, pencereden sazımın sesi geldikçe nefret ederdin, şimdi o da yok. Her şeyde hürsün, işte sesim birden söndü.

Çardağın önünden baktığında bizim odanın ibiğinde beni görüp içeri kaçardın. Şimdi o sokaklar da ıssız, o evde de ben yoğum, gölgem bile kalmadı. Korkmadan süslen püslen gez.

İstersen anama, babama nisbeten pencereye bir radyo koy. Hiç çekinme çünkü bir darbede hepimizin burnunu kırdın.

---

[88] Yemliha Ertekin Arşivi, Mektuplar

Hüseyin Efendiye mahsus selamımı bizzat kendin bildir, yiğitliğini takdir ediyoruz.

Sana saadetli günler temenni ederim.

Eğer istersen kocan Şerif-imza

İstemezsen kardeşin-imza[89]

58 Aralık'ı uzun bir aydır, Temmuz'dan da uzundur. Ayrılık ayın, mevsimin uzunluğunu artırır. Her ayrılık büyütür insanı. Her büyüme iz bırakarak oluşur, tıpkı ağacın halkaları gibi. Şerif de büyüyecektir.

Şerif'ten Yemliha'ya 16 Aralık 1958 Tarihli Mektup

Ağbeyciğim Öz Kardeşim,

Gönderdiğiniz mektupla aşağı yukarı emrinizi yerine getirmiş gibiyim. Lâkin bu itaata mukabil bir cevap alamadım. Şayet yazdığım şey üzücü ve ağır bir şeyse benden vekâlet siz bir şey yazıp bana gönderin ben kopyasını tekrar size göndereyim, siz de ona verirsiniz.

Eğer ki vermezseniz de benim için daha iyi olur. Dış muhaberede burada son.

Ruhum, bir kişidir ki bağlı kaldığı maddi veya manevi amili ebediyete kadar ciddi ve sabit olarak kalbinde gizlemelidir.

Bizim atımızın cevlan ettiği bu meydan muhalefet haricinde bir meydandır. Bizce ihtilal zahirdir, senlik benlik veya yol beğenmeyip biri birimizi dine davet edici bir kurum değildir 'Hak' denilen şey. Ruhça sınırlandırılmış madden aşikâr edilmiş şekillendirilmiş bir şey de değil. Kendi keşfimce Hakk'ın bir sevginin ismi olduğunu size hatırlatırım. Bu sevgiyi her ruh her kalp taşıyabilir mi? Hayır. İşte gülüm 'Hak' denilen bir şeyi âdemde arama gücü budur. Hatırlıyor musun 'Ben ne Sünni'yim, ne Aleviyim, ne Şeyhim, ne Şia ne de deli.' doğrudan doğruya âşık'ım. Âşık demek derdini yalnız manzumeyle izah eden demek değildir. Mahiyet ve hamiyetiyle sevdiği kimseye veya şeye meftun demektir.

Ruhum, 'Hak' bir iman din ve doğruluk çerçevesi dâhilinde batınen sevme ve sevilme gücüne haiz olan insanlar değil midir? Eğer tasdik

---

[89] Yemliha Ertekin Arşivi, Mektuplar

ediyorsanız hiç şüphesiz ki bu hazineye sahip olan insanların en büyükleri Hz. Muhammet ve Hz. Ali ve onların evlatları, yani müphem de olsa ne demek istediğimi anladığınızı tahmin ediyorum. İlk defa bu mukaddes sevdaya onlar atılmış, mahsulünü onlar görmüşler. Yani onların yaratılışı bizden daha fazla âzâya mı sahipti? Amcaları putperest değil miydi?

İşte o da bizim gibi uğrun uğrun düşünmüş Hak'ın kim olduğunu ararken nefis denilen hırs denilen şeyler vaktinden istifade edemeden çekilmiş o zatı Muhterem. Ruhunun nuruyla başbaşa kalmış Hakk'ın kendi olduğunun farkına varmıştır. Lakin ben Hakk'ım diyemedi çünkü sanatı turablıktı. O halde dünyanın en yüksek fakat engin yolu turbalıktır. Sizi gerek sevgi gerekse hep turbalığa davet ettim ama farkına varmadan aldandığımı bilmedim. Çünkü ve çünkü yukarda ismini söylemek için geniş geniş fikir sahalarında uğraştığım ulu bir zâtın kalıbında gördüklerimdensin. Diyeceksin 'hâşâ' biz öyle bir şeye layık mıyız? Hayır, kardeş öyle değil, o kıyafeti gösteren şahıs kendi layık görmüş de siz niçin üzülüyorsunuz. O halde diyebilirim ki 'Hak' bir sevgidir ve gayet tabi siz o olamazsınız fakat sizin üstünüzdeki benim sevgim tam kendisidir. Buna emin olun. Ben de deli oldukça doğrudan doğruya O der çıkarım. Sen de ister kıy ister utan. Sen de bana şeytan de. Haydi, saygılarımla Şerif.

Ablalarıma selam eder yeğenim Nedim'in gözlerinden bir tanışkanlıkla öperim.

Kâmil Amca'ya da ayrıyeten selamımı biraz genişçe bir kâğıda yaz, oku. Çavuş Emmi'ye selam eder, ellerinden sıkarım.

3 üncü Astsb. Hzl. Ort. O. Sınıf 3 ksm 2 No:2128 Mersin[90]

Şerif'ten Yemliha'ya 21 Aralık 1958 Tarihli Mektup

"Muhterem kardeşim acıyorum hem de içim yanıyor neden biliyor musun? Hâlâ kendimi bir türlü anlatamadım hülasâ söyleyim ki galiba şu benim içimin ateşini yeni yeni anlıyorsun.

Öz kardeşim ben senin ismini andıkça gözümden garip bir tebessümle gülerek yaş akıtıyorum. Gülen de ağlar mıymış diyorum gülüşüme gülüyorum.

---

90 Yemliha Ertekin Arşivi, Mektuplar

Farkında mısınız size mektubu ne kadar yakın çizgili ve küçük harflerle kâğıda yazıyorum? Tahmin ediyorum ki bu prensipten siz de memnunsunuz. Çünkü ben öyleyim. Kör körün halini bu şekilde anlayabiliyor.

Ruhum, tatlı kardeşim, ağbeyciğim siz defteri göndermemi söylüyorsunuz. O zaman iş başkalaşıyor. Çünkü defter ben'im ne okuyorsan benden okuyacak değil misin? O halde karlar Atlas'ın tepesini aşsa yine yara yara varıp sana kavuşacağım. Mecnun'a dağlar sahralar tepeler ve çöller bir Leyla için düz gelmedi mi?

Artık başka kapalı bir şey hissettiremiyorum, yalnız şunu söyleyeyim ki Şubat'ın ikisinde ben sana kavuşamasam da dükkânda muhakkak bulun. Çünkü ben Kapuderesi'nden seni telefonla ararım. Şayet yollarımız kapalı olup da Kapuderesi'nden dönmek icabederse, sizlere siyah sisi ve beyaz dumanlı bulutlarla selam yollayıp uzaktan uzağa telefonla bir elveda edip dönerim.

Aziz ağabey mektubunuzu aldım, memnuniyetimi tasavvur edemezsiniz. Ne kadar bağrıma basıp sevindim. İşte bu anda zannettim ki bütün Afşin havalisi bir kâğıt ekranına tekâmülen gelmiş, benimle hal hatır yapıyor zannettim. Çünkü Urfa'da sevgilim var, Urfa benim demektir.

Kardeşim size biraz mavra gelir ama Şah'ın varlığı hakkı için ki size yeminle söylüyorum Maraş'ın Urfası'nda biricik sevdiğimsin. Senden başka kimse beni düşündürmüyor. Evet, annem var babam var, kardeş, emmi, dayı, hısım, akrabam var. Diyeceksiniz ki bunlar dururken beni nasıl olur da düşünürsün dersiniz değil mi?

Hakkınız var hayır diyemem, yalnız ve yalnız şununla sizi ikna etmek isterim ki anne baba vs. gibi yakın oluşlar insana sevgili olmasının sebebi bir arada büyüyüp bir emek verip bir şefkat sahibi olmasıdır.

Lâkin şu misalin size kâfi geleceğini zannederim. Dikkatli düşün. Küçük yaştan beri bir baharat kullansan, tiryakisi olsan, günün birinde bu baharata başka bir reyha karşı koysa, kullandığında bu eski baharattan tatlı gelse, günlerdir tadı damağında kalsa hangisini daha çok arzu edersin? Anlatamadım galiba, bilemedim bir şey söyleyecektim ama olmadı heral. Annenin babanın bir sahiplik hakkı için bağlılık irtibatı vardır.

Kardeşim insanlar bir Leyla'ya âşık olur, hâsılı ya murat ya vuslat görür. Lâkin Mecnun'un Mecnun'a âşık olması aşkların en yakıcı pençesine kapılması demekmiş. Ancak bu şekilde telakki edebiliyorum. Eğer bundan daha üstün bir şey varsa anlat naklet.

Ağabey, yol nedir, kapu nedir, ehlilik nedir bilmez oldum. Daha iyi değil mi? Biz ihvan din şeriat akidelerini sevgiden öğrendik ve kazandık. Ancak bununla övünebiliriz.

'Biz de sizin varlığınızla övünüyoruz' cümlesini çok iyi kullanmışınız, gerçi siz başka türlü söylediniz ama tam yatımına tesadüf etti. Hiç kimse kimsenin eseriyle kazancıyla hissedar olamaz. Fakat işte sizin söylediğiniz gibi iki den bir olanlar övünür. Sen bensin ki böyle söylüyorsun. O halde ben de senin cemalin ve celalinle övünüyorum. Bu fikir veya sohbeti ancak oradayken tenha bir yerde etraflıca anlatırız.

Namaz ve niyaz, dervişlik, şeyhlik, mollalık, softalık, Alevilik, Kızılbaşlık, Şiilik, Şialık, Rafizilik, Yahudilik bil cümle yol elemanı olan her görev ve bağlantıların hepsi de iyi bil ki temiz bir sevgiden başka bir şey olamazlar. Onlar bir isimden mürekkeb.

Kardeş mektupta çok doğru bir noktan dikkatimi çekti. Gerçeğinde öyledir. Onlar benliği attık deyi hakikaten koyu bir renk vermekten başka bir şey değil. Yalnız iyi bil ve emin ol ki Mecnunlar nerde Leyla ismi söylendiğini duysa oraya yaklaşır, maşuku hakkında izahat alır. İşte biz de kimin ağzında bir Hak sesi duysak onu dinlemekten neşe alıyoruz, öyle mi değil mi? Hocanın dediğini yap, yaptığını yapma sözü herhalde açıkta bir delildir. Fazla bu hususta uzatmak istemiyorum.

Âşıklar Allah'ın yüzünü gördü, derler. Bunun hakkında 'hayır' diyebiliyor musun? O halde bunların gördüğü yüz sevdiklerinin yüzüdür. Ben de hiç çekinmeden söyleyebilirim ki 'Allah' çok büyük bir sevginin ismidir. Bu isim anılması, yanlış anlamayın ve hiç üzülmeyin ki, saz çalıp söyleyip ben âşıkım demekle, 40 yıl ibadet edip ben en büyük sofuyum demekle Hakk'ı bulamazlar. Vallahi bulma değil, yolu bile görmezler.

Hak yolunu bulmak demek Turab atıyla yürüyüp sevgi bağına yetişmek demektir. Bunu size her zaman tekrarladım zannediyorum.

Epey zamandır kulağının pasını açacak bir şey yazıyorum. Bismi Şah Allah diyelim mi?

Ötme ey gaibi feryâder bülbül
Bak artık kar yağmış gülün üstüne
Baykuş bile ister
Dikenler ün eder ki
Gül! Gül!

Ömre zaval mı var? Elçidir bu hayat
İşte son bir gayret
Bir gülü ben de kokladım
Fakat bülbül nihayet
Diyor ki: Lanet, lanet

Ölüm var
Varsın olsun bana ne
Ölmeyenler çeksin gayretini
Çok tükenmez günüm var
Be hey ecel sana ne

Bitap düşmüşüm
Yorulmuşum yol yürüdüm ne ızdırap
Çok yürüdüm şaşmışım
Çobanlar ses veriyor
Diyor ki: Gitme hey!... Harab harab

Ne yapsam ki
Şerif'im hem de deli
Mahzuni beni güdeli
Sonunda bende buldu
Birken iki gördüm
Tuhaf, çok tuhaf
Kimse değil
Ben Beni

Ablalarıma selamlarımı sunar, yeğenim Nedim'in gözlerinden öperim. Kâmil Emmi'ye selamımı unutma. Cırık ailesine de selamımı söyle. İzine geleceğimi kimseye söyleme sakın.
Dikkat: Babama şart koşma, ne yapıp yapmadığımı aramadan.
Bana acele 50 lira gönder. Yok da deme, ben bilmem."[91]

---

[91] Yemliha Ertekin Arşiv, Mektuplar

Şerif'ten Yemliha'ya 12 Ocak 1959 Tarihli Şiirli Mektup

"Kardeşim Yemliha Bey'e,

Günleri saydırmaya başladınız. Sebebini bilmiyorum. Hatırladığım bir şey varsa, o da galiba para istememdir, değil mi kardeşciğim. Boş ver, hiç üzülme canım, sözümü yahut da arzumu geri alıyorum. Seni üzmemek için her türlü kahramanlığı gözümün önünde tutacağım.

Sizden para istediğimde, memnun olacağınızı tahmin ederek kayıtsız mektup atmıştım fakat hata edişimden bihaberdim. Askerde olan bir genç sılada ihtiyacını kimden temin eder? Kimden olacak ya ebeveynlerinden yahut kardeşlerinden. Ben de bunu nazari itibare aldıydım fakat yanılmışım özür dilerim.

Gönlünüzden şöylece bir iknaniyet tehacüm edebilir, olur ya! 'Boş ver yahu, geçen sene adama ikram edek deyi verdik parayı, sürüktürdü durdu, biz de utancımızdan her zaman isteyemeden taassub olup kaldık.' dersiniz, çok da doğrudur ağabeyciğim. Yani kalbinize bir yer gelmesin ki, çocuklar gibi kahretmiş durmuş demeyesiniz. Bu olmuş ve olabilen bir iştir, uzaktan uzağa taallükatımız olmadığı gibi. Öz kardeş görüşüyle yaşıyorum ve bu geçici bir zaman değil, ümit ediyorum ki ilelebet bunun sabit olup üzerimdeki tesiri kalkmayacak.

Zira insanlığın en büyük yolu ve kazancı deyi zikredip itiyat haline getirdiğim sevginin ölmeyeceğinden eminim. Bu sevgi ayrılmayacak derecede kalbimde teessüs etmiştir. Olabilir ki sevginin sebebi seveninden hoşlanmayabilir. Fakat bunu size şununla açıklamak isterim:

"Gül dikene bürünse, solsa nisbet bülbüle

Bülbül dikeni koklar, içindeki bir güle"

Bir şey çıkarabildiyseniz işte öyledir. Ben sizi aklı yeter, kâmil zâtı muhterem, sefil, yiğit, korkak, fakir, zengin, deli, akıllı diye sevmiyorum kardeşim, anladın mı?

Ne biçim giyersen giy, nasıl yaşarsan yaşa o beni ilgili bir fikre çekmez. Yalnız ve yalnız sizdeki yani sendeki olan bir nişan üzerine dönüyorum. Sana deli gibi turab olmak istiyorum haberliysen. Zaman gelecek ki benim gibi sen kendini hissedip sendekinin kim olduğunu anlayacaksın.

Siz hâlâ ısrar etmeyin ki 'rica ederim beni o şekilde büyütme' diye. Bizi kendi halimize bırak, nasıl istersek öyle olur, anladın mı?

Ruhum benim. Sizler şu halde çok daha çok taze bir meyvesiniz, her bahçıvan bu çeşit çitil özünü bahçesine örnek etmek ister. Fakat biz ise bir cibre'yiz işte cibre. Mektubumu okuduğunuzda içinizde hafif bir yanma farkettiyseniz, aradığım sizsiniz.

İsterim ki her zaman yüzünü seyretsem, her zaman boynuna sarılıp beraber yatsam. Çünkü siz benim gözümle size baksanız ne hoş bir harikayla karşılaşırsınız. Siz sizi tanımaz hale gelirsiniz. O kadar içim yanıyor ki sizden ayrıyım. Siz ise ticaretinizi yapıp sobanızın başında dem vuruyorsunuz.

Vakti gelince de kırmızı gülün
Bülbülü başında öter eğlenir
Kokusu ne güzel mavi sümbülün
Sarp kaya başında biter eğlenir

Çeşit çeşit ezan okur hocalar
Harfi yanlış olsa hemen heceler
Siyah dumanıyla sivri bacalar
Arşa direk direk tüter eğlenir

Bizim ilin karı donar da kalkmaz
Asalak âşıklar pirine bakmaz
Zalim gurbet eller bizi bırakmaz
Önümüzü dağlar tutar eğlenir

Kiminin yok ahırında soğanı

Kimi horoz diye keser doğanı
Kimi aramakla bulmaz soğanı
Kimi bakkal şeker satar eğlenir

Batıya döner de kıbleye bakar
Mangalı önünde kömürü yakar
Kimi mühür kazar mengene sıkar
Bazı kaşlarını çatar eğlenir

Bakkalımın karşısında tuzu var
Sağ yanında mintan konmuş gözü var
Belki şimdi bir dostunan sözü var
Kendini engine atar eğlenir

Bakkalımın müşterisi bir tane
Bunun ismi Mustafa'ysa daha ne
Biraz bilmek lazım'ola insana
Ölümünden yedi beter eğlenir

Bugün bir dövüş var inliyor çarşı
Bilmem gönül denen ejdere karşı
Kıymanın yanında olmalı turşu
Biber sahipleri yutar eğlenir

Mahzuni Şerifim kalsın hesabım
Yöarm ymhmatm snnsi hçi..ka
D.emet snaubo öyomrlüsnines
R...cni Ey canım Mhmteum Must.

Boş yeri size bıraktım, hürmetli selamlarımı sunar, ellerinden öperim.
Ablalarım Fatma ve Remziye Hanımlara selam eder, yeğenim Nedim'in gözlerinden öperim."[92]

Yemliha aşk dolu zehir zemberek mektubu alır, önce gerilir sonra gülümser. Hoşgörü ve sabırla karşılar. Aslında parayı havale etmiştir ama Şerif'e ulaşması ha deyince olmaz, o zamanlar ağır işleyen bürokrasi vardır, gecikir. Yemliha Şerif'e şiirle cevap verir:

"Sen ben biziz bunda şüphe edilmez
Samimiyet vardır şüphe güdülmez
Bir istek isteyip öz kardeşinden
Sonunda çeşitli yazar eğlenir

Bizim ilin bu yıl karı donmadı
Asalak olanlar hiç de kanmadı
Gurbet eller bizi âşık sanmadı
Şerif şu dağları kazar eğlenir

Senin var mı ahırında soğanın
Arifler ki iyi besler doğanın

---

[92] Yemliha Ertekin Arşivi, Mektuplar

Gelip geçicidir evin kovanın
Bakkal şekerinden azar eğlenir

Batıya dönüşüm Kıble'ye bakış
Ne hoş mangalınan kömürü yakış
Ben burada sana gönülden akış
Sakın kaşlarına nazar eğlenir

Bakkalım bugünler tuzum kalmadı
Sağ yanımda çeşit azım kalmadı
Bildim mektup geldi sözüm kalmadı
Benlikle beraber tozar eğlenir

Bakkalım müşterim gurbette benim
Kendisi orada burada hemdemim
Bilmek ve bilmemek lazımdır derim
Benlik bilenlere hazar eğlenir

Bugün muhabbette eğlendik demin
Vurmaya çalıştık ejderin gemin
Mutfağın yanında yemeğim benim
Gurbette nöbetçi azar eğlenir

Şerif seve seve gönderdim para
Senin bu sözlerin zehirli yara
Telle havaleydi muhakkak ara
Bazı mutemetler yazar eğlenir

Gel Yemliha gitme cebire dalma
Sen burdasın beni Mersin'e salma
Şerif haklı deli sen ayrı kalma
Böylece arada bazar eğlenir"[93]

Şerif'in Yemliha'ya 19 Ocak 1959 Tarihli Mektubu:

"Müjde geliyorum Ağbi,

Pek kıymetli kardeşciğim. Seni göreceğim deyi sevincim haddini aştı. Bilmem sen de benim kadar sevinecek misin? Bu kadar gündür hep

---

93 Yemliha Ertekin Arşivi, Mektuplar

sana hasretim başka kimseye değil. Yalnız bir daha hatırlatmak isterim ki, benim sana kadar geleceğimden bir tek sen haberdar olmalısın. Çünkü eve gitmeyeceğim. Ve izine varmayacağımı babamgile yazdım.

Bunda beni sen ısmarladın ancak sana kadar gelirim. İznin olmadıkça Berçeneğe gitmem. Şayet gidersem de sensiz gitmem.

Ağabeyciğim vardığımda acaba içimde gizli ve yıllanmış bohçayı sana açabilecek miyim? Yoksa yine dillerim bağlanıp bir şey söyleyemeyecek miyim? Şu anda öyle bir şekilde tasavvur ediyorum ki, sobanın karşısında karşı karşıyayız ve umduğum gibi yanımda senden başka kimse yok, o kadar tatlı o kadar yakınlıkla birbirimize gülüyoruz ki!

Zaman zaman boynuna sarılıp seni dünyanın en derin nefisli çiçeği gibi kokluyorum. Bakıyorsun, evet bana. Gördüğüm şefkat o gördüğüm rağbet o canlar yakıcı güzellik karşısında yine bir şey söylemeden bakıyorum. İçin için düşünüyorum bakıyorum herkesin gördüğü satış yaptığı bakkal değil. Bir keş'in kördüğü harapsın. Ne, gene yüzünde hafif çizgiler çizerek güldün, bak sağında kim var, görebiliyor musun? Tahmin edebilirsem, boynunu bükerek cık cık dedin de değil mi?

Kardeşciğim, evet evet anla iyi anla ben kardeşciğin. Ah beni gerçekten kardeşliğe kabul etseniz ne kadar bahtiyarım. Sana bütün teklif ve teşvikim, artık beni kardeşliğe kabul edin nolur, abi beni hakikaten kardeş addet kardeş.

Şu durumda aramızdaki her şey neticelenmiş haldedir. Ben dinsel veya siyasal mücadelelerin hepsinden vazgeçmek isterim. Yalnız ve yalnız şu sevgi denen gerçek sebebi elde ederek kalpleri ayrılmaz bir şekilde birleştirip, duygu denen engeli de bir mürver özü gibi silip atsak, ikilik birlik olsa bütün çalışmamız boşa çıkmaz.

Feryadetme garip bülbül, bak artık gül açıyor
Bu şerbeti nuş ede gör, gülden bağıştır sana
Bitiyor deryanın yolu, son yelkenli geçiyor
İhtimaldir yol uğrar vurma kendin ummana

Mahzun, dur fakat Şerif ol, Ara bakkalını bul
Bir başvur, fakat zarif ol, piyasadaki makul
Nefisle mücadeledesin, Gazi mahlâ anda var mı mâlul
Farzet ki bir eş olsun, savaşı üçüncü cihana

Ablalarıma selam eder ellerinden ve yeğenim Nedim'in gözlerinden öperim. Ben de çok rahatım. Beni soran dostlarıma selamımı tebliğ edin. Kardeşciğin Mahzuni."[94]

Aynı Günlerde Yemliha'dan Bir Şiir:

"Sev sevil dünyada gönül ne varsa
Dü cihanda dostun varı olursun
Arzuyu nefsine sakın ha uyma
O sultanın yâri olursun

Sevgidir dünyanın varına sebep
Sevgi ile olur hayatın ebed
Varlığını daim iyiliğe sarfet
Huzuru hakanda âri olursun

Kendini daima sabra davet et
Gitme batıl yola hakka avdet et
Güç gelirse nefse onda sebat et
Hakikat yolunun varı olursun

Yemliha sen seni aldatma sakın
Hedefin uzakta değildir yakın
Turab ol benliğin azından sakın
Bu fani dünyadan fariğ olursun"[95]

Şerif'ten Yemliha'ya 16 Mart 1959 Tarihli Şiirli Mektup:

"Ağbeyciğim,

Bilmem ki beni affedecek misiniz, yoksa ettiniz mi? Yoksa hiç mi affetmeyip, aleyhimde veya herhangi bir zaman hatırınıza geldiğimde için için pişmanlıkla lanet mi okuyacaksınız?

Hüseyin Ağabeyim ile gönderdiğim mektubu ve evvelki hafta attığım mektupları aldınız mı? Aldıysanız niye cevap vermiyorsunuz, yanmaya yanıyorum şu alevimi tutuşturup benzin dökme. Biliyorsunuz bir bahtı karayım.

Her gün sizi düşünüyorum, hiç hatırdan çıkmıyorsunuz, nasılsa

---

94 Yemliha Ertekin Arşivi, Mektuplar

95 Yemliha Ertekin Arşivi, Mektuplar

kalbimi büyük bir huzursuzluğa sevkeden bir şey var ama bilemiyorum. Ben günahkârım, defterlerden silindim ağabey, sevme beni. Ben benden nefret ediyorum, ben bana lanet okuyorum. Bana karşı içinizde taşıdığınız zerre ve kadre kadar bir muhabbet varsa onu dahi silin. Artık o gördüğünüz Şerif değilim.

İşte böyle uzun uzun satırlarla dikkatinizi çekmek istediğim bir şey var. O da benim bir adi ruhlu asalak bir adam oluşumdur. Rica ederim bana uzaktan uzağa kalben de olsa bile iltifatınızı kesmenizi istiyorum. Neden?

Evet, öyle olsa ancak benim bana karşı yapmak istediğim şeye nail olurum bari.

Ben melek ruhlu, doğru kalpli, hak diye hak ile hak olmuş bir adamın bedduasını alıp onun afatına uğramayı çok ve pek istiyorum.

Ablalarıma selam eder, Nedim'in gözlerinden öperim. Güle, güle, güle, güle, güle güle kal.

Bahçeden kovulan, seni sahte bülbül
Gülün diken değil, sen baykuş oldun
Kabul etmez artık, seni böyle gonca gül
Lât elinden mey içtin meyhoş oldun

Elin ile yıktın bu mukaddes binayı
Şimdi günahkârlara öz anne kardeş oldun
Şu ufacık yaşınla behey enayi
Hemen bir yudumcuk içmeden sarhoş oldun

Ne yüzle gireceksin, bilmem ki şu bahçeye
Bahçivan azat eder, sen bugün bir hoş oldun
Deliydin, ne de çok dolu söylerdin
Doldura doldura bu kadehi, sen ise boş oldun

Mahzuni Şerif değilsin, kovuldun cemimizden
Sen kabını yırtıp, üzsüz kara puş oldun
Aradın ah ettin, gurbet diledin demimizden
Asker değilsin, ere er bile değil

Sen tanınmaz bir berduş oldun
Zalim"[96]

---

[96] Yemliha Ertekin Arşivi, Mektuplar

Şerif'ten Aynı Dönemden Bir Şiir

"Bak neler getirdi bu kara bahtın
Yâren eşle doya doya gezmedim
Gurbet ellerine kurulmuş tahtın
Elem çekip meşakkatten bezmedim

Kara bahtım gurbet ele düşüren
Kara bahtım yüksek dağlar aşıran
Kara bahtım tebdilimi şaşıran
Kara imiş bahtım kendim yazmadım

Kara bahtım bana neler çektirdi
Kara bahtım temelimi yıktırdı
Kara bahtım .... büktürdü
Yazariken karasını bozmadım

Annem beni acep niçin doğurmuş
Felek talihimi dertle yoğurmuş
Bahtım karmış da başım ağarmış
Uğrun uğrun geldi ondan bezmedim

Mahzuni Şerif'i püryan eyledi
Karşımıza çıkıp seyran eyledi
Zavallı kalbimi viran eyledi
Kara bahtım kaderime küsmedim

Bahtın karası, kaderin yarasıdır"
Şerif Cırık[97]

Şerif'ten Yemliha'ya 23 Mart 1959 Tarihli Mektup:

"Ağbeyim Canım Benim,

Ne kadar ben beni küçültüp sizin o, evet o fazla sevginizi kirletmeyim demek istediysem de yapamadım ağbi. Zaman, ayrılık buna müsaade etmiyor, her gün ağlatıyor. Her gün (aşkın vatanı olmadığı) gibi ayrılığın da sabredilecek dayanılacak hiçbir yeri yok.

Yemliha Ağabey, her çalınan uzun havada, her sızlayan bir rüzgârda

97 Yemliha Ertekin Arşivi

sizi hatırlıyorum. Şu karşıdaki Marmara Vapuru'ndan çıkan duman duman değil Öz'de bizi karşılayan Berçeneğin acı sisidir.

Ben sizi artık ehli veya yoldaş olduğunuz için değil, sebebini bilmediğim, ne için olduğunu anlamadığım mecnuni bir sevgiyle seviyorum. Seni andıkça hep kendimi garip kimsesiz hissediyorum. Hayalin bir safhasında, etrafı düşman dolu bir evde göğsünden yaralanmış çocuk olarak beni. Bu çocuğun sabibi gözlerinden yaralı, bir ağabeyi de seni tasavvur ediyorum.

Bilmem ki nasıl izah edeyim? Söyleyemiyorum ağabey söyleyemiyorum. Nasıl bir fırtına içinde kıvrandığım belki size de ayan olması lazım.

Şaşkınım işte şuracıkta bana gönül penceresinden seyredin. Bakın iyi bakın. Her iki gözlerimden de çeneme kadar ince ve parlak bir hat çizilmiş. Ve bu hattan makas değişen seri gözyaşlarım biri birini kovalayıp çenemde ah sedasına karışarak döşümde bağlı ellerimin titrek parmakları arasına bir dakika olsun misafir kalmak istiyor. Fakat baştanbaşa asker düğmesiyle kaplı olan üst üste çarpan kalbim buna mani oluyor. Sadece akan bir ırmağın düz ovada büküldüğü gibi döşümde yaş hattıyla bir ah yazıyor.

Dudaklarımın güçlükle hıçkırıklara karışık söylemek istediği bir şey o da hasretlik galiba. Ne acı bir ızdırap içindeyim. Her dakikam günler kadar tesir ediyor. Ders, vazife, çalışma, günlük faaliyetlerimin hepsi benim için boş ve hiçtir. Düşündüğüm tek şeydir. Hep onunla meşgulüm. Kendime karşı bir nefret, arzettiğime karşı bir sükûnet ve iltifat etmek failindeyim.

Sizin bana bir alakalı arkadaş olmaktan ziyade nedim ve necip bir ağabey olmanız beni kül ediyor. Keşke sizinle tanışıp konuşmasaydım, hiç bilmeseydim.

Şimdiye kadar sizi sarih bir sözle ikna edememem belki de seni de benim kadar üzdü. Belki de söylerim çok defa teraneye tekabül ettiği için beni anlayamadınız. Şunu da söylemek istiyorum, cevapsız kalmam teessüre kapılmama en büyük amil oluyor.

Bilirsiniz nefsini yenen en büyük ulviyete sahip olur. Fakat bu nasıl olabilir, kendini bilen adam nefsini yenmeğe ne lüzum görür? Kendini bilmeyen de apaçık bir şeydir, nefis olan bir adam nefsi yenebilir mi? Merak etmeyin diye bu satırları yazdım.

Mektubuma son vermiyorum, içimden gelebilen bütün hürmetlerimle selam eder, evvela ellerinden sonra yüz ve gözlerinden öperim diyorum.

Ablalara selam eder, hayır dualarını bekler ellerinden öperim. Nedim'in gözlerinden öpeyim mi.

Güle güle kalabilir misin? Allaha emanetim ben, Mahzuni Şerif mi?"[98]

Mersin'den Şerif'in Kendine Bakışı

"Sayamam derdim var binler üstünde
Yara derdi, bere derdi, bel derdi
Düşmüşüm gurbete ağlarım günde
Para derdi, mangır derdi, pul derdi

Genç yaşında neler geldi başıma
Bakan olmaz gözlerimin yaşına
Uğramışım zalim kader kaşına
Hayal derdi, elem derdi, hal derdi

Erenlerin köprüsünden geçmedim
Belli başlı birisini seçmedim
Bir mürşitten bade içmedim
İrfan derdi, sultan derdi, kul derdi

Bakarım bakarım sılam görünmez
Dertli gönül sefahata bürünmez
Askerlikte intizamsız yürünmez
Marş derdi, dur derdi, sol derdi

Demirc'olsan çekiç değer eline
Kömürc'olsan lağam uçar beline
Evlensem ne derler benim halime
Ocak derdi, çocuk derdi, çul derdi

Tacir olsam ben bir çıksam pazara
Hangi malım değecektir nazara

---

[98] Yemliha Ertekin Arşivi, Mektuplar

Günahım çok sığamam ki mezara
İman derdi, Kur'an derdi, yol derdi

Çıksam avcılığa güzel bir seher
Attığım kurşunlar hep bana değer
Bir daha eline geçmezmiş meğer
Ana derdi, baba derdi, el derdi

Gezerek usandım dağ ile taşı
Daha neler çeker aslanın başı
Durmayıp akıyor gözümün yaşı
Akar derdi, coşar derdi, sel derdi

Tüccar olsam gelir-gider eylesem
Herkes bir taş vurur doğru söylesem
Ben de şaştım dostlar netsem neylesem
Bakkal derdi, şeker derdi, bal derdi

Mecnun'a mecnunum boynumuz buruk
Şakir Baba derler bir sulbu Cırık
Aşıkım yanarım ey özü yanık
Mahzun derdi, Mahrum derdi, dil derdi."[99]

Osman Dağlı Bir Kavşakta Maksudi'ye Evrilirken

Hunu Köyü Binboğalar'ın pınarlarının, yaylalarının bala, süte, peynire dönüştüğü rüzgârların eşliğinde sırtına Dadaloğlu'ndan Afe Ana'ya, Avşarlardan Kızılbaş Kürtlere kadar her kültürü alarak ağıtlara, deyişlere dönüştürdüğü ve içinde bulunduğu coğrafyanın kültür kodlarını Ermenilerden Türklere, Nakşilerden Alevilere kadar her inancı-anlayışı yoğurarak Afşin Ovası'na akıttığı verimli bir Binboğa köyüdür. Bu havadan yeterince nasiplenen Osman daha bıyığı terlemeden kalemini inancının derinliklerine daldırıp şiire döken genç bir Nakşi'dir. İçindeki ışığı gören büyükleri giderek el üstünde tutarken, o Binboğaların ona üflediği sorgulayıcı yanını da beslemekten geri durmaz. İnancını içtenlikle şiirlere

---

[99] Yemliha Ertekin Arşivi

dönüştürürken arayışları da sürer gider. İçinde bulunduğu çanak farklı seslerin de ayyuka çıkabildiği bir iklime sahiptir. Güçlü dizeleriyle dikkati çeken Alemdarlı Kul Hamit, birçok temayı içeren şiirleri yanında Sünni İslam'ı öne çıkaran şiirleriyle de nam salmıştır ovaya. 1950'lerin ortalarında yazdığı bir şiiri Alevileri kızdırır, kendilerine hakaret edildiğini düşünürler. Ama cevabı yine şiirle verilmelidir.

"Böyle midir Müslümanın usulü
Ağzınızda bıyığınız basılı
Hazreti Ali etmedi mi gusulü
Gelin imtihana bilenleriniz

Yarın cehennemde Hüseyin için
Allah'ta biliyor sizlerin suçun
Gusulünüz yok ölüyü yıkarsınız niçin
Doğru cehenneme ölenleriniz

Kitabınız yoktur şeytan piriniz
Hep murdardır ufağınız iriniz
Gayya deresidir sizin yeriniz
Daha inat eder kalanlarınız

Ali'ye Allah diye behtan ettiniz
Haşa Ali Allah değil velidir
Gittiğiniz kör şeytanın yoludur
Büyük bir kâfirdir dedeleriniz

Dedeler yalandan ediyor arzı
Sevm salatı tutmaz hac zekâtı farzı
Yahudi merkebidir refazı
Acem düzmesidir yalanlarınız

Bir gün gelir emeğiniz hiç olur
Sizden türüyenler safi piç olur
Ali öldü Allah'ınız nic'olur
Doğru cehenneme ölenleriniz

Hasanla Hüseyin çaldı mı sazı
Doğar mı Allah'ın oğluyla kızı

Yarın mahşer günü görün halinizi
Dolanır boynunuza yalanlarınız

Kul Hamit'im der ki Elhamdülillah
Şeriksiz nazirsiz ol yüce Allah
Din Muhammet dini yok başka Allah
Dört mezhepten hariç planlarınız"
(Kul Hamit, 1950 ortaları)[100]

1957'de ta Erzincan'dan atına biner Afşin'e gelir Davut Sulari. Afşin'in eski garajlarının bulunduğu bölge Afşin için önemli bir sosyal alandır. Yöre, güreşçileriyle meşhurdur, her yıl o meydanda güreş müsabakaları tertip edilir. O alan bu kez Kul Hamit'le Davut Sulari'nin atışmasına sahne olacaktır. O yıllar Sünnilerle Alevilerin o yörede sorunlarını kavgayla çözmediği dönemlerdir. Farklı inançtaki iki insan şiirleriyle konuşacaktır. Genel olarak herkes o meydanda olsa da şiir severler ve şiir yazanlar da ilgiyle izlemektedir atışmayı. Nicedir Hayati Vasfi Taşyürek'i, Kul Hamit'i, Mahrumi'yi, Aladeli'yi, Perişan Güzel'i takip eden Yemliha da o meydandadır.

Kul Hamit Davut Sulari'nin güçlü sözlerine daha fazla dayanamaz, eyvallah der. Ama Sünni yurttaş pek hoşnut değildir bu durumdan, 20'li yaşlarının başında olan ve güvenilen Osman iteklenir ön saflara, '*Ver cevabını Osman!*' sesleri çınlatır ortalığı. Çaresiz sözü ele alır Osman. Ne var ki epeydir kafası karışıktır Osman'ın yakın köylüsü Kul Hasan ve Kör Hüseyin'den de haberdardır. Çıkar okur cevabını Osman:

"Üstad ne sorarsın âlemin fendin,
Arifsen bahara yaza ne hacet.
Nerde olsa hüner gösterir kendin,
Gönül incitecek söze ne hacet.

Bir gönül gafletten ayılır ise,
Şöhreti âleme yayılır ise,

[100] Yemliha Ertekin Arşivi

Âşık maşukuna sevilir ise,
Karşıdan karşıya poza ne hacet.

Bülbül gibi âşık oldum güllere,
Onun için düştüm gurbet ellere,
Muhabbet ehlin bul dokun tellere,
Keramet dildedir saza ne hacet.

Aşinası oldum kuru selâmın,
Danıştım âleme Hakk'ın kelâmın
Değil bizim onsekizbin âlemin,
Sahibi Sultan var bize ne hacet.

Dağlı gönül kırma aman ha aman,
Ehli dil olanlar yamandır yaman,
Gönül aşk atına bindiği zaman,
Yol alır dağlara düze ne hacet."
(Osman Dağlı, 1957)[101]

Bu şiir Davut Sulari'nin cevap vermesi gereken bir şiir değildir, cevaba ne hacet der ve Osman Dağlı'yı sahneye alır. "Ey Afşinliler, bu genç adama dikkat edin, bu sizin önemli bir değerinizdir, geleceğin ozanıdır, sahip çıkın ona!" der.

Kalabalık dağılırken Yemliha Osman'ın koluna girer, kendini tanıtır. Yemliha Davut Sulari'nin sözünü dinlemiş, bir Afşinli olarak değer vermiş, sahip çıkmıştır Osman'a. Uzun bir yol arkadaşlığının ilk adımlarıdır bu omuz. Berçenek'ten, Cırık ve Şakir Baba'dan söz eder. Hasan Hüseyin, Mahrumi ve Aladeli'nin sazından sözünden söz açar. 17 yaşındaki taze Şerif'ten bahseder. Ve bir gün götürür, tanıştırır. Daha Osman ne Maksudi'dir ne de Afe Ana'ya "*İki defa geldim ben bu âleme/Bir anamdan doğdum bir de Elif'ten*" demiştir. Sırayla bunlar da gelecektir. Cırık Baba ona "Maksudi" diyecektir. Sonraki yıllarda yazdığı kimi şiirlerini Mahzuni "Maksudi" mahlasıyla, kimisini de "Mahzuni" mahlasıyla plak yapacaktır. Kul Hasan'la, Mahrumi'yle, Mahzuni'yle, Aladeli'yle ve daha niceleriyle memleketi kasaba kasaba, köy köy gezecektir. Ama

[101] Yemliha Ertekin Arşivi

verimli olduğu kadar dikenli de bir yoldur. Önce Osman'ın katli vacib'e çıkacaktır. Şiirlerle Nezir Hoca'dan zılgıt yiyecek, Kul Hamit tarafından yeniden dine davet edilecektir. Bu kırılmadan sonra iklimler değiştikçe Maksudi olgunlaşacak başka bir yola düşecektir. Yemliha ise onun için '*Yemliha Abi*' olmanın ötesinde bir '*gönül kaynakçısı*'dır. Yolda nice gönüldaşıyla buluşturacaktır.

Daha sonraları Kırkısrak'tan İbreti'nin Kul Hamit'e cevabı da gecikmeyecektir. Ama Davut Sulari Kul Hamit atışması ve Yemliha ile tanışması Osman Dağlı'nın 'Maksudi'ye evrilmesinde önemli bir kilometre taşı olacaktır.

Bu çanağın ürünü olan İbreti'yi de Kul Hamit'e cevabıyla analım:

"Hangi peygamberden kaldı bu usül
Hangi ayet bunun hakkında nazil
Sünnet, sakal, bıyık kesmek mi gafil
Bu mu Müslümanlık işaretiniz

Suya güvenerek kalmayız murdar
Marifet denilen bir çeşmemiz var
Onda yıkananlar vakıf-ı esrar
Hep onunla kâim teharetimiz

Su temiz eder mi özü murdarı
Gören marifetle gördü didarı
Ali'yi su mu etti İslam serdarı
Hep buna mı benzer maharetiniz

Kul es'eli küm ayetin buyurdu Allah
Ehlibeyte muhabbet her şeyden âlâ
Münafık sözüne uymayıp asla
Hüseyin'i sevmek mi kabahatimiz

Kitapsız şunlar ki bilmezler suçun
Dışın temiz tutar, arıtmaz için
Cehennem deresi riyakâr için
İblisten saklıdır ibadetimiz

Mümin okuyan mı, emri tutan mı
Yoksa ilmi para ile satan mı
Namazda duvara cephe tutan mı
Ancak su ile mi teharetiniz

Ölmeden ölenin temiz ölüsü
Mevtü kıble ant'a mevttir dirisi
Günah, yuğmak değil daha doğrusu
Ölü yuğmak ancak bir âdetimiz

Ali, Fatıma'dır Hasan Hüseyin
Çariyardır hem, sakisi kevserin
Bunları koyup da gayriye yakın
Olmaktır çok büyük kabahatiniz

Cilveyi Rahbani Ali'de kudret
Bu kudretle zâhir eyledi hikmet
Hak Ali ile birdir, bu nasıl gaflet
Hatemmullahi kulubihim işaretiniz

Peygamberimiz mezhebi dört müydü
Hanifi Şafi'mi nikâhın kıydı
Yoksa İmam Malik Hambeli miydi
Ehlibeyt mezhebe var biatımız"
(İbreti-Hıdır Gürel)[102]

[102] www.ibreti.net

Fadime, Nedim, Yemliha ve Remziye Ertekin 1956

6 *Şiirle Döşenen Kardeşlik*

Şerif İçin Yeni Bir Kapı, Yeni Bir Ufuk: Mersin'den Ankara'ya

"Gönül Sen Kimsin?

Gurbete çıkalı bir Aslı için
Mürvet kapısında Keremsin gönül
Hakikat deyrinde durmazsın niçin
Bir sefer bilirsen bin defa yanıl

Hurufû ebceti okutan sensin
Gerçi bir gönülsün fakat sen kimsin
Nur musun od musun ya ne biçimsin
Hele bu senelik hiç bişey sanıl

Vücudumun iç yüzünde ev misin
Dünyayı yutarım diyen dev misin
Doğru söyle gönül sen bir şey misin
Gel beni bilirsen bir hiçim denil

Alev misin durmaz beni yakarsın
Şimşek misin garptan şarka çakarsın
Yeraltından gökyüzüne çıkarsın
Fezâda görülme zeminde anıl

Bir su gibi soğuk görsen donarsın
Ne acaip dona dona yanarsın
Bir göz atıp beş bin yılı anarsın
Kulaktaki sen misin çınıl çınıl

Şeklin nedir gönül gel bana bildir
Yolun var gözümde bu nasıl haldır

Bir tek kılavuzun zavallı dildir
Seni nasıl yaptı Hazreti Celil

O mu yaptı seni yoksa O musun
Öyle ise muhabbet misin hu musun
Yürek diye dilde gezen şu musun
Gel kimisen göster kendine delil

İsteğine baksam mayan şeytandır
Zavallı vücudum sana kaftandır
Sen sen bilineli ya ne zamandır
Lütfetmiyor tevellütû tevelîl

Anasız babasız yeknak gezersin
Hatır ismi ile gaybı sezersin
Bu halinen bir tanrıya benzersin
Gönülü tanımak hatamız değil

Kerem'i Aslı'ya koşturan sensin
Ferhat'a dağları eştiren sensin
Mecnun'u çöllerde şaştıran sensin
Buna benzer bütün âşıklar dâhil

Akıl mısın zekâ mısın his misin
Sevda mısın sebat mısın yas mısın
Vücudumda sert dolaşan sis misin
Bilmiyom ben miyim sen misin cahil

Deli gönül derler gerçek delisin
Kimleri yarattın kimin kulusun
Çok tazesin ululardan ulusun
Yıldı senden benim gibi bir gafil

Ben bana biz desem darılır mısın
Seni iki etsem kırılır mısın
Misâfir gönüle sarılır mısın
Ya o sende ulu ya daha tıfil

Gel gönül bir gönül daha alalım
İster sende ister onda kalalım
Çık benlik'ten ben'i bizdir bilelim
Gerçek pazarında köle ol satıl

Yoksa herkesteki yine sen misin
Beni bana mihman etme der misin
Şu nefis dediğim bir Şimir misin
Masum Hüseyin'e sen miydin katil

Rüya perdesini sen miydin kuran
Niçin düşman olur ya seni vuran
İşine yarıyor yanına varan
Gel şu muhabbeti eyleme batîl

Çok düşersin güzellerin peşine
Rastlamadım daha senin eşine
Neler açtın bu garibin başına
Güvenip de sana kuramam kavil

Ey Mahzuni gönül sensin gönül sen
Elden hazar seni sende bilirsen
Sıtkı-gerçek hakka kurban olursan
Gönül İbrahim'dir kendin İsmail"

Dükkâna 6 gün sonra gelecek adama bunu okuyabilirsiniz, bir mahsur yoktur. En büyük hürmetimle ellerinden pûsu niyaz eder, şen günler dilerim. İşte gönül ile aram iyi değil. Size varmak mümkün olursa büyük yalanlarımdan anlatırız.
Kardeşiniz Mahzuni[103]

Mehdi Sevil Mersin'e kamyonla yük götürecektir. Yemliha da Şerif'ini görmek için atlar kamyona Mersin'e gider. Ne var ki, Şerif'in okulu Ankara Dışkapı'ya nakledilmiştir. Göremeden döner. Şerif'ten beklediği mektup Sivas'tan gelir.

Şerif'ten Yemliha'ya 18 Kasım 1959 (Sivas) Tarihli Mektup:
"Acemi Kerem'e,
Ey Kerem, mektubunu aldım fakat cevap veremedim. Sebebi aldığım günden bir hafta sonra Ankara'ya gidecektik. Oradan atmak istedim. Maattesüf bu böyle olmadı. 2'nci bir emir ayın 15'ine kadar durma-

---

[103] Yemliha Ertekin Arşivi, Mektuplar

mızı bildirdi. Burada kalıp Aralık 1'e kadar eğitime devam edeceğimiz emrolundu. Bu durum karşısında size cevap vermek biraz güç oldu. Ama mamafih işte size bir cevap. Ben sizin gibi kısaca yazmam. İlla genç tüccarı meşgul etmeliyim.

Ey Kerem, seni Mersin'e ben değil, keşiş çağırmış olacak ki Aslı'yı görmekten mahrumsunuz. Çünkü siz ayın 24'ünde Mersin'e geldiğinizi söylüyorsunuz. Biz de ayın 27'sinde oradan çıktık. Kalp gözüyle baksanız benim sizi okulda beklediğimi görürdünüz ama keşiş davetine rağbeti reva gören Aslı'nın kapısına uğramadan döner.

Bunlar kahır değil, ihmalliği çevreleyen nasırlaşmış hakikatlerdir değil mi. Zaten hakikatler daima bir sürüklenme neticesinde ortaya çıkarmış.

Yengelere selam eder, yeğenlerimin gözlerinden öperim.

Lütfen mektubu biraz meşgul edici yazın. Fındıkkabuğundaki su ile Kerbelâ susuzu kanmaz. Tasavvurunuzu bu şekilde düzenleyin, namenize buna göre kıymet verin.

Zengin kal, fakir yaz.

Mahzuni

Muhabbet meydandır sevda kuşunu
Bırak yüksek uçsun sala gör de gel
Bir taraf et bari kovan boşunu
Arı kıymetini bala gör de gel

Kerem'im, Aslı'yım Aslı hanıma
Harap derler şöhretime şanıma
Bu yol niçin getirmedi yanıma
Denizi kupkuru çöle gör de gel

Serçeyi baykuşa, kurdu koyuna
Namerdi geriye merdi oyuna
Kısaca herkesi kendi payına
Unutma bülbülü güle gör de gel

Hedefsiz düzlüğe fişek atılmaz
Bizim evde bir zamanlık yatılmaz
Muhabbet deyrinde bakla satılmaz
Kerem'sen atını yola gör de gel

Dünyaya geç gelen inan cahildir
Peygamber olsa da zuhru zahirdir
Âşıklar feryadı cûşu nakildir
Razıysan kendini sele gör de gel

Gülüm seçemezsin kimdir arifi
Arifler kapalı yapar tarifi
Zahiren ararsan berbat Şerif'i
Sivas kapısını çala gör de gel

Aralık 2'de Ankara'ya hareket ediyorum. Beyitlerim size olduğunu zannetmeyin, arayan herkesin genç bir kılavuzu olduğuna emin olun.
Hasret, izzet, hararet, hüsnüniyet ve hürmetle ellerinden öperim.
Kardeşin."[104]

Şerif'ten Yemliha'ya Ankara'dan 30 Ocak 1960 Tarihli Şiirli Mektup:

"Hürmetdeğer Ağbeyciğim,
Şu anda mektubunuzdan anlaşıldı ki, biz nasıl ben'leşebiliriz? Çünkü aynı izde yürüyüşümüzü şöylece ispat ederim. Ben mektupta mahsus acı sözler yazdım ki böyle cevap alayım diye. Siz de aynı fikri tatbik etmek için beni kızdırma şeklinde metotlar kullanıyorsunuz.
Mektubun mütehakkibi sayılan diğer şahit misali senet parçası cidden hoşuma gitti. Onda yalanınızın 7.katını ilave edivermişiniz. Bu yalan kendinden önce söylenen yalanı desteklediğine göre, bu esaslı bir gerçektir. O halde 7 kat yalan bir gerçek sayılırsa bir evvelki yalan arada kaynayıp gerçek olur. Öyleyse diyebilirim ki sözlerinizde ne hilaf ne de yalan vardır. Yani her sözün gerçektir.
Yalnız aradaki fark yalanın 7 kat olmasına rağmen benim yalan binamın bir merdiveni sayılır. Öyleyse buna da şu sözü parantezleyebilmem mümkün olabilir. 'Merdiveni tunç binanın temeli yakuttur.' değil mi? Mademki beni kızdırmak, iğnelemek istiyorsunuz ben de hemen patlayıvermiyorum ama kanmanıza kâfi gelecek derecede olmasa bile biraz sızlıyorum.

---

[104] Yemliha Ertekin Arşivi, Mektuplar

Kâmil Amca'ma attığım mektubun cevabının gecikmesi herhalde bir kadın elinin veya kadın meşumluğunun olması lazım. Dükkândan bir bakıver, Berçenek doğrultusu bulutlu mudur? İşte beni seyretseniz hem kahkaha ile gülüp hem mektup yazıyorum. Sebebi belki size ayandır. Demek zevk alacağın kimselerden fazla, iffetleneceğin adamlar daha çok öyle mi? Allah Allah demek hiç kimsede beni göremiyorsunuz şu halde. Hâlbuki ben sizi değil size benzeyen insanlarda, insanla benzerliği olmayan her şeyde arıyorum…

Eyyy, Şerifleşmiş Yemliha,

Evet Berçenek'te muhakkak ki bir hatıra esir olup yarı softa yarı şeyh melezinden duyduğun ve dinlediğin nahoş kelimeleri gayri ihtiyari tastikleyip, ondan lezzet alma mecburiyetine mahkûm olabilirsin. Fakat unutma ki bu nefret duyduğun gayri mühibbiin görünmez yapraklarında ihtimal ki bizleşmenin izleri vardır. Ben bundan zevk sezemiyorum diye zinhar hor görme.

Bilirsin ki bizim referansımızın icabları, benliği atıp ben'liği biz'liğe dönüştüren nur perverlere itimat bağlamak onun önemini bakiye ömre kadar makulen saklamaktır.

Gerçi muhatabın gayrimuntazam olan muhabbetinden hiçbir şey anlaşılmaz çünkü belki de her tarladan bir kesek söylüyor. Fakat unutmamalı ki onun her tarladan bir kesek almasında belki de aradığımız tarlanın toprağının numunesi vardır. Şöyle ki, bak herif ne diyor yine…

Eeey bahçeyi kaybeden biçare bahçivan..

Böyle dağlarbaşı gezmekle enginde kalan bahçeyin izini dahi bulamazsın. Şayet kendi yetiştirdiğin veya koklayıp sevdiğin gülünü bilirsen, bak karşıda her çeşit nebatın dikenlerle harmanı var. Al bu dirgeni eline, harman sahibine yardım et. Karıştıra karıştıra bir dikene saplı kendi bahçeyin gülünü bulursun. O harman sahibi ya bahçene girmiş ya civarına yaklaşmıştır. Sor, öğren, eyvallah et, ayrılmadan bahçenin yolunu öğren. Mahzuni.

İşte yukardaki sözlerime kılavuz olabilir. Ağabeyim saat gecenin 12'si, gündüzün 8'idir. Burada istediklerinizi bırakıp zahiri safhaya şöyle bir nazar edelim. Benim izne gelmemden bahsediyorsunuz. Ne yazık ki bu biraz zor. Çünkü eniştemden 250 lira istedim, gelmedi. Dolayısıyla gelemiyorum da.

Kâmil Amcama ayrıca selam eder, Nedim ve Mustafa'nın gözlerinden öperim. Sizin de ellerinizi 7 aylık hasretle öperim. Burada mektubuma son verir, iyi günler dilerken bana selamı nasbedilmiş komşu ve tanıdıklara ayrıca hürmet ve sevgilerimi bildiririm. Hüseyin de hepinize selam eder herhalde. Hoşçakalın. Mahzuni.

Ord. Dont. Okul. Tekn. Astsb. 6.Al. No:861 Ks. 12 Dışkapı-Ankara

Darılma sevdiğim gül yüzlüm benim
Her Kerem'den bir Aslı'ya cüdâ var
Kırılma üzülüp, tutuşma canım
Başımızda gerçek ise Hüdâ var

Zaval yoktur, delilerin sözüne
Doğuversen yananların özüne
Şöyle bir dokunsan gönül sazına
Her telinde Hak çağıran seda var

Her Kerem'in bir keşişi olmalı
Yanmak için yâre hasret kalmalı
Aşıkın hayatı çile dolmalı
Aksi halde sevdiğine gedâ var

Musa Âdi için ipe sarıldı
Ne çare ki ip boynuna vuruldu
Altı er yanında Kıtmir görüldü
Ona şahit kesilen bu davar

Muhammet Afşin'e üç sefer geldi
Geldi ama gafil onu bilmedi
Ağlama al şu gözünü sil dedi
Anladım ki her borca bir eda var

Yolcu incitir mi yolda gideni
Ruhlar birdir ayrı ise bedeni
Kim sevmez ki bu çiçekli fidanı
Her yaprakta bin bir türlü reyha var

Deli Mansur asılmışsa bana ne
O asılmış tenindeki cana ne
Biz ben, ben biz olduk zahid sana ne
Sür elini yüzlerinde boya var

Gerçekler nanköre böyle yâd olur
Yezid'e küfreden niçin şad olur
Yüksek dağda ateş olur od olur
Engininde bizim için yayla var

Altın semer giysem mayam değişmez
Çul taksam dolaşsam kıymetim düşmez
Gerçek âşık bir süs için sevişmez
Hak katına varacaksan böyle var

Ey bakkalım satıyorsun şekeri
Verme kârın değerinden yukarı
İhtimal dokunur bir seyyah şeri
Katar kaçar zehir denen gıda var

Mahzuni'yim karışamam bir işe
Çok korkarım ok takılır kirişe
Bilirim cinsinden girsem her işe
Karıncada dağlar kadar belâ var

Ne kadar yapsam bir türlü doyamıyorum ve ayrılamıyorum. Ancak bu doyum yalnız kalacağımız uzun saatlerle mümkün olabilir. Arzederim ki eniştem yahut peder istediğimizi gönderse de sevdiklerime doysam gelsem, ne iyi olur ama korkarım bu biraz güç. Çünkü izin Şubat 15'tedir. İstemiş olduğum para gelmedi. Şayet gelemezsem Ağbey hoşçakal ve beni teselli etmek için öyle uzun mektuplar yaz.

Berçeneğe Martın 20 sine kadar gitme, hiç gitme, hiç hiç hiç hiç gitme sakın. Hiç anlama yani git de hiç gitme. Selamlar. Mahzuni."[105]

Şerif Cırık artık 20 yaşındadır, köydeki cemlerden getirdikleriyle şehir kültürünü harmanlamaya başlar. Uzun süren gurbetteki okul yılları memleketine hasret şiirlerinin dozunu artırsa da esas hasreti dostlarınadır, hele de Yemlihasına. Köylüsü Rahmi'ye yazdığı 17.7.1960 tarihli şiirli mektubunda da bu hasrete tanık oluruz:

---

[105] Yemliha Ertekin Arşivi, Mektuplar

"Kurban olam kardeş yakma garibi
Belalıyım gönlümünen serinen
Hastayım derdimin yoktur tabibi
Darbe yiyip yeksan oldum yerinen

Akıyor mu bizim ilin çeşmesi
Ne zorumuş gurbet ile düşmesi
Horum horum Berçeneğin küşnesi
Koyun yemez ölür gider çerinen

Yavaş yavaş tadı geldi bağların
Kızıl kızıl etekleri dağların
Eriyor mu şu oraktan yağların
Döner misin akşamüstü terinen

Rahmi kardeş canım kardeş oy kardeş
Esen yelden selamımı duy kardeş
Neler gelir şu başıma vay kardeş
Bitmez derdim ikiyinen birinen

Kesildi ikrarım yoktur niyazım
Tükendi hevesim çıkmaz avazım
Artık başka telden çalıyor sazım
Aramızı bozar olduk pirinen

İner isen eğer pınar başına
Selam söyle toprağına taşına
Eğer gider isen bizim Afşin'e
Sohbet eyle o sevdiğim yarinen

Alıp satan bir güzele kul oldum
Kalıbım kırıldı artık pul oldum
Rahmi kardeş gurbet elde deloldum
Farkım yoktur hiç kimsesiz erinen

İkindine gün buluttan bölünür
Parıl parıl çift oraklar çalınır
Akşamüstü hanımları yolunur
Hoşaf eder üzümünen çirinen

Çıkıyor mu üveyikler dallara
Bakıyor mu benim anam yollara

Allah yardım etsin aksi dullara
Bizim tavuk dargın oldu tarınan

Sular salak olmuş göller avanak
Çocuklar cin gibi döller civelek
Tavuklar dem tutar mallar büvelek
Ta yamaçtan koşar gelir harınan

Akşam olur kağnıları vazılar
Öbek öbek horum dolar yazılar
Sahibi yok bir pencere sızılar
Onun kuşu gurbet elde zarınan

Calbalı tarlada kırdığın kökler
Hatırımdan çıkmaz yeşil hüyükler
Gönül bu sırrını daha ne saklar
Canım Rahmi yaktın beni narınan

Kırbeş aydır bu türküyü söylerim
Kader böyle imiş kardeş neylerim
Ben Şerif değilim diye söylerim
Soğumuyor yürekciğim karınan"

Offfff Rahmi, bir türlü gözümden gitmiyorsunuz. Hiç birinizi unutamam. Rahmi gönderdiğin mektuba geç cevap verdiğim için özür diler, gözlerinden öperim. Halit Ağabeyime mektup attım, cevap gelmedi. Acaba niçin?

Rahmi eğer Afşin'e gidersen, Yemliha Ağabeyimin yanında hiç olmazsa birkaç saat kal ama yalnız kal. O neler konuşursa kafana not et ve bana yaz. Ayrılırken de benden dolayı sarıl. Mümkün olursa biraz da ağlayıver. Çünkü bak ben onun için ağlıyorum.

Ayıplama Rahmi, ona tam âşık oldum ben. Hiç mektup falan atmıyorum, varsın hasretlik böyle devam etsin, o daha iyi. Dileğimi yerine getireceğine çok güveniyorum. Allah aşkına gülme bu halime! Ben Mecnun'un Leylası da değilim, Leyla'nın Mecnunu da değilim. Ben Mecnun'un Mecnun'uyum.

Burada selamlara nihayet verir, iyi günler dilerim. Biçare.[106]

---

[106] Yemliha Ertekin Arşivi, Mektuplar

1960-61 Öğretim yılı başlamak üzeredir. Astsubaylığa başlamasına da çok fazla bir zaman kalmamıştır. Gurbetliğin semeresini almak üzeredir. Ankara o zamanlar edebiyatın da siyasetinde merkezidir. 1960 sonrası Ankara ve Şerif'in yaşamı yeni bir aşamaya evrilmek üzeredir. Şerif'e yine Ankara yolları gözükür. Yemliha Abisine 13.10.1960 tarihli bir şiir bırakır gider.

Benden-Senden,
Bizim İçin Senden Bana Öğüt

"Ağabey ben giderim, sense işte burdasın.
Unutma ki şu arzu talebimi tutasın.
Bil ki fani cihan içre, dopdoludur nedamet
Her kuru çöpte dahi, mevcuttur bir alamet.

Bilesin ki şu fanide, en güzel ve en çok
Şu güzel sevgi kadar, hiçbir şey yok
Sevme sakın sevgisizi, can kadar sevse bile
Sevgisizin sevgisi, çok batıl desise hile

Gitme yola azmetme azmı anlamayanla
Duyma sözlerini, evvela dinlemeyerek
Hakkı haklılığıyla ispat edenler bile
Bil ki horlu hoplu, soysuz ipsiz hergele

Cimri cömert olur mu canını satsa dahi
Cimrinin cimrisidir vallahi billahi
Kılıktan mana çıkarma kardeş asla
Kıyafet örnek değil, hünkârlığa nesle

Nefis senindir onu kırma bir anda
Kırı ver sabra dargın olduğun bir anda
Bak koca peygamber ne buyurmuş
Nefsi tanımayan konuşmayan mahlûktur demiş

Teşvikle Şah olmaktan, bir köle kadar fari
Tehditle rah sürmekten, Şah kadar hükmet bari
Unutayım deme, unutmadan seveni
Unutmadan, acımadan taşlara vurur seni

Mademki bildiğimiz bir sevginin esası
Ben Şerif'im Sen sensin fakat
Sen ben yoktur biz biziz, son sözümün kısası"[107]

Yemliha ve yoldaşlarını 60'lı yıllar boyunca izlediğimizde tanık olacağımız gibi, bazan bir şiirin kimin tarafından yazıldığını fark edemeyeceğiz bile. Biri başlatsa bile "bir" ve "biz" bilinciyle ortak bir ruha ulaştırdıklarını görürüz. "Ben" yok, "biz" var. 1961 yılı Yemliha ve yoldaşları için yaşamlarında yeniliklere ve çok sayıda şiire gebedir.

Şerif'in mektupları birçok şiire iliştirilmiş kısa metinlere dönüşür.

"Coşkun bir selle hercümerce sürüklenmek isteyen can kardeş, 30.12.1960 günü Afşin'den koşarak gelen mektubunuz, 6.1.1961 günü Ankara'da uyurken beni buldu. Sohbet ettikten sonra uyandım.

Her ne kadar beni coşturmak için uğraşınız varsa da bu biraz yani bu vuruş kör vuruşu değil derler ya hani onun gibi. Yoksa aşağı yukarı üç ay gibi bir zamanda coşturmak ne ki, taşırıp her bendi yıkmak bile elinizden gelirdi ama biraz da müsamahakâr davrandığınız belli.

Yağmurlu ve karanlık gecelerde gözlüksüz görerek yürümemizin ebedi ve devamlı olması temennisinde bulunuyorsunuz. Ha! Bak ben ne diyorum: Çift güneşli dünyanın ayna kadar düz yollarında, çelik gibi sert vücudumuzun, elmas gibi ayaklarıyla, mikroskop kadar hassas gözlerimizde, ta Jüpiter yıldızını gören teleskop ve dürbünler olduğu halde yine de her adım başında bir engel varmış gibi düşe kalka yürümemizin ebediliğini istiyorum. Ne dersin?

Gülüyorsun değil mi ağabey? Evet, gülmekte haklısınız çünkü istediğinizin tam aksi oluyor diye mi? Kim bilir bunu ne kadar zevkle okuyorsunuz.

Ruhumla sevdiğim gül yüzlü kardeş
Tükenmiyor kışım yaz olmayınca
Akıyor gözümden dû revanı yaş
Kurumaz on iki bez olmayınca

[107] Yemliha Ertekin Arşivi, Mektuplar

Karga bülbül olmaz necas yemekle
Softa tavaf etmez Hicaz demekle
Kafesin içinde kuş beslemekle
Kafes donar bülbül kaz olmayınca

Mazı olur Berçeneğin sabanı
Söker gelir dağı taşı yabanı
Çıkmaz yola giden gönül kervanı
Geri dönmez yolu düz olmayınca

Mahzuni Şerif'im haydi neyise
Böyle gider kaderimiz buyuşa
Doksan dokuz derdim bana huyusa
Delirtmem cananım yüz olmayınca

***

Bir kâmil arife dökse derdini
Milyona hacet yok mil dese yeter
Bir cahil cerraha verse virdini
Çıban ayağına kel dese yeter

Kuş tüyünden saray kursam dağlara
Rüzgâr pare pare saçar bağlara
Mezarda yatanlar gezer sağlara
Hemşerim şu şekil öl dese yeter

Her Yusuf kendini ..... atar mı
Her Kamber kul olup Sultan satar mı
Her Hüseyin Kerbelâ'da yatar mı
Talibi denize çöl dese yeter

Mahzuni Şerif'im kime ne desin
Ey gönlümün hükümdarı nerdesin
Mevlam beni görmeyene kör desin
Kör de bana kara yel dese yeter

***

Kişi ki bilmeli haşmeti ahvalini
Bilmeyenler sanki bilenlere sekte midir ki

Beden aklelinden çeker dalalini
Bir deliye göre sanki bu da nükte midir ki

Çok gördük o biz çok severiz diyenleri
Hakka yakın olmak sadece çokta mıdır ki
Yokladık da geçtik biz yüzeriz diyenleri
Yoklama istersen yoklamak yokta mıdır ki

Bir çalıda gül de biter diken de
Güneş yer yağmur maharet kökte midir ki
Bir kafada sevda da var figan da
Gövdeye baş hiç kabahat yükte midir ki

En piç gönülde tertemiz desem
Ağzımın suçu ne deli dilim pakta mıdır ki
İnsanı hak etmek isteyen haklılar
Hak insanlık mı yoksa insanlık hakta mıdır ki

Azraile kasteden ölümü sordum diyenler
Ölüm sana da bana da sanki uzakta mıdır ki
El açıp havaya ilmi ledunluk dileyenler
Yanarım aklıma ve aklına aradığın gökte midir ki

Hor görme be kardeşim şu Mahzuni'yi
Yarası sayısız ama sanma açıkta mıdır ki
Sevmişse bir tüccarı satışta iken
O da tam bende yoksa seninki buçukta mıdır ki"[108]

Emiş Ana: Bir Kavşak

Emiş Ana, Emirilyas Köyü'nden Bektaşi bir ozan olan Kör Hüseyin'in kızıdır. Kör Hüseyin (Görmez) Çukurova'dan göçüp gelmiş Tecirli Aşireti'nden Hacı Durmuş'un tek oğludur. 18 yaşında görme yetisini kaybeden Kör Hüseyin'in Berçenek'ten Izgın'a, Erçene'den Çağılhan'a, Hunu'dan Binboğa'ya kadar ovanın geniş bir alanında talipleri vardır. Kendi köyünden Kul Hasan'ın Alevi-Bektaşi felsefesine gönül vermesinde de etkin rol oynar. Ne yazık ki 1962'de Hakk'a

[108] Yemliha Ertekin Arşivi, Mektuplar

yürüyen Âşık Kör Hüseyin'den günümüze tek bir şiir kalmıştır.

"Aman kadir mevlam uğrattın kışa
Bilmem gelirmola bahar yaz bana
Çıktım da terkettim nazlı sılama
Feleğin ettiği daha az bana

Gönül istemiyor adım atmaya
Hiç arzum yok gurbet ele gitmeye
Çıktım Erciyes'ten seyran etmeye
Şimdi gerek oldu iki göz bana

Oturdum da koyun gibi meledir
İşitenin sinesini delerim
Durmaz akar gözyaşımı silerim
Vermeyin a dostlar acı söz bana

Nedir Kul Hüseynim vay benim halım
Üşüdü soğuktan elim ayağım
Geldim gurbet elden lal oldu dilim
Şimdi gerek oldu oğlan kız bana"[109]

Kör Hüseyin'in kızı Emiş Ana ilk evliliğini Berçenek'ten Ali Cırık'la yapar. Üç çocukluyken eşi Ali bir cinayete kurban gider. Ne ki giden gelmez, üç çocukla kalır ortada. Emiş Ana bir ağıt tutturur Ali'sinin ardından.

"Kapımızda dut dikili
Kana boyanmış kekili
Hüseynim büyük amma
Kadir'i etmiş vekili

Amman amman delikanlı
Ali'm yatar alakanlı

Parmağıma diken battı
Duramıyom acısından
Çobanıdım günüm yetti
Geçemiyom kuzusundan

---

[109] Kaynak Kişi: Aşık Aliyar Arslan

Amman amman delikanlı
Ali'm yatar alakanlı

Sürün de tren yürüsün
Dağları duman bürüsün
Ali''e de kıyanların
Canı zindanda çürüsün

Amman amman delikanlı
Ali'm yatar alakanlı"[110]

Emiş Ana 1960'da Hunu Avşarlarından Bektaşoğlu Cuma Arslan'la yeniden evlenir. Bu evlilik Emiş Ana'nın babası Âşık Kör Hüseyin'den oğlu Âşık Aliyar Arslan'a bir geleneğin sürdürülmesinden öte, Emirilyas'tan Berçenek ve Hunu'ya bir yol açar. Bu yol Cuma Arslan, Osman Dağlı, Şerif Cırık, Yemliha Ertekin, Kul Hasan, Afe Ana, Cırık ve Şakir Babaları birlikte gördüğümüz yoldur. Tıpkı Berçenekli Alhas Hüseyin'in kızı Fadime'nin Binboğa Köyü'nden Şerif'in Ali ile Emirilyas'tan Kul Hasan'ın Binboğa'dan Melek'le evlenmesinin bu köylerin kültürel bağlarını güçlendirmesi gibi.

Şerif Cırık okul tatilinde geldiği Berçenek'te çok sevdiği Emiş Ana'yı göremeyince, sorup soruşturur. Hunu'da Cuma Arslan adında biriyle evlendiğini öğrenir. 1960 Eylül'ünde üstündeki astsubay öğrencisi elbisesinin de forsuyla komşu Tanır Kasabası Jandarma Karakolu'ndan telefonla Hunu Karakolu'nu aratır. Bekçi Muslu Ceren Cuma Arslan'ı kahvede bulur "Seni kumandan çağırıyor, Tanır'dan sana telefon gelmiş," der ve karakola götürür. Telefonda Şerif kendini tanıtır ve "Siz bacımla evlenmişiniz, müsaadeniz olursa gelip Emiş Bacımı görmek istiyorum," der. Cuma Arslan "buyur, kapımız açık," der.

Ertesi gün Şerif köy kahvesine gelir. Ayağında askeri bot elinde askeri parkayla görünce Cuma Arslan masasına davet

---

[110] Kaynak Kişi: Aşık Aliyar Arslan

eder ve çay ikram eder. Şerif derdini anlatır "ben Cuma Arslan'ın evini arıyorum," der. Çayını içtikten sonra daha kendini tanıtmadan "gel götüreyim oraya," der.

Emiş'le Şerif'in birbirlerini görüp sarılması, ağlaşmaları sanki bir aydır kuzusundan ayrı kalmış koyunun kuzusuna kavuşması gibidir. Hasretin ardından ablası, Şerif'in önüne evde yiyecek namına ne varsa çıkarır. Ardından Cuma'ya "Şerif çok güzel saz çalar," der. Cuma zaten saza türküye meftundur. İkiletmez, evinde saz olduğunu bildiği küçük Gallik Hasan'a gider, sazı alır döner. Saz üç telli sazdır. Şerif saza bir düzen verir, başlar çalıp söylemeye, Cuma o anı hiç unutamaz. Şerif'in sazı sözü Cuma'yı ömrü boyunca sürecek bir Şerif ateşine atar.

Ertesi gün Cuma muhabbet arkadaşı Osman Dağlı'yı da muhabbete davet eder. Her ne kadar Osman Dağlı 50'li yılların sonuna doğru Davut Sulari-Kul Hamit atışmasını izleyen günlerde Yemliha Ertekin tarafından Şerif'le tanıştırıldığını kendi kitabında zikretse de Cuma Arslan Şerif'le Osman Dağlı'nın o gün kendi evlerinde tanıştığını aktarır. Hangisi doğru olursa olsun Osman Dağlı'nın Şerif-Yemliha meclisine 1961'de yoğun olarak dâhil olduğunu 61'deki yazışma ve şiirlerden anlıyoruz. Belli ki, Şerif'in öğrenciliği yoğun bir temasa fırsat vermemiş. Şerif ve Yemliha'nın yaşamlarında oluşan 1961'deki değişiklikler birbirlerine daha çok zaman ayırmalarının zeminini hazırlamış olmalı. 1961 aynı zamanda Osman Dağlı ve Cuma Arslan'ın da içinde olduğu 5-6 kişilik bir grubun kısıtlı da olsa ekonomik bir dayanışma, sınırlı bir komün oluşturdukları yıldır da. Sonraki yıllarda Şerif'le Osman'ın askerde Cuma'ya yazdıkları mektuplardan dayanışmanın nasıl bir oluşum olduğunu ve akıbetini de göreceğiz. Cuma Arslan'ın da Osman Dağlı'nın da Afşin'de sık sık Yemliha'ya mihman olduğunu göreceğiz.

Emiş Ana'nın evi erenlerin uğramadan geçemediği bir kavşak olur. Afe Ana'nın oğulları Süleyman ve Hasan, Emiş Ana'da bir saz çalıp soluklanmadan Kamalak-Afşin arasını geçemezler.

Bakkallıktan Arzuhalciliğe 50'lerden 60'lara Geçerken Yemliha

"27 Mayıs 1960 Cuma sabahı kazamızın mal pazarındaydım. Orada işimi bitirip dükkânı açmak üzere çarşıya geliyordum. Yanımda arkadaşım H. Mehmet Teneci vardı. Dükkânların birinden gür ve ateşli, oldukça da heyecanlı bir radyo konuşması işittik.

Fakat daima böyle kötüyü iyi göstermekte azimli olan günün iktidar partisi DP'den usandığımız için, kulak vermeden yürüdük. Henüz dükkânı açtım, bir de ne göreyim. Meğerse radyoyu ve bütün hükümet organlarını hizmetlerine almış olan Türk Silahlı Kuvvetleri radyodan seslenirmiş.

Şöyle diyordu: Partileri içine düştükleri uzlaşmaz durumdan kurtarmak, kardeş kavgasına son vermek ve kan döktürmemek en yakın zamanda dürüst ve adil seçim yaptırarak idareyi kazanan kimselere vermek için idareyi muvafakaten Türk Silahlı Kuvvetleri eline almıştır.

Hemen bütün kasabalıyı zabıta vasıtası ile evlerine sokup hiç kimsenin dışarı çıkmaması temin edildi. İnsanlar kendi ölçüsüne göre tahminler yürüterek radyolarının veya komşularının radyolarının başında toplandılar. Tahminler, nazariyeler şöyle idi:

1. Grup, 'Bu yavuz Menderes işidir. Bu düzen (siyaset) maksadıyla idareyi orduya teslim edip bir şeyler yapacak.' 2. Grup da 'Bu İnönü'nün işidir. Kendi millet emektarı olduğu gibi gayet sevilen bir insandır. Son zamanlardaki olaylardan sonra bu onun isteğiyle başarılmıştır.' 3. Grup da 'Hele bekleyelim, Birkaç günden belli olur.' diyordu.

Ama son günlerdeki gençlik ve İnönü Olaylarıyla iktidar partisi olan DP'lilerin baskı, tahrip, susturma, vesaire gibi tedbirlerle 'hatadır' diyenlere açıktan düşmanlıkları halkın nefretini çektiği için, bugünü milletçe bayram yapmakla geçiriyor. Yalnız DP'nin kuyruğuna mideleriyle bağlanmış olanlar bundan hariç idiler. Onlar için en kara gündü. Ben ve benim gibiler için bulunmaz bir düğündü çünkü milletin evlerine kapanmasını isteyen radyo, öğle zamanı bütün hükümet azaları ve mebuslarının yakalanıp Harbiye'de hapis edildiklerini haber veriyor, Celal Bayar bunlara dâhildi. Köşkten inip köşe bulamayanlardı bunlar. Adnan Menderes de kaçmak üzereyken Kütahya yolunda yakayı ele verip hemen uçakla Ankara'ya getirildiği haberi verildi. Cemal Gürsel Devlet ve Hükümet başkanı oldu. İlk emirler şöyle oldu: Bütün vilayet, kaz ve nahiyelerde amirler askeri garnizon komutanının emrindedir. Bu yerin mülki ve askeri amirleri idari işler komutanı askeri üstlerdir. Valiler, kaymakamlar da bir köylü gibi emre amade idiler. Böylece idare askerde devam ederek bir ay sonra esas vali ve kaymakamlar tayin edilecekti.

Bu günlerde biraz CHP'ye biraz şımarıklık gelip, bazı ayaktakımı eski intikam hırslarıyla kabarıp vatandaşa yüklenmek, onları hiç yüzünden cefaya düşürmekten zevk alırken, Cemal Gürsel 'Böyle olmaz, yalnız suçlu ceza görsün.' dedi. Ve mümkün oldukça bu hareketi önlemekte azim gösterdi ama ne de olsa çoğunluk CHP'de olduğu için onlar arzularını yerine getiriyorlardı.

DP'lilerin de hıncı gün be gün artıyor, eksilmiyordu.

Benim de bütün fikrimle bağlı olduğum CHP idi. Ne yazık ki bunların ayaktakımı şımarıklıktan kendini alamıyor, DP'li olan her vatandaşı bir baba katili olarak tanıyor ve ona göre muameleyi reva görüyordu. Bunun zararı parti büyüklerine yükletiliyordu. Bu acınacak bir isnatdı.

13.11.1960 Günü ki, Alparslan Türkeş Birlik azalarından ve sayılanlarındanken Cemal Gürsel'e karşı cephe alıp, ikinci inkılaba hazırlanırken, hareketlerini sezen Gürsel komiteyi dağıttı. Bu ara hastalandı, 20 gün kadar yatakta Hariciye Köşk'te istirahat etti.

Allah'tan hayırlı işlerle, sıhhatinin sağlamlaşması için Tanrı'dan temenni ederim. 31 Aralık 1960 tarihine kadar bir Temsilci Meclisi seçilerek seçim nihayetine kadar onlar Büyük Millet Meclisi'ne vekâlet edecektir. Yeni meclisin işe başladığı tarihte onların vazifesi sona erecektir.

Bu mecliste partiler, odalar ve bütün teşekkül temsilcileri de bulunacaktır. Milli Birlik Komitesi de ayrıca 28 kişi katacaktır. Hayırlı kimselerin seçilip iyi işler görmelerini temenni ederim.

23.12.1960, Yemliha Ertekin"[111]

---

[111] Yemliha Ertevin Arşivi, Defterler

27 Mayıs 1960 hem Türkiye açısından hem de muhalif düşüncelerin örgütlenmesi açısından kurucu özelliklere sahiptir. Arkasından gelen 1961 Anayasası başta örgütlenme ve ifade özgürlüğü, kuvvetler ayrılığı, özerk yapılar gibi demokratik koşulları güçlendiren yapısıyla yeni toplumsal oluşumun kapılarını aralamıştır. 1961 Yılı Yemliha ve yol arkadaşları için de yaşamlarında sonraki dönemin yolunu açan değişimlerin olduğu bir yıl olmuştur.

Yemliha 1961'de arkadaşları Kamil Emmi, Hacı Mehmet Teneci, Ömer Topal ve Hacı Öztürk'ün de yoğun teşvikleriyle bakkallığı bırakır, arzuhalciliğe geçer. O koşullarda dava vekilliği yetkilerine de sahip olan arzuhalcilik bilgi ve deneyim isteyen bir meslektir. Askerde yazıcılık yapmış olmak bu iş için yeterli değildir. Halkı anlamak, onların bir şeyi neden ve niçin yapmış olabileceğine ilişkin bir anlayışa ve iletişime sahip olma becerisi de cabasıdır.

"Mart 1961'den itibaren başlayarak bir ay kadar yalnız çalışıp mühürcülük, pulculuk ve arzuhalcilik yapmaya çalıştım. Hocasız, mürşitsiz bu işin güç olacağına inanarak çok zamanlar bir avukat veya bu işle ilgilenen bir üstadı aradım, şiddetle talip oldum. Bu arada Mehmet Soydan ile ortak olarak anlaştık. Tabiatıma aykırı biriydi ama tek bir şeyler öğreneyim diyerek 4 ay kadar sabrettim. Başladığım tarihten beri lüzumlu bütün bilgileri almak için kendimi haddinden daha çok sıktım. Ne yazık ki bu çalışma usuli ile kafam idare edemedi, her şeyde olduğu gibi bunda da çalışmak kafamın alacağı kadar okumaktan başka bir istifade yolu yoktu. Bunu anlayınca öyle yapmak için kendimi ayarlamak lazımdı. Ve arkadaştan ayrıldım. İki ay çalıştıktan sonra Ömer Zop'la ortaklık kurdum."[112]

Yemliha zorlu bir süreçle arzuhalciliğe başlar. Yoğun çalışarak örnek davalar şablonları, örnek usuller şablonları çıkarır. Kayda alır. Bundan sonra yaşamı boyunca arzuhalcilikle yaşamını sürdürür. Bu meslek aynı zaman köylülerle daha sıkı ilişkiler kurmasını, dostluklar edinmesini de beraberinde getirir.

---

[112] Yemliha Ertekin Arşivi, Defterler

Arzuhalci Yemliha İş Ortağı Ömer Zop'la

Bir Suna Konmuş Kendi Dalına

"Sunam kıymetini kimler bilecek
Bir fakirden başka sevenin mi var
Binde dokuz yüzü düşmandır sana
Benden başka seni övenin mi var

İşte ben giderim sana gelmeye
Kılıç çektim hazır mısın ölmeye
Ömrümü vakfettim yârin olmaya
Bilmeyen derdini duyanın mı var"[113]

21 Yaşında bir karaoğlan 14 yaşında bir kara kıza tutulur. Bir düğünde saz çalıp türkü çığırırken görür Suna'yı. Takılmıştır bir çift göz yüreğine. Evini öğrenir, aşındırır sokağını yorulmadan. Öğrencidir, tüm harçlığını kızın çalıştığı panayırdaki halka atma oyununa harcar onu daha çok görebilmek için. Şerif'in kalp atışları Suna'da ritmini bulur.

Suna üç kez evlenen annesinin ikinci eşi Çorumlu Mehmet'tendir. Evde ilk eşten iki kardeş ve babalıkla birlikte yaşamaktadırlar. Suna sevdasını da bulduğuna göre evden uçma zamanıdır. Şerif'in astsubay olması için daha bir senesi

[113] Yemliha Ertekin Arşivi, El Yazmalı Defter-Mahzun

vardır. Beş yılını harcamıştır okula. Askerliği de sevmektedir. En önemlisi de ailesinin makûs talihini yenecek düzenli bir maaşı olacaktır. Ne var ki hesaplar gerçekle pek de dost değildir. Sevda akla galebe gelir. Suna evden çıkarken anasına "su almaya gidiyorum," der, gidiş o gidiş. Ailesi bilmez bile sevdalısıyla kaçtığını.

Şerif 1961 Şubat tatilinde kaçırır Suna'yı, tatilde hallederim sanır. Bilmez 14 yaşındaki bir kızla ailesinin izni bile olsa evlenemeyeceğini. Aile araştırır, öğrenir kızın kaçtığını. Jandarma olabilecekleri her yere bakar. Öğrenciyken kaçmak bir çuval inciri berbat eder, okula dönemez. Alır Suna'yı Afşin'e Yemliha Abisine götürür, kendi bir süre görünmez olur. Yemliha'nın eşleri Remziye ve Fadime Suna'ya elbiseler diker. Artık evin bir çocuğu daha vardır. Suna Yemliha'nın evinde 3-5 ay kalır. Şerif'in anası Döndü Bacı gelinini görmek için Pehlül'ün oğlu Hacı Cırık'la birlikte Afşin'e Yemliha'nın evine gelir. Suna salonda otururken Döndü Bacı "Nerde benim gelinim," der. Suna'yı çocuk olarak düşündüğü için gelini olabileceğini aklına getirmez. Suna'yı gösterirler "işte gelinin Suna," diye. Döndü Bacı şaşkın "oğlum bana bir çocuğu mu getirdi, gelin diye."

Ortalık yatıştıktan sonra Suna Berçenek'e Şerif'in baba evine geçer. Şehirli bir kızın köy yaşamı başlamıştır. Tarlalarda nohut yolmak, pancar çapalamak, inek sağmak onu beklemektedir. Döndü Bacı da evde çalıştıracak geleneksel köylü gelin muamelesi yapar. Suna kendisini sevdirir köylüye, köylünün saygısını kazanır. Ne var ki şehirli bir kız için farklı bir süreçtir. Acı tatlı anılarla yaklaşık iki yıl kalacaktır yörede.

"Sunamın giydiği ızar karadır
Kollarımı verdim candarmalara
Değme tabip yüreğime çok yara
Bakma Sunam yollarıma dönemem

Sunamın giydiği ızar karadır
Bir garibim yüreciğim yaradır
Neyleyim ki felek kahrım kanadır
Bakma Sunam yollarıma dönemem"

Mezhebim Mahzuni

" Değerli Osmanım,

Haydar kardeşe söylediğiniz bir söz var. Bunu sizinle ayrıca konuşmak isterdim ama hele böyle olsun. Yani mütereddüt duruma düşürmeyeyim sizi. Evvela söylediğiniz o hoş kelâmı yazayım. Osman: 'Şerif iyi, güzel, çok da hoş fakat nasıl bir yolda olduğuna aklım ermedi.' Size evvela sözümle açıkça izah edeyim. Kardeş ben Sünni tarikatı, Alevi tarikatı, velhasıl tarikat denen şeylerin hepsinden dışardayım.

Onları atıp tutup kötülemek veya biat edilmeyecek birer kapı olduğunu söyleyerek, dilden veya dillerden, taraftar veya taraftarlardan da tamamen ayrıyım.

A) Müslüman veya Hıristiyan ne olursa olsun, Hak denen bir şeye ulaşmak için herhangi bir şekil veya ruhiyeleri vasıta etmiş her türlü insanın da haricindeyim. Bu halimle bana herkesin kâfir diyeceğini sen de ben de biliyoruz. Fakat sizin vakıf olmanızı isterim ki, yukardaki A cümlesinde bundan da ayrıyım. Ne olduğum aşikâr.

Bak Osmanım, Alevi deyince Ali'yi tarikatında hedef edinmiş koca bir teşekkül, Hanefi deyince Hanefi'yi, Hanbeli deyince Ahmet Bin Hambel'i, Maliki deyince Malik Bin Enes akla gelir. Yani bir toplum hangi zatı mezhep Şahı olarak seçmişse o topluma o şahsın taraftarlık ismi verilir. Malum aliniz hülasa İsevilerin İsa'sı, Musevilerin Musa'sı gibi.

Hâlbuki bunlar kocaman toplum olduğu için ortada bir senlik benlik çekişmesi doğar.

İşte Osman'ım ayrılığımın tek delili şudur: Benim adım Şerif fakat mahlasım ve esasım Mahzuni'dir. Hayatta tarikat, din, inanç denilen şeyin (tabi yalnızca benim için) bir tek Mahzun'da toplandığına iman ettiğim ve Mahzun'un taraftarı olduğumdan tarikatım Mahzuni'dir. Yani şimdi ben Alevi, Sünni, Hambeli, Maliki, Şafii değil yalnız Mahzuni'yim.

Tekrar etmek ihtiyacı elzemdir. Mezhebim Mahzuni'dir Osman Mahzuni. Görülüyor ki ben dünyada yeknesak bir insanım, asla ve asla kimseyi taraftarım olmasına zorlamam ve zorlanmasını da istemem. Bu cidden böyledir canım. Bu mezhep yalnız bana mahsus ve dünyadan böyle göçeceğim.

Kırk makam dört kapı haktır ise de
Sevgilim meçhuldür, ben Mahzuniyim
Dört mezhemden ayrı yok ise de
Her şeyim bir kuldur ben Mahzuniyim

Din iman el için, bir bana göre
Secdeden uzağım bağlanmam pire
Kimse karışmasın bendeki sırra
Sultanım yoksuldur ben Mahzuniyim

Ne puta taparım güzelin seçip
Ne şeyh misaliyim serimden geçip
Camide saf tutmam elimi açıp
Tekbirim akıldır ben Mahzuniyim

Mahzun Muhammedi böyle söyledi
Bin lanet ……. beni öv dedi
Bana bağlan ….. sev dedi
Elesti bir …… ben Mahzuniyim

Osmanım elâlem mezheple şaşmış
Misgalini zerre zerre bölüşmüş
Mahzuni tek kalıp bir bana düşmüş
Ne güzel usuldür ben Mahzuniyim

Vakti şartı beş eylemiş başkası
Güle güle yapsın bulduysa hası
Pir bulup hü çekmek Mahzun'un nesi
Herkesçe batıldır ben Mahzuniyim

Kesseler başımı oysalar gözüm
Menzilim Muhammed Mahzuni izim
Bir pul etmese de muhayyer sözüm
Urubası şaldır ben Mahzuniyim

Arapça Kuran'ı Türkçe severim
İncil haricinde İsa överim
Zebursuz Davut'la demir döverim
İkiliği kaldır ben Mahzuni'yim

Sevgili Osman diğer dilimle de bildiğim kadar anlattım. Çünkü artık gizleyecek bir şeyim kalmadı ama bu aşikârlık yalnız sizin için. Başkalarına gelince 'Müslüman mısın? Elhamdülillah.'

Evet, maşukum Muhammed fakat ben onun âşıklığını Müslümanlık unvanıyla değil, işte hayatta din, iman ve mezhebimi yalnız Mahzuni adıyla gösteririm.

Bilinen tarikatlar, tasavvufiyesi dâhilindeki her türlü cemiyetlere sayısız şartlar koşmuş, onları arzusuna mutabık bireyler haline getirmek için, binlerin üstünde ayetler, manzumeler, yüz binlerce hâdisler, hülasa sayısız şiirler, misaller, efsaneler yaratmışlardır.

Yola getirdikten sonra bunların hepsi de Hak, hepsi de benim ve senin dediğin gibiyse de evvelce gösterdiğim gibi, ben dünyadaki bütün dini faktörlerin haricindeyim.

Gerçi sazımla maksudumu beyan etmem her ne kadar Alevinin mezhebi kanunundaysa da aslında tamamen ayrıyım. Tekim Osman tek.

Yolumun kimlerin yoluna tekabül edeceğini bilmiyorum. Mahzuni diye bir mezhep yok olduğunu biliyorsunuz. Fakat bir tek bana bir Mahzuni yeter.

Ben bundan sonra bu tekler üzerinde yürürsem bahtiyarım.

Gözlerinden öperim. Kusuruma bak."[114]

Şerif yeni ısınmaya başladığı ve cevher gördüğü, tarikat mantığına alışkın olan Osman Dağlı'nın tereddütlerini giderme niyetiyle kaleme aldığı mektubunda Hakk'a ulaşma, onunla bir olma yolunu ve inancını hem nesirle hem şiirle ifade etmeye çalışır. Şerif için Hakk'a giden her yol haktır ama onun Hakk'la bir olma yolu kurum ve kurallarla sınırlanmış tarikat ve mezhepler değildir. Mektubunda Alevi-Bektaşi öğretisinin temel olgularını görmekle birlikte bölgedeki Hakikatçi kültürün baskın izine tanık olmaktayız. Mahzuni mezhebi Hakk'ı kendinde, kendini Hakk'ta görmek dışında bir şey değildir. Mektupta solmuş-silinmiş sözcüklerin yeri boş bırakılmıştır.

---

[114] Âşık Aliyar Arslan Arşivi, Mektuplar

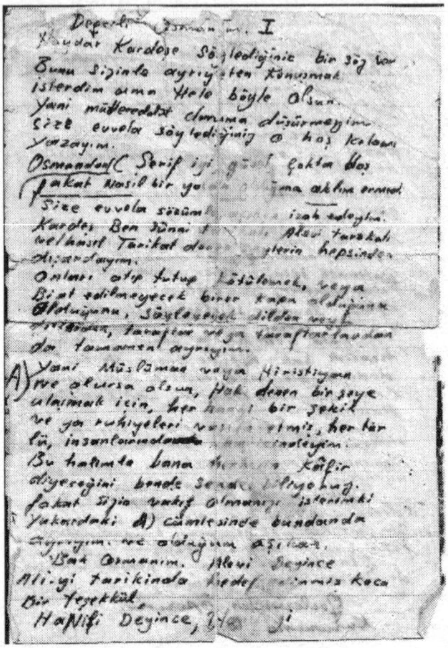

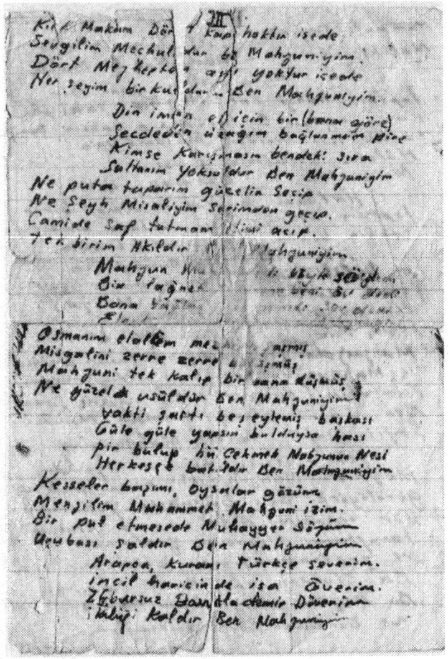

Şerif bir mektupla Osman'a kendi yolunu anlatıyor.

1961 Yılı: Kardeşler Yılı, Şiir Yılı

Şerif'in okula gidememesi nedeniyle memleketinde daha sık ve uzun kalması, Yemliha'nın arzuhalciliğe başlamasıyla oluşan mekânda yoldaşların daha sık bir araya gelebilmeleri halkanın genişlemesine ve daha çok paylaşımlara girilmesine zemin hazırlar. Mektuplar azalırken şiirler artar. Köy köy dolaşıp muhabbet cemlerine düşülmesi daha da sıklaşır. Yemliha'sıyla, Semerci Kamil'iyle, Serabi'siyle, Kul Hasan'-ıyla, Umud Hüseyin'iyle, Şakir ve Cırık Babasıyla, Haydar ve Rahmi Kardeşleriyle, Çobanoğlu Hasan Hüseyin'iyle, Pehlül Cırık'ıyla ve daha niceleriyle geniş bir erenler meclisi olan bu meclise Hunu'dan Osman Dağlı şiirleriyle; Osman Öztürk, Cuma Arslan, Kara Hüseyin gönülleriyle yoğun katkı vermeye başlarlar.

1961 Anayasası düşünce ve eylemler üzerindeki zinciri aralarken bölgedeki etkileşimi de hızlandırır. Yemliha da kimi zaman Şerif'ine şiirleriyle seslenir:

"Gel sevdiğim şair Şerif bir olak
Bir olmayan ikilikten çıkamaz
Kışın kahrı çekilmezse burada
Baharda kokuşan güle bakamaz"

"Ey sevdiğim seven Şerif ve Arif
Sevgiler ölçülmez naz olmayınca
Yetişilmez bu sevginin peşinden
Çoğunun elinden az olmayınca

Karga değil miydi o necis yiyen
Hacı olamaz ki benliğe uyan
İçini dinleyip Nun sesi duyan
Duyup bülbül sesi haz olmayınca

Mazi oldu Berçeneğin sabanı
Sorar mısın Cırıklar'dan obanı
Bence herkes sever sefil babanı
Sert anandan gelin söz olmayınca

Yemliha Şerif'e bende ol yeter
Karışsan sellere isterse tutar
Sözden değil seni özden de satar
Yakmaz cehennemden köz olmayınca"
(24.1.1961)[115]

Kimi zaman da yoldaşlarına seslenir. Aslolanın yolda olmak ve yürümek olduğunu hatırlatır, hem kendine hem yoldaşlarına... Bilmediğini öğreneceği mürşit arayarak, bildiğini paylaşacak yoldaş arayarak...

"Aksakallı bir ihtiyar gülerek
Gel seninle dost olalım gel dedi
Bilmediğin müşkülünü açıkça
Sor severek öğreteyim bil dedi

Yaşıyorsun ama yaptığın nedir
Neleri seversin taptığın nedir

[115] Yemliha Ertekin Arşivi, Defterler

Nefsine uyarak taptığın nedir
Düzelt yanlışları sevgi dol dedi

Düşündün mü neler vermiş yaratan
O değil mi olmayanı üreten
Nefreti bırakıp sevgi aratan
Gel olalım ikimiz de kul dedi

Sevgiyi bulunca bırakma onu
Dolaşma boşuna kötüyü tanı
Gerçeği arayıp buldun mu hani
Düşün iyileri iyi ol dedi

Bakma başkasının eksik yanına
Bilmeden söyleme girme kanına
Yemliha geliyor yolun sonuna
Düzelt yaşamını rahat öl dedi
(1961)

***

Gelin yoldaşlarım yola gidelim
Dolu giden yolcu şaha yararmış
Filan millet eğri yolda yürürmüş
Ben ondan anlamam yürümek gerek

Herkesin gittiği yol şahımadır
Taklidi yapanlar hep kahrınadır
Bütün bu varlıklar ol kadimindir
Onun rızasını korumak gerek

Bin bilirsek bilmezlere danışak
Söylemiyek başka ondan konuşak
Benliği bırakıp türap alışak
Nebinin izinden yürümek gerek

Bizim gibi adem olamayanlar
Yolda yürümeyip bulamayanlar
Benliği zindana salamayanlar
Hakkın isteğiyle çürümek gerek

Bir bulunca şükret arama beşi
Bu dünya varlığı bil ki it leşi
Zahiresi var mı hesap et kuşu
Bağrım toprağa sürümek gerek

Yemliham söz ile hiç var olur mu
Laf alıp satsak da hiç kâr olur mu
Emeksiz gördün mü hiç yar olur mu
Poyrazınan bulut yürümek gerek"
(1961)[116]

Yemliha'yı 1980'li yılların sonuna kadar şiir yazarken göremeyiz. Yazmaya ara verir, yazmak yerine uygulamayı tercih eder. "Gönülden Damlalar" adlı şiir kitabındaki şiirlerinin büyük bir bölümü 90'lı yıllara aittir. Yemliha yürümeyi, yolda olmayı, uygulamayı tercih etmiştir. Sakince yürür, sabırla yürür... En çok da sevgiyle... İkiliği birliğe çevirerek... Ama zorlu bir yürüyüştür, yollar taşlıdır, pusludur, pusuludur. Bedel ister... Denenlere de denileceklere de aldırmaz. Yıllar sonra bir şiirinde söylediklerini yıllar önce kendine kılavuz ettiğini anlarız.

"Gerçeklere yalan katma düz olsun
Yalpa yapma, sevenlerin az olsun
Yemliha'dan yaradana naz olsun
Müslüman olmadan, gitti desinler"[117]

Şerif'in okul hayallerinin boşa düşmesi onu karamsar kılar. Kimi zaman Aladeli (Haydar Kaya) kimi zaman Mahrumi (Rahmi Kaya) ile köy köy dolaşır, muhabbetlere katılır. Köylü de uğurlarken boş göndermez, Hakullah toplar gibi topladıkları buğdayı, nohudu paraya çevirip ceplerine harçlık koyarlar. Kimi zaman da Suna'yla tarlada, bağda yapılacak ne iş varsa tutar ucundan. Bu dönem şiirleri de dertlidir, acılıdır.

"Gezerken uğradım bir mezarlığa
Yatıyor taşları binlercesine
Mezarlık başını yaslamış dağa

---

[116] Yemliha Ertekin Arşivi, Defterler

[117] Yemliha Ertekin, *Gönülden Damlalar*, 2000, s.611

Ebedi bir sesi dinlercesine
Ah eyyy, kaç senelik mezar taşları
Gizler misin yatan genç ihtiyarı
...
Çok koyu bir sükûnet bürümüş, mezarlığın
Sanki taşları uyuyor
Dedim ki bu dede, bu tümsek, bu yığın
Şu dağın sesini
Hangi kulakla duyar
Yarab bu ne huşu, ne sükût böyle
İki taş bir toprak yığını
Dedim ki gel bana böyle
Kim işgal etti
Kim dikti seni
Mezar taşı bana cevap veriyor:
Diyor ki, ben
Ben Abdullahzade Rüşani Beyim
Yüz yıldır yatarım burada
...
Bir baykuş konmuş ötüyor, yok mu kurtaracak şu mezar taşını
Bu mezarda birisi ağlıyor, yok mudur silecek gözyaşını
Ne dolmayan bir makberdir, dünyada ölse dahi
Söyleyin taş etsin şu mezarı, gören varsa Allah'ı
Heder olan bir ömür dolmuş işte şu mezara
Bu mezarda yatan ölünün her kemiğinde bir yara
Arkadaş bu ölü Mahzuni Şerif'tir, anladın mı?
Bak mezar taşı ne söylüyor, dinledin mi?"

Mezar Taşında Bir Yazı:

"Eyyyy,
Başucumdan geçen meçhul yolcu
Şu gördüğün tümsek içinde bak kim yatar
Bana bir su ver, ben yıllardır susuzum
Asırca uykusuzum
Evet, şimdi kemiklerim çürüdü
Hayatta kimse değilim artık
Ben senin dünyanın suyuyla kanmadım
Bana dünyanda bulunmayan sudan bir su ver
Allah aşkına değil, benim ruhum için

İçeyim, kanmasam da olur.
Hemşerim hiçbir şey bilmiyorsan da
Mezar taşıma tükür de geç
Onunla da kanarım."
(8 Temmuz1961)[118]

"Hangi derdi derledimse vücutta
Zehroldu muhakkak dermanı yok yok
Ben onu aradım sözde sükûtta
Ümitsiz gönlümün peymanı yok yok

Bakmaktansa bıktım ben şu faniye
Çünkü halk dilinde döndüm caniye
Her derde bir çare vardı hani ya
Hükümsüz hakanın fermanı yok yok

Sabr sebatım yok çünkü hastayım
Gönlüm harap bahtım bettir taştayım
Ben kaderin dilindeki besteyim
Namenin belirli zamanı yok yok

Zehrolan hayata teselli bal mı
Takdire boyun eğ bu da bir hal mi
Başa gelen derttir işte kaval mı
Sürü parça parça çobanı yok yok

Kapkaranlık gündüzlerin önünde
Silikleşmiş bir yaş olamaz zinde
Efkârsıza düğün bayramdır günde
Dertlinin bir lahza seyranı yok yok

Mukadder batıl mı ihmalkeşlere
Hayat yolu yüksek, düzlük, dağ, dere
Mademki göründü iş ne yavere
Kaygulu sultanın devranı yok yok

Bir dilin elinden çok çektim zarar
Suda gezen Mecnun sultanın arar

---

118 Yemliha Ertekin Arşivi, Şiir Dosyası

Ben de derdim her derde bir çare var
Çareden bir derdin imkânı yok yok

Mahzuni Şerif'im boş ver birader
Ben de bıktım şikâyetten bu kadar
Kabadayı âşık isen yâre var
Yârin mızrağına kalkanın yok yok"
(8 Temmuz 1961)[119]

61 Temmuz'u Şiirle Muhabbetleşme Sıcağı

Şerif; "okula nasıl geri dönerim'i, Suna'yı nasıl mutlu ederim'i" düşüne dursun Temmuz sıcağı meclisi bunaltma yerine safları sıklaştırıp muhabbetleri artırma sıcağı olmuştur. 1961 Anayasası 9 Temmuz'da onaylana dursun, Afşin'de kalemler şiire durur.

"Bir ulu şehiri seyran eyledim
Beş kapılı duvarına maşallah
Ben bir yârim aşkı hayran eyledim
Maşukumun ağyarına maşallah

Bir kapıdan girdim ben bir dükkâna
Pazarbaşım handa rast geldi bana
Gözüm koydum kasadaki canana
Kârı benden zararına maşallah

Bu şehirin ondört kulesi vardır
Her bekçinin bin bir belası vardır
Şahının kuldan çok çilesi vardır
Veren vermiş ayarına maşallah

İmamları kol kol ezan okuyor
Dikeninde bülbülleri şakıyor
Her güzeli kır bin âşık yakıyor
İcabına kararına maşallah

Turap pazarına sürdüm atımı
Cehenneme indirdiler katımı

---

[119] Yemliha Ertekin Arşivi, Şiir Dosyası

Küfürbazlar ediyor methimi
Çok yakıştı yararına maşallah

Sabra sebat mı var dostu görürken
Belalar bana yâr Hakk'a yürürken
Ben bu şehrin pınarında dururken
Çarşısının imarına maşallah

Gel hey canım bu şehiri gezelim
Ateş saçan göllerinde yüzelim
Dostlar hiç mi çıkar yol yok sızalım
Zır delinin firarına maşallah

Pazarında koyun satıp gül aldım
Gül aldım ya dikenini bol aldım
Bu şehirin damlasından sel aldım
Coşmasına harharına maşallah

Rast geldiğim yere kapandım
Çıkamam ben buradan vallahi yandım
Bu şehire giren çıkacak sandım
Gölge veren çınarına maşallah

Yetmiş bin çarşısı mükemmelen var
Görmeni isterim aman ne diyar
Bahçesini yaylasını kim sayar
Sığırına davarına maşallah

Bir koç aldım çobanından nazınan
Boğazladım keserinen bizinen
İstasyon istasyon gezdim izinen
Çün bu şehren diyarına maşallah

Çok gelenler bu şehiri buldular
Hep yolcu olanlar burda kaldılar
Bizi bir tavansız hana saldılar
Şu hancının didarına maşallah

Şehirin direği kemiktir kemik
Yıldızsız göğüne deridir denik
Kırk sultanı vardır hepisi yanık
Bin beş yüzüne kadar maşallah

İki feneri var dünyaya ışır
Sultanı sıfatsız kulları beşir
Gel hemşerim şu şehire taş düşür
Çıkan tozlu kubarına maşallah

Yıkılmaz kalesi kurulmuş etten
Terki diyar olduk artık gurbetten
Bak Mahzuni döndü artık vücuttan
Seyahatte seyyarına maşallah"
(Şerif Cırık, 18 Temmuz 1961, Saat: 2.45, Berçenek)[120]

***

"Dağdan kopan bir coşkun sel
Etrafını yıkar gelir
Âşık sevemezse güzel
Sevdasından bıkar gelir

Şu dünyanın hali budur
Başka hali varsa nedir
Azrail bilmez mi kadir
Günahkâr can çeker gelir

O dost ne istiyor benden
Ben verememem şundan bundan
Bizim deli eteğinden
Cevherini döker gelir

Bir insan kendini bilse
Ne olur severek ölse
Kulun rızkı bir taş olsa
Sudan çağlar akar gelir

İstemem dünyada bir köşk
Şu başımdan kalksa da meşk
Yana giden bir aşk yana
Döner iken yakar gelir

Neden böyle yüksek yattım
Kara yüzü kime tuttum

---

[120] Yemliha Ertekin Arşivi, Şiir Dosyası

Zihinsiz birin okuttum
Bir gün hece söker gelir

Hemşerim arif ol arif
Neyine gerektir tarif
Gurbete kör giden Şerif
Himmetinle bakar gelir"
(18 Temmuz 1961)[121]

1961 Yılı artık Osman Dağlı'nın da cemaate yoğun katılmaya başladığı bir yıldır. O yıl Osman Dağlı Yemliha'nın yeni yaptığı değirmenbaşındaki bahçe evinde bir süre kalır. Şerif ve Serabi ile de yoğun iletişimde olur. 18 Temmuz 1961'de Yemliha'nın yazıhanesinde Şerif'le Dağlı'nın şiirle karşılıklı tanışmaları kayda alınır. Henüz Maksudi değildir.

Şerif:

"Üstadım, hemşerim canım Osmanım
Eşiksiz kapının türabıyız biz
Gönlüm arızalı cefada canım
Yâre mekân sevda evim pek ıssız

Şu dünyada sevgi ismi ne iyi
Ne bir muska ne keramet ne büyü
Kaptanı bulmadan saldık gemiyi
Neden hepimize ram oldu deniz

Aşkın zirvesinden sevdanın ufku
Zümrüt mü temeli o kadar safki
Nasboldu hüdadan öyle bir af ki
Kurtardı çileden bilemezsiniz

Osmanım cihanda gülmek ne çare
Vakidir bilirsin kalpte bin yâre
Sakın benim gibi kalma avare
Gemiyi limana vurmadan henüz

Hatıramda hata olsa mazur gör
Âşıklık özünün temelini ör

---

121 Yemliha Ertekin Arşivi, Şiir Dosyası

İdeal insana hayat neden zor
Kader pençesine düştünüz mü siz

Asılın eseri olur mu batal
Dünyanın devri ters bu ne biçim hal
Hayat bir serçedir kaderse kartal
Belki ecel deyişimden daha tez

Bak Osmanım şu hayatın yoluna
İstikbâl kuşunu kondur koluna
Biz gönülü saldık dertler salına
Dert bir yüce dağ ki geçemiyoruz

Gidersem civardan halimle böyle
Düşündükçe yâd et ismimi söyle
Birkaç mısracığı hatıra eyle
Yer var ise bunu kalbinize diz

Çekme şu dünyada kahrın feleğin
Günaha müsavi olsun dileğin
Temiz kalp misali gökte meleğin
O tanrının bahşi ruhun çok aziz

Tatmin etmez devrin kızı kadını
İşit yüreğimin hûb feryadını
Bir bilseydin turablığın tadını
Zehirden acıysa baldan da leziz

Ben Şerifim Osman şimdi elvada
Destigirin olsun cenabı hüda
Belki gurbetteyim sizlerden cüda
Dostluk kardeşliktir bizim kavlimiz"

***

Osman Dağlı:

"Duyunca kelâmın can buldu canım
Gönlümün baharı aleykümselam
Ne bir padişahım ne de bir hanım
Gönlümün baharı aleykümselam

Turabolan gönül kalbi yaşatır
Sevginin kemeri arzı kuşatır
İrtica aşk değil münakaşadır
Gönlümün baharı aleykümselam

Aşk zirvesi âşıklara düz olur
Sümbül açar bahar olur yaz olur
Gurbet elde dosta selam naz olur
Gönlümün baharı aleykümselam

Âşık olan avarelik yapar mı
Daim gülüp hakikatten sapar mı
Bu bir meşru haktır itiraz var mı
Gönlümün baharı aleykümselam

Kul kusursuz olmaz affı haktandır
Hayatın zorluğu bu mihraptandır
Arifliğin sırrı büyük noktadır
Gönlümün baharı aleykümselam

Dünya ters olur mu bizdedir hata
Serçe misaliniz uygun sıhhate
Eser yazmak zarar değil hayata
Gönlümün baharı aleykümselam

Hayatın yolunu kim arzu etmez
İstikbal haktandır gücümüz yetmez
Hayat var oldukça ihtiras bitmez
Gönlümün sultanı aleykümselam

Gönül ayrılır mı ilden gidince
Neyi artar feleğin garez edince
Hatıranız aşktır nasıldır sence
Gönlümün sultanı aleykümselam

Çekmişiz kahrını dünyanın daim
Ruhu azizlerin aşinasıyım
Şerif durgun değil bulanık çayım
Gönlümün baharı aleykümselam

Âşıklar meyletmez geline kıza
Can bağışlar dostun zülfü teline

Ezel kandım turablığın balına
Gönlümün baharı aleykümselam

Bunu ben değil de gönül söyledi
Dağlım muhabbeti izhar eyledi
Ayrılık Mecnun'u irşad eyledi
Gönlümün sultanı aleykümselam"
(18 Temmuz 1961)[122]

Kâmil Emmi, namı diğer Semerci Kâmil yani Kâmil Büyükgenç ekibin en yaşlısı ve en nüktedanıdır. Kalbi kocaman dostluklarla dolu, bedeni ufak tefek bir adamdır. Yemliha'nın kâdim dostudur. İbreti'yi de Afşin yöresi muhabbet cemlerine alıştıran kişidir. Oğlu Erol ise mavi gözlü, boylu poslu yakışıklı bir delikanlıdır. Grubun en genci ve dili sivri olanıdır. Çuvala sığmayanıdır. Temmuz günleri uzundur, muhabbetleri de uzun olur. "Serabi" mahlasıyla şiir yazan Erol Büyükgenç'i de şiirleriyle bu muhabbette görürüz.

"Bu yolda bulursam eğer safayı
Refakât edecek yoldaş ararım
Denk denk bağlamışım sere cefayı
Derdi paylaşacak paydaş ararım

Yaprak açıp uzatmadım dalımı
Dert yüküyle hep doldurdum salımı
Der miyim ki her kişiye halımı
Halimden anlayan haldaş ararım

Neden olmaz dört mevsimle baharım
Feryadım büyüktür çıkmıyor zarım
Layıkım ben buna çün günahkârım
Günah saklayacak sırdaş ararım

İstikbale tuzak kurdum bu ağı
Viran ettim gönlümdeki şu bağı
Tepelemem bu yıpranmış toprağı
Basıp da geçecek mor taş ararım

---

122 Yemliha Ertekin Arşivi, Şiir Dosyası

Mert nerde var getirinde alayım
O dağ olsun ben altında kalayım
Ona nerden gidilir yolun bulayım
Sorup da geçecek Bektaş ararım

Şairin son menzili orada varmış
Dünya anlayana ne kadar darmış
Çevremi münevver kimseler sarmış
Kendim okşayacak keşbaş ararım

Bak hayale nerelere dalmışım
Günahı çoğaltıp sırta sarmışım
Serabi anladım çok aldanmışım
Başımı vuracak sert taş ararım"
(19 Temmuz 1961, Akşam)[123]

Aynı gün Yemliha, Serabi, Dağlı ve Şerif bir aradadırlar. Şerif bir şiire başlar, son kıtanın ilk mısraına kadar yazar. Kalan kısmı yazmak için vakit yoktur, gelen araç onu alıp acele götürecektir. Kalan üç mısrayı Osman, Yemliha ve Serabi sırayla yazar, şiiri tamamlarlar. Şairinden özür dileyen notu ekleyerek.

"Daha birkaç kere gelir giderim
Çok şeyleri olduklarım elveda
Bazı dua bazı kahır ederim
Her halini bildiklerim elveda

Dünya bizim gelip gitme yerimiz
Bini gelir gider ise birimiz
Biz bir gülüz sevene çok harımız
Kokusuna yeldiklerim elveda

Bağışladım sevdiğimin suçunu
Böylelikle götürürüz göçünü
Gene şükür aldım kalbin öcünü
Nazlarından yıldıklarım elveda

---

[123] Yemliha Ertekin Arşivi, Şiir Dosyası

Böyle konun böyle göçün dünyada
Oynatmayın atı bu tapsız handa

Sahibin yetişir ahir zamanda
Sarayında kaldıklarım elveda

Mahzuni Şerifim ayrılık acı
Kesiyor yolumu alıyor bac'ı (Osman)
Gidiyorum bana olun duacı (Yemliha)
Duasını aldıklarım elveda (Serabi)"
(19 Temmuz 1961)[124]

İki gün sonra Serabi ile Osman Dağlı'nın şiirleşmesine tanık oluruz. Bulunduğumuz dergâhı daha iyi anlarız. Sevdaya dair, yola dair ne varsa mısralara dökülür…

Serabi:
"Ufacık bir kapı gördüm de girdim
Geri dönecektim zor Osman abi
Burada kar var soğuktur derdim
Yüreğime çektim kor Osman abi

Buraya çok kimse girmiş yürümüş
Arkasından nicelerin sürümüş
Her yanımı koyu zulmet bürümüş
Bakarım görünmez mor Osman abi

Ne ucu varimiş ne de bucağı
Kardan soğuktur yanar ocağı
Orada tükenir kandilin yağı
Karanlıkta kalır yar Osman abi

Oraya uçurdum talih kuşunu
Ben nara dayadım orda döşümü
Size söylüyorum işte düşümü
İster hayra şerre yor Osman abi

Orda aşk şerbeti nardan akıyor
Gülsüz dikensiz yer bülbül şakıyor

---

[124] Yemliha Ertekin Arşivi, Şiir Dosyası

Vücuda bir şey yok kalbi yakıyor
Ateş değil yakan kar Osman abi

Cahillerin orda görmüyor gözü
Arif olmamışlar anlamaz sözü
Çabuk geçeceksin bayırı düzü
Aşk katına kırbaç vur Osman abi

Onu araması ne güzel şeymiş
Mevlam o kapıyı âşığa vermiş
İşte karşındadır gül yüzlü derviş
Meçhulin var ise sor Osman abi

Orada gördüğüm cevherli bir dağ
Orda ne bahçe var ne yemişli bağ

Çıkmıyor karşıma bir ölü bir sağ
Ruhlar âleminde dur Osman abi

Anlarım burada olan esrarı
Elbet orda bulur âşıklar yâri
Her köşeden gelir erenler zari
Aklını bu yola sar Osman abi

Biz burada eğlenmeyi nidelim
Erenleri bulup sohbet edelim
Serabiye yoldaş ol da gidelim
Bu dünya bizlere dar Osman abi"

***

Osman Dağlı:

"Ufacık değildir gördüğün kapı
Âşıklar babıdır ora Serabi
Aşka mani değil kar ile tipi
Düşmüşüz ezelden nara Serabi

Yürüyen yürüsün biz de gidelim
Seksen bin âlemi seyran edelim
Sıfatı Âdemiz rengi nidelim
Lüzum yok siyaha mora Serabi

Kudreti âlemdir uçsuz bucaksız
Gönül hanesidir olmaz ocaksız
Yare gidilir mi kolsuz bacaksız
Layıktır sürürnmek Mar'a Serabi

Talihin kuşunu koy ver engine
Bülbül âşinadır gülün rengine
Düşünüz du şetmiş sizi dengine
Hem de bir vefalı yâre Serabi

Narı nur eyleyen şerbeti haktır
Goncaları açmış bülbülü çoktur
Kalbi seyrangâhın menzili yoktur
Sırrını faşetme köre Serabi

Hoş gör cahilleri âmâdır gözleri
Arif olmayanlar anlamaz bizi
Farketmez bu yolun ovası düzü
Vız gelir eroğlu ere Serabi

Meçhulüm halloldu gül yüzlü derviş
Gönlüm sizler ile elele vermiş
Erenler bu yolda kemâle ermiş
Hakkın Musaları tura Serabi

Öz âşık olup da bulmaz mı yâri
Goncaya olandır bülbülün zari
Sakın izhar etme türlü esrarı
Sahip ol eldeki vara Serabi

Anladım gönlünde olan esrarı
Ruha gıda verir Kâmil diyarı
Biz de Mecnun olup bulalım yâri
Mansur'um gelmişim dara Serabi

Serabi davete icabet gerek
Binip aşk atına el ele verek
Ne gelirse gelsin gençlikte görek
Dağlım der şu aciz sere Serabi"
(21 Temmuz 1961)[125]

---

[125] Yemliha Ertekin Arşivi, Şiir Dosyası

61 Yazı yol arkadaşlarının kavilleşmelerine tanık olduğumuz şiirleşmelerle doludur. Yemliha sanki arzuhalci bürosu açmamış da yol arkadaşlarının kavilleşmesi, şiirleşmesi için bir şiirhane bir muhabbethane açmıştır. Serabi'yi en çok da bu ay dili çözülmüş, kaleme sarılmış görürüz. Kimi zaman toplumsal bir taşlama kimi zaman sevdaya dair sözcükleri bizi o döneme taşır:

"İndim bahçeye oturdum
Şiir yazdım gülüm sana
Seni kalbime getirdim
Dar gelmesin elim sana

Bahçede kokladım gülün
Bülbül gibi şakır dilim
Dağılmıştır zülfü telin
Sert mi esti yelim sana

Bana derler yârin ağlar
Hasretine kara bağlar
Aramıza girse dağlar
Uzatırım elim sana

Dünya bitmeyen meraktır
Ömür kurumuş yapraktır
Serabi aslın topraktır
Zor gelmesin ölüm sana

***

Binelim mi aşk atına
Gidelim mi yâre doğru
Çıkar mıyız son katına
Varalım mı kora doğru

Yüksekte mi bilmem onu
Nasıl ola rengi rengi donu
Sayamam ben beşi onu
İnelim mi bire doğru

Gönül çok çektim elinden
Ayrıldım âdem elinden

Yanarım vecsiz dilinden
Gönder essin kara doğru

Aramadan sen Hûda'nı
Gezersin Urfa'yı Van'ı
Serabi'yi bu şeytanı
Götürüyor nara doğru

***

Dikenli dağları ben yalın geçtim
Menzilime kanlı varayım diye
Binlerce yol var ki bu yolu seçtim
Huzuruna varıp durayım diye

Çevresini gezdim dikenli dağın
Hem solun aradım hem de sağın
Bulayım da bütün dertler menbaın
Hepsini sırtıma sarayım diye

Orda bir kapu var gelmez tarife
Geçmek imkânsızdır o yol zarife
Lüzum hâsıl oldu olgun arife
O kapunun sırrın sorayım diye

O kapuda nice erenler kalmış
Geçememiş bin bir çare aramış
Serabi sırtına bir bomba sarmış
Atıp da kapuyu kırayım diye
(22 Temmuz 1961)

***

Yüzüne sen niçin maske takarsın
Kâmiller şeklini görmez mi sandın
Bu âleme çok yükseklerden bakarsın
Arifin elini ermez mi sandın

Sen hoca değilsin anla kendini
Cahil meclisinde göster fendini
Koparırlar hocalıkla bendini
Kimse iç sırrını bilmez mi sandın

Kör eylemiş mevlam senin gözünü
Dinler mi sandın cahil sözünü
Boyamışın dev suratlı yüzünü
Yağmur yağıp onu silmez mi sandın

Taklit hocalıktır amelin madem
Erenler babına basmazlar kadem
Ayı fötr giyse olur mu âdem
Geri ormanlara dönmez mi sandın

Varsa menfaatin yalana yalvar
Silinmiş makyajın yeniden boyan
Cehenneme Serabi gider mi yayan
Sıçrayıp sırtına binmez mi sandın
(26 Temmuz 1961, Fötr giyen Hocaya)

***

Gel kardeşim biraz nasihat dinle
Çok çekersin bir metrelik dilinle
Mağrurlanma aşağılık halinle
Sen seni aldatır sana kanarsın

Senden büyükleri hor görme sakın
Aman başkalaşma insanlık takın
Fazla şişme cemiyete gel yakın
Dev aynaya bakma çabuk bunarsın

Memur olmak demek değil büyümek
Anayı babayı inkâr eylemek
Münevver kimseye kaba söylemek
Kötü söz sizedir geri alırsın

İnsanlığın vasfı bunu anlamak
Hayvanlıktır kendini semada sanmak
Serabi'yim sen de düşersin mutlak
Kırılır kolların bana dönersin
(27 Temmuz 1961)

***

Üstüne bir barın sahnesi konmuş
Sahnenin altıdır benim mezarım
Yani bir büyücek meyhane olmuş
Meyhanenin içi benim mezarım

İçip sızan bir sarhoşun masası
Müsrif bir ayyaşın zengin kasası
Kerhanede bir kahbenin odası
Muhakkak o gece benim mezarım

Olur mu Mecnun'un yurdu sılası
Tabii kimsenin olmaz cilası
Âşıkların maşukların helası
Necisin içidir benim mezarım

Bulamadım şu gönlüme uyarı
Elli sekizden düşürmedim ayarı
Saddat'ın Nemrud'un kanlı diyarı
Uğursuz köşesi benim mezarım

Aleyhime bin bir lanet ederler
Serabi'yim günahımı niderler
Bekri'nin Neyzen'in yattığı yerler
İzlerinin içi benim mezarım"
(31 Temmuz 1961)[126]

61 Ağustos'unda Şiir Dergâhı

Açıkçası bunu bir şiir çalışması olarak tasarlamadım. Ne var ki bir dönemi ve bir kültürü anlamak için peşlerine düştüklerim dönem dönem şiirin dozunu artırınca ben de ister istemez o akışa ayak uydurmaya çalışıyorum. Yanlış anlaşılmasın sabrımdan ya da kendi düşüncelerimi empoze etmekten vazgeçecek kadar objektif biri olduğumdan değil, suyun akışına direnecek kadar güçlü olmadığımdan ve şiirler-

[126] Yemliha Ertekin Arşivi, Şiir Dosyası

deki duygu ve düşüncelerin kendilerini anlatmakta bana ihtiyaç duymayışlarındandır. An gelir bana da söz düşer; bakalım o zaman sazı kimseye veriyor muyum?

Şiirleri tema yerine bir kronolojiyle vermek sahiden onları zaman tünelinden izliyormuşum duygusu yaratıyor bende. Yemliha Ertekin Arşivlerine daldığımda 1 Ağustos'tan elime birçok şiir içinde Şerif'ten iki şiir takılıyor.

"Dünya yanıp tutuşurken
Bizim gönül avaredir
Âlem yâre yetişirken
Bak şu Mecnun divanedir

Beyaz gökte doğan bir ay
Hiç görmemiş akıl azay
Yârin başı sırça saray
Benim serim viranedir

Bir mikrop kaptı vücudum
Hüsran doldu adım adım
Kaval sesinde feryadım
Bülbül güden çobanadır

Bir delikten bir taş geldi
Delibaşa ne iş geldi
Meçhulüm yâre faş geldi
Bunu çözen çözenedir

Gönül sen ne güzelsin hep
Yalnız ki değilsin türap
Nafakamız abu şarap
Mabedimiz meyhanedir

Yüce tanrı çok kul sevdi
Bizim fakir bir pul sevdi
Yüz oynaşlı bir dul sevdi
Gizli yeri kerhanedir

Fakirim göremem hakir
Hepsi kuldur hakir fakir
Çok maşallah ezan okur
Onun azmi Kur'an'adır.

Hak sözümüz sallamaya
Hazırım yok yollamaya
Kâtip yazar bellemeye
Kafacığı bir yanadır

Gülen güler ağlamağa
Hatip çözer bağlamağa
Su durulur çağlamağa
Damlacığı ceyhanedir

Göz gönüle yollar açar
Nefis de boğazdan geçer
Dertli derde olsa düçar
Bütün hükmü cihanadır

Azabın bir ismi Allah
Şahitleri vallah billah
Âşık olmuş Rasullullah
Azmi gâhi ünvanadır

Bizim bülbül çatal dilli
Düzensiz saz otuz telli
Benim aslım gurbet elli
Öz adresim püryanedir

Yaz arkadaş bu halimi
Yar çekemez vebalimi
Ver Allah'ım zevalimi
Gönül buna hayranedir

Seni sevmek kuru sevda
Sevmemek bile beyhuda
Sen nerdesin benden made
Bütün kastın yarenedir

Mahzun Şerif göze göre
Ben değilim öze göre
Ayak yeksan dize göre
Toprak bana mekânedir
(1 Ağustos 1961)

***

Kömür gözlüm ne lokmansın cihanda
Her bir derdim bana derman ise de
Boş kuruya yattım sahipsiz handa
Bizim hancı kavli peyman ise de

El dövüşse şükür taş bana değer
Böyle dert doğrusu bulunmaz meğer
İstedikçe zaman belayı yığar
Ömrüm bir saniye devran ise de

Kâmilin yanında mahvoldu virdim
Tepele geç nazlım gönlümü serdim
Başıma geldikçe mübarek derdim
Nedense doymuyom harman ise de

Bülbülün ötüşü hangi kuşta var
Vücut dıl elinden çok çekti zarar
Usanmayan mikrop hastalık arar
Dünya verem sıtma viran ise de

Ben bana bakana bakma mı dedim
Baktıysa da bakışını bilmedim
Bir mikrop oldum da sanki neyledim
Hasta bulamadım yardan ise de

Ben giderim kömür gözlüm kal burda
Senden sizden başka kimsem yok orda
Merakın var mıdır ah ile zarda
Yaklaşma semtine nurdan ise de

Kömür gözlüm bak şu dağlar çok duman
Tanınmaz dumanda bir kaşı keman
Bir dertliden kılıç geldiği zaman
Kaçırma başını merdan ise de

Hakikat sırrına eren bir kişi
Daima ezilmek hep onun işi
Sevdanın tahtına değenin başı
Asla rahat bulmaz handan ise de

Nerden geldiğini hiç kimse bilmez
Kömür gözlüm dünya kimseye kalmaz

Bir şaşan kişinin menzili olmaz
Adımı Beytrut'a Şamdan ise de

Kömür gözlüm onlarınan oturma
Belalı başına derman getirme
Sakın ol sevene bir gönül verme
Bir koca Mısır'a sultan olsa da

Sevdanın dağının ufku mavili
Sevdiğini söyler aşıkın dili
Sevmedim cihanda ah bir sevgili
Bu mukadder bana Hakk'tan ise de

Mahzuni Şerif'im be kömür gözlüm
Gene gidiyorum anla duy nazlım
Vücudu püryanda bir harap öz'düm
Yanmam dû cihanda yan yan ise de"
(1 Ağustos 1961)[127]

Bir kaç şiir de Serabi ve Osman Dağlı'dan örnekleyerek yaz sezonunu kapatalım, yaşamın akışını ve getirip-götürdüklerini birlikte izleyelim. Serabi; Yemliha Abisine nazlanır:

"Dinlemek istersen fakir gönlümü
Kırılmış elime sazı versene
Açıklarda koyma kirli ölümü
Yufka bir mezarcık kazı versene

Bir menzilde beraberce kalalım
Ne istersen istediğin bulalım
İstersen derdime ortak olalım
Çoğunu alıp da azı versene

Ben hemi fodul hemi de kelim
Herşeyi diyemez kemikten dilim
Muhakkak silinir sahte hayalim
Hakikat kalbine yazı versene

Çıkalım mı yükseğine kayanın
Aldanma hayaline sahte aynanın

---

[127] Yemliha Ertekin Arşivi, Şiir Dosyası

Paylaşalım mevsimini dünyanın
Kışı sen alıp da yazı versene

Bir gün olup yükseklere akarsan
Tarumar gönlünü of'la yakarsan
Serabi'ye çocuk diye bakarsan
Derdini alıp da nazı versene
(11 Ağustos 1961)

***

Sen nerdesin dinlemezsin sözümü
Yoksa benden başka bir varlık mısın
Zalım zalım yakma yakma cahil özümü
Yoksa benden başka bir varlık mısın

Ben nerdeyim sen nerede gezersin
Demir mi ayağın bağrım ezersin
Yıpranmış varlığım neden üzersin
Yoksa benden başka bir varlık mısın

Gel gezelim bahçedeki gülleri
Bir olalım ne yapalım elleri
Beraberce gel sökelim dilleri
Yoksa benden başka bir varlık mısın

Atedir gönlüm gel benzin dökme
Gübresiz o tarla bideri ekme
Benim gibi yürü ayrıca sekme
Yoksa benden başka bir varlık mısın

Ben bir taş kaleyim yıkılmaz bendim
Ben başkayım asıl başkadır kendim
Herkesle dövüştüm kendimi yendim
Yoksa benden başka bir varlık mısın

Neyleyim dünyayı olmazsa sonu
Gel giy beyazı da çıkar o donu
Sen seni buldunsa düşünme onu
Serabi'den başka bir varlık mısın
(17 Ağustos 1961)

***

Osman Dağlı ise Serabi'ye seslenir:

Ağlayı ağlayı gözümden oldum
Bulalım bu derde çare Serabi
Dostun hasretiyle sarardım soldum
Beraber varalım yâre Serabi

İftiharı sensin Maraş ilinin
Devranı Mecnun'un aşkın yolunun
Serabi Dağlı'nın Şerif Mahzun'un
Yoktur ihtiyacı pîre Serabi

Bab'ı Yemliha'dır İrfanı erin
Yediler beyt'ine postunu serin
Mürşid-i Hakikat Hazreti Kur'an
Gerince Mansur'u Dar'a Serabi

Gönül yâri ile muhabbet ister
Gel kulun kurbanı cemalin göster
Misal âlemini seyreden bir er
Karışmaz âmâya köre Serabi

İşte biz Mansuruz cihan ise dar
Âşıklar cihanın efendisidir
Serseri delinin tâ kendisidir
Yakıyor kendini nara Serabi

Dağlım taş atıyor gelen dalgaya
Güneşte durmayan kaçar gölgeye
Hayvanlar da karışıyor bilgiye
Kıymet verdi zaman ker'e Serabi"
(17 Ağustos 1961)[128]

Şu Sunam'ın Halleri

Şerif sazı omzunda köy köy, şehir şehir gezip hem kendini geliştirip hem nafakasını çıkarırken, Suna artık Berçenekli olmuştur. Köy kadınlarıyla kaynaşmış, onlardan biri olmuştur. Artık elleri pamuk değildir; nohut yolarken, pancar çapalarken elleri kâh nasırlanmış kâh yaralar bağlamıştır. Henüz

[128] Yemliha Ertekin Arşivi, Şiir Dosyası

yaşı gelmediği için bir nikâh kıyılmamıştır ama ailesiyle de barışmanın yollarını aramış, annesine mektup yazmıştır.

Şerif ise devamsızlıkla bir dönem kaybetmiş okula dönmenin ve tazminat ödememenin derdindedir. Okullar açılmadan Ankara'ya doğru uzanması gerekir.

Geçerken Hacı Bektaş'a uğrarlar. 1925'de Tekke ve Zaviyelerin Kapatılması Yasasınca Hacı Bektaş'ı Veli Dergâhı da o gündür bugündür. Müze olması için birkaç yıldır tadilat yapılmaktadır. Virane görünümündedir. O hali Osman Dağlı şöyle tasvir eder:

"Ziyaret eyledim Hacı Bektaş'ı
Asırlar yaşadım yılın içinde
İrfan ocağı'nın sönmüş ateşi
Bir çıngı aradım külün içinde

Kapılar mühürlü manzara acı
Posta oturanlar posta yabancı
Hayat denen şeyden alır haracı
Haramiler gördüm yolun içinde

Adım adım izin sürdüm Hünkâr'ın
Okudum gizlerin canlı Kur'an'ın
Zemzem çeşmesinde gördüm nişanın
Balık suya hasret gölün içinde

Beştaş'ta müşkülün çözdüm seferin
Kadıncık Ana'nın öptüm ellerin
Akpınar'dan su çıkaran Hünkâr'ın
Hikmeti nasırlı elin içinde

Ham sofu oturmuş mizan başında
Yol oğluyum diyen yolun dışında
Talip ikrar bozmuş nefsin peşinde
Her biri bin türlü halin peşinde

Dergâhın damına baykuşlar konmuş
Muhabbet sarayı virane olmuş
Dede bağlarının gülleri solmuş
Bülbül figan eyler gülün içinde

Karakazan kalkmış çorbasız ocak
Epsem ol Maksudi dert kucak kucak
Bir köşe aradım huzur bulacak
Kendimi kaybettim elin içinde"
(1961)[129]

Şerif'in okulu Ankara'dan Balıkesir'e nakledilmiştir. Okul komutanı Şerif'i seven biridir ne okuldan atılmasına ne de tazminat ödemesine gönlü razı değildir. Okula dönmesini, bir çare arayacağını söyler. Şerif 61 sonbaharı Balıkesir'dedir. 10 Ekim 1961'de Osman Dağlı'ya bir şiir eşliğinde durumunu izah eder.

"Dağlanmak isteyen değerli Dağlım
Yine oldum ben sıladan azade
Hakkın dergâhında elleri bağlım
Dağda kimi bulduk bir senden made

Vaktaki cihanda bir talip kişi
Okursa Ledün'den ilm'olmuş işi
Eğer tedbir ile yapsa teşvişi
Kader yok var iken cüz-i irade

Dağlım düşün karıncada hak yatar
Kör anlamaz itikâtte ok atar
Bilirsin ki güller toprakta biter
Bülbül için kahır mı var feryade

Sen bir âşık ol ki aşkını yadet
Girme ki boyaya görünesin net
Anda devrederken hikmet marifet
Fehm ediver uçanları fezade

Ara mümkününü göz gezdir cana
Ki vakıf olasın ulu canana
Kâfirlikle gelen yoktur cihana
Bulanlar olmuştur Lat-ı uzzade

---

[129] Osman Dağlı, *Ara Beni, Ozan Maksudi,* 2004, s.82

Sevginin esası cihane geldi
Muhammed mührünü sevgiden aldı
Havaya el açan yanılıp kaldı
Mabudunu edemedi ifade

Lanet hile ile sarık sarana
Menfi cuşan ile pençe vurana
Dil uydurup tefsir koşan Kur'an'a
Dağlım bunlar fesad bini fesade

Sekseninde sevgi tanıyan kimse
Bağışlanır her günahı ne ise
Amma sevmek takdirinde tay ise
Ne denilir ol kişiye ukbade

Dinin gitsin eğer dinsiz isem ben
Sen dinsizsin bunu yemin bilirsen
Ben der misin sen kendine gelirsen
Kaybolana verilir mi müsaade

Dağlım boyacılık bunda ayrılır
Menzilsizler yolda iken yorulur
Kuru ağaç bükülemez kırılır
Bardak dolmaz seviyeden ziyade

Mahzuniyim ana dilim amentü
Agâhım katidir kün fe yeküntü
Naşım gezer telkinciğim okundu
Arzedenler uğrasın meyhanede

Azizim Dağlı,

Şu anda Balıkesir'in iki saat açığında Çayırhisar denilen bir mevkideyim. Durumum henüz belli değil. Yeni ikiye geçenler izinde. Eski 2. sınıflar da mezun oluyorlar. Bunların hangisinden olacağım kesin değildir.

Canım hemşerim, sizinle yaptığım yolculuk bir türlü aklımdan gitmiyor. Bir kere ölmeye karar verdiğim için bu kapıyı tercih etmek zorunda kaldım. Eeee Dağlı Çavuş, nasıl olsa bizimle meşgul olduğunu zannederim. Çünkü bu şart. Eğer hakikati fark etmek istiyorsan sevgisizin sevgisiyle haşır neşir ol.

Ahh hemşerim postacı geldi, mektubu veriyorum. Çok şeyler yazacaktım şimdi kalsın.

Yemliha Abime, Erol Beye selamlarım olsun, mektuplarınızı beklerim. 10.10.1961

Şerif Mahzuni

Ord. Ok. Astsby Ad. 2.Bl. Parça Kayıt/A No:861"[130]

Ahmet Çıtak; Afşin-Elbistan Ovası'nın toplumsal taşlamalar yazan önemli şairlerindendir. Şerif Balıkesir'deyken Şerif'in "Elbistan Postası"nda Ahmet Çıtak'a hitaben yazdığı bir şiiri yayınlanır. Dostları Şerif'e gazeteyi ulaştırırlar. Şiir dönemin şairlerine ilişkin veriler taşıması açısından belgesel niteliktedir.

"Güzel Elbistan'ın Koca Çıtağı
Müşerref olmanın müptelasıyım
Dağlarınız koçyiğidin otağı
Sıla hasretinin amadesiyim

Cuşu faal midir Söğütlü Çayı
Ceyhu revan mıdır Ceyhan'ın suyu
Muhalif mi size Kul Hamit Dayı
Askerlik dostunun mahdumasıyım

Sızlar derunumda vuslatın zahmi
Bir kula hasretlik emri ilah mı
Savaşta mı şol Hafız Rahmi
Ben o devin siftah nafakasıyım

Çıtak Emmi bin bir güllü bahçesin
Cem-i reyhanızla bağrıma esin
Tanımam bozkurdu bilmem lehçesin
Çünkü dost görmenin fukarasıyım

Men aref ilmini okuyan hoca
Bence gider gelir günde mihraca

---

[130] Yemliha Ertekin Arşivi, Mektuplar

Beni âdem Hak katında en yüce
Ehli Beyt rahının turabasıyım

Heyhat nefse biat etme hey ati
Gene de gör hırsa olan biatı
Çıtak Emmi evde midir Hayati
Ben âşık sevmenin aşinasıyım

Hayat bahçesinde insan bir çiçek
Devri açıp solmak kıyamete dek
Gerçi bilmez beni Afşinli Uçak
Çünkü âşıklığın zerre pasıyım

Alembeyli Hacı Lütfi Hocamdı
Elli üçte ecel meyine kandı
Şiirci Kahraman Durdu Efendi
Der ki Erçene'nin hafızasıyım

Çıtak Emmi bittim'ola yazınız
Belki bir ay sonra başlar buzunuz
Nerededir Ali Karagöz'ünüz
Derm'ola âşıklar ejderhasıyım

Üç turna birleşse bir katar tutar
Kibrile kalkanlar küfrile yatar
Pahıl âşık aşkın pahalı satar
Ben dost pazarının bedavasıyım

Mahzuni Şerifim Cırıklı soyum
Afşin'e bağlıdır Berçenek Köyüm
Çıtak Emmi cevabını bekleyim
Muhabbet şehrinin postacısıyım"
(Ekim 1961)[131]

Şerif'in 1961'de bir şiirle seslendiği Ahmet Çıtak Elbistan'ın Kızılcaoba Mahallesi'nde doğmuş ve 1963'de yaşamını yitirmiştir. Özellikle 60 öncesi DP dönemini eleştiren şiirler yazmış, yöredeki birçok ozana ilham vermiştir. Biz de bir şiiriyle Ahmet Çıtak'ın dünyasına vasıl olalım.

---

[131] Yemliha Ertekin, Şiir Dosyası

"Mebuslar köylüye ikram ederler
Edin babam edin devran sizindir
Layühsel dağına çama giderler
Kesin babam kesin orman sizindir

Kime ne söylesen ağzı havalı
Soluğu yetişen çaldı kavalı
Hazır oldu buğday açın çuvalı
Ölçün babam ölçün harman sizindir

Kayboldu arada vicdan hizası
Böyle mi bulunur Allah rızası
Ağzını açana hapis cezası
Yazın babam yazın ferman sizindir

Altın stokumuz çekti suyunu
Hürriyet kırpılan Mernos koyunu
Bin köylüye bedel bir dans oyunu
Oynan babam oynan meydan sizindir

Dost diye derildik başlarınıza
Akıl yetmez oldu işlerinize
Yunan papazını döşlerinize
Sarın babam sarın yaran sizindir

İstanbul'da Florya'nın pilacı
Kız oğlan denize atar kulacı
Çıplaklara bakıp yutun ilacı
Yatın babam yatın yorgan sizindir

Köylülere banka açılsın dendi
Ulaştı mebuslar üstüne kondu
Köroğlu devrini savuştuk şimdi
Vurun babam vurun kervan sizindir

Şu asil millete sızlıyor içim
Bu nasıl idare ne kötü geçim
Apartıman bitti gelmez mi seçim
Yapın babam yapın her yan sizindir

Adaleti ezdik zulümü açtık
Doluya uğradık yağmurdan kaçtık

Ali'yi ararken Yezid'e düştük
Varın babam varın Mervan sizindir

Bir ezana bağladınız dilimiz
Feryat eder mezardaki ölümüz
Kımıldasa copa değer kolumuz
Vurun babam vurun seyran sizindir

Her türlü adalet sizde bulunur
Vicdanı olanın bağrı delinir
Dört senelik maaş peşin alınır
Alın babam alın zaman sizindir

Ahmet Çıtak daim doğru söz derim
Pervam yok kimseden kazanıp yerim
Sormaz mı mahşerde Mevla'yı kerim
Gidin babam gidin mizan sizindir"[132]

Şerif'i Balıkesir'de askeri öğrenci, Suna'yı Berçenek'te tarlada ırgat olarak bırakmıştık. Suna'nın annesinden af haberi, Şerif'in okulundan af haberi yaşamlarını yeniden yoluna koymaları için birer hediye olacaktır. Suna'nın annesinden beklediği af mektubu gelir. Zehir zemberek bir mektup olsa da ana yüreği bağışlayıcıdır. Mektup bize ayrıca Suna'nın aile yaşamı hakkında da ipuçları verir.

...

Bayan kıymetli kızım Suna, göndermiş olduğunuz kıymetli mektubunu (aldım). Ama mektubu alır almaz çok üzüldüm. Sen ne için kaçtın, şimdiye kadar bana niçin mektup yazmadın? Ben senin annen değil miyim, hiç utanmadın mı kaçtın. İnsan ne zaman kaçarsa bir kâğıt bırakır. Beni kandırıyorsun 'suya gidiyorum' deyip ondan sonra kaçtın. Sen ne zaman kaçtın, benim evim senin yüzünden düştü. Kardeşin babalığın içerde yatıyor. Biz de iki kadın kendi başımıza kaldık. Sen utanmadın gittin bacının üstüne kötülük yaptın, ağzından kaçırdın. O senin bacın değil mi? Bacın olmasa bile insanın kötülüğü söylenmez. Sen kaçtın ama bizi hiç mi düşünüp bize hiç mi acımadın hiç mi utanmadın? Bize yazık değil mi? Sen bana

---

[132] kahramanmaraşlışairleryazarlar.blogspot

söyle bakalım babalık sana ne kötülük yaptı da ona bunu söyledin, söyle bakalım. Ben senden böyle bir şey beklemezdim. Demek ki sen bizim birinci düşmanımızmışın. Ne için benim adamım düşman olsun, neden şerefinden düşsün. Niçin bizim iyiliklerimizi görmedin, iyiliklerimizi bilmedin ama çok ayıp yaptın. Mehmet'i (Suna'nın babası) yüksek daha yüksek yaptın, yedirdin, içirdin. Bizim kıymetimizi bilmedin. Zaten kim bir iyilik yapar dokuz köyden kovulur.

Gelin şimdi eve, sizi de ben çok özledim, sizden acele cevap bekliyorum. Sen dedin Mart'ta geleceğim ama çok geç. Getirin sonra geri götürün, tabiiki götüreceksin ben zaten bundan sonra istemem. Yalnız gelin bir göreyim, zaten sizde vicdan varsa hemen gelin. Bizim burda ne hale geldiğimizi görürsünüz.

Çok selam eder, gözlerinden öperim. Acele gelmenizi beklerim. Hüseyin'in de çok selamı var. Ablandan çok selam var, kardeşinden hepsi ayrı ayrı selam ederler.

Ben eğer senin annensem gel barışalım, yoksa sana emzirdiğim sütlerimi helal etmem ve mesut olamazsın. Onun için gelin barışalım, ondan sonra bırakın gidin.[133]

Suna'nın ailesi Afşin'e gelir, sarılır, koklaşır, barışırlar. Ne var ki Şerif'in okuldan beklentisi gerçekleşmez. Okula ancak bir ay devam edebilir. Bir kısa notla durumu Yemliha Abisine rapor eder:

"Ağabey,
3 Ay evvel Balıkesir'de kaldıktan sonra, evvelce de söylediğim gibi, okul kumandanı tazminatın ödenmemesi için oraya kadar çağırmış ve nihayet ben tekrar okumaya gelmiş oldum, birliğim tard etmiş oldu.

Hülasa okulda bir ay kaldım. Ondan sonra Manisa, İzmir, Bergama, Bandırma, Gönen ve Aydın'da eğlenerek yine Manisa'dan dönüyorum.

Bababamlara sıhhatte olduğumu bildir. Yakında geliyorum. Bizim yolcu arkadaşlara selam eder gözlerinden öperim.

---

[133] Yemliha Ertekin Arşivi, Mektuplar

Not: Suna herhalde ölmüştür veya ölmesi lazım. Çünkü benim mezarım dahi silindi. Selamlar.

Şerif (13.12.1961)[134]"

1961 açtığı gündemleri kapatır. Suna ailesiyle barışmıştır. Nikâh için yasanın öngördüğü yaşa gelmesi beklenir. Şerif içinse astsubay olma hayali Suna'yı kaçırdığı dönemdeki devamsızlığı nedeniyle son bulur. 1962 Şerif için Mahzuni olma zamanıdır.

AFE ANA

"*Galiba 1960 yılı ya da biraz sonrası idi. Bir gün Osman Abi, Yemliha Abi, Kamil Emmi (Semerci Kamil) ve ismini hatırlayamadığım bir kişi daha olmak üzere dört kişi geldi. 'Madem Allah insandadır, biz de buna inandık, itikat üzere Allah'ı aramaya çıktık. İlk durak Kamalak olsun, dedik.' dediklerini dün gibi hatırlıyorum. Yaz aylarıydı, bir-iki günlük misafirlikten sonra Kırkısrak'a yolcu ettik. Uzun bir sürelik geziden sonra ellerinde bir defterle yeniden Kamalak'a geldiler. İlk soru babamdan geldi 'Nasıl geçti yolculuğunuz, Allah'ı bulabildiniz mi?' Osman Abi 'Evet Memed Emmi, bir şeyler bulduk.' Yazmışlar 'Söbeçimen'de filan adam ama biraz Allah'a uzak, aşkı eksik; Dallıkavak'ta filan adam biraz daha yakın ama aşkı hafif vs. vs. ama Cafer-i Gango (Cafer Tan) Allah'ın ta kendisi, aşkıyla, hürmetiyle, kemaletiyle onu yakın bulduk,' dediler. Onlar gelmeden önce de bir misafirimiz vardı, Halil Öztoprak. Sık sık kitaplarıyla bize gelirdi. O da dinledi. Çok konuşmazdı ama söz bitince, Öztoprak dedi ki: 'Yahu bu Cafer dediğiniz kişi 'Caferi tarikatı Allah'a ne kadar uzaksa, Hakikatçiler de o kadar uzak.' Diyen kişi değil mi?' Babam da 'Hah işte o Cafer Amca'dır.' Ortalıkta serin bir rüzgâr esti biraz. O ara annem (Afe Ana) toparladı sözleri. 'Tanrı gönüllerde görülen aşkların bir olmasıdır. Bir ya da iki kişiyle Allah olunmaz. İkilikten bir olmaktır.' Yemliha Abim çok sevecen gülen biri olduğundan, bilinmezdi moral bozukluğu. Ama diğerlerinin biraz umutsuzluğa girdiğini gözlemleyebildim.*"

[134] Yemliha Ertekin Arşivi, Mektuplar

Hasan Kamalak'ın aktardığı bu anıdan da anlaşılacağı üzere Afe Ana Hakikat Yolunu özümseyen biridir.

Binboğa Dağlarından, eşkıyalıktan ve Reşko'dan söz ederken, Reşko'nun ölümü ardından kızı Elif'in yaktığı ağıtlara da değinmiştik.

Elif Kamalak yani Afe Ana babası Reşko'nun ardından ağıt yakar ama Afe Ana Hakikatçi felsefeyi daha çocukluğunda içselleştirmiştir. Onlu yaşlarındayken, yöresinde söylenen deyişleri ezbere bilir. Sonraki yıllarda bir şiirinde Şeyh Mamo cemiyetine bağlılığını ifade eder:

"Şıh Mamo'nun talibiyim ezelden
Asla ayrılmadım erkândan yoldan
Oğlanı öğrendim kızı öğrendim"[135]

Afe Ana'nın babası Reşko da amcaları da Şeyh Mamo'nun cemiyetindendir. Dedesi Şirin Bektaş da Hakikat yolcularındandır. Afe Ana'da Hakikatçi gelenekteki kadının yerini ve gücünü takip etmek mümkün. Afe Ana bu geleneği dedesi Şirin Bektaş'ın annesi Rukke'den almış gibidir. Rukke çevresini örgütleyen sık sık evinde muhabbetler düzenleyen Şeyh Mamo cemiyeti kadınlarındandır. Şeyh Mamo, Araboğullarından irşad olurken kadının önemini ve gücünü kavramış bunu da çevresine aktarmıştır. Bunu büyük ninesi Rukke'de gördüğümüz gibi Afe Ana'nın yaşamında ve kurduğu ilişkilerde de görmek mümkün.

Afe Ana 1924 doğumludur. Base adında bir kız kardeşi, İsmail-İsko (Çağşaklı Kara Hasan lakaplı halk müziği icracısı Hasan Yiğit'in dedesi) adında üvey bir erkek kardeşi vardır. İlk evliliğini amcasının oğlu Mamo'yla yapar. Ondan Gülizar isimli bir kızı olur. Ne var ki, evliliğinin ikinci yılında eşini kaybeder. Kamalaklı Kubucuk Mamo ile evliliğinden yedi çocuğu olur: Süleyman, Fatma, Hasan, Ali, İsmail, Latife ve Halil.

---

[135] Mehmet Bayrak, *İçtoroslar'da Alevi-Kürt Aşiretler*, s.470

Afe Ana köyde yaptırım gücü de olan biridir. Dörtnala at koşturabilen Salve'nin kızıdır o. Kuru gürültülere pabuç bırakmaz. Öyle ki, olumsuz bir şey olduğunda *"Aman Afe duymasın!"* denirmiş. Halk arasında pejmürde, deli denilen Kako ve Kawo; Afe Ana'nın koruması altındadır. Onlara baktığı için sık sık eşi sızlanır ama Afe Ana için onlara bakmak bir yükümlülüktür. Eşine öfkeyle tepki verir. Köyde eşlerinden kötülük gören kadınların da yanında olur.

Oğlu Hasan Kamalak tanık olduğu bir olayı şöyle anlatır:

"Annem çok sinirli bir kadındı. Köylerde kadınlara kötü davrananları mutlaka getirtirdi ve sorunlarını çözerdi. Bazen erkekler şikâyetçi olurdu. Bir gün baktım karşıdan bir kadın ağlayarak geliyor. Yanında bir küçük erkek çocuk. Annem karşıladı ama ne kadını ne kocasını tanımıyordu. Ertesi gün kocasını çağırttı. İkisiyle bir hafta konuştuğunu hatırlarım. Barışık döndüler, aralıklarla annemi görmeye gelirlerdi."

Afe Ana'nın evi ziyaretgâh gibidir. Sözü olan, sazını eline alan Afe Ana ile Kubucuk Mamo'nun evinde alır soluğu, nice muhabbetlere tanıktır haneleri. Kimler nefesine nefes katmamıştır ki orada. Erdem Baba ve eşi, Mihail Aksoy, İsmail Turunç, Aktil'den Hatayi İnsan, Mersin'den Medine, Ankara'dan Söbeçimenli Hasan Altun, Haydari Kosa, Pazarcık'tan Ali Sayılır... Hasan Kamalak'ın aktarımına göre:

"Pazarcıklı Ali Baba (Ali Sayılır) güzel çalıp söylerdi ama durmadan babamın kundurasına tükürürdü. Biraz yeniliğe karşıydı. Babam da güzel giyinirdi, o bunu pek sevmezdi."

Kırkısrak Rutıkan Sülalesinin Quluk kolundan Süleyman Çelebi ve eşi Zeliha (Altun) Hoda Obası'nda sık sık hem Afe Ana'ya hem de yol arkadaşlarına ev sahipliği yapar. Gönül insanıdırlar.

Yarpuz'dan da bu cemiyetin müdavimleri vardır. Kul Hasan, Semerci Kamil, Osman Dağlı, Mahzuni ve Yemliha Ertekin bu haneyi zenginleştirenlerdendir. Mahzuni henüz gençtir sözü değilse de sesi ve sazı çoktan yerini almıştır.

Afe Ana'nın oğlu Hasan'ın hatıralarına dönersek:

"Mahzuni harika sesiyle bizi büyülerdi. Abimle beni koyun yaymaya salmışlardı Mahzuni geldiğinde. Abim ağladı. Velhasılı koyunları evin karşısına getirdik Mahzuni'yi dinlemek için."

Afe Ana'nın çok az sayıda şiiri ulaşmıştır günümüze. Buna rağmen bu çanağın şiirlerinde Afe Ana'nın izleri vardır. Hasan Kamalak tarafından derlenebilen Afe Ana şiirlerine, 12 Eylül döneminde Hasan Kamalak'ın Adana'da gözaltına alındığı sırada el konulur ve kaybolur. Elimizde az sayıda olan şiirler de Osman Dağlı'nın arşivinden Mehmet Bayrak'a (İçtoroslar'da Alevi-Kürt Aşiretler) kitabında kullanmak üzere aktarabildikleridir.

Başta Harabi olmak üzere, 20.yy Alevi-Bektaşi şairleri hem kendi içlerine dönük eleştiriyi eksik etmezler hem de inançlarını ötekileştirmeye çalışanlara doğrudan cevap verirler. Başta Meluli ve İbreti olmak üzere yöre ozanları da kendilerini suçlayanlara en sivri dilleriyle cevap vermişlerdir. Harabi etkisini Afe Ana şiirlerinde de görürüz. Harabi'nin *"Bektaşiler de Var imiş"* ve *"Erenler Yolundan Çıkmaz idin Sen"* başlıklı şiirlerinde içeriye dönük eleştirilerine tanık oluruz.

"...
Boş yere boşanma daha dolmadan
Arayub özünde Hakk'ı bulmadan
Bu tekkeye gelüb derviş olmadan
Keşke kilisede keşiş olaydın
...
Bak senden Hârabî olmuştur melûl
Çünkü bilmiyorsun erkânı usûl
Hiçbir kimse seni etmezdi kâbul
Eğer bu Dünyâ'da bahşiş olaydın"[136]

Afe Ana *"Değme Tabip"* adlı şiirinde tıpkı Harabi gibi, hiç sözünü esirgemez, içerdeki aymazı kovar cemden. Hele sevgisize hiç tahammülü yoktur.

"Değme tabip çek elini
Anlamazsın yaramızdan

---

[136] Zeynel Öztürk, *Batınî Edebiyatın Dört Aykırı Şairi*, 2014, s.66-67

Muhabbetten çek dilini
Var git aymaz aramızdan

Sevgidir âşıkın dini
Erenlerin olmaz kini
Birbirini sevmeyeni
Sürün gitsin yöremizden

Dervişlerde nişan olur
Güzel seven turap olur
Âşık maşukunu bulur
Dost payını alır bizden

Her can giremez bu deme
Marifette yer yok keme
Aymazları koyman ceme
Ne sazdan anlar ne sözden

Afê Bacı sözü kısalt
Adûlara verme fırsat
Demi zehir eder fesat
Ne haktan anlar ne özden"[137]

Harabi bazı şiirlerini kadın mahlasıyla yazmıştır. Kadınlara nakıs diyenlere karşı Harabi'nin iki şiirinde söyledikleriyle Afe Ana'nın şiirini yan yana koyduğumuzda Harabi'nin sesinin Binboğalarda nasıl yankılandığını görürüz.

"Ey erenler erler nasıl ersiniz
Söyleyin sizinle da'vâmız vardır
Bacılara niçün nâkıs dersiniz
Bizim de Hazret'i Havva'mız vardır

Bizi de halk eden Sübhân değil mi?
Arslanın dişisi arslan değil mi
Söyleyin makbul-i Rahman değil mi
Ümmü Gülsüm, Zeynep, Leylâ'mız vardır

'Lütfiye' fakire kemter bacıdır
Muhammed Alî'ye kuldur nacîdir

---

[137] Mehmet Bayrak, *İçtoroslar'da Alevi-Kürt Aşiretler*, s.469

Cümle erenlerin başı tâcıdır
İşte Fâtımatü'z Zehra'mız vardır"[138]

Afe Ana da bir kadın olarak cehalete karşı sesini en üst perdeden haykırır:

"Ey vaiz sen bize eksik diyorsun
Eksiği özünde görsen olmaz mı?
Bu nasıl iftira ne söylüyorsun
İblis'i özünden sürsen olmaz mı?

Hakkın varlığıyız biz de anasır
Cahilin sözünde görmeyiz kusur
Eksikten mi doğdu Hazreti Resul
Hakkın kelâmını görsen olmaz mı?

Düşün bir kez Fâtımatüz-Zöhreyi
İsa-yı Ruhullah Meryem Ana'yı
Analar değil mi gönül sarayı
Varıp bir kâmile sorsan olmaz mı?

Eksikten doğanlar eksiktir cambaz
Tanrı yarattığın eksik yaratmaz
Anana iftira eyleme aymaz
İnsanlığa kafa yorsan olmaz mı?

Bilmiyorsan bizden öğren Kuranı
Bırak cehaleti bırak bu zanı
Bir gün seni çarpar hakkın divanı
Softa edebinle dursan olmaz mı?

Afe Ana hayran hakkın işine
Dayandık direndik cahil taşına
Kim oturmuş ser çeşmenin başına
Gözünün önünü görsen olmaz mı?"[139]

Afe Ana sevgisine sahip çıkan bir kadındır, çıkmayan en yakınında da olsa nasibini alır şiirlerde. *"Yazık gönül verdiğime"* der.

---

[138] Dursun Gümüşoğlu, *Ahmed Edîb Harâbî Dîvânı,* 2013, s.329
[139] Mehmet Bayrak, *İçtoroslar'da Alevi-Kürt Aşiretler*, s.471-72

"Ben bir cana gönül verdim
Pişman etti sevdiğime
Ayağına gönül serdim
Serdiğime pişman etti

Sevdalandım leyli nehar
Sevginin bir bedeli var
Yanarım ölene kadar
Sana boyun eğdiğime

Hani ettiğin yeminler
Sevdiğim dediğin günler
Geldi geçti kara günler
Yazık gönül verdiğime

Darılmazdım söz vermesem
Özleyip hayal kurmasam
Seni bu halde görmesem
İnanmazdım duyduğuma

Hicrani yeter feryadın
Özümden silindi adın
Var git soysuz acımadın
Gençliğime kıydığıma"[140]

Bu şiir Afe Ana'nın hasta yatağı başında, Mahzuni'nin okuduğu *"İşte gidiyorum çeşm-i siyahım / Aramıza dağlar sıralansa da"* adlı parçanın habercisi gibidir.

Kısa ömrüyle Yemliha'nın gönlünde, aklında Afe Ana da yerini almıştır. Afe Ana'nın yadigârı Hasan Kamalak Yemliha Abisini hep güler yüzüyle hatırlar...

"Annem delilere, eksiklere sahip çıkardı... Amcam da ona kızardı. Gece yarısı hiç unutmam, bir defasında Yemliha Abi, Osman Abi ve bir diğer can daha bizdeler. Biz otururken amcam geldi çok öfkeli biri, içeri girdi, yüzünden şer akıyor. Oturduğu yere Osman Abi yavaşça yaklaştı, durdu bir süre. Sonra elini amcamın dizine koydu 'Mehmet, Ben Ali'den korkarım, çok öfkeli ama çok da güzel adam.' Amcam bunu duyunca yumuşadı tabi. Ben uzaktan bakıyorum,

---

[140] Mehmet Bayrak, *İçtoroslar'da Alevi-Kürt Aşiretler*, syf.470

Yemliha Abim hep gülen nurlu yüzüyle, hafızamda öyle kalmış o akşamdan beri.

Meluli Baba Afşin'e geldiğinde ilk durak Yemliha Abinin yazıhanesiydi. Birkaç defa gördüm. Bir gün Yemliha Abi'ye uğradım, 1976 ya da 77 yazıhaneye girdim, Meluli de oturuyor. Yemliha Abi bana yer gösterdikten sonra Meluli'ye döndü. 'Memet Amca'nın, Afe'nin oğlu' dedi.

Meluli Baba'yla bir sohbetlerine tanıklık ettim.

Yemliha Abi'nin elinde bir tomar parşömen, bir şeyler yazıyor hem de sohbetine devam ediyordu. Galiba Meluli Baba'nın şiirlerini daktiloya geçiyordu. Meluli çok konuşmazdı. Yemliha Abi solun bölünmesine çok karşıydı. 'Hasan, bir araya gelmenin yolunu bulun, böyle hiç iyi değil. Afe'nin oğlu Meluli'nin oğluyla niye anlaşamaz ki?' dedi. Buna benzer birkaç güzel nasihatına mazhar oldum. Aklımdan çoğu silinmiş, tabi epeyce anılarım vardı Yemliha Abi'yle.

Babamla Yemliha Abi arasında çok kitap taşımışlığım vardır. Yemliha Abimdeki özden gelen gülüşü müthişti. Bütün temizliğiyle çevresine ışık olurdu. Aklımda kalan en belirgin özelliği bu."[141]

---

[141] Hasan Kamalak'la yapılan söyleşiden, 7 Ekim 2020

7 Ötekileştirmeye Doğru

Aktil'den İncecik'e, 1962'den 1967'ye Ötekileştirme Hasadı

"Milliyetçilik daha ziyade kollektif bir kimlik arayışıyla, bu kimliğe duyulan bağlılıkla ilgili olan duygusal bir tutumu politikleştiren bir dava ve eylemdir. Yerleşik bir ulusal toplumun günümüzde karşı karşıya kaldığı çok çeşitli ve karmaşık sorunlara kendi başına milliyetçiliğe dayanarak bir çözüm üretilemeyeceğinden, milliyetçilik ya başka ideolojik pozisyonların aracı haline gelir ya da kendini idame ettirebilmek için gerginlik ve düşmanlık politikasına dönüşebilir. Bundan dolayı, milliyetçiliğin tanımı pozitif olmaktan çok negatiftir; başka bir ifadeyle milliyetçilik, esas itibariyle, karşıtlarıyla veya karşı olduklarıyla tanımlanabilir. Bu durum, onun tepkici (reaksiyoner) karakterini göstermektedir."[142]

2. Dünya Savaşı sonrasında oluşan yeni dünya düzeninde Türkiye'ye biçilen anti-komünist misyon çerçevesinde en çok ve en kolay kullanılan ötekileştirme argümanı Milliyetçi-Mukaddesatçı söylem ve eylem olmuştur. Afşin-Elbistan çanağında da giderek ivme kazanmıştır. 1958'de Binboğa Köyü'ndeki cemden dönen ozanların önünün kesilip sazlarının ellerinden alınmasından, 1978 Maraş Katliamı'na kadar uzanan yolda ve 1962'de Elbistan Aktil Köyü Bebe Mezrasında yaşananlar da sonraki dönemlerde yaşanacakların habercisi gibidir.

Toprak veya yaylak kullanılmadığı zaman sahipsizdir. Ne zaman ki toprak ya da yaylak kullanılmaya başlanır verim alınır, ta Osmanlı'dan gelen tapularla toprağın sahipleri çıkar gelir. İncecik Elbistan'ın Türk-Sünni, Aktil de Kürt-Alevi olan

[142] Mustafa Erdoğan, sosyalbilimler.org, 18 Temmuz 2016

iki komşu köyüdür. Bebe Mezrası da aralarında bir yaylaktır. Hakikatçi-Alevi önderlerinden Kırkısraklı Şıh Mamo'nun da damadı olan Aktilli Halil Öztoprak köyün eğitim görmüş, öğrenimi için Mısır'a kadar uzanmış ve dahası "Kur'an'da Hikmet, Tarih'te Hakikat" ve "Kur'an'da Hikmet, İncil'de Hakikat" isimli kitaplarla Sünni İslam'ın Kur'an anlayışını ters yüz etmiş önemli bir değeridir. Hakikatçi-Alevilik anlayışına sahip topluluklarda yer yer örneğine tanık olduğumuz ortaklaşa yaşam örneklerinden biri de Halil Öztoprak'ın olduğu Bebe Mezrası'nda yaşanır.

Aktillilerin Osmanlı'dan beri kullandığı yaylak kısa zamanda koca bir köye dönüşür.

Ne var ki İncecik Köylüleri ellerindeki tapularla mahkemeye başvurur ve "burası bize dedemizden kaldı, Aktilliler burayı boşaltsınlar," derler. Mahkeme 5 evin yıkılmasına 5 evin de boşaltılmasına hükmeder. Sonrasında olanlar olur. Neredeyse tüm mezra 23 ev ve ağıllar İncecik köylüleri tarafından yıkılır ve içindeki eşyalar yağmalanır.

"Yetmiş iki yaşındaki Safiye Öztoprak, o kemik üstünde salt kırış kırış deri kalmış ince uzun, çıdırgı gibi parmaklı ellerini kimi zaman dizine vurarak, kimi zaman gözüne götürüp yaşlarını silerek anlatıyordu..."

"Başlarında çavuşları... Yanlarında hokümatı, mamırı, icracı... Arkalarında ben diyeyim dost iki yüz, sen de can üç yüz İncecik köylü... Ellerinde kazmalar, kürekler, sopalar, demir kaldırgaçlar... Yıkın diyen bir uğultu can, yıkın diye dost... Yıkın Alevi'nin evini!. Yıkın, vurun... Her kim ki bir taş düşürürse yeri cennetlik... Yıkın ha ehl-i sünnet yıkın... Kurt sürüsü gibi oğul, kurt sürüsü gibi... Çoluk çocuk, kadın erkek, ciplen, motorunan indiler bayırdan aşağı... Başladılar yıkmaya... Aman oğul, bâri eşyalarımızı boşaltak, yağımızı, bulgurumuzu, lambamızı, sandığımızı alak... 'Yok' dedi icracı mamur, devam edin, yıkın... O yirmi beş yıkıcı varya, oldu yüz, iki yüz yıkıcı. Tuzumuz gübreye, yağımız bibere karıştı... Bir çavuş vardı, koşarak geldi kumandana selam verdi, dedi komutanım yağma başladı. Evler talan ediliyordu. Kumandan koştu, düdüğü çaldı... 'Kıpırdayanı vururum, bırakın elinizdekileri... Ben

Angara'dan kanunsuzluk yapmaya gelmedim…' Dedi ki candarmalara 'üzerlerini arayın…' Candarmalar aradı efendi… Altınlarımız, mintanlarımız, para keselerimiz nakışlı, at gemlerimiz çıkmaya başladı… Allah... Muhammet Mustafa… Ali… Gördü halimizi perişan… Yetiştiler"[143]

HATAYI GECESI DUZENLENDI Büyük halk ozanlarından Hatayi için geniş programlı bir gece düzenlenmiştir. 5 Mart 1966 Cumartesi gecesi, Saat 21'de Büyük Sinema'da Aşık Nesimi Y men'in yöne'im'nde yapılacak «Hatayi Gecesi» nde Aşık Mahzuni, Ruhi Su, Aşık İbrati. Ku Hasan Aşık Lâtife. Hüseyin Cırakman Şah Turna. Aşık Ali İzzet. Aşık İhsani' Kul Ahmet çalıp söyleyecek; ayrıca Sivaslı Seyit Hasan ve Samah Ekibiyle Elbistanl Tacır Dede ve Samah Ekib' de geceye katılacaktır Sunu konuşmalar ise Can Yüce ve Yaşar Kemal tarafından yapılacaktır Aşık'ar avrıca **bugün sazlı - sözlü bir basın toplantısı yapmışlardır.**

Halil Öztoprak

---

[143] Fikret Otyam, *Topraksızlar*, 1963

6. Mezhep mi Mezhepsizlik mi?

27 Mayıs 1960 sonrası Alevi-Bektaşi ozanların meydana çıkması mıdır yoksa DP döneminde ağır basan Türk-İslam sentezindeki gevşeme midir bilinmez Alevi-Bektaşi ozanların sesi-sazı alenileşir. Afşin-Elbistan çanağında Fede-Talip ilişkisi çerçevesi içinde yürütülen Alevilik de Hakikatçi-Alevilik de Bektaşilik de Nakşilik de ve hatta mezhepte Hanefi, meşrepte Bektaşilik de yaşama alanı bulmuştur. Ne var ki 27 Mayıs ile iktidarı elinden alınan kesim muhalefetini giderek sertleştirmiştir. Bu hal halk katmanlarında da yansısını bulur. Daha baştan mezhebi Hanefi, meşrebi Bektaşi kültüre yakın olan, laik anlayışı da içselleştirmiş, yaşamına ötekileştirmenin hiçbir türünü almamış Yemliha Abi'nin tutum ve davranışları tepki çekse de eleştiri ciddi boyutlara vardırılmamıştır. Ne de olsa safı bellidir. Ama Nakşi olarak gençliğini geçirmiş birinin Bektaşi kültürüne yakınlaşması affedilecek bir davranış değildir. İçlerinden birinin karşı tarafa geçmesi hainliktir. O yüzden Osman Dağlı'nın Alevi-Bektaşi çevrelerinde dolaşması, şiirlerinin yön değiştirmesi sıcak karşılanmaz. Şiddeti giderek artan oranda tepkileri üstüne çeker. Yine de Dağlı cahilliklerine verir, "keşke içimdekini görelerdi," der:

"Beni görse Mecnun çölden dönerdi
Mecnun'un başına kuş mu konardı
Yedi cehennemin narı sönerdi
Sinemdeki hicranımı göreydi

Bilse körler Nesimi'yi yüzmezdi
Muhittin'i taşa tutup ezmezdi
Sofu taşlamazdı zahid sövmezdi
Küfr içinde imanımı göreydi

İnsan olan dehre sultan olmazdı
Benlik edip tefrikatta kalmazdı
Şu gâvur da bu Müslüman demezdi
Mezhebimi Kur'anımı göreydi

Maksudi muzurun ismin anmazdı
Hocaya, dedeye kimse kanmazdı

Kızılbaş, yeşilbaş, akbaş denmezdi
Edebimi irfanımı göreydi"[144]

Söz; 'bunlar mezheplere karşı çıkıp 6. mezhebi kuruyorlar'a dönüp grubu hedef alınca, artık yanıtlar da sertleşir. Mahzuni 22 Mart 1962'de "*Kime ne?*" der:

"Herkes pazarını halince yapsın
Pul toplarım zer satarım kime ne
İster yola gelsin isterse sapsın
Ben yolumda kör yatarım kime ne

Gâhi kulak indiririm feryada
Gâhi tellal olur düşerim yad'a
Gâhi gezer dolaşırım tenhada
Toz görünür nur batarım kime ne

Kârımdan kâr görenlerim sevilsin
Zararımdan ar edenler övülsün
Defterinden silindiğim sayılsın
Od buluttan kar atarım kime ne

Zaman olur vazgeçerim hayâdan
Kalkmam ama tez uçarım yuvadan
İnatçıyım değişemem mayadan
Kapu kapu el tutarım kime ne

Güpe gündüz derim kara akşama
Meyhanede durur has derim hama
Şerif bendir ben de Şerifim amma
Mahzuni'den beş beterim kime ne[145]

***

Vaz geç hey efendi bırak peşimi
Soğan dalı görsem apışırım ben
Nideceksin kel kör topal şaşımı
Her birinden bir dert kapışırım ben

---

[144] Yemliha Ertekin Arşivi, Şiir Dosyası
[145] Yemliha Ertekin Arşivi, Dosyalar

Selam verir savuşurum şeytana
Meyhaneler mabut için hoş bana
Hızır derim münkir gibi insana
Nerde ipten sapkın yapışırım ben

Taş kaya kuş tüyü, halıda yatmam
Ticaret bilirim, zerre kâr etmem
Kemal Cemal güzel elinden tutmam
En habis yanakla öpüşürüm ben

Vuramazsın ayarımı tamıyla
Zıkkım nuş ederim katran camıyla
Evvel Allah Şerifliğin demiyle
Gider puta bile tapışırım ben"[146]

Hem Şerif hem Dağlı şiirle anlamayana doğrudan seslenir, mezhepçiliği anlatırlar:

"Biz yaşamanın belalısını severiz. Gülmek de ağlamak da bir bize. Biz öyle belâ arayanlardanız ki, aradığımız belâ her derde derman, her dert dertlinin ilacı olsun. Bize diyorlarmış ki, bunlar mezhep kuruyorlarmış. Acırım ama mezhep kurmaya yeltenen bir dinsiz olduğuma değil, bizde hâlâ bir mezhep telaşesi olduğuna. Daha doğrusu mezhebim olduğuna. Ne acı şeydir ki, hâlâ mezhep hâlâ din denen yapma şeylerle terbiye oluyorum. Şimdi insanlığımın yerinde mezhep yelleri esiyor. Beni avlayan mezhep övünsün.

Biz âdemi tanırken aldığımız ilk ders on sekiz bin âlem oldu. Hayvani iştihada kime rastlasak ona kıyamayız. Zira insanlığın gerçek değerini arayan yolcuların geçeceği köprüler şüphesiz ki bet ve horat köprülerdir. Biz öyle inandık ki, âdem olabilmenin yegâne umdesi makullüktür. Bu değeri elde etmenin tek çıkar yolu da bütün âlemlere tabii bakışlardır. Âlemlerini ikmal etmemiş âdem, hiçbir şeyi ile övünemez. Biz hırsızları dahi sevgiyle karşılarız, zira onları kötü gösteren şey hırsızlığıdır. Ancak ki hırsızlığı beğenmeyiz.

Kemal ehli ile cahilin arasındaki perde iyi veya kötü olan hareketlerdir. Kişiler arasında değer bakımından hiçbir fark göze çarpmaz. Demek isteriz ki, bize peygamber de aynı cahil de." (Şerif)

***

[146] Yemliha Ertekin Arşivi, Dosyalar

"İnsanlar hayatta yaşadığı müddetçe hayat âleminin mahkûmudur. Mahkûmluk ise iki noktaya istinat eder. Bunlardan birisi ulvilik diğeri ise, sufliliktir.
İnsanlığın hedefi ulvilik olursa, bu gayede zindana düşen, derisi yüzülen taş ile recmedilen, idama mahkûm olanlar dahi bu mahkûmiyet içinde yine gerçek hayatı yaşıyorlar demektir.
Burada hakikatin bir zerresini halka ifşa etmemiz bizleri mezhep kuruculuğuyla itham ettiriyor.
Şu halde merdivenin ikinci ve üçüncü basamaklarına basmak bizleri zindanlara attırmağa, taşlatmaya kâfi gelecektir. Bunun için halk dilinde asiyiz."(Osman Dağlı)[147]

***

60'lı yıllarda sağ partilerin halk üzerindeki seçim argümanları 60 öncesine dönmek üzere milliyetçi-mukaddesatçı söylemdir. Bunu Türk milliyetçiliği ve Sünni-İslam diye okumakta yarar var. Bu minik gibi görünen kıpırdanmalar sonraki süreçlerin ayak sesleri olarak düşünülebilir. Şerif ve Osman Dağlı aynı dönemde mezheplere bakışlarını yine birer şiirle dile getirirler. Şerif'in şiirine 62-63 yılları arasında el yazısıyla yazılmış bir defterde 24 Nisan 1962 tarihinde rastlarız. Osman Dağlı'nın kimisi ortak dörtlükleri içeren şiirini ise 2004 yılında yayınlanan *"Ara Beni"* adlı kitabında görürüz. Buraya hem daha fazla dörtlük içermesi hem de o dönemdeki mezhepçi zihniyeti daha açık ifade etmesi açısından Şerif'in şiirini alıyorum. Süreci gözlediğimizde belli ki şiir ortak kaygıların ortak dile gelişidir...

"Ben dünyaya tek bakarım azizim
Her doğru yol haktır bir benim için
Yolumuzu görmek rolümüz bizim
Eğri, elmas olsa kir benim için

Hakk'ın merkezine bir yol mu gelir
Kul her şeyden evvel kendini bilir
Herkesin mayası bir şeyden alır
Ki, bin çeşit iman var benim için

---

[147] Yemliha Ertekin Arşivi, Dosyalar

Hristiyan İsa'sını zikreder
Davud seven Zebur'un fikreder
Her cins mağdur mabûduna şükreder
Güle mani değil har benim için

Bak azizim Muhammed'i severim
Ne Sünni'yim ne Alevi'yim ne Pîrim
Sülale-i Şah'a Ehlibeyt derim
Kimi severisem kâr benim için

Kendime mürşittir gönlümün sesi
Sevgiden kaçar mı insanın hası
Hep hazırdır İsa ile Musa'sı
Kapımın eşiği tur benim için

Ben Şerifim mezhebim Mahzuni'dir
Bana göre Hakk'tan tayinim budur
Sen seni tanı da filanım dedir
Yalnız dağ taş gören kör benim için"[148]

Şerif'in din anlayışının izlerini yine aynı günlerde yazdığı bir başka şiirinde de görürüz. Harabi'de ve Hakikatçi ozanlarda da tanık olduğumuz gibi, savunan değil saldıran şiirlerdir.

"Muhabbette ermiş gibi görünür
Dışarıda rezalete bürünür
Nefis için her kapıda sürünür
Hakk mı kinli dede hocaya

Bismillah dildedir, cismi Hakk hani
Tanrı bulunur mu gezsen cihanı
Eğer gönüldeyse âdemi tanı
Kötü ismi koyma gence kocaya

Kâbe bir şehir ki uzak diyardır
Hedef bina ise, tevaf zarardır
Menzil Muhammetse her yerde vardır
Muhammet hazırdır gerçek hocaya

---

[148] Yemliha Ertekin Arşivi, Mahzuni Elyazması Defter

Peygamber öldüyse şefaat olmaz
Bildiğim Muhammet yere gömülmez
Ölü bilinenden mürüvvet gelmez
Bunun için hor bakarlar Naciye

Mahzuni Şerif'im ezel ezeli
Döktüm sanki bağlar gibi gazeli
Sevme sakın riyalanmış güzeli
Gâh indirir gâh çıkarır yüceye"[149]

Emirilyas'ın Dervişi, Kul Hasan

"Sayın ve Sevgili Aziz Kardeşim Yemilha, sonsuz sevgilerimi bildirir, gözlerinden, yüzlerinden, leblerinden öperim. Aile birliğin ile sevgili dostların ile saadetli günler geçirmeni ulu tanrıdan dilerim. Sen de ben fakir kardeşin Hasan Gören'den soracak olursan hamdolsun vücudum şu saniyede rahattır. Senin de aynı minval üzere olmanı cenabı haktan dilerim.

Sayın kardeşim, senin vicdani fikirler üzerinde çalıştığını bilerek, gönül seni hem kardeş tanıyor hem derdini sana bildiriyor. Tabiiki benim üç tane amcam oğlu var: Musa, Kazım ve Alirıza. Bunların vicdani fikirlere sahip olmadıklarını ezelinden biliyorum. Sana gelince, senin ile konuştuğum günden beri vicdansız hiçbir hareketini görmedim. Onun için Allah rızası için sana ricam şudur: Emirilyas Köyümüze bizim bir köylü ile haber gönder. Hasan Gören'in çocuğu Mustafa Gören'i göndersin, annesine gelen bir mektup var diye. Yüz lira da para gönderiyorum sana, sen de çocuğa parayı ver. Evin durumunu da çocuğa sor, annesi ve diğerleri rahatlar mı? Bana birkaç satır yazı ile bildirmeni rica ederim. Bu mektubum Musa'nın ve diğer akrabaların yanında okunmasın, çocuğa tekrar tekrar tembih et. Çünkü 'Biz öz akrabası olduğumuz halde Yemilha'yı bizden fazla sevmiş' diye aksi tesir yaratmasın. Bir rüya gördüm, üzüntüdeyim, eğer evde kederli bir durum varsa, lütfen yazdığım adrese bir telgraf çekmeni rica ederim. Deprem olmuş Elbistan'da, Afşin'de kale yıkılmış, başka köylerde ne durumda kısaca anlat.

---

[149] Yemliha Ertekin Arşivi, Mahzuni Elyazması Defter

Ben evden çıkalı 37 gün oldu. Sayın Yemilha, bazı kayayı veya ağacı ziyaret sanırlar ve onu ziyaret etmek için kuzu kurban ile giderler. Sen biz fakirin evciğini bir ziyaret etsen. Paradan evvel mektup gelecek, parayı da beklesen, para gelince de mektupla birlikte gidip teslim etsen, benim için Halilürrahman Kâbe'yi yapan sen olursun. Bir gününü de dostuna ikram et çünkü köye haber gönderirsen söz çoğalacaktır.

Evinde kaldığım hayatı kimya laborantı Ali Şahin selam eder gözlerinden öper. Ben 15-20 gün daha varamayacağım eğer sizden neşeli bir cevap alırsam. Parçam Melek'e selam eder, çocukların ayrı ayrı gözlerinden öperim. Çocukları ve kendini perişan etmesin. Hayvanın samanı tükendiyse birinden parayla alsın. Azize bir büyük meydan sazı aldım. Sayın Yemilha, yanımdaki küçük Aziz ellerinden öper, Melek Annesine selam eder. Biz iyiyiz, bizim için merak etmesinler. Sayın Yemilha, şu yazdığım adrese mektubu gönder, taahhütlü gönder. 10.4.1962

Hasan Gören

Bay Ali Şahin Hayati Kimya Laborantı, Devlet Hastanesi- ADANA"[150]

***

Hasan Gören ozan adıyla Kul Hasan 1933'de Emirilyas Köyü'nde doğar. Hasan Gören kök kültüründe Bektaşilik olsa bile, doğduğunda köyünde Âşık Kör Hüseyin ve birkaç kişi dışında Bektaşi kültürünün dillendirilmediği bir atmosferin çocuğudur. Denizde küçük bir adacık, tüm denizi ve çevresindeki karayı etkileyen bir adacık.

Daha yedi yaşında curanın sesine düşmüş, o sesten deyişlerin narına ulaşmış bir kul derviş. Deyişlerin menbaına düşmemiş ama menbaı olmuş bir derviş. Babası Tecirli aşiretinden, Anası "Gâvur kızı", yaşadığı bölgede nice örneği olan bir Gâvur kızı. Bölge Ermenilerinin geride bırakmak zorunda kaldıklarından. Etrafı yonca iken arada bir ters lale olmak da endemik iklimin, endemik kültürün hikmeti olsa gerek.

---

[150] Yemliha Ertekin Arşivi, Mektuplar

Çocuk Hasan'ın önünde Afşin-Elbistan ovası, arkasında Binboğa Dağları. Solunda Derdiçok'un sesi, sağında Meluli'nin sesi; önünde Tacim Dede'nin sazı-sözü, arkasında Hakikatçi kültürün nefesi. Toprakta da her çiçeğe gıda var. Daha 12-13 yaşlarında, daha 1940'ların ikinci yarısında Berçenek'in Aladeli'siyle omuzda saz Pazarcık'ta Ali Qute'nin divanına dururlar. Söz, saz, muhabbet nerede, bu ikisi orada. Bir gün bir Kul Hasan şiirini Kırkısrak'ta bir kitabın arasında, bir başka gün Binboğa köylülerinin defterinde bulabiliriz.

Yörenin en hareketli ve hatta en militan ozanı olduğunu söyleyebiliriz. Kul Hasan'ı İncemağara'da Caferi Gango'nun muhabbetinde, Berçenek'te Şakir-Cırık Baba'larda, Kötüre'de Meluli'de, Ağcaşar'da Veli Dede'de, Kamalak'ta Afe Ana'da muhabbet cemlerinde görebiliriz. Ama en çok da sevdiğinin, parçam dediği eşi Melek'in köyünde Binboğa'da görürüz.

Binboğalılar *"Eğer Kul Hasan olmasaydı bize Bektaşiliğimizi unuttururlardı,"* der. Bu köyde semahları da muhabbetleri de kuran odur. Sarı sazın hikâyesini bir de Kul Hasan'ın yıllar sonra kendi el yazısıyla kayda düştüğü notlarından takip edelim. Geçmiş zaman yıl 57 diyen de var 58 de. Kul Hasan 1957 diye hatırlıyor...

"Sevgili Halkım, 1957 yılı feci bir olay atlattım. K. Maraş'ın Afşin ilçesi Oyunkoz denilen mevkiide altı haneli Alevi-Bektaşi görüşüne sahip bir topluluk var idi. Büyük Sevin Köyü'nün mezrası idi, Büyük Sevin Köyü'ne bağlı idi. Kayınpederim de bu altı hanenin içindeydi. Benim hanımım da bu altı haneden biri olan Mustafa Çinpolat'ın kızı idi. Ayrıca kayınpederim babamın teyzesinin oğlu idi. Altı hane olan kayınpederimgile Kulaksızlar kabilesi denirdi. Hanedan, misafirperver insanlar, herhangi bir fakir görseler ona yardım ederler. İnsansever, temiz ahlak sahibi insanlar idi. Başta Büyük Sevin olmak üzere çevrede Sünni görüşüne sahip olanlar çoğunlukta idi. Altı hane nüfusa sahip olan kayınpedergil bize zararları dokunmasın ve bizi dışlamasınlar diye cuma namazına giderlerdi. Ben yetiştikten sonra cuma namazına gitmez oldular. Ben saz çaldığım için adımı Hasan Dede koydular. Kulaksızlar kabilesinin dedesi olarak nitelediler. Bu Hasan Dede Kulaksızlar kabilesini azdırdı, camiye gelmez oldular diye bana kinleri arttı.

Bir kış günü, yarım metre karda bir buçuk saatlik yol yürüyerek Büyük Sevin Köyü'nden 70 kişilik bir topluluk yolumuzu kestiler. Benim yanımda Mahzuni'nin çok sevdiği Şakir Baba ile birlikte beş kişi Berçenek Köyü'nden arkadaşım ile bir tane de bizim köyden Haydar adında bir vatandaş var idi. Benimle birlikte 7 kişiydik. Yolumuzu kesen yetmiş kişinin ellerinde kama, bıçak, tabanca, kırılmaz sopalar var idi. Bizi linç etmeye gelmişlerdi. En çok da kinleri bana idi. 'Durun bakalım' dediler. Bizi durdurdular. 'Biz birbuçuk saatlik yolu karı deperek boşuna gelmedik, size saz çaldırmaya geldik.' İçlerinden bize küfretmeye başlayanlar oldu, 'Öleceğinizi bilirsiniz ama oruç tutup namaz kılmazsınız dinsizler,' demeye başladılar. Ben meydana atıldım şu konuşmayı yaptım: 'Bakın, en fazla kininiz bana. Fakat biz idamlık sanık olsak bile idam edilmeden söz hakkı verilir. Sizin ile önce konuşalım, siz yetmiş kişisiniz biz yedi, farzet bizi burda öldürdünüz. Hükümet sizden hesap sormaz mı, hakime, savcıya, karakola, avukata para yedirmeniz gerekmez mi? Başınızın derdi nedir, bizim günahımızdan size ne, biz cehenneme gidersek sevinin siz de cennete gidin. Ayrıca bizim size karşı suçumuz yok. Tarlanızı, malınızı elinizden almadık. Ayrıca şunu da size hatırlatayım. Hazreti Musa Peygambere Tanrı 'Ya Musa, git nefsinden etna birini bul getir bana' der. Hz. Musa bir uyuz köpeğin boynuna ipi takıp götürürken Hak tarafından köpek dile gelir. 'Ya Musa ipi çıkar, kendi boynuna tak, aksi halde peygamberlikten düşersin. Tanrına da Yarab nefsimden etnasını bulamadım de ki kurtulasın,' deyince Hz. Musa ipi kendi boynuna takıp 'Yarab kendimden etnasını bulamadım,' demiş. Bu olayı cami vaazlerinde hocanız size mutlaka anlatmıştır. Siz Hz. Musa'dan daha mı büyüksünüz, bizi uyuz köpek kadar da mı görmüyorsunuz? Sizi kim bu kast fikrine teşvik etti ise o sizin şeytanınızdır. Siz evinize gidin, biz de yolumuza,' deyince 'doğru söylüyor' diyenler oldu içlerinde.

Bu olay kayınpederimin Kulaksızlar kabilesinden bizim Emirilyas Köyü'ne gelirken geçti ve güzel bir sazım var idi. Sazımı elimden aldılar, vermediler.

Daha sonra aynı olay günü Büyük Sevin'e bizim akrabalardan Salman Amca ile gittik. Caminin önünde toplananlara hitaben bir konuşma yaptım. 'Bir köye bir saz çok değil, ben yeni bir saz alırım. Fakat bu olay Alevi köylerinde duyulursa sizin için kötü olur. Suçlu suçsuz demezler, Kul Hasan'ın elinden sazını aldınız diye kötülük yaparlar. Siz odun mertek götürüp ova köylerinde satıp geçimini sağlayan gariban köylülersiniz,' dedim. Daha neler söyledim fakat sazımı vermediler. Sazı alan 'Avradım üçten dokuza kadar boş olsun eğer sazı verirsem,' demiş. Eğer sazı verirse avradı boş olurmuş, dokuz dalağının dokuzu da gidermiş. Sazı verirse avradı alabilmek için Şeran hülle yapması gerekirmiş.

Sevgili Halkım, bu ne saçmalık. Daha nice saçmalıklar, Alevi dinsiz kestiği yenmez, ölürse cenazesi kılınmaz, bir tane Alevi'yi öldüren on defa Hacca gidip gelmekten daha çok sevap kazanırmış. Daha neler neler, bu fitnelik ta Hazreti Peygamberin ölümüyle alevlendi. Ölmeden dahi Ebu Süfyan Hazreti Peygamberi öldürmek için gittiler, örümcek ağını görünce vaz geçtiler. Kimler idi kastçiler? Ebu Süfyan, Ebu Cehil, Ebu Lehep, Süfyan'ın oğlu Muaviye. Muaviye oğlu Yezid'e 'Ali oğlu İmam Hüseyin'i mutlaka ortadan kaldır diye vasiyet etmiştir. 'Eğer Hüseyin'i öldüremezsen saltanatını sürdüremezsin çünkü İmam Hüseyin'in dedesi Muhammet, babası Tanrı'nın aslanı Ali, annesi peygamberin kızı hazreti Fadime. İmam Hüseyin sağ oldukça halk sana biat etmez,' demişti.

Bu fitnelik ta ordan geliyor. Muaviye tarafına Sünni adı verildi, Ali'yi, Ehli Beyti sevenlere de Alevi denildi. Kayınpedergilin Kulaksızlar kabilesi 30 haneden fazla nüfusa sahiptir 2003 tarihinde. Ayrıca Oyunkoz adı da değişti, Binboğa Köyü adı verildi, muhtarlık da Kulaksızlar kabilesinde. Ekonomik durumları da iyi özellikle koyun, keçi malcılıkla geçinirler. Bağ, bahçe, elma, ceviz, her türlü sebze de yetiştirirler. Taksi, dolmuşları da mevcut."[151]

Kul Hasan yılacak biri değildir. Binboğa Köyü'nde her fırsatta cem eder, semah döner. Binboğa Köyü'ndeki her cem neredeyse Kul Hasan'la birlikte anılır.

Dönemin bütün ozanları gezgindir ama Kul Hasan'ın ayak basmadığı toprak kalmamıştır. En çok da Aladeli ile yol arkadaşlığı yapmıştır. 1940'ların ikinci yarısında başlayan gezginlikleri 1960'ların ortalarına kadar sürer.

Hacıbektaş 60'lı yıllarda ozanların en çok rağbet ettiği mekânlardandır. Tekke ve zaviyelerin 1925'de kapatılmasından beri Hacı Bektaşı Veli Dergâh'ı da resmi olarak kapalıdır. Yine de

---

[151] Kul Hasan Arşivi, Mektuplar

Alevi-Bektaşiler için her daim ziyaret yeridir. Dergâh ancak 1964'te müze statüsüyle açılabilir. 60'ların başında, içlerinde Aladeli ve Kul Hasan'ın da bulunduğu bir grup Dergâh'ı ziyaret eder. Aladeli bir huşu içinde mezar taşlarına sarılır, ruhunu ulu bir dergâhın havası ele geçirmiştir. Kul Hasan Aladeli'ye seslenir *"Tanrı insandadır, niye gidip taşa sarılıyorsun, gel bana sarıl,"* der.

Aladeli'nin cevabı her zamanki nüktedanlığına örnektir:

"Ula, boşa sarılacağıma taşa sarılırım!"[152]

Kul Hasan doğaçlama şiir yazabilen biridir. Her yazdığını da yazdığı yerde birine hediye eder. Hafızası da çok güçlüdür. Aynı şiiri evine döndüğünde kendi için de not eder. 1962-63 yıllarında Afşin çevresinde süre giden mezhep tartışmalarına Kul Hasan da sessiz kalmaz. 5.6.1963'de Yemliha'ya da bir şiir bırakır gider:

"Aklın yetmez sofu üç ile beşe
Hak sözü haklamaz yobazlanırsın
Gel turab ol dersem dersin ki haşa
Geçer üst tarafa şahbazlanırsın

Ben Müslimim dersin teberin yoktur
Namaz kıldım dersin didarın yoktur
İncil'den İsa'dan haberin yoktur
Girer kilisede papazlanırsın

Doğru yol göstersem eğrilin gitmen
Gel güle kon desem kargasın ötmen
Hastasın tabibin sözünü tutman
Şifa bulam derken marazlanırsın

Nefsi hırsı dost eylersin başına
Zehiri katarsın tatlı aşına
Bir içim su vermen öz kardeşine
Ben cömerdim deyi kurnazlanırsın

Ben bülbülüm dersin gülün görmedim
Cenazem kıl dersin ölün görmedim

---

[152] Âşık Aliyar Arslan, Sözlü Anlatım, 18 Haziran 2020

Ben arıyım dersin balın görmedim
Sivrisinek gibi vızıldanırsın

Çok güzel vişnesin tatlı tadın yok
Bir heykelsin kalıbın var adın yok
Oğlağın var memeğin yok sütün yok
Ben keçiyim deyip körüzlenirsin

...şunu bilirsen kel yerin kaşın
Topal topal küheylanla yarışın
Baharı bilmiyon artıyor kışın
Bazı kıcı döker ayazlanırsın

Tanrıyı var bilin tapmasın bilmen
Bu sözlerden hisse kapmasın bilmen
Gönül kâbesini yapmasın bilmen
Hacı babayım der pervazlanırsın

Gaflet uykusuna dalmış gidersin
Ben gülüm der diken gibi batarsın
Çifte koşsam tor tosunsun yatarsın
Kendine poz verip öküzlenirsin

Doğru yolu koyup eğriye gitme
İzinden geleni perişan etme
Tenhada köşede halkı aldatma
Bir gün derde düşüp uyuzlanırsın

Gideceksen doğru yola gitsene
Kulluk yapıp Muhammed'e yetsene
Bülbül isen gül methini etsene
Niçin kanat çırpıp horozlanırsın

Ben dedeyim veya mürşidim dersin
Aldığın parayı cebine korsun
Helal haram demez durmayıp yersin
Kokmuş leşe konup kerkezlenirsin

Kızılbaş, karabaş sayma kardeşim
Kardeşlik yolundan kayma kardeşim
Nefsine hırsına uyma kardeşim
Dağ danası olup domuzlanırsın

Her ne iş işlersen danış vicdana
Doğrudan ayrılıp uyma şeytana
Ahir giden bir gün ulu divana
İtiraz edemez ahrazlanırsın

Haklı, dertli isen derman olalım
Hak yeren varise merhem saralım
Yiğit isen nefsini yık görelim
Pehlivanım deyip gürbüzlenirsin

Kul Hasanım der ki gel gafil kaçma
Cevahir sözlerim dinleyip geçme
Ham armut sözlerin meydana saçma
Ben bostanıp deyip karpuzlanırsın"
(5.6.1963)[153]

60'lı yıllar Alevi-Bektaşi yurttaşlar gibi ozanlarının da kendini şehirlere attığı yıllardır. Köylerde toprağa, yaylalara bağlı iken şehirlerde topraksız emekçiler olarak yaşamlarını var etmeye çalışırlar. Bir farkla ki inançlarının getirdiği kültürle şehirdeki üretim araçlarıyla kurdukları ilişkinin ürettiği kültürün getirdiklerini de kaynaştırırlar. Kul Hasan da 1963'de Ankara'ya gelenlerdendir. Onun da bir ozan olarak ilk bağları dönemin edebiyatçıları ve TİP'li siyasetçilerdir. TİP desteği ile önce Devlet Tiyatroları'na sonrasında Ankara Belediyesi'ne girerek iş yaşamını Ankara'da sürdürür.

Yemliha'ya yazdığı bir mektuba da "siyasete dair" başlığı ile yazdığı şiirin bir kopyasını iliştirir.

"Seyreyledim siyaseti seçimi
Ön söz tatlı tatlı söz çıkar
Pek nazik konuşur çeker içini
Bülbülüm der son demin de kaz çıkar

Beş kuruşa iner tütün tüte ya
Beşi yalan yüz ondan da öte ya
Herşey yağma döker saçar ortaya
Kumaş dedikleri kara bez çıkar

---

[153] Yemliha Ertekin Arşivi, Şiir Dosyası

Al sana binlikler bir keyf eyliye
Por boğanta bir söz fazla söyleye
Çal babam sopayı işçi köylüye
Her vurdukça boz abadan toz çıkar

Çıkarcılar vurgun zevke bayana
Fakir halkın hakkı gelmez vicdana
Her zaman aksine bönmez devrana
Bu kışın sonunda bir de yaz çıkar

Kul Hasanım biz Mehmetçik fertleriz
Çıkarcının bağrın taşlar oklarız
Umutluyuz her dem her an bekleriz
Elbet bir gün hakikatli öz çıkar"[154]

"Hak Yoluna Giden Bektaşileriz"

16. yüzyıl Osmanlı Tahrir Defterleri'nde Ketura ya da Kötürecik diye bir eski yerleşim yeri vardır. Kötüre ile yalnızca bölge ismi bağı mı vardır, başka bir bağ mı bugüne kadar bir kayıta rastlamış değiliz. Bilinen o ki, Yarpuz'un ağalarına ait arazi yaklaşık 1870'lerde Malatya-Hekimhan Engizek Köyü'nden gelen Çoğraş Aşireti'nin Şüştüler kolundan gelenler tarafından sıfırdan kurulur. Ormanla kaplı bir arazidir. Karaca Erbil'in babası Raşo da ilk gelenlerdendir.

Kötüre Köyü Dede-Talip ilişkileri içinde Üryan Hızır Ocağı'na bağlı olarak kültürünü yaşayan bir köydür. Kente göçlerle zamanla bozulmalar olsa da geleneksel Ocak erkânlarını 1950'lerin sonlarına kadar yaşattıkları söylenebilir. Musahiplik, ikrar verme, dara durma titizlikle uygulanan köylerdendir.

Karaca (Meluli) ise iyi eğitim almış bölgedeki Hakikatçi Alevilik kültürünün de etkisiyle köyün genel yapısının dışında bir davranış sergilemiştir. Bu yüzden de köylüsünden saygı görse de inançlarına aykırı hareketlerinden dolayı pek de hoş karşılanmaz.

[154] Yemliha Ertekin Arşivi, Şiir Dosyası

Bir dönem üç aile birlikte yaşarlar. Bunlardan biri dayısı Ali Kötüri'dir. Ali Kötüri Şıh Mamo'nun sağlığında onun cemaatinde yer alan kişilerden biridir. Diğer aile ise Serkizçayır'ından Gıyno-Goşey çiftidir. Bunların aileleri de Hakikatçi önderlerden Şıh Mamo'ya bağlı kişilerdir. Dahası Goşey (Goşik) Şıh Mamo'nun anneden kız kardeşi olan Lal'in torununun torunudur. Karaca'nın ortaklaşa yaşadığı diğer iki aile doğrudan Hakikatçi kültürün içinde yer alan insanlardır. Meluli kültür birliği içindeki dostlarıyla ortaklaşa bir yaşam kurmuştur.

Goşey'in ölümünden sonra ortaklaşa yaşam sona erer. Gıyno ile Goşey'in çocukları Hüseyin, Zeynel Abidin ve Bağdat'ı Karaca evlatlık alır, nüfusuna kaydeder. Hüseyin daha önce Yemliha'nın babası Gişi Ömer'in evinde öğrenci olarak bulunan oğuldur. Sonrasında öğretmen olur. 1958 yılında köyde bir cinayete kurban gider.

"Zalim nasıl kıydın hup fidanıma
Kurşunla bağrını yaktın Hüseynin
Şimir oldun katil girdin kanına
Kolunu bedenden söktün Hüseynin

Hüseynimi haymagâhta avladın
Şeytan ile kavli ikrar eyledin
Lânetullah lânet senin muradın
Gül renkli kanını döktün Hüseynin

Gazel düştü soldu bahçeler bağlar
Hoşeyi Latife Hamdullah ağlar
Badeyi Hüseyin yanık can ağlar
Güllerinin boynun bükdün Hüseynin

Hüseyin ölmez hak adem hak adem
Ölmeden ön ölen bağı dembedem
Bu dünya bir matemhane binadan
Onun için güldürmedi Hüseynin

Ne kadar söylesem ahı gönülde
Dertlerim tükenmez deruni dilde
Kul Hasanım bende dertli bir bende
Dertlilerle göçün çekdi Hüseynim

Deli Hasan Gören tarafından hatıra edilmiştir.
Okuyup dinleyene sevgi, selam, aşkı niyaz tabidir."[155]

Doğrusu aile içinde Hüseyin Amca'nın ölümü dillendirilmeyen bir konudur. Bunun hem öncesi hem sonrası ile ilgili birçok neden vardır. Kul Hasan'ın bu şiiri, aradığım eski bir kitabın arasından çıkınca ilk okumamda Kerbelâ üstüne bir Hz. Hüseyin şiiri olarak algıladım. Koydum Kul Hasan dosyasına. Kul Hasan bölümünü yazarken hayretle gördüm ki bu şiir Karaca'nın oğlu Hüseyin'in ölümüne ilişkindir. Beni ilk uyandıran *"Kurşunla bağrını yaktın Hüseynin"* mısrası oldu. Kerbelâ'da kurşunun ne işi vardı? Sonra *"Hoşeyi Latife Hamdullah ağlar"* mısrasını görünce herşey aydınlandı. Hoşey arkadaşlarımın annesi ve Hüseyin Amca'nın eşi, Latife Abla ailenin en büyüğü, Hamdullah da benim yoldaşım, ağabeyimdi. Hüseyin Amca öldürüldüğünde biri 6, diğeri 10 yaşlarındaydı. Cinayet ilk kez bir şiirle lanetleniyordu hem de Meluli hayranı Kul Hasan tarafından.

Meluli'nin felsefesinde kan davasına yer yoktur. Yakınlarını toplar "kan davası güdülmeyecek" der. Ne var ki, yakınları arasındaki deli fişekler Meluli'den habersiz olaydan sorumlu olduğunu düşündükleri kişilere saldırı gerçekleştirirler ve ilkinde bir kişi yaralanır, ikincisinde bir kişi ölür. Sonradan tutuklananlar arasında azmettirmek suçlamasıyla Meluli de vardır.

Daha önce bir öğrenci olarak bulunduğu konak artık Afşin cezaevidir. Öğrenci olarak kaldığı yerde mapus olur. Dosya ağır cezalık olduğu için kısa sürede Elbistan Cezaevi'ne nakledilir.

---

[155] Kul Hasan Elyazısı

Hüseyin Sönmez Afşin'in Koçovası Köyü'ndendir. Akçadağ'dan göçüp gelen bir ailenin çocuğudur. Köyde bir cinayete karışır ve tutuklanır. Meluli ile cezaevinde tanışır.

"Karaca ile tanışınca benim fikrim, düşüncem bayağı değişti. O gündür bu gündür düşünüyorum, hakikaten ben o insanı görmeseydim ben insanlıktan payımı alamazdım. 27 Mayıs Devrimi'nden sonra af çıktı, tahliye oldum, Karaca Emmi'nin davası sürüyordu, ağır cezalık olduğu için o çıkamadı. Tahliye olduktan sonra eşimin köyü olan Gürün'ün Güldede Köyü'ne gittim. Köylü geçmiş olsun'a geldi. Köyün ileri gelenleri de geldi, dede de oradaydı. Köyden Mahir Çavuş 'Senin içerde Karaca ile arkadaş olduğunu duyduk. Toplumda hakkında çok dedikodu var. Sen nasıl böyle bir adamla arkadaşlık yaptın?' diye soru sordu. Ben de 'O Karaca'yı tanımasaydım dünyaya kör gelmiş kör gitmiş olurdum. Eğer dünyayı görüyorsam onun sayesindedir,' dedim. Dede öfkeyle beni azarladı, Karaca'ya ağıza alınmayacak laflar etti. Uzun uzun atıp tuttu. Susunca ben dedim ki 'Ey cemaat Dede Sultan'ın söyledikleri kendinde olmasa bu iftiraları atmaz.' Dede lanetler okuyup kalktı gitti. Bir hafta oralarda dolaştıktan sonra askere gitmeden önce Elbistan'da cezaevinde Karaca Emmi'yi ziyaret ettim. Hoş beşten sonra dedim ki 'Köyde böyle böyle oldu. Emmi senin yorumun nedir?' Güle güle bayıldı. 'Oğlum dede haklı, tokat attığım dede bu. Bir tokatın acısını daha unutmamış' dedi."[156]

Kuşkusuz Dede'ye tokat Alevilik'te kabul edilebilir bir şey değil. Tokat olayının hikâyesini de Karaca'nın torunu Lütfullah Erbil şöyle anlatır:

"Raşo'nun ölümünden sonra bir anadan doğan dört kardeş mal paylaşımına girer, diğer anadan doğanlardan Cuma da 'malları getirsinler tüm kardeşlere eşit dağıtsınlar, yoksa hepsini vuracam,' der. Kardeşler de tehdidi ciddiye alırlar, uyarıyı dikkate almak üzeredirler. Fakat o sıra köyde olan dede Cuma'ya gelir 'cana kıyılır mı, ciddi misin sen?' der. Cuma 'kardeşim onlar niye vurayım, sadece korkutup adil davranmaya teşvik için tehdit,' der. Dede dedegan olan diğer

---

[156] Hüseyin Sönmez'le Söyleşi Kaydı, 20 Ekim 2020, İskenderun

kardeşlere bu lafı taşır. Zaten babasına hoş bakmayan Karaca, babasının mallarından pay almayı reddetmiştir ama dedenin bu laf taşımasını far kedince dedeyi uyarır. O da inkâr yoluna gidince Karaca onu tokatlar."[157]

Kuşkusuz Meluli'nin genel olarak dedelere karşı bir tutumu yoktur ama dedeliğin gereğini yapmayanlara karşı da hoşgörüsü yoktur.

Hüseyin Sönmez Meluli'ye sorar: "*Amca herkes Hacıbektaş'a gidiyor, Bektaşisin, sen niye gitmiyorsun?*" Meluli'nin cevabı: "*Oğlum giden gitsin, Haca gitmekle Hacı mı olunur. Benim fikrim benimle...*" olur.

Meluli'nin bir sohbet sırasında söylediği; "*Biz Bektaşi tekkesine gitmedik, tekkelerde hizmetimiz yok; fakat Bektaşilerin yetişmiş, faziletli, kâmil mürşitleriyle görüşüp, hizmetlerimiz onlarla oldu,*"[158] sözleri Meluli'nin Bektaşi olmadığı biçiminde yorumlanıyor. Tam tersine bu sözler Meluli'nin kendini Bektaşi olarak tanımladığının açık ifadesidir. Buradaki asıl ayrım Meluli'nin Bektaşi Dergâhı ile kurumsal bağı olmadığının vurgulanmasıdır. Tıpkı Dede-Talip ilişkisi içinde olmayışı gibi. Bu vurgunun nedeni de özellikle Balım Sultan'la birlikte kurumlaşmanın Dergâh içinde sınıflar yarattığı, Bektaşiliğin yeniden yazıldığı görüşüdür.

Meluli diğer Hakikatçi ozanlardan farklı olarak Bektaşiliğine özel vurgu yapar. Özellikle 60'lı yıllardan sonra kalemi aldığı şiirlerde bunu daha yoğun hissederiz. Bazı şiirlerinin isimleri bile Bektaşiliğe özel vurgudur. "Bektaşi Yoludur Yolumuz Bizim", "Hak Yoluna Giden Bektaşileriz", "Bektaşilik Felsefemiz Yolumuz Bizim" bunlardan bazılarıdır. "Bektaşi'yim diyen hepsi olamaz" demeyi de unutmaz. Hakikatçi Alevilik anlayışının yol'a dair bir eleştirisi yoktur, tam tersine yol'a tam bir sarılması vardır. Yol'un anlaşılması ve yaşanmasına ilişkin engellere eleştirel yaklaşım söz konusudur.

---

[157] Lütfullah Erbil, Sözlü Anlatım, 10 Ocak 2021

[158] Latife Özpolat-Hamdullah Erbil, *Meluli Divanı,* 2006, s.33, 116

"Bektaşilik felsefemiz yolumuz
Cahillerden gizlen dedi Ulu'muz
Lanet okur yalancıya dilimiz
Yalanın başını vurduk da geldik

Bektaşi'yim diyen hepsi olamaz
Sazın sözün bilir özün bilemez
Namert tamah bu meydana gelemez
Cömertlik sofrasın serdik de geldik

İkrar verdik bir mürşide bağlandık
Hayli zaman eğitildik elendik
Nice nice sınav gördük denendik
Birçok imtahanlar verdik de geldik

O vakit açıldı birlik yolları
Rıza bahçesinin gonca gülleri
Hak hak diye söyleşirdi dilleri
Hakk'ı burda hazır gördük de geldik

Melûlim soyun gel üryanlık budur
Hak için kesilen kurbanlık budur
Eski evi yaktık viranlık budur
Külünü rüzgâra verdik de geldik"[159]

***

[159] Latife Özpolat-Hamdullah Erbil, *Meluli Divanı*, 2006, s.33, 116

Meluli (Karaca Erbil)

Ali Hoca Bana "Nikâhsız" Dedi

Şerif sazıyla ve sesiyle hem yöresinde hem de diğer illerde halkın kulağında, yüreğinde yer etmiştir. Yola dair kendi şiirleriyse 62'de toplumsal etki-tepki çerçevesinde bir kıvama doğru yol almaktadır. Bu dönemdeki bazı şiirleri hakikat arayışlarının izleri gibidir. Yöresindeki tepkilerin dışında kendi köyün deki hocadan bile tepki aldığı olur. Sunayla nikâhının olmayışını eleştiren Ali Hoca'yı da es geçmez. Ali Hoca da sahte dedeler de çevresindeki ikiyüzlüler de Şerif'in şiirlerinde nasibini alır. Musahipliğin ikiye mahsus olmasını eleştirir. 62'de Şerif'in sesi gürleşir. Bu şiirleri peş peşe vererek o yılki duygu ve düşünce durumunu takip etmiş oluruz.

"Dinleyin komşular duyun ahali
Ali hoca bana nikâhsız dedi
Burnunda nezlesi yoluk sakalı
Deli hoca bana nikâhsız dedi

Cübbesinde nakış mestinde boya
Muskayı dik yazar kalemi soya
Oniki imamın kuluyum diye
Ali hoca bana nikâhsız dedi

Haber yok yüzünün som karasında
Başını yitirir hal sırasında
Sohbet meydanında dost arasında
Çalı hoca bana nikâhsız dedi

Beş sefer boşanıp geri almadım
Büyü yapıp kadın aklı çelmedim
Secde yapıp gıybet ile dolmadım
Dolu hoca bana nikâhsız dedi

Hayır yoktur özüründe suçunda
Başı posta bağlı kalbi kıçında
Meclisi kocasız avrat içinde
Sulu hoca bana nikâhsız dedi

Sırrın bilmem ker postuna yatanın
Buğday bulgur için kalem tutanın

Şu yalan dünyada hazır şeytanın
Yolu hoca bana nikâhsız dedi

Yıkanmamış sarıkları buruşmuş
Karakaşa beyaz benek karışmış
Muska yapıp falıyınan erişmiş
Veli hoca bana nikâhsız dedi

Kime bir zararı vardı sayımın
Hedefin bilirim ben niyazımın
İmam Cafer atar ille azamın
Kulu hoca bana nikâhsız dedi

Bir hoca nikâhı yapar ise sır
Öbür hoca ona söyler ki kâfir
Sıtkında sıttık var yüzünde mekir
Tülü hoca bana nikâhsız dedi

Ben bir Suna sevdim kendi nikâhtır
Vekilim aşkımdır, kefilim Şahtır
Niyetim menzilim, Mahzuni rahtır
Ali hoca bana nikâhsız dedi
(3.5.1962, Mahzuni Elyazması Defter)[160]

***

Kızılbaştır deyip, ferağet etme
Âdemi kınamak ayıptır Hocam
Bildiğim mezatı mal deyi satma
Onun değeri yok kayıptır Hocam.

İbtida Âdeme secde kılındı
Çar-e nasir Âdem ile bilindi
İncil faskolmadı, Kur'an denildi
Zülcelalin hükmü sabittir hocam

Yüz suhuf dört büyük âdemin için
Bir hayvandan secde beklenmez niçin

[160] Yemliha Ertekin Arşivi, Mahzuni Elyazma Defter

Allah bir Muhammet Alidir üçün
Kimi Veli kimi habibtir Hocam

Farz otuz üç değil, binler kadardır
Altı bin ayette, kaç bin farz vardır
Kur'an yazı değil vird-i sağ yardır
Ak üstünde kara kalıptır Hocam

Bin kurbanın bir lokmasın yer mi hak
Celil neye muhtaç, söyle neyi yok.
Havaya bakarsın, bizden mi uzak
Hedefsize küfür vaciptir hocam

Kıble Hicaz'daysa Muhammet orda
Ordaki Muhammet ne gezer burda
Burda da varısa kıble her yerde
O ki her kıbleye sahiptir Hocam

Unuttun mu yuvarlanan çobanı
Kıble hesab etme hedefi tanı
Âdem Safiyullah masal mı yani
Ve lekad Kerrem'le sarihtir hocam

Yunus neye döndü balık rahminde
Ondan üstün hizmet mevcut mu sende
Daha Kâbe var değilken cihanda
Kıble hangi yana konuktur hocam

Allah pişman mıdır yaptıklarına
Secde değiştirmiş taş duvarına
Vakıf mısın elif ebcet sırrına
Kâbeyi İbrahim yapıktır hocam

Namaz yok diyemem var fakat şöyle
İbadet tükenmez beş vakit şeyle
Niyet edilir mi mestile suyla
Deri ki hayvanı nafiktır hocam

Yirmisekiz huruf seksen bin virdi
İlahel sırrını eliften derdi
Söyle sana hocalığı kim verdi
Hangi veçhin aslı natıktır hocam

O köprüyü çoktan geçti Mahzuni
Sevgiyle tanırım imanı dini
Derdim var, kemterim nidersin beni
Gönül oniki'ye âşıktır hocam
(Mart 1962, Mahzuni Elyazması Defter)[161]

***

Güruh-u Nacilik ayrı benlikten
Dil ile tarif mi evlad-ı resul
Hakikat bertaraf değildir aşktan
Nedir dede mümin için gali gal

Dara durmak ip takmak mı boğaza
Öpüşmekle ad verilmez niyaza
Hüseyin bunu mu nasbetti bize
Yol içinde yollar vardır hali hal

İkiye mi mahsus musahip olmak
Saçla sakalla mı hüdayı bulmak
Engür müdür şarap içip de gülmek
Dede bir sorana var mıdır zeval

Deriye mest olsa ayak yıkanmaz
Boyna zincir vursan günah tükenmez
Zülcelal gönülden gayriye inmez
Dedem hakka mekân olmaz saç sakal

El tutmak el ile sarılmak mıdır
Meclisten kovulmak görülmek midir
Erkâna girmenin esrarı nedir
Riyalıkla yenen lokma değil yal

Hak gizli değildir dersin dil vardır
Neden böyle ayırtılmış yol vardır
Hak yolunda ne deniz ne çöl vardır
Dedem Hakk ne rüyadır ne de hayal

Muhammet Ali de değil mi âdem
Bin yıllar evveli değil mi bu dem

---

[161] Yemliha Ertekin Arşivi, Mahzuni Elyazması Defter

Gönülde gezmeyen mürşidi nidem
Sen bana karışma benliğinde kal

Muhammet toprakta değildir madem
Dara durmak ipe durmaktır neden
Kötülükten geri kalırsa âdem
Kaç paradır öğüt verip akıl al

Benim mayam toprak sen güneş misin
Söyle dedem âdem değil de nesin
Âdem olanlara bağ gerek dersin
Mahzuni bağsızdır git bağlıyı bul

Bir dede taslağına yazdığım eserdir. Hedefim evlad-ı resul için değildir. Olanlar kusura bakmasın, hürmetler efendim. (Mart 1962, Mahzuni Elyazması Defter)[162]

***

Bu çeşmenin sularında şifa var
Göze dertten gayri yaş etme gönül
Gerçi münkirlerden çok gelir zarar
Sakın hırsa uyup taş atma gönül

Edep erkân arı sevgiyle cem-et
Sevginin reyhası olur mu demet
El âleme tek bak, hüsnüle seyret
Seven bir kimseyi üşütme gönül

Hakikatin Şehri bilmeze gizli
Gönül yıkar seni bir ikiyüzlü
Bilirsin sevdiğin herkesten nazlı
Sen ben ol herkese faş etme gönül

Mahzuni Şerif'i yıkıp devirme
Ülfetsiz kimsenin emrine girme
Vakti geçmiş dağda misafir durma
İklimi tenine döşetme gönül

162 Yemliha Ertekin Arşivi, Mahzuni Elyazması Defter

Ek:

Ayınan güneşi bir tutma canım
Biri gündüz biri geceye
Bal soğana karışırsa ne ola
Şeker şerbet, bal'ı eş etme gönül"
(1962, Mahzuni Elyazması Defter)[163]

Adı ve soyadı Suna Öz
İşi Ev Kadını
Anasının adı Nigar
Babasının adı Mehmet
Adı ve soyadı Şerif Cırık
İşi Çiftçi
Anasının adı Döndü
Babasının adı Zeynel

Şerif ile Suna'nın Evlilik Cüzdanı

Erenler Yolunda Bir Osman Dağlı

Dedesi Moğol, ninesi Kafkaslar'dan bir Osman'ı, Maksudi'ye evrilirken bir kavşakta bırakmıştık. O kavşak Osman'ı yeni bir yol'a, yol arkadaşlarına ve Maksudi'ye kavuşturan bir kavşaktı. Osman Dağlı; Berçenek'te Cırık Baba'yı, Şakir Baba'yı, Fezali'yi, Mahrumi'yi, Aladeli'yi, Mahzuni'yi, Umut Hüseyin'i tanıdı; bir Maksudi oldu. Kul Hasan'ı, Afe Ana'yı tanıdı; bir daha doğdu. Semerci Kamil'i, Serabi'yi tanıdı; bir dem'e girdi. Yanı başında bir Yemliha Abi'si oldu.

Tarikat'tan ayrılıp Erenlerin Yolu'na girmek öyle kolay bağışlanacak bir suç değildi. Ne köyünün buna rızası vardı ne de

[163] Yemliha Ertekin Arşivi, Mahzuni Elyazması Defter

ovasının. Kötü yola giren ya günahtan arınmalı ya da katli vacipti. En büyük suçu da verili inancı, verili düzeni sorgulama gafletinde bulunmasıydı. Uyarılar da şairce yapılmalıydı. Sıraya girdiler ovanın hem şairi hem imamları...

Yine Alemdarlı Kul Hamit, dili sivri de olsa şiirle nasihat eyledi Osman kardeşine:

"Leyl-i nehar yaradanı zikreyle
Allah Allah desin dil Osman Dağlı
Haluk nedir mahluk nedir fikreyle
Ali Allah değil kul Osman Dağlı

Duydum dört mezhebe olmuşun düşman
Dönderin isminiz olmasın Osman
Ya Avanos olsun yahut da Kustan
Beğen birisini al Osman Dağlı

Beşinci mezhebe hak demişsiniz
Beş vakit namaza yok demişsiniz
Oruç insanlara yük demişsiniz
Bu kadar mı oldun del'Osman Dağlı

Kuran'da yerini hiç gördünüz mü
Varıp da ehlinden bir sordunuz mu
Acaba arkadaş kudurdunuz mu
Elensin başından kül Osman Dağlı

Sure-i Taha'yı okut âlime
Ayet yüz otuzda geçer kelime
Beş vakit namaz farzdır kuluna
Allah'ın emridir bil Osman Dağlı

Niçin beyhude yere zihnin yorarsın
Yitirdin mabudu Allah mı ararsın
Kaybettin dinini mezhep kurarsın
Hele Allah'ını bul Osman Dağlı

Acırım arkadaş sizdeki hale
Acep kapıldın mı sen bir ihvale
Tövbeyi nasuhla gir doğru yola
Aklını başına al Osman Dağlı

Aldanmışın sapıkların sözüne
İmrenmişin iki telli sazına
Nasıl bakan Müslümanın yüzüne
Yaşama dünyada öl Osman Dağlı

Hamid'in sözleri nasihat size
Aman havas etme çalgıya saza
Hemen gusül edip başla namaza
Geçirme beş vakit kıl Osman Dağlı"[164]

Ne ki, Osman Dağlı'nın eskiden geçtiği dağlar yol değil. Aklı, kalbi hakikatin yolundadır. "*Duy*" diye seslenir kendisiyle ok atışan ahaliye:

"Ey benimle ok atışan ahali,
Bir sevdaya duçar olduğumu duy.
Sizlere bıraktım malı melali,
Meşru ticareti bulduğumu duy.

Bıraktım cüppemi attım sarığı,
Batın diyarına çektim çarığı,
Benlik kalesine çakettim tığı,
Müjdesiz bir bahre daldığımı duy.

Dilenciyim fakat heybem çul değil,
Şeydullah'ım sevgi para pul değil,
Eskiden geçtiğim dağlar yol değil,
Şu dakka dünyaya geldiğimi duy.

Bomboş medresede tesbih çekmekten,
Nakışlı halıda nazar dökmekten,
Her beyaz sakala boyun bükmekten,
El silkip usanıp kaldığımı duy.

Beş yüz yaşındayım bugün doğmuşum,
Sade insanlığa boyun eğmişim,
Eski şahı sarayımdan kovmuşum,
Turnamı Tarık'a saldığımı duy.

---

[164] Yemliha Ertekin Arşivi, Şiir Dosyası

Maksudi çeşmimde eyledim gusül,
Hakikat sırrına olmak çün vasıl,
Kıblem veçhi Adem Maksudi resul,
Minberim miraçsız bildiğimi duy."[165]

Artık Maksudi'ye göre ne Kuran'da ne Hz. Muhammet'de mezhepler vardı. Tıpkı İbreti'nin de dediği gibi: *"Peygamberimiz mezhebi dört müydü/Hanifi Şafi'mi nikâhın kıydı/Yoksa imam malik hambeli miydi?"*

Yine de şiirlerle atışma alev alevdi. Komşu köylü, Lorşunlu Nezir Hoca da Osman Dağlı'yı uyaranlar kervanındaydı. *"Kim ki Kul Hasan'la Şerif, niye taparsın?"* dedi. Maksudi bu uyarının yanıtını dörtlük dörtlük verdi.

Nezir Hoca:
"Hele dikkat eyle yaptığın işe,
İmanı kalbinden menettin Osman.
Nefsi emmareyi geçirdin başa,
İblisin dediğin sen ettin Osman."

Maksudi:
"Dikkat edilmeden yapılmaz bir iş,
İptida bu sözün söz değil Nezir.
Âlemden evvela nefsine giriş,
İblislik müride öz değil Nezir."

Nezir Hoca:
"Aklıselim olan bu işi yapmaz
Mevlayı bırakıp kuluna tapmaz
Dünyayı verseler dinini yakmaz
Ehli zındıkayı din ettin Osman."

Maksudi:
"Kul değil taptığımı kulda ararım
Mektebi irfandan müşkül sorarım
Bir canlı kitapta kilden kararım
Dediğin zındıka biz değil Nezir"

---

[165] Yemliha Ertekin Arşivi, Şiir Dosyası

Nezir Hoca:
"Kaybetmiş aklını olmuşun deli
Cevherin yerine koymuşun pulu
Senin bu gittiğin iblisin yolu
Şeytanın atına bin ettin Osman."

Maksudi:
"Evet deli oldum Muhammed için
Yüce Mustafa'ya pul dersin niçin?
Hakka iblis dedin bilirsen suçun
Ayıbın bin değil, yüz değil Nezir."

Nezir Hoca:
"Hocayla dedeyi bir mi görücün?
Kuranın emrine yan mı durucun?
Hakkın huzuruna nasıl varıcın?
Herhalde Mevlaya kin ettin Osman."

Maksudi:
"Dedem Safiullah Muhammet Ali,
Kaç hocayı övmüş Kur'anın yolu,
Ancak Rabil Aziz soracak kulu,
Şefaat kânimiz siz değil Nezir."

Nezir Hoca:
"Bilmem nerden aldın sen bu mayayı,
Ortaya çıkardın batıl davayı,
Hani nettin iman ile hayayı,
Küfürü âleme şan ettin Osman,"

Maksudi:
"Kur'anı natıktan aldım mayamı,
Haktır hak görmüşüm ulu davamı,
Sende görür göz yok benim hayamı,
Ademe kör bakan göz değil Nezir."

Nezir Hoca:
"Sebebi ne idi hak dini yıktın,
Kök atmış fidanı kökünden söktün,
Sekiz yüz haneye küfürü soktun,
Hidayet yolunu son ettin Osman."

Maksudi:
"Dine gücüm yetmez o Muhammet'in,
Yıkıldı bilenler kurtarsın kendin,
Sekiz yüz haneye şirk sokan sensin,
Hidayet direği buz değil Nezir."

Nezir Hoca:
"Ehli küfür ile konup göçersin,
Neciz sofrasında demler içersin,
Huzuru mahşerde nere kaçarsın?
İblisi Nağdeye yön ettin Osman."

Maksudi:
"Ehli küfür değil hakkın kulları
Kokla kendi kendin necisten farı,
Musa da kendine taktı yuları,
İnsan güruhu hak, yoz değil Nezir."

Nezir Hoca:
"Tapıyorsun Şerif ile Hasan'a,
Bunlar kimdir yakışır mı bu sana?
Sır diyorlar sır ne ise desene?
Cismi olmayanı can ettin Osman."

Maksudi:
"Hasan arkadaşım Şerif kardeşim,
Muhammet sevdiğim Ali güneşim,
Sırrım ehlibeyt sevmektir işim,
Can cisme revadır söz değil Nezir."

Nezir Hoca:
"Sözlerimin cevabını beklerim,
İnşallah aslı yok seni yoklarım,
Sırrı haktır derunumda saklarım,
Elifi âlemde sin ettin Osman."

Maksudi:
"Sana cevabımdır kardeşçe yaşa,
Etna bil kendini çalınma taşa?
Derunundaki sır, Hak değilmiş haşa,
Kıblesiz çöktüğün diz değil Nezir."

Nezir Hoca:

*"Kuru kafa dikkat eyle sözüme
Pişman olup vuracaksın dizine
Mevla bakar ise kara yüzüne
Ah Nezir'i deli sen ettin Osman."*

Maksudi:

*"Kafa kuru değil yaş yaratmış hak
Bin pişman olursun sen kendine bak
İki imanlıdan Zülcelal uzak
Cehennem mimine köz değil Nezir.*

*Maksudi'yim sevmek bahrine dalan,
Hasan'la Hüseyin söylemez yalan,
Kaç dostun var Şerif gibi saz çalan,
Telinin feryadı saz değil hocam."*[166]

Ne Maksudi'nin ne de yoldaşlarının derdi Kur'an'la, Muhammed'le değildir. Sünnetle yaratılan mezhebî dinedir itiraz. Onlara göre mezheplerle yaratılan din ne Kuran'ın ne de Muhammed'in dinidir. Mezhepler hakikatin üstünü örten perdeden ibarettir ve kaldırılmalıdır. Ne var ki, yöre Müslümanları için mezhepleri reddetmek, yeni bir İslam anlayışı önermek, yani 6. mezhepçiliktir. Dahası 6. mezhep dinsizlikten başka bir şey değildir.

Şiirle atışmalar sürer gider. Bu ekibin hicivcisi Serabi (Erol Büyükgenç) aşağıdaki dizelerle atışmalardaki yerini alır.

Filana (nz.)

*"Konuştuğun bir okkalık sözünle
Büyüklüğün zevkin tatmış gibisin
Fitne dolu çamur gibi özünle
Boşa gider bir yol tutmuş gibisin*

*Küfredersin aşkla bade içene
Darılırsın doğru bir yol seçene
Dinsiz dersin din katarın çekene
Sanki bizim dini satmış gibisin*

---

[166] Yemliha Ertekin Arşivi, Şiir Dosyası

Gündüz bir şekilsin başkasın gece
Günah dersin tanrı kulun sevince
Mekânımız cehennemmiş sence
Kendini cennete atmış gibisin

Kızma sen Dağlı'ya ben de Osmanım
Öztürk Osman ruhum, Şerifse canım
Ertekin damarım, Yemliha kanım
Hak dostuyuz bize çatmış gibisin

Şıhsın hoca gelip sarılmıyor ki
Allah bile kula darılmıyor ki
Kokarsın yanına varılmıyor ki
Necis deryasına batmış gibisin

Büyük kimselerin engindir başı
Yükün ağır ise hafifin taşı
Bak kırılmış semerinin de kaşı
Yük ile çamura yatmış gibisin

Bin yıllık ağaca fidandır dersin
Kendin kemirirsin söktünüz dersin
Bu halinle meclise gidersin
Sen seni sığıra katmış gibisin

Azalıyor çoğalıyor hevesin
Kabarırsın kubarırsın sen nesin
Serabi'nin görüşüdür neylersin
Bir Ker'in karnında kartmış gibisin"
(1.2.1963)[167]

Afe Ana'nın çok daha önce söyledikleri tartışmanın özeti gibidir:

"Bilmiyorsan bizden öğren Kuran'ı
Bırak cehaleti bırak bu zanı
Bir gün seni çarpar hakkın divanı
Softa edebinle dursan olmaz mı?"[168]

---

[167] Yemliha Ertekin Arşivi, Şiir Dosyası
[168] Mehmet Bayrak, *İçtoroslar'da Hakikatçi Alevilik, 2020, s.341*

Maksudi-Mahzuni Kardeşliğinin Taşlı Yolları

Şairlerin atışması olurken halktaki yansıması kâğıt üstündeki gibi değildir. Henüz ne 1967 Elbistan Olayları ne de Maraş Katliamı ufuktadır. Atışmaların halktaki yansısı "katli vacip"ci güruhun kabarması biçimindedir. Yarpuz-Elbistan çanağındaki, 60'lı yılların ötekileştirme sürecinin ilk kıvılcımlarını Yemliha Ertekin'in arşivindeki sarı saman kâğıtlarından izleyebiliyoruz. Şiirdeki sözler sokağa inince mısralar sopa ve taş sanılır. Artık şiirdeki inceliğe yer yoktur.

Aşağıdaki dertname Şerif Cırık ve Osman Dağlı tarafından zamanın devlet başkanı Cemal Ağa'ya hitaben kaleme alınmıştır. Sokakta olanların birinci elden dile getirilmesidir. Bu dertname Cemal Ağa'ya ulaştırılmış mı, yoksa sadece kâğıda mı döküldü bilemiyoruz. Dönemi anlama açısından değerli bir kaynak.

Öte yandan Cemal Gürsel; 1960 Hareketi'nin Devlet Başkanı olarak bilinse de daha gerisini de hatırlamak gerekir. Gürsel Çanakkale Savaşı'nda, Filistin ve Suriye Savaşları'nda ve bütün Batı Cephesi savaşlarında topçu subayı olarak yer alan Cumhuriyet öncesi ve sonrasının aktif bir figürüdür.

"Aziz milletin, yüce başkanı
Cemalpaşa Alicenaplarının Yüksek Görüşlerine
Âcizane Arzularımız
Şair, Mahzuni ve Maksudi Kardeşler-Afşin
Paşamız,

Deruhte ettiğiniz mukaddes vazifenin ulusal şefkatinden aldığımız selahiyyetle Milli bütünlüğün meçhul bir yarasını, onulması için yüksek tedavinize arzedeceğiz.

Cennet Türkiye'nin cehennem köşeleri malumu aliyenizdir. Biz bu cihetin haricinde kalarak, kanımızın ırkımızın ve şerefimizin tek timsalina, tabii şikâyetlerimizden en acılarının birini sunuyoruz.

Maraş ilinin 20.000 nüfuslu bir beldesi memleket resminin zehirli yılanlarından biri olan mezhep ihtilafıyla çalkalanmaktadır.

Aziz başkanımız,

Ulvi dikkatinizde yer alan, bu esef yükünün mühim görüşlerinize bahis mevzuu olacağından şüphe etmiyoruz.

Afşin, Göksun, bilhassa da Elbistan kayalarının saf ve temiz halkı kapıldığı iğfalin zalim pençesinde kıvranmaktadır.
Mahiyet şöyledir:
Biz Afşin ilçesinin Hunu Köyü'nden (Maksudi) Osman Dağlı ile Aynı kayanın Berçenek Köyü'nden Şair (Mahzuni) Şerif ismiyle maruf iki genciz. İtiraf lazım ki tasavvuf ehliyiz.
Birimiz mezkûr havalinin Sünni çoğunluğu, diğerimiz de Alevi zümresi içinde yetişmiş insanlarız. Başta hemşerilik sonra müşterek bir meziyet veçhiyle anlaştık, Aramızdaki Sünni-Alevi perdesini yırtıp kavuştuk.
Hedefimiz helal bir istikballe beşer âleminin saflarına girmek ve bu değerli bütününün hizmetinde telef olmaktı.
Biz mevcut yaşayışımızla, baş eğdiğimiz vicdani yasanın esaslarını yalnız aramızda uygulamamıza rağmen bu koca beldenin fitnesi ve 6. bir mezhebin ihtisascısı olarak itham edildik. Hiçbir yerde şahidine ve deliline rastlanmayan günahımız yalnız yalnız çıkarcılar, daha doğrusu bin yılların tesirinde kalan softani kardeşlerimizle, geri zihniyetli imamlar, Nakşi, Kadiri Tarikatına mensup mürit kitlesi tarafından doğdurulmuştur.
6. mezhebin ve mezkûr mezhebin şu asırda yaralarını saran ve onu ikinci bir defa vücuda getiren sözde biz olmaklığımızla itham altında bulunduruluyoruz. Bunun için, memleketin fitneleri olarak vasıflandırılıyor ve Şeriat ahkâmına muhalif birer münafık olarak dillerde dolaşıyoruz. Sazımız ve sözümüzle sevildiğimiz kardeşlerimizin temiz vicdanlarına yalanlar yağdırılıyor...
Hâsılı, Alevi ismiyle taşlandığımızdan bu bölgenin masum vatandaşları birbirlerine cephe açmak üzere.
Paşam Paşam,
Burada genç demek iblisin ta kendisi demektir, burada gençlik münafık birliğidir. İlim, irfan, kardeşlik ve cumhuriyet yerine muskacılık, efsanevi usuller ve cennet cehennem mücadelesi var burada.
Uğradığımız her müessese bir leke alıyor, oturup kalktığımız vatandaşların ölen çocuklarının cenazeleri uzun boylu münakaşaları bekliyor veya namazlarının kılınıp kılınmaması konusunda dövüşlere vesile oluyor. Yakınlarımız dövülüyor.

Siyasetçiler bu kargaşalıktan istifadeye hazırlanıyor. Mazisini ahlaksızlıkla süsleyen gafil hemşerilerimiz bu sayede ayrı ayrı, bir din koruyucusu sıfatını alarak kirlerini örtmeye çalışıyorlar.

Memlekette bir Şerif ile Osman'ın ortadan kalkması hiçtir. Maalesef yıkılacak fakir ve masum yuvaların hali neye varacak. Dökülen kardeş kanından kimler sorumlu olacak.

Dava şahsi olsaydı, biz şimdiden ölmeye hazırdık, öldürsünler bizi, lakin kimseye dokunmasınlar.

Ey şanlı milletin derdinin ortağı vakur Türk başkanı,

Ne olacağız biz, neye varacak bizim halimiz? Sarın şu yaramızı, memleketin adliyesine başvurduğumuz takdirde açılan cephe aslından daha genişleyecek, Alevi-Sünni mücadelesi doğacak. İstemiyoruz ki aynı kanı taşıyan asil bir zümre birbirine düşsün.

Paşamız, reisimiz,

Biz memleketin din-kitap, mezhep ve her türlü inanç tefrikinin (ayırma) aleyhindeyiz. Her şeyin tek vücut halinde bulunmasının özlemi içinde kıvranıyoruz. Hurafenin, efsanevi fikirlerin, batıl usullerin haricinde hareketimiz, hayatımızı tehlikeye düşürdüğü gibi, maarifçi ve edebiyatçı genç arkadaşlarımıza kötü damgalar yağdırıyor.

Aziz Paşamız!

Uzun ve yorucu olan bu kaba dertnamemiz kendi öz evladınızın genç kitlesini teşkil eden hürriyet, ilim ve kardeşlik âşıklarının milli feryadıdır.

Mademki devrim sizlerin tasavvutuyla bizlerin şanınadır, o halde gençlik bütününün seviye farkı olması eseflerin en darblısından biri değil mi?

Sayın babamız haddimizi affetsinler.

Biz de hukukçular, münevverlerin bir parçasıyız.

Günahımız Anadolu dağlarının kuytularında yetişip burada da hak ve demokrasiye baygınca susamamızdır. Birer genç olarak, üstelik de bu değerin şairane sıfatıyla, taşlanmaya, öldürülmeye layıksak bizi hadiselere terkedin telef olalım paşam.

Durum beklemediğiniz tarzda vahimdir. Yarının mutluluğuna balta atacak olan bu hasta günün tedavisi, emin olduğumuz yüksek merheminize bağlıdır.

Sizin bir olmaya çalışan genç evlatlarınızın tercümanlığı altında selamlar en büyük saygılarımızla ellerinizi öperiz.

Mahzuni Şerif Cırık Maksudi Osman Dağlı
Berçenek Köyü-Afşin Hunu Köyü-Afşin

Tefekkür eyler Mahzuni, bulmak için kemali
Müjdeler kılar Maksudi, Kemal için Cemali
Ey felekler kudurun, kükreyin cehennemler
Lanet ile garkolayım, Haktan dönersem eğer

Efsanenin ejderhası, şahlansa insafsızca
Ancak helak eder kendi mucidini bizce
Ben aşıkı suzanıyım ilim irfan birliğin
Ne garip delili oldum aşkımla kâfirliğin

Bak beşerin haline Merih'te at oynatır
Ne fecidir yarabbi..."[169]

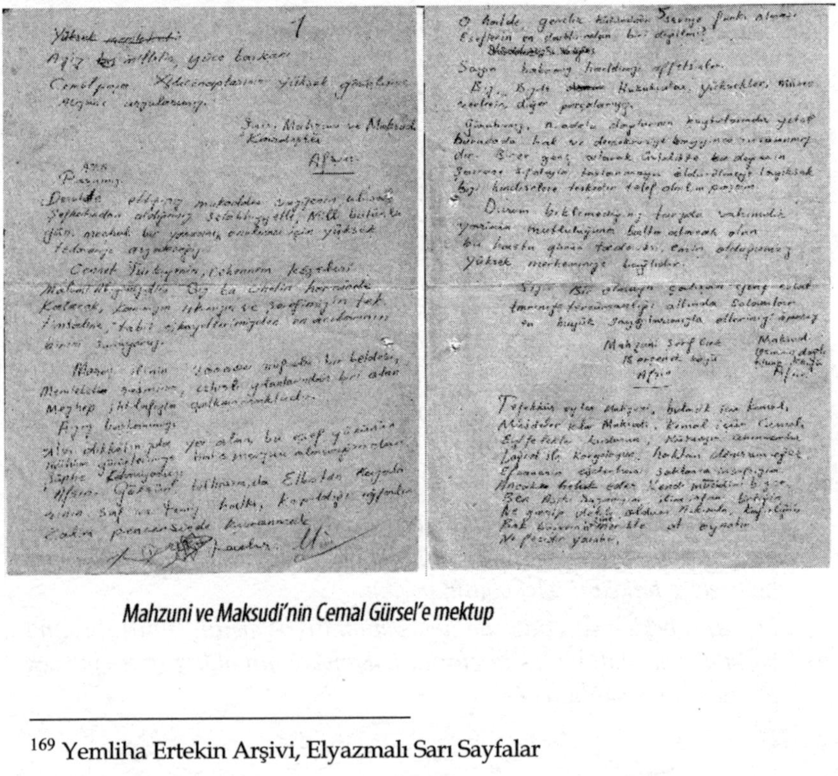

Mahzuni ve Maksudi'nin Cemal Gürsel'e mektup

[169] Yemliha Ertekin Arşivi, Elyazmalı Sarı Sayfalar

Şerif'e Hasret Suna Gelin

"Arz edip Hunu'dan evine geldim
Gördüm ki odan boşumuş Şerif
Mahzuni Züleyha boynun büküyor
Anasız yavrun bu muydu Şerif

Hüsnüniyet gösterdi ananla baban
Onlara kurbanım her zaman Şerif
Hizmete koşuyor ihtiyar peder
Odan bize cevap vermiyor Şerif

Dağlı'nın yanmıyor ben kadar içi
Samur kürk olsa beğenmez suçu
Ahdeyip Hunu'dan geldi birkaçı
Sen de bizden kaçtın mı Şerif

Amcamoğlu Dağlı, ben de Gevher'im
Suç kendimde sana yoktur kahırım
Ah deyip Hunu'dan geldi birkaçı
Ben de sana meftunum her zaman Şerif"
(22.1.1963)[170]

Meğerse boynu bükük anasız Züleyha'yı fark eden de varmış, acep olmuş mudur kocasız Suna'yı da gören! Suna'nın gözünden gönlünden 60'lı yılları yazma şansımız olsaydı nasıl bir külliyata ulaşırdık, doğrusu çalışmanın başından beri hep bunu düşünüyorum. Erkeklerin dünyasından yola çıkarak ve üstelik bir erkek olarak karanlığı yırtmaya çalışıyorum. Suna'nın gözünden bakmadan o karanlıkta ışık bulmak beyhude çaba. Anlatılanlar, aktarılanlar ya erkek bakışıyla anlatılmış ya da onların yazdığı geçmişle gölgelenmiş. Suna'nın gördüğünü görebilsek bu ülkenin her inançtan her kültürden kadınının da ortak yaşamını, tarihini görmüş olurduk. Çocukluğu pek de mutlu geçmeyen, neredeyse çocuk yaşta sevdiği ile kaçıp, hiç bilmediği bir kültürün ve insanların arasında eş ve gelin olmaya çalışan ama gezgin kocanın bir türlü yüzünü göremeyen bir Suna. Hâlbuki Suna'yı hangi sözcüklerle anlatsan

[170] Yemliha Ertekin Arşivi, Mahzuni Elyazması Defteri

sözcükler bir uyuma girer şiire dönüşür. Yaşanan gerçeklikse, hiçbir Suna güzellemesine benzemez. 61, 62 diye sayıp 63'e geldiğimizde Suna Berçenekli olalı neredeyse iki yıl olmuştur. Olmuştur olmasına da o iki yılı Suna'nın ruhundan, haydi geçtim avuçlarından okusak neler neler anlatırdı. Ne var ki, ne ruhuna ne de avuçlarına ulaşamıyoruz. Yemliha Abilerinin kendi eliyle doldurduğu evlenme cüzdanlarına göre Suna Öz ile Şerif Cırık; 1 Aralık 1962'de resmi olarak da evlenirler. Ne var ki kocaya hasret Suna 1963 ilk aylarından itibaren kayınvalidesine de hasret kalacaktır. Döndü Bacı ne oğlu Şerif'ten ne de gelini Suna'dan beklediği verimi alamaz, her adımda şikâyetlerin durur. Artık Berçenek Suna'ya dar gelir, Şerif de darlanmıştır. Komşu İnci (Poskof) Köyü'nün muhtarı Ali Tut kendi köyünde Şerif ile Suna'ya bir ev ayarlar, 63 Mart'ında Şerif ve Suna artık Poskofludur. Evin ihtiyaçları imece usulü karşılanır.

Bu göçten Şerif'ten anasına bir elveda kalır:

"Kahrolma validem üzme gönlünü
Nasıl geldiyisek öyle göçeriz
Merhamet kıl zindan etme bu günü
Kızma rıza denen şeyle göçeriz

Malın mülkün senin olsun dünyada
Gayri şan istemem Suna'dan maade
Yelkensiz gemiyiz coşmuş deryada
Tufana garkolsan böyle gideriz

Her gelin alamaz Suna ismini
Validem evlattan bulma hasmını
Nafile ateşe atma sen seni
Biz serin gelmişiz yayla gideriz

Varıp gideceğiz çöl, dere, dağ, taş
Kül toplayıp soğan yesek yine hoş
Yüz bin küfür etsen yine boş
Günahkârız turap huyla göçeriz

Kul Mahzuni eder gidelim Sunam
Boş yere kendini yıpratma anam

Bırak beni bana yanarsam yanam
Aleminen konar, köyle göçeriz"
(29 *Mart* 1963)[171]

Şerif'in 63 Mart'ında anasına yazdığı bu şiirin ruhuyla 63 sonlarında Osman Dağlı'nın Mamak Askeri Cezaevi'nde yazacağı bir mapushane şiiri olan *"Gam yeme gönül, gam yeme"* şiirinin bir plakta nasıl birleştiğini gördüğümüzde kimi Mahzuni-Maksudi eserlerini birbirinden ayırmanın da ne kadar zor ve anlamsız olduğunu fark edeceğiz.

Bu göçe Serabi olumlu baksa da artık kuşların yuvadan uçup daha geniş kitlelere seslenmelerinin gerektiğini öngörür gibidir:

"Şerif,
Nurlu bir rahın yolcusu olmakla binlerce Hak âşıklısına kılavuzluk etmektesiniz. Ve tasavvuru imkânsız bir mesuliyet yükü taşımaktasınız.

Şerif, siz İnci'ye yerleşmekle köylüye muazzam bir maneviyat aşılamış bulunmaktasınız ve öbür aşiret köylerine göre bu köye bir özellik kazandırmış bulunuyorsunuz. Feyzinizden binlerce kitlenin faydalanmasına devam ettirebilmen için yüksek ruhlu aşiretlerin hususiyetlerini rencide etmemen ve bu sevgilerine daha çok layık olabilmek için çalışmak bir kutsi vazifendir.

Bu kutsi vazifenin törelerine riayeti borç bilmen lazım ki bizler her zaman mesut ve nurlu ışıklarınızdan feyz almalıyız. Gayenize ve emelinize ulaşmanız için duacıyız. Erol (Nisan 1963)"[172]

Şerif artık bir eşiktedir. Bu çanak ona dar gelmektedir. Aslında ülke de güçlü bir hareketliliğin içine girmiştir. Şerif o hareketliliğin içinde patlamaya hazır bir çekirdek gibi doludur. Üstlendiği misyonla günlük gaileler arasındaki farklı dinamikler fırtınalı denizde yalpalayan bir balıkçı teknesine çevirmiştir onu. Bu dalgayı da alt ettiğinde okyanuslarda yol alabilecektir.

"Beyhude dünyaya ne için geldim
Yıllarım el için, günlerim emanet

---

[171] Yemliha Ertekin Arşivi, Dosyalar
[172] Yemliha Ertekin Arşivi, Dosyalar

Bilmem ben bu teni nereden aldım
Vücudum fanidir, canım emanet

Oku bir dost attı, onundur yaram
Tabibim misafir, faydasız çarem
Bu günüm karanlık, gelecek haram
Yarınım belirsiz, dünüm emanet

Oturmasam kalktığıma pişmanım
Ne işçiyim ne avare şişmanım
Ne dostum bellidir ne de düşmanım
Buğuzum bir dakka, kinim emanet

Bir güzele baksa gözüm vaz geçer
Emanet kuş daldan dallara uçar
Tahtsız hükümdarım değilim naçar
Şöhretim bugünlük şanım emanet

Bir sefer ağzımdan çıkar merhaba
Günah nedir bilmem söylemem töbe
Aklım ermez peygambere kitaba
İmanım bir değil dinim emanet

Evim başkasının bahçem yarımdır
Kârım zararımdır, zarar kârımdır
Ben bir hiçim, yoklar hükümdarımdır
Uzak yeri bilmem yarım emanet

Sıfatı âdemim sınıfım sakar
Gözüm tersinedir el bana bakar
Melek düşmanıyım şeytanlar korkar
Peri selam vermez cinim emanet

Ciğerim takmadır, nefesim elin
Bundan korkusunu çekmem ecelin
Libasım bir yana saçlarım kelin
Diz kapağım kırık donum emanet

Tarlam taşlı, ektiklerim güç biter
Kuru dikeninde baykuşlar öter
Harmanım dağlarda tanesiz yatar
Un toz olur, değirmenim emanet

Veren geri alır, verdiği canı
Toprağa mal eder bu nazik teni
Mahlar ülkesinin şahı Mahzuni
Şerif bir dostundur benim emanet"
(Mart 63)[173]

"Mahzuni Elyazması Defter" demişken birkaç veri paylaşalım. Defter Şerif'in kendi el yazısıyla yazılmış şiirlerden oluşur. 61 ortalarından 10 Nisan 1963 gününe kadar bu deftere kimi şiirlerini kaydeder. 10 Nisan 1963'te Serabi'nin Mahzuni ve Maksudi'ye seslenen şiirinden sonra bölge terkedilip Ankara'ya gidilmezden önce Yemliha Abilerine teslim edilir. O günden beri de bu defter Yemliha Ertekin arşivlerinde yerini alır. Yukardaki şiirden hemen sonraki sayfada ise yine Şerif'in kendi el yazısıyla önce *"İşte ben gidiyom ey Çeşm-i Siyah"* yazıp sonra üstünü çizerek *"İşte gider oldum Çeşmi Siyahım"* mısrası ile başlayan şiiri yer alır. Şiir 1964'te *"İşte Gidiyorum Çeşm-i Siyahım"* ismiyle plak olacaktır. Defterdeki şiir 63 baharındaki halidir.

"İşte gider oldum Çeşmi siyahım
Önümüze dağlar sıralansa da
Sermayem figanım kârım eyvahım
Bundan keri bahtım karalansa da

Hayli dolaşayım yüce dağlarda
Sen beni bıraktın ahule zarda
Konup feryad edem viran bağlarda
Ayağıma cennet kiralansa da

Acımadın derunumun narına
Çalınasın Haydar Zülfükârına
Benzettin Erdabil Cefadarına
Gam yemem yüreğim yaralansa da

Bendettin canımı zülfün teline
Giriftar eyledin gurbet eline

[173] Yemliha Ertekin Arşivi, Mahzuni Elyazması Defter

Güler oldun Mahzuni'nin haline
Yezidin elinde parelense de"
(Mart 1963)[174]

Şerif bu şiirdeki birçok kavram ve sözcüğü daha önceki şiirlerinde birçok kez kullanmıştır. Hatta 1961'de bütün mısraları "*Kara bahtım*"la başlayan bir şiiri de vardır. Böyle bir şiiri yazmış olamayacağı yolunda görüşler de vardır. 1962-63 arasındaki şiirlerine baktığımızda hem kullanılan kavramlar hem de içerik açısından o birikim ve yetenekte olduğunu teslim etmek gerekir. Üstelik bugüne kadar ulaşılan en eski tek kayıt Şerif'in el yazısıyla Mart 1963'te yazdığı şiirdir.

Tek önemsenecek iddia Afe Ana'nın benzer içerikteki bir şiiri eşi Kubucuk Mamo'ya atfen yazdığı şiirdir. Afe Ana Kubucuk Mamo'yla âşık olarak evlenmiştir. Afe Ana başlıklı bölümün sonuna aldığımız şiirdeki dörtlükten de anlayacağımız üzere Afe Ana eşine kırgındır.

"Darılmazdım söz vermesem
Özleyip hayal kurmasam
Seni bu halde görmesem
İnanmazdım duyduğuma"

Afe Ana'nın oğlu Hasan Kamalak, Afe Ana'nın bir gün atını isteyip Kubucuk Mamo'ya aldırmadan Kamalak'tan Sarız'daki Erdem Baba'nın eşinin çağırması üzerine dağları aşıp gittiğini, "*İşte Gidiyorum Çeşm-i Siyahım*" sözlerinin buradan doğduğunu ifade etmiştir. Ailesi, çevresinde çok sevilen Kubucuk Mamo hakkında olumsuz bir algı oluşmaması için, bunu dillendiremediklerini ifade eder. Ne var ki Afe Ana'nın çoğu şiirine kaynaklık eden Osman Dağlı'dan bu şiirle ilgili bir kaynak şu ana kadar ortaya çıkmamıştır. Bir iddiayı bilgi olarak kayda geçmek için birbirini doğrulayan kaynaklara ihtiyaç duyarız. Şiirin kaynağı ne olursa olsun Şerif plağa okurken şiirin ilk kaydından bile uzaklaşır yeni bir ruh yeni bir anlam verir. Çıkış noktası bizim için sır olur gider.

---

174 Yemliha Ertekin Arşivi, Mahzuni Elyazması Defter

62 sonlarında aynı defterde yer alan bir Şerif şiirini yıllar sonra küçük değişikliklerle Muhlis Akarsu mahlasıyla kaset olarak dinleriz. Hâlbuki bu şiir bu deftere kaydedildiğinde Akarsu henüz ortaokul öğrencisidir. Bu da ozanlığın cilvesi gibidir.

"Gel pazarlık edek yârim seninle
İki cihan senin olsun sen benim
Kârını bul imanınla dininle
Kelam Kur'an senin olsun sen benim

Cennete çalı çek cehennem bana
Yeter ki gerçekten yanayım sana
Gel senet ettirek mührü insana
Tüm asitan senin olsun sen benim

Bölek Zülfikârı çatal yerinden
Sebebini sual edek birinden
Bölüşek Horasan erenlerinden
Kâbe filan senin olsun sen benim

Keselim sıratı kazana çöksün
Olanca katranı çamura döksün
Beraber gülelim cehennem korksun
Nizam kapan senin olsun sen benim

Ayıp değil midir âdeme mihnet
Başına çalınsın gılmanlı cennet
Söz ver pazarlıkta olma muhannet
Huri gılman senin olsun sen benim

Gaba gavs'ın merdivenin sayalım
Leyletül esrayı şekle koyalım
Artık mihraç gömleğini soyalım
Bütün yalan senin olsun sen benim

Bildiğim Alisin, kaçma pazardan
Bektaşi Velisin atmam nazardan
Boşuna kurulma ey şahı merdan
El baş ten can senin olsun sen benim

Nübüvvetin 'nü'nu senin 'b'e bana
İki huruf kâfi gelir cihana

Gene hükmet Kamber ile Selman'a
Ceddin atan senin olsun sen benim

Mahzuni Şerif'i vereyim dursun
Hoş kıtmirlik yapar ürdükçe ürsün
Hâsılı sevdiğim ayyaş dilbersin
Bütün foyan senin olsun sen benim"
(1962, Mahzuni Elyazması Defter)[175]

Defteri kapatıp Yarpuz'a veda etmeden önce Serabi'nin İnci Köyü'nde 20 Nisan 1963 tarihinde Mahzuni ve Maksudi'ye seslenişine de bir göz atalım.

Maksudi ve Mahzuni,

Yüksek kalbinizin izlerini taşıyan kıymetli defterinizi aciz kelimelerle kirletmek cüretini gösterdim, affınızı dilerim.

Kardeşlerim, aslanlarım, dostlarım
Dağ başında çöle batmış mıydınız
Deryadayım susuzluktan solarım
Mecnu'nun çilesin tatmış mıydınız

Kel olan muhakkak başını kaşır
Yükselmek isteyen elbet savaşır
Dört köşeden herkes size sataşır
Yoksa siz onlara çatmış mıydınız

Feylezoflar bile yaşardı sade
Ayrılmadan isteyin müsaade
Çok tatlıydı dünkü içtiğim bade
Bardağıma şeker katmış mıydınız

Usta bir göz görmez ama fehmeder
Böyle gelmiş dünya böyle de gider
Doğru yola gidenlere kim ne der
Erolum siz hapı yutmuş muydunuz"
(20.4.1963, İnci Köyü, Pazar Gecesi)[176]

Bu defterdeki son sayfa Hz. Hüseyin'e mersiyedir. Bizler bunu daha sonra Şerif'in askerliği sırasında hafta sonları evci

---

[175] Yemliha Ertekin Arşivi, Mahzuni Elyazması Defter
[176] Yemliha Ertekin Arşivi, Mahzuni Elyazması Defter

çıktığı Fikret Otyam'ın evindeki muhabbette değişikliklere uğramış olarak dinleriz.

"Allah Allah ya Hüseyin, nazlımların Şahısın
Gönüllerin hünkârısın güzellerin mahısın
Kerbelâ'ya düşenlerin ezeli ervahısın
Merdan Ali yadigârı evliyasın Hüseyin
Mustafa'nın belgüzârı enbiyasın Hüseyin
Figan eder kan içinde Kerbelâ kurbanları
Mustafa'nın beytiyarı Murtaza'nın canları
Ey kanlar içinde yatan ulular sultanları
Sırrı Haydar can paresi şühedasın Hüseyin
Hubbu Ali cemalisin şahanesin Hüseyin
Kevnü mekân erbabısın, bismillahta gizlisin
Kerbelâ deştinde ..... durursun ne nazlısın
Mevt olunmaz ulu ruhum elestünün bezmişin
Başka değil sen ..retsin müntehasın Hüseyin
Sen Ali'sin Sen Hasan'sın Mustafa'sın Hüseyin
Ol yezit güruhu bir gün biz de ümmetiz deyip
Bak neler ettiler beyte, rahı iblise uyup
Helali masumanına kastedip üstün soyup

Mülkü matem içre bize elvedasın Hüseyin
Sen nazlumi hulk... Ali Kerbelâ'sın Hüseyin
Der Mahzuni mürvetim umacağım divanda
Senden gayri hedefim yok billah iki cihanda
Hak diyenler gelsin Yezid'e lanet etsinler bunda
Sen Şerif'in secdegâhı ser hüdasın Hüseyin
Dü cihanın mazlumanı şehrihasın Hüseyin"[177]

[177] Yemliha Ertekin Arşivi, Mahzuni Elyazması Defter

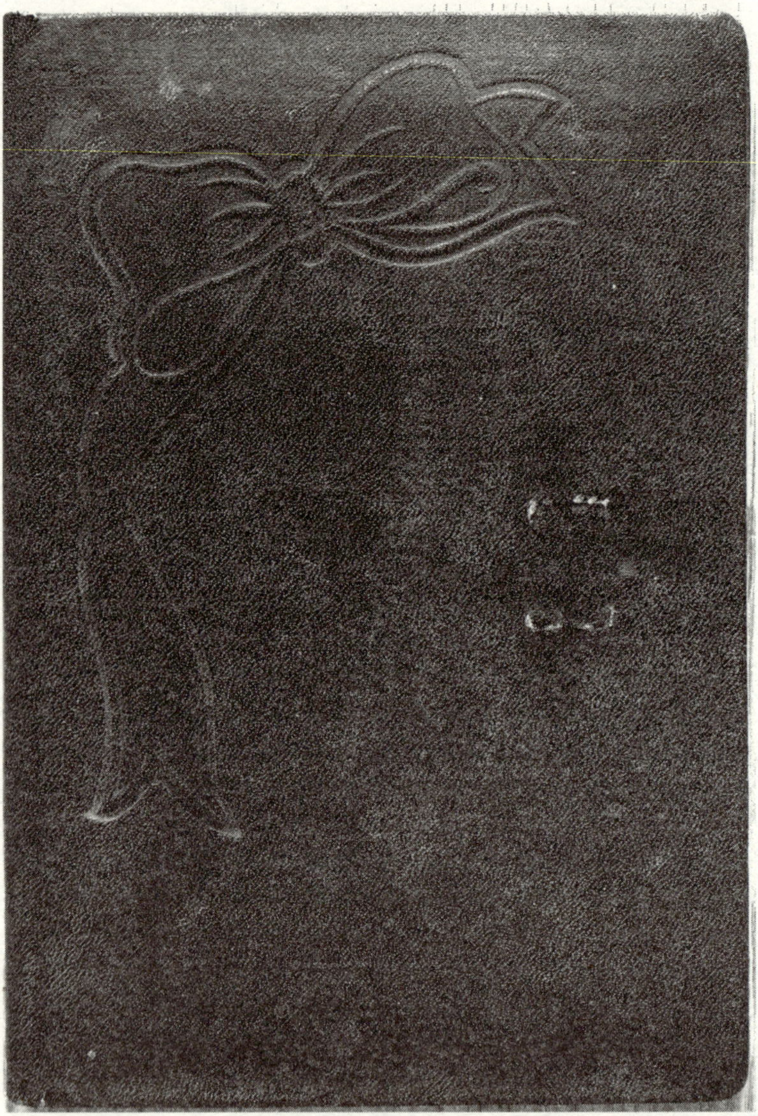

Mahzuni El Yazması Defteri

8 1961 Anayasası Eşliğinde

60'lı Yılların Dinamiklerine Kısa Bir Bakış

60'lı yıllarda ortaya çıkan hem küresel hem yerel iklim sonraki on yılların dinamiklerini belirleyen özelliklere sahiptir. Sanki bir makas konulmuş ve farklı yönlere raylar döşenmiş gibidir. 50'li yıllar boyunca inşa edilen Soğuk Savaş'ın sonuçları 60'larda kendini bölgesel savaşlar biçiminde göstermiştir. 60'lar Latin Amerika ve Afrika'daki Ulusal Kurtuluş Hareketlerinin arttığı, Tüm Avrupa'yı saran 68 Karşı Kültür Aydınlanma hareketinin tetikleyicisi Vietnam Savaşı, SSCB'-nin Çekoslovakya işgali, ABD-SSCB arasındaki Küba-Türkiye füze krizinin ortaya çıktığı dönemdir. ABD güdümlü ülkelerde anti-komünist yeşil kuşak için paramiliter örgütlenmelere ağırlık verildiği yıllardır.

Türkiye'de ise 1961 Anayasası sanki bir yandan barajın kapaklarını açan ve suyun kendi yolunu bulmasına olanak sağlayan, bir yandan da soğuk savaş kurallarına ara veren bir iklime yol açmıştır. En önemlisi de belki de ülkede hiç olmadığı ölçüde sivil örgütlenmelere yol açan bir anayasa olmuştur. Devlet ve sistem için bir yol kazası gibidir. Sonunda elbiseyi dar bulup kapatsalar da serbest kalan su toprakta kendi yolunu bulup filize durmuş 68 kuşağının, 78 kuşağının serçeşmesi olmuştur.

İşçi sendikaları, öğrenci fikir kulüpleri, mesleki dayanışma örgütlenmeleri, kültürel bazlı örgütlenmeler, tartışma ortamları her biri toplumsal dinamizmin nüvelerini oluşturdular. Özellikle işçi sendikaları tarafından kurulan TİP'in kısa sürede kapılarını aydınlara, akademisyenlere açması TİP'i dönemin enerjisini toplayıp-yayan bir konuma getirmiş bilumum politik, kültürel tartışmaların odağı haline getirmiştir. Ozanı da edebiyatçısı da TİP'le dayanışarak varlığını örgütlemiştir. 68 kuşağı da TİP'in yarattığı sinerji içinde ona muhalefet eden gruplar, örgütlenmeler olarak kendilerini var etmiştir.

60'ların bir başka temel özelliği de şehirlere göçün hızla artması, kitleselliğe ulaşması ve şehirleri çepeçevre gecekondularla kuşatmaya başlamasıdır. Bu hem ekonomik hem de sosyolojik açıdan yeni bir yapının oluşmasına evrilmiş, bir alt kültüre zemin olmuştur.

Özellikle dağlık Alevi-Bektaşi köylerinin geçimi hayvancılığa dayalıdır. Nüfusla geçim kaynaklarının paralel artmaması geçim sorunu yaratmış ve insanları şehirlere göçe itmiştir. Önceleri bir ayakları köyde diğeri şehirdeyken, zamanla ailelerini de yanlarına alarak bir göz odaya birkaç aile sığdıracak şekilde yaşama tutunmaya çalışmışlardır. Köylerinde kendi inanç ve kültürlerini kapalı sürdürürken birden kendilerini şehir ortamında bulmaları boşluk duygusuna da yol açmıştır. Bir yandan da yeni bir üretim ilişkisine dâhil olmaları yeni sınıflarının kültür kırıntılarını da eklediğimizde ne köylü ne işçi ama başkası adına çalışan emekçi bir katman.

Bir bölümü de Avrupa'nın işgücü ihtiyacını karşılamak üzere yurtdışına göç etmiştir. Askerlik dışında kendi köylerinden çıkmamış olan bu insanların başka bir coğrafyada başka bir kültür içinde var olmaya çalışmaları da 60'lı yılların bir başka dinamiğidir.

İster ekmek için yurtiçinde kentlere göçenler olsun ister yurtdışında ekmeğini arayanlar olsun ekmeğin dışında en önemli ihtiyaçları alışık oldukları kültüre ulaşmak ve o kültürü yaşayabilmekti. Sadece köy muhabbetlerinde dinleyebildikleri Alevi-Bektaşi deyişlerini dinleyebilmek ve dahası kültürlerini aynı kültüre sahip insanlarla yaşayabilmek şehir koşullarında başlı başına bir sıkıntıydı. Elbette ki şehirlerde on yıllardır yerleşik Bektaşiler vardı ama kapalı bir ortamdan gelen insanların onlarla kısa zamanda kaynaşması pek de kolay değildi.

Diğer yandan bu ihtiyacı hisseden derlemeciler köy köy dolaşıp deyişler derlemeye başladılar. 60'lar aynı zamanda önce plakların ardından kasetlerin hızla yaygınlaştığı yıllardır. Elbette ki şehirlere göçenler arasında bir omzunda saz diğerinde yorgan olan Alevi-Bektaşi ozanları da vardı. Şehirlere göçen köylünün hem kendi öz kültürünü hem de yeni yaşamındaki emekçi kimliğini saza-söze döken ozanların da hızla kentlerde kabul görmesi, plaklarının yok satması bu ihtiyacın sonucu olsa gerek. Nitekim Mahzuni bir söyleşisinde Ulaş Özdemir'e kendi döneminin ozanlarını 'gerekçeli ozanlar'[178] olarak değerlendirir. Bu gerekçeler o insanların özellikle 60'lı yılların ortalarında başlayıp 70'li yıllara kadar süren toplumsal ve kültürel ihtiyaçlarından başka bir şey değil. O insanların kendilerini anlatan ozanlara ihtiyaçları vardı. Bunu da plak, kaset ve konserlerle karşılamaya çalıştılar. O yıllarda plaklar da konserler de yok sattı. Diğer yandan köylere pikaplar da teypler de ilk kez yurtdışına işçi olarak gidenler tarafından getirildi. Yurtdışı işçi sayısı arttıkça Alevi-Bektaşi ozanların yurtdışı konserleri de arttı.

Öte yandan 61 Anayasası'nın barajda çatlak yaratıp suyun toprakla buluşması anti-komünist iklimden vazgeçilmesi anlamına gelmiyordu. Tam tersine o iklimin yayılması ve yaygınlaşması için sivil örgütlenmelere ağırlık verilmesine de dönüşmüştür. Türk Milliyetçiliği 40'ların sonunda anti-komünizm sosuna bulaştırılarak, anti-komünizm olmadan tanımlanamaz hale getirilmiştir.

Aynı yıllarda Sünni İslam'ın da en büyük düşmanı komünizm olarak tanıtılmıştır. Gerek İslamcı Gençlik örgütleri gerekse Türk-İslam sentezi halk arasındaki en geniş örgütlenmesini 60'larda sağlamıştır. ABD Emperyalizminin istediği iklimin temel ateşi olmuşlardır. Türkiye Komünizmle Mücadele Derneği, Ülkü Ocakları ve MHP'nin kuruluşları bu yıllara denk gelir. 6. Filo'ya karşı anti-emperyalist gençlik hareketlerinin karşısında da yine anti-komünist İslamcılar ve Ülkücüler var-

---

[178] Ulaş Özdemir, *Senden Gayrı Âşık mı Yoktur*, 2017, s.8

dır. Ötekileştirme iklimi o gündür bugündür aynı argümanlarla inşa edilmeye devam edilmiş, Türk-İslam sentezi bütün sağ partiler ve oluşumların siyasi söylemlerinin temelini oluşturmuştur. 12 Mart 1971'de sistem kendini revize ederek bol gelen elbiseyi daraltmıştır.

Âşıklar Yılı 1963

63 Bahar ve yazı Şerif ve Berçenek ozanları için Afşin-Elbistan çanağındaki köylerin küçüldüğü Ankara'yı merkez edinip, orada kurdukları dostluklar eşliğinde farklı şehirlere aktıkları, konserleriyle daha geniş kitlelere ulaşmaya başladıkları bir dönemdir. Demlerinden ariflerin yararlandığı bir dönemdir. Bu hareketlilik 60'lar boyunca katmerlenecek, yurtdışına kadar uzanacaktır.

"Ruhum Kardeşim Şeker Ağabeyciğim,

Sizden ayrılmak bana o kadar zor geldi ki, bütün bindiğim taşıtlarda göğüsten vurulu bir kuş gibi ayakta durup, hep sizin hayalinizle ah çektim ve bazı şeyler söyleyerek gözyaşları döktüm. Ne olurdu beni uğurlamasaydınız. Adeta gözlerim arkada kaldı, gerçi bir ay bir günümüz kaldı ama sizinle bu ayrılığımız senelerce bir vuslatın izini bırakan figana benzedi.

Azizim, trende Ceyhan'a kadar ayakta geldiğimi, cennet tahtında gibi bilmiş ve gözümü yaşlarıyla bir noktaya dikip hayalimde cemalinizi bir güneş şulesi gibi canlandırdım. Fakat sarıldığımda trenin demirini tuttuğumu hissederek kompartımana oturacağımı hatırladım. Sonsuz sözlerimle hürmetimi sunarken ellerinizden öperim.

Kâmil Amcam'a da mahsus selam eder ellerinden öperim.

Ey belalı nefret vuslat, yaktın benim yüreğimi
Püryan ettin beni, niçin bahtı karalı deyimi
Hicran köşesine attın, böyle bir ayrılıkla
Ey yukarda duran büyük, sevgimi ebedi sakla

Sönmez zannediyorum, bu yaktığım yeni çıra
Birgün gelse ki sönse, ben d'ölürüm peşi sıra
Zaten ölmüşüm doğmadan, kurşun geçmez ki bana
Meftunum ey sevgili, her ne biçimdeysen sana

Bakkala da mı yerleştin, saldın beni belaya
Öyle bir dertte Mahzuni, ya Leyla'ya ya Mevla'ya
Şerif yanar dost yoluna, ya sefalet ya kurban
Bu aşkla gurbet eline, ya muhabbet ya irfan

Sizi bir zaman unutmayan kardeşin, Şerif
(29.4.1963)"[179]

61 Anayasası ikliminde âşıklar da özellikle Alevi-Bektaşi ozanları da bir araya gelip örgütlenirler. Şerif ve arkadaşlarının Ankara'yı mesken tutmalarında başta Sefer-Halil Aytekin kardeşler olmak üzere dönemin şair ve yazarlarının büyük etkisi vardır. Şerif'in o yıllarda Ankara'dan gönderdiği bütün mektupların gönderici adresinde Emek Basımevi, PK: 55 Ankara vardır. Burası Aytekin kardeşlerin emeklerinin derlendiği yerdir. Aytekinler edebiyatçılar, akademisyenler ve TİP kadar ozanlara da emek ederler.

Ankara Âşıklar Derneği kuruluşu, ülke çapında ozanların örgütlenmesinin bir simgesidir. Her biri ülkenin farklı köşesinden gelen ve çoğunluğunu da Afşin-Elbistan çanağı ozanlarının oluşturduğu âşıklar 1963 Haziran-Temmuz aylarında bir araya gelerek sonraki yıllar için önemli bir sıçrama zemini oluştururlar. Kuruluş hazırlıkları toplantılarından birinin haberini 9 Temmuz 1963 tarihli Cumhuriyet Gazetesi'nde Fikret Otyam imzasıyla okuruz.

"Yirmi Halk Âşığı Türkülü Sazlı Basın Toplantısı Yaptı.

Çeşitli illerden gelen âşıklar dertlerini saz ve sözle dile getirdiler.

Bir dernek kuracaklarını açıkladılar.

Duvarları toprak boyalarla yapılmış manzara resimleriyle süslü bir kahve-lokal arası salonda, en yaşlı bir gazetecinin bile tanık olmadığı bir basın toplantısında bulundum bugün. Basın toplantısı saz, bağlama, cura ve şiirlerle yapıldı. Yirmiye yakın halk âşığının dertlerini, dileklerini, amaçlarını türkülü ve sazlı olarak anlattığı bu basın toplantısında Sungurlulu Âşık Hüseyin Çırakman kendilerine sahip çıkacak bir dernek, bir kurum olmadığından yakınarak şöyle dedi: 'Şa-

[179] Yemliha Ertekin Arşivi, Mektuplar

irler halkın bülbülü/Güllere hasret kaldık/Cemiyet yok tanıtmaya/Dillere hasiret kaldık/Çırakman yağsız söndük/Yavaş yavaş indik indik/Sahipsiz arıya döndük/Ballara hasiret kaldık.'

Afşinli Âşık Şerif de gazetecilerin not tutması üzerine, sazını eline alıp dertlerini şöyle anlattı: 'Yaz gazeteci madem aldın kalemi/Bülbüller zincirli bağ boşumuş de/Yüzyıllar bağrında yatan âlemi/Anlatacak teller sarhoşmuş de/Mahzuni tercüman dertli olana/Dertli göçmüş gam yüklemiş kalana/Ne söylenir hakkı telden çalana/Âşıkın ankısı (hediyesi) can baş imiş de.'

Sazı eline alıp tek tek dilek ve isteklerini bildiren Âşık Ali İzzet, Şinasi Koç, Aziz Üstün, Kamer Arar, Çırakman, Nesimi Çimen, İhsani, Hasan Kırma, Ali Gürbüz, Mahrumi, Mahzuni, Aladeli, Maksudi kendilerine sahip çıkacak bir dernek ve kurum olmadığını, bunun için bir dernek kurup kendi kendilerine sahip çıkacaklarını, Basın Yayın Bakanı'nın kendilerini çok iyi karşıladığını ve buna ilk defa rastladıklarını anlattılar.

Basın toplantısını bir 'güzelleme-hoşgeldiniz' deyişiyle açan Âşık Nesimi, yine toplantıyı da bir 'Güle güle' deyişi çalıp söyleyerek kapattı.

Erzurumlu Âşık Şinasi Koç da âşıkların parasızlıkla kıvrandığını, halk âşığına gerçek değerinin verilmediğini anlattıktan sonra Tanrı'ya şöyle seslendi:

'Hey Allahım, sana bir çift sözüm var/Söylemeye bilmem davranayım mı/Sanma senin makamında gözüm var/Fakat meteliksiz kıvranayım mı?'

Yetmiş dakika süren bu değişik basın toplantısı, lokali dolduran yüze yakın işsiz yapı işçisi tarafından da ilgiyle izlendi.

Âşıklar cumartesi Kızılay'da bir sinemada, pazar gecesi de Altındağ'da birer 'Halk Âşıkları Gecesi' yaptıktan sonra elde edecekleri gelirle derneği kuracaklar. Kimisi yayan, kimisi kamyonla Ankara'ya gelen âşıklar için Radyo'da bir saat ayrılmış. Basın Yayın Bakanı Nurettin Ardıçoğlu kendilerini kabul ederek, her türlü yardımı yapacağını vaat etmiş. Bugüne kadar Basın Yayın Bakanlığından içeriye giremeyen âşıklar 'bunda bir hayır var' diyorlar. OT-YAM"[180]

[180] 6 Temmuz 1963, Cumhuriyet

Haberden de anlaşılacağı üzere bu basın toplantısının bir evveliyatı var. Âşıklar, Basın Yayın Bakanlığı'nın çağrısıyla çeşitli illerden gelmişler, basın toplantısından önce Bakanla bir toplantı yapılmış, Bakanın destek sözüyle de basın toplantısı ve bir dizi konser kararı almışlar. Evveliyatını da Kervan Dergisi'nin yıllar sonra Mahrumi ile yaptığı röportajdan öğreniyoruz:

"63 Yılında, Gürsel Baba'nın idaresinde mektuplarla çağrıldığımızdan gayrı toplanmamız, Âşıklar Derneği kurmamız, Hacı Bektaş Derneği kurmamız, Kültür Kalkındırma Derneği kurmamız. Üç dernek...

-Cemal Gürsel'den mi söz ediyorsunuz?

Tabii. 15 Haziran 1963'de saat 15.00'den itibaren eski Büyük Millet Meclisi arkasındaki Rüzgârlı Sokak'ta toplanmamız şartı... Hepimiz orada toplandık... Seçim oldu 40-50 ozandan 7 tane yönetici seçildi. Berçenek Köyü'nden Aladeli, Aladeli'nin musahibi Âşık Mahzuni, Mahrumi, Sarısultanlı Köyünden Nesimi Çınar, Çorum'un Sungurlu kazasının Çörpü Köyü'nden Hüseyin Çırakman, bir de Osman Dağlı..."[181]

Anlaşılan o ki âşıkların şiddetle dayanışma ihtiyacı ile dönemin hükümetinin sivil örgütlenmelere bakışı çakışınca Âşıklar hızla örgütlenip Âşıklar Derneği'ni Temmuz 1963'de kurabilmişler. Aynı Cemal Ağa'nın aynı yıl kurulan Türkiye Komünizmle Mücadele Derneği'nin fahri başkanlığına getirildiğini de unutmayalım. Komünizmle Mücadele Derneği üyelerinin TİP'in Bursa mitingine bombalı saldırısı sonrasında Cemal Gürsel fahri başkanlıktan istifa eder.

Âşıklar Derneği kuruluşunun âşıklarda nasıl bir özgüven ve sevinç yarattığını âşıkların Anadolu Turnesi sırasında Mahzuni'nin Yemliha Abisine yazdığı mektuptan hissetmek mümkün:

"Canım Kardeş,

17.7.1963, Yerköy

Sizlerin desteğiyle çıktığımız yolculuğumuzdan son derece memnu-

---

[181] Haziran 93, Sayı:27, Kervan

nuz. Çünkü günlük de olsa hadiseler keyfiyetimize uygundur. Hayallerin hakikat olması veya olmaklığına yönelmesi ayrıca bir bahtiyarlıktır.

Ankara'ya geldiğimiz günden itibaren her menbaın bir cılgası bize akıntısını hiç de esirgemedi. Gerek siyasi gerekse içtimai alanlarda at oynatanlar bizim duygumuza, bizim ıslahatımıza hayran kaldığı gibi, üstelik olarak milli gelişmenin yararında en büyük eleman olduğumuzu açıkça itirafta bulunuyorlar.

Bu mutluluğun mest ve hayranlığı içinde satırlarıma Yerköy ilçesinin bir kıraathanesinde devam ediyorum. Yanımda Mahrumi var, diğer âşıklar Merkez Oteli'nde istirahat etmekteler. Kulağımıza arasıra şehrin tellallarının heyecanlı sedaları geliyor.

En hoşuma giden yayın şu oluyor:

'Erenler meydanına buyruuuuuun!

Bu âşıklar, halkın bağrında yetişen büyük tarih şairlerinin varisidir. Bunlar sahne dalkavukları değil, pir elinden bade içmişlerin mübarek miraslarıdır.'

İşte kardeş yukardaki neşriyatın ne kadar açık ve ne kadar korkmazlık içinde söylenildiği malum. Görülüyor ki, Türk milleti için tefrik denilen bir şey yalnız tenha yobazlarının albümündedir. Görülüyor ki, bu kıymetli bütünlük sadece inatçı karanlıklarda yaşayanların kemirgenliği altındadır. Şimdi sizlere Türkiye'nin en genç ve en güçlü âşığı fakat birlik mefhumunun en geri ve en zayıf bir elemanı sıfatımla şu kararımı açıklıyorum.

Bu memleketi sarsıtan en büyük kurt şu iki koldur:

1-Reform dünyasının dakikasından haberi olmayan ve asırların geri ananelerine mutabık kalmış, ikna olmaz yobaz çoğunluğu,

2-Aydınlığını ticaretine gölge etmiş menfaatçılar ve mevki âşıkları.

Buna zıt olarak, asıl insan âleminin istediği ve bütünlüğün ciddi dostlarına gelince:

1-Yukardaki iki kolun muhalefetini yapan hakir ve fakir kalmış aydınlar,

2-Yine yukardaki iki kola muhalif kalmayıp da adı geçen kollardaki arızanın düzenlenmesini isteyerek o derdi kendi derdi sayan âşıklardır.

Burada hepimizin namına selamımızı sunarak ellerinden ve gözlerinden öperim. Mahzuni

Hülasa: A)Partiler arası teklifler alıyoruz. B)Anadolu Turnesine çıktık. C)Dün Yozgat'taydık, yarın Keskin'e ve Kırıkkale'ye gidiyoruz. D)Askerlik için müsterih ol.

Adres: Mahzuni Şerif: Emek Basımevi, pk.55 Eliyle Ankara"[182]

Arkasına Afşin-Elbistan çanağının hem dede-talip ilişkisi içindeki ocakzade Alevilik anlayışı hem Hakikatçi-Alevilik kültürü hem de Bektaşi kültürünü alıp, Dadaloğlu ve Karacaoğlan tınısını da katarak, Berçenek erenlerinin anlayışlarıyla yoğurulup şekillenen Şerif, 1963'e geldiğinde artık arkasını da önünü de gören bir Mahzuni Şerif olarak yolda yeni bir aşamaya girer. Bu yolculuğunda Yemliha Abisi abiliğini her koşulda sürdürür. Şerif yalpaladığında da yanındadır, burnu kaf dağına çıktığında da; ötekileştirerek değil en fazla susarak, sabrederek. Çünkü o geçici bir yol arkadaşı değil, ömürlük bir abi'dir.

06 TEMMUZ 1963

Adana bölgesinin iklimi değişiyor

Bölgeye yağan yağmur her yıl fazlalaşıyor

İskenderunda halk mahalle aralarında balık avlıyor

dosyadaki
ler okundu
uruşmada ise tanık-
ne devam olundu

görüşmeleri başladı

Barışma müzakereleri arifesinde, taraflar yeniden birbirlerini «iftiracılık» ve «ayırıcılık» ile suçladı

Yirmi Halk Aşığı, türkülü sazlı basın toplantısı yapt

Çeşitli illerden gelen âşıklar, dertlerini saz ve sözl dile getirdiler, bir dernek kuracaklarını açıkladıla

(Yazısını 5 inci sahifemizde bulacaksınız)

sayfa Sayfalar Sayfayı İndir Paylaş Uzaklaştır Sonraki Sayfa

Aşıklar Derneği Kuruluş Basın Toplantısı, *Cumhuriyet 6 Temmuz 1963*

---

[182] Yemliha Ertekin Arşivi, Mektuplar

Nar ile Düşülen Yol

Yemliha Ertekin bir meydandır, uğrayanların hem nara hem suya eriştiği bir meydan. Sevgi alır sevgi verir; alana verir, verenden alır. Tek kıstası vardır yola sevgiyle düşülecektir. *"Sevgidir dünyanın varına sebep"* der bir şiirinde... Ondandır ki, inancı, etnik kökeni ne olursa olsun sevgiyi kılavuz edinen herkesin meydanı, herkesin Yemliha Abisi olabilmiştir.

Yöredeki birçok ozanın olduğu kadar Kaşanlı Köylüsünün de Ağcaşarlının da Berçeneklinin de Hunulunun da abisidir. Yurtdışında çalışanlar köydeki ailelerine parayı Yemliha Abileri aracılığıyla gönderir, asker mektupları Yemliha Abileri aracılığıyla gider gelir. Gurbette öğrencinin harçlığı yoksa ilk başvurduğu kişi Yemliha Abisidir. Köylerden gelip ilçede öğrencilik yapan çocukların okul velisi de Yemliha Abidir. Genç, babasıyla konuşamadığını gelir Yemliha Abisiyle konuşur. İyi bir dinleyicidir, sabırlıdır. Konuştuğunda da yine sakinlikle ve öz konuşur. Sorunun değil, çözümün parçası olmaya gayretlenir. Kardeşlerini hep gurbete uğurlasa da kendisi Afşin'in bekçisidir.

1963 Kasım'ı yerel seçim ayıdır. Yemliha'nın ağabeyi Kemal Ertekin de CHP'den Afşin İlçesi Belediye Başkanlığına adaydır. Hırsı olmayan sakin bir adamdır, kendi aday olmamış çevresi zorla aday yapmıştır, sevilip sayıldığını bildikleri için. 17 Kasım 1963 seçiminde ağabeyi Kemal belediye başkanı olur. Bir süre sonra Kemal Ertekin'in iyi niyetinden yararlanmak isteyenlere tanık olduğunda abisine bir mektup yazarak kaygılarını dile getirir:

"Aziz Kardeşim,

Tekrarına dahi lüzum olmadığı sabittir ki, şerefin ve başarınla iftihar eder gurur duyarız ve ciddi temennimiz de ancak bu olabilir. Böyle olunca tabiidir ki şahsınız, ailemiz ve memleketimiz için mümkün olan ve şahsi gayretlerinize bağlı bulunan halkın ve hakkın rızasını celbedecek işler yapmanız ve bizlerin de bu hisseden pay alabilmemiz için sizden istememiz yerinde olur kanaatindeyim.

Şöyle ki, memlekette kötü karakteriyle tanınmış ve bunlardan muhbirlik, karıştırıcılık sanatını bütün sanatların üstünde tanıyan kimselerle çaresi nisbetinde uzak kalmanı ve hiçbir hususta bunlara yardımcılık yapmamanı ve bu gibi şahıslarla toplumun yeri olan toplantı yerlerinde sıkı münasebette olmamanı şahsınız ve ailemiz menfaati için istirham ederim.

Çünkü bu insanlarla yakından fikir ve hareket birliğinde bulunmak temin edilmiş sempatiyi kaybetmek olur. Etrafına toplanarak şunun bunun aleyhine çeşitli kuyular hazırlamayı teklif edenlere layık olduğu gibi hareket etmek ve 'balık bilmezse halık bilir' sözü manasıyla hareket etmenizi çok yerinde görüyorum.

... meselesinin ne kadar zararlı olduğunu benden daha iyi anladığınıza eminim. Her size oyumu kullandım diyen insan seni ve bizi çiftlik olarak kullanmak istediği yüksek malumunuzdur. Düşkünlere yardım manasıyla yapılacak her iş için kendi istidadınızla bütün devlet daireleri ve makamlarla ilgi ve münasebet kurarak istediğiniz şekilde adam kayırabilirsiniz. Ancak bunun bizzat dairenizde yapılmamasında birçok faydalar vardır.

Çünkü durumunuz çok şükür buna müsaittir, istidadınıza güveniyorum. Halk üzerindeki sempatiniz de bunu açıkça belirtmektedir.

Yapacağınız her işte kendi isteğinize ve fikrinize uyarak yapmanız her hususla halkı ve hakkı memnun edeceğinden eminim çünkü benim gibi düşünen ve kanaatte olanlara sık sık rastlamakla iftihar etmekteyim.

Şahsınız için kâr sağlamak isteğinde bile olsa buna yaradılışı mani olanlar ki bunu siz daha iyi biliyorsunuz. Bunların hiçbir arzusuna uymamanız dileği ile.

Bu münasebet harici yazılarımdan dolayı özür diler, Allah'tan şahsınız, ailemiz, memleketimiz için başarılar temenni eder saygılarımı sunarım. Yemliha Ertekin. 25.2.1964"[183]

Yemliha'nın Belediye Başkanı abisinden çözmesini istediği bir başka konuysa tamamen Alevi-Bektaşi köylerini ilgilendiren bir konudur. Afşin'in köy pazarı her hafta Çarşamba günüdür. O gün hem ilçe halkı için hem de köylüler için önemli bir ticari ve sosyal buluşmadır. Köylüler resmi işlerini de o güne

[183] Yemliha Ertekin Arşivi, Mektuplar

rast getirmeye çalışarak bir defada her işlerini görmeye çalışırlar. Ramazan aylarında oruç tutmayan Alevi-Bektaşiler için o gün zulme dönüşür. Tutucu ilçe halkı için affedilir bir durum değildir. Lokantaların ramazan ayında açık kalması bir tahrik unsuru olarak kabul edilir.

Yemliha, abisinden "isteyen lokantanın Ramazan ayında da açık kalması, tahrik bahanesini önlemek için de açık lokantanın vitrin camına bir perde asması" çağrısında bulunmasını talep eder. Böylece Alevi-Bektaşiler ilçeye geldiklerinde Ramazan'dan dolayı bir zorluk çekmeyecekler, tutucu halkın tahrik oluyoruz bahanesi de ellerinden alınmış olacaktır. Abisi bu öneriyi makul bulur ve yürürlüğe koyar. Şiirinde de dediği gibi sızlanmak yerine çözümün peşinde koşar.

"Can içinde canı ara
At benliği seni ara
Sen bana açma ki yara
Merhem kimde? Deyip durma"

Suna Göçebe Kuş Adı mıdır?

Şerif bir Mahzuni olma yolunda ilerlerken biz Suna'yı hangi dalda unuttuk? Sahi Suna Şerif'in eşi miydi? Belli ki Mahzuni'nin eşi değil. Şerif şehirlerde, turnelerde Mahzuni olurken Suna köyde ırgattır. Şerif en son Suna'yı Berçenek'ten alıp Poskof'a göçmüştü. 63 Nisan sonlarında da alıp sazını şehirlere yürümüştü. Anadolu Turnesine çıkmış, Ankara'da Âşıklar Derneği kuruluşuna katılmış, göçebe kuşlar gibi dolanıp duruyordu. Sonunda Şerif, Hacı Bektaş'tan Yemliha Abisine seslenir:

"Kardeş,

Yanınıza uğrayan hakiki dost sizlerin kılavuzluğuna çok ihtiyacı olan Hacı Bektaşlı Sefer Beydir. Suna'yı alıp sizleri görmesi için yolladım.

Ona refakat et. Berçeneğe götür. Bir gün durduktan sonra Suna'yı alıp, bu tarafa yollayın. Köye vardığınız zaman bizim eski dostcukları muhakkak topla, bir ayin-i cem şeklini gösterin. 15 gündür Hacı

Bektaş'tayım. Suna'nın askerden gelinceye kadar burada kalması hayatımla ilgilidir. Candan niyazlarım olsun hepinize. Osman Öztürk ile irtibatta bulun. O gün Sefer Ağabeyimle görüşsün.

Ben buradan asker oluyorum. Suna'nın buraya gelmesi için, babamlarla ciddi temaslarda bulun.

Burası vahdet yolcularının ele geçmez bir istasyonudur. Her bakımdan selamet, müsait ve dürüstlük yuvasıdır.

Burada olduğumu yalnız sen ve ilgililer bilsin.

Selamlar... Mahzuni"[184]

Yemliha kendinden istenenleri yapar, Suna'yı alır Hacı Bektaşlı Sefer Ulutaş'a teslim eder. Suna'nın yeni göçü başlar. Suna bu kez Hacı Bektaş'a konar. Kimbilir yeni yuvasında ne kadar kalacaktır. Yemliha Abi'ye mektup yazma sırası Suna'dadır. Mektubun tarihi 18 pazartesidir. Ay, yıl yok. Yılı biliyoruz 63. Hangi ayın 18. günü pazartesine denk geliyor diye bir göz attığımızda 18 Kasım 1963'e ulaşıyoruz. Artık Suna bu kez asker yolu gözlemeye başlar.

"Sevgili Yemliha Abim,

Evvela selam eder her iki mübarek ellerinden öper ve hayır himmetini beklerim. Babam Sefer, annem Bahriye de ayrıca selamlarını sunarlar. Çocukların cümlesi selam eder, ellerinden öper. Mahzuni askere gitti.

Anneme ve babama selam eder ellerinden öperim. Sultanıma selam eder hayırlı duasını beklerim. Remziye ve Fatma ablaya selam eder ellerinden, çocukların gözlerinden öperim.

Abiyim, senden tek ricam bizim evlenme cüzdanını acele yetiştir. Sefer Babamgil dört gözle bekliyorlar. Çok mühim bir işimiz var. Mahzuni sende olduğunu söylüyor.

Selamlar. Suna"[185]

Yemliha daha önce Şerif'le Suna'nın evliliğini Tarlacık (Berçenek) Köyü Evlendirme Defteri'ne 1 Aralık 1962 tarihinde işlemişti. 3 Aralık 1963 tarihinde de yine kendi el yazısıyla evlenme cüzdanını düzenler, Hacı Bektaş'a yollar.

---

[184] Yemliha Ertekin Arşivi, Mektuplar

[185] Yemliha Ertekin Arşivi, Mektuplar

Bu kez cevap Hacı Bektaş'ta Sefer Ulutaş'tan gelir. Böylece Mahzuni'nin İsparta'da asker olduğunu öğreniriz.

"Pek Muhterem Kardeşimiz Yemliha Bey,

20.12.1963 tarihli kıymetli mektubunuzu aldım. Çok memnun kaldım. Şerif'in de evlenme cüzdanını da göndermişsiniz, sağolun. Sizlerden ayrılalı hayli bir zaman olduğu halde bir mektup yazamadık. Çünkü bir saatim boş geçmiyor, çok fazla yıpranıyorum. Bu hususta özür dilerim. Nasılsınız, iyi misiniz, işleriniz nasıl, Berçenek'teki kardeşlerimiz nasıllar, vaziyetleri nasıl, Şerif'in babasının vaziyeti ne alemde? Bunlardan bir havadis yazmıyordunuz, inşallah iyilerdir. Hepinizin de iyi olmanızı cenabı Allahtan niyaz eylerim. Cırık Baba'ya ayrıca hürmetlerimi ve sevgilerimi yollarım, arada isimlerini ayrı ayrı bilmediğim için bütün dostlara hürmetlerimi ve sevgilerimi yollar, işlerinin iyi olmasını yüce Tanrıdan niyaz eylerim.

Canım kardaşım, Şerif'ten soruyorsun. Şerif İsparta'ya gittikten bir ay sonra bir hafta izine geldi. Geri ben Ankara'ya kadar götürdüm. Oradan da kıtasına gitti. Çok rahat olduğundan bahsediyor. Suna kızımız da bildiğiniz gibi, anlatmaya lüzum görmüyorum, kendi evladımız gibi. Hepisi iyiler, ellerinizden öperler, âşk-ı niyazları var. Dağlı'dan da mektup alıyorum, o da çok iyi rahat olduğunu yazıyor. Fakirden soracak olursan, çok yoruluyorum, bir gün evde kalamıyorum. Yalnız sizin mektubunuzun geldiği gün evde idim. Emin olun ki her zaman sizlere mektup yazmayı candan arzu ediyorum. Bir mektup yazmak fırsatını bulamıyorum. Mektubumuza bakmayınız, daima kalbimizdesiniz. Burada satırlarıma son verirken yenge hanımlara hürmetlerimi sunar, sizi de Allah'a emanet eder, çocukların gözlerinden öperim. İkinci mektubunuzda Berçenek'te bulunan canlardan havadis beklerim. Sefer Ulutaş. 27.12.1963

Zeynel Ağaya ayrı ayrı selamlarımı sunarım. Ailesi efradına selam ederim. Bahriye, Suzan, Suna ve çocuklar selamla ellerinden öperler. Zeynel Ağa'nın hasta olduğunu işittik, nasıl oldu lütfen bize bildirmenizi rica ederim."[186]

Aynı tarihte askere giden yalnızca Şerif değildir, Osman Dağlı

---

[186] Yemliha Ertekin Arşivi, Mektuplar

da Afşin'den yola çıkar, Hacı Bektaş'ta Şerif'e yetişir, Ankara'ya uğradıktan sonra her biri bir yana dağılır, Osman'ın sesi de Amasya'dan duyulur.

"Abi,

Unutulmaz hizmetlerinizi gördüm, layık olmadığım değerle beni sevdiniz, sizlere layık bir insan olmak emelim. Kâmil Emmi'me unutulmaz sevgisinden dolayı karşılık kelimem yok. Cümleniz hoşçakalın.

Doğum günlerini sabırla bekliyorum. Hasret ayrılık değil, bilakis sizlere kavuşmanın sevinci içinde vazifemi ifa için er olarak asker oluyorum. Ancak olan kalbimi bırakıyorum. Ellerinizden öperim abi.

Adresimi isteyen olursa verin. Dünyada hiçbir şey olmak istemem, sade insan. Sizden sade sevgi beklerim.

Güzele güzel bakma için güzel olmak kâfi imiş.

Hayat bir kadeh zehir, yudum yudum içip vücudu alıştırmalı.

Yoksa ya hayat sona erer ya kadeh dolu kalır.

Dertsiz baş/Aşksız savaş/Taysız taydaş/Ha gözü şaş/Ha kuru taş
Abi, Maksudi"[187]

Kısa notu, uzun mektup takip eder.

"Kıymetli Abiciğim,

İşte nihayet asker oldum. Sizleri bir asker olarak Amasya'dan sevinç ve neşe içerisinde selamlar, kucak kucak sevgi, aşk, dostluk duygularımı ifade etmekle bahtiyarım. Abi, Amasya'ya ilk girişimle, Amasya'nın tabii durumu bana yabancılık göstermeden kucağına bastı, sizler gibi. Sanki yılların dostluğunu yapmış gibi. Beni bağrına basan dostların bana karşı göstermiş olduğu yakın ve sıcak alakayı tarif etmekten acizim. Ankara'dan aldığım bir adres bana çok yaradı.

Sizden ayrıldıktan sonra Malatya yoluyla Hacı Bektaş'a uğradım, Şerif'e yetiştim. Ankara'ya kadar beraber gittik. Orada bulunan dost ve ahbapları gördüm. Hikmet Hanım isminde 50'li yaşlarında

---

[187] Yemliha Ertekin Arşivi, Mektuplar

Amasya'da Hamdullah Efendi ismindeki türbenin bekçisi olan kadınla tanıştım. Bana şimdiden annelik yaptı ve yapmakta. Elbiselerimi ona teslim ettim. Beni tanıdığı subaylara tanıttı, velhasıl şimdilik durumumdan memnunum.

Eğer mektup atarsan yazacağım adrese atarsın, askeri adresimi ikinci mektubumda yazarım. Abi güzel bir asker oldum, şimdilik iyi, sonunu bilmem.

Kâmil Amcamın ellerinden öper, beni soran herkese içerde-dışarda hepsine selamlar.

Abi bana evden haber alırsan yaz. Malum ya memleket havadisleri asker için lüzumlu değil, az çok birleşmiş, fikir sahibi kimselerin durumu. Osman Öztürk'e selam ve hürmetlerimi sunarım. Ona bir yağ mevzuu yazmıştım, ihmal etmesinler.

Hane taraflarına selam, çocukların gözlerinden öperim. Abi bana Selver'in durumlarından haber alır da yazarsan memnun edersin, başkası basit. Kardeşin Maksudi

Adres: Saraydüzü Cad. Mehmet Paşa Mah. No:41/60 Amasya"[188]

Tam Âşıklar Derneği kurulmuş, hem diğer âşıklarla yakınlaşılmış hem dönemin edebiyat insanlarıyla iletişim yoğunlaşmışken iki yıl askerde olmak elbette daha ileri adımların yavaşlaması, dernek çalışmalarına aktif katılımın sekteye uğraması demektir. Dostlarla bir araya gelindiğinde ortaya çıkan sinerjiden mahrum olmaksa bir başka handikaptır. Çok geçmeden Osman Dağlı 16 Aralık 1963'de Yemliha Abisine yine bir mektup yazar.

"Sevgili Ağabeyciğim,

10.12.1963 tarihli kıymetli mektubunu aldım. Yazmış olduğunuz kıymetli havadisler beni sevgi ve lütfunuza gark etmiştir. Mektubunuzda isimleri geçen kıymetli dostların cümlesine içten gelen muhabbetle aşkı niyazımı arz eylerim, cümlesine mektup yazdım abi.

Layık olmadığım alakanız karşısında saygıyla eğilirim, bilhassa Kâmil Emmi hakkında verdiğiniz güzel havadisler beni çok memnun etmiştir. Kendisine saygılarımı sunar ellerinden öperim. Osman

---

[188] Yemliha Ertekin Arşivi, Mektuplar

Öztürk ve evden mektup alamadım. Kendisine son mektubu da yazdım. Abi bilmem ki Öztürk ihmal etmezdi ama kendi bilir.

Şerif'le şimdilik maddi ve manevi irtibatım yoktur. Artık bu da sultanlığın lütfuna bağlı. O da kendi bilir abi. Benim şahsi görüş ve kanaatim herkes duygu ve hareketiyle serbest. Her şeyi normal karşılamak benim için en büyük amaçtır. Kendi bilir dedik ya, ben bile ben bilirim şimden sonra. Tek arzum varsa riyakârlık hoş görülmemeli. Kendi hatalarım başkalarınınkini görmeye mani olmaktadır. Sizleri hayli meşgul ettim abiciğim, yazılarıma son verirken manevi huzurunuzda saygı ile eğilerek aşkı niyazlarımı arz eder, ablamgillere selam ve hürmetlerimi sunar, çocukların gözlerinden öperim abi.

Selamlarına tercüman olduğun dostların cümlesine aşkı niyazlarımı arz eylerim. Osman Dağlı/Maksudi.

Adres: 1.Tb.1.Grup Amasya

Not: Çörçil ve Kemal Abimin seçim neticelerini bildirmeni rica ederim.

Hacı Efendi'nin yeni buluşları yok mu? Bol bol fikri çalıştırıcı muhabbetli havadisler beklerim. Ayrıca Hacı Efendiye selamlar."[189]

Osman Dağlı'nın mektubunda sözünü ettiği Şerif'le iletişimin kopması konusu, Şerif'in Yemliha Abisine yazdığı bir kısa mektupta da söz konusu olmuştu. Yemliha Ertekin'e birileri *"Onlar öyle iki dost ki, kırk yıldır tek bir tartışmaları olmamıştır,"* dediğinde Yemliha'nın verdiği cevap nettir: *"Onlar dost değil, birbirlerinin dalkavuğuymuş."* Dostlukta tartışma, kırılma, zaman zaman kopma yoksa o gerçek bir dostluk değildir, diye düşünür. Osman'la Şerif de bir uzaklaşır bir ayılırlar ama dostluk bitmez.

"Kardeşim, şuracığı koca bir çağın kapılarının kapanan duvarına yaslanarak yazıyorum. Demek istediğim şey, içinde bulunduğum dakika şimdiye kadar olan acılarımın en acısıdır. Osman dün beni terk etti, bazı adamlarla İstanbul'a gitti. Aramızdaki bağ kati olarak kopuverdi. Memlekete dönmek şimdilik meçhul. Askerlik tarihini bilmiyorum. Şubeye uğradığınızda bunu öğrenip adresime postalayın.

[189] Yemliha Ertekin Arşivi, Mektuplar

Aladeli Haydar yanımda, evlerine durumların normal olduğunu bildirin. Yazacaklarım bu mektupta imkânsızdır. Ancak buluştuğumuz zaman konuşuruz. Ayrılığın tam gerçeğini yaşıyorum. Acısını, evet ama neye? Aldandığıma... Şimdi Ankara'dayız, sonra Çorum ve civarlarına gideceğiz. Selamlar. Mahzuni. Adres: Emek Basımevi. Pk.55 Ankara"[190]

Yemliha Abi dert kutusudur ama bu kutu niye hiç dolmaz, kimse bilmez

Ey Baba Erenler!

Şu satırları yazan zatı muhterem bildiği bütün Bektaşi fıkralarını okuma-yazma öğrendiği yıllarda, evde bulunan (eski tarihli) yapraklı Hacı Bektaşi Veli takvimlerinden öğrenmiştir. O takvimlerin yaprakları sanki günlük dergi gibiydi. Bektaşilik konusundaki her tür bilgiyi içerirdi. O yaşlarda nereden bilebilirim, bu takvim bizde ne arar?

Henüz Hacı Bektaşi Veli Müzesi açılmamıştır ama her alandaki hareketlilik Hacı Bektaşi Veli'yi tanıtma ve yayma konusunda da ortaya çıkar. Hacı Bektaşi Veli yolcusu bir avukat ve arkadaşları 1964 yılı için geniş kapsamlı bir Hacı Bektaşi Veli takvimi çıkarırlar.

Takvimin dağıtımı, pazarlaması da gerekir. Afşin'de bu işi kim yapar denildiğinde, araştırmalar Yemliha Ertekin'i işaret eder. Kuşkusuz Yemliha'nın işi değildir bu ama hayır da diyemez. Tıpkı 70'li yıllarda sosyalist dergilerin dağıtımına aracı olacağı gibi.

Takvimi organize eden kişi dersini iyi çalışmıştır. Bilir Yemliha isminin nereden geldiğini, Hacı Bektaşi Veli'nin göç yolunda Yarpuz'da Eshab-ı Kehf'e de uğradığını. Bilmediği ise Yemliha'nın pohpohlanmaya ihtiyacı olmadığıdır, işe el vermesi için Hacı Bektaş sevgisinin yeterli olduğudur.

"Sayın Bay Yemliha Ertekin,

Arzuhalcı-Afşin

---

190 Yemliha Ertekin Arşivi, Mektuplar

Sen ki Yemlihasın ve Hacı Bektaşi Veli hazretlerinin en yakın adamısın demektir. O halde ona hizmet şarttır. Biz bu şekilde o zatı en küçük yerlere kadar tanıtmağa gaye edindik, bu gayede sizleri arkamızda görerek yaptık. Yoksa kendiliğinden bir şey olmaz. O büyük zatın himmeti bu takvimi çıkardı. Sizlerin himmeti de sattıracak ve gelecek yıllar tekrar çıkaracak ve ayrıca bir kitap ve albümü ve eşyalarının vazifeleri kitap halinde çıkarılacaktır. Bunları yaparken sizlere güvenerek yaptık, açık konuşalım. O zatın yüzü suyu hürmetine âşıkları onun arkasındadır, resmi de vaktiyle Hacıbektaş'tan gelen resmidir. Bizim hizmetlerimiz fahridir. Yoksa bir avukatın zaten vakti müsait değildir. Onun âşık ve yetimleriyiz.

Gayelerimiz ulvidir. Bu takvim borçla çıkarılmıştır. Kazanıza ve civar kazalara satılmasını lütfen temin buyurun. Onun duası bakırı altun yapar ancak sizin için 100 takvim ve bedeli hiçtir. Mümkün ise peşin veya ödemeli yapalım. Asla itimatsızlık değil, matbaayla öyle anlaştık. Gelen paraları verdiğim vekâletnameye istinaden postadan matbaa alacaktır. Makbuzları da ona vermek mecburiyetindeyim. İademiz yoktur, zaten 20 bin bastırdım. İadeye bile lüzum kalmayacaktır. Kaldı ki Yemliha gibi bir değerli arzuhalci için 400 liranın ne değeri vardır. Hem de hemşeriyiz, ben de Darendeliyim. Siz 100 değil bin tane satacaksınız, kışın git Maraş'a sat, olmaz mı erenler...

Hadi göreyim Yemliha'yı, H.H.B. Veli'yi sevindirin, bakınız ne kadar memnun olacaksınız.

Allah ve şâhı velayet ve hünkâr sizden hoşnut olsun erenler, eyvallah...(1963)

Avukat Ali Haydar Ocakçıoğlu, Sultanhamam Katırcıoğlu Han. No:5/9 İstanbul"[191]

Olan olmuştur, gelen takvimlerin bir bölümü satılır, bir bölümü dostlara dağıtılır, kalan da eve konur. Parası da gönderilir. Herkesin Hacı Bektaşi Velisi kendinedir.

---

[191] Yemliha Ertekin Arşivi, Mektuplar

Her Yol Ankara

Yemliha arzuhalciliğe başladıktan sonra köylülerle çok daha yakın ilişkiler kurar. Özellikle Alevi-Bektaşi ve Kürt köylerinde herkesin abisidir. Bürokratik işlerinde olduğu kadar sosyal ve kültürel ihtiyaçlarında da hep yanlarındadır. Öte yandan Yemliha kardeşlerini daha büyük denizlerde kulaç atmaları için yollara salsa da yine de ellerinden kurtuluş yoktur.

Osman ile Şerif askerde acemi birliğinden sonra Ankara'ya nakil olurlar. Osman TBMM Mh. Tb. 1.Bl'de, Şerif Kara Harb Okulu Bando Bölüğünde askerliklerine devam ederler. Bu durum, hafta sonlarında da olsa siyaset, edebiyat ve sanat dünyası ile bağlarının sürmesini sağlar. Ama aralarındaki gerilim de devam eder.

"Arzusu-Halci,

Arzumun arkadaşı, kardeşim,

Bütün mektuplarımı elinizle attığım için, ikinci bir ele lüzum görmedim. Bilmem ki siz ne düşündünüz? Öztürk'ün son günlerde bir mektubunu aldım, layıkını kaybettiğim tabirlere utanç duydum.

Sağ olsun iyi niyet sadece menbaına aittir. Malumunuz buna paralel diğer niyette yine kendi cinsiyle menbaına aittir. Neyse bu bahsi daha sonra görüşürüz. Nasılsın bakalım, seni ciddi olarak merak ediyorum. Maddiyatı eskisine göre biraz düzelttiniz mi yoksa yerinde mi sayıyor?

Ağabey 'Yıkılma Urfa, içinde yârim var,' sözüne benzer bir şey söylemek isterim. İnsan, yani hâkiki insan bir veya birkaç kişinin ideali için toplumun derde girmesini ister mi? Hayır!

Hâlbuki ben evet diyorum. Hâkiki insan olmadığımdan istifade ederek Afşin Adliyesi'nin bir saniye boş kalmasına gönlüm razı olmuyor. İstiyorum ki günde yüz belâ çıksın. O havali Afşin'e dökülsün. Niye mi? Çünkü serseriler akıllansa, meyhanelerde sinekler sarhoş olur. Anlarsın ya! Arzuladığım tufan durursa, Urfa'daki yâr top atar değil mi?

Maksudi'ye attığım mektup hayatımda yazdığım mektupların en acısı ve en ağırıydı. Çünkü Osman da hayatımda en emek verdiğim ve en tamirine çalışıp, tamirimi yaptırdığım olduğu için. (Müstesnalar müstesna).

Ankara'ya geleli 10 gün oldu. Halâ şehre çıkmadım, gazeteci ve diğer simalarla henüz irtibatım yok.

Yalnız Emre'den bir şey sordum. Cevabını Emek Basımevi'ne göndermiş, daha almadım.

Ağabey, burada klarnet öğreniyorum. Münasebetsizliğime rağmen müteselli kaldığını bildirenlere bilcümle hürmetlerim olsun. Tarafınıza selamlar yollar, minik Ertekinlerin gözlerinden öperim. Pasin'den sık sık mektup beklerim. 2.2.1964

Mahzuni, Kara Harb Okulu Bando Bl. Ankara"[192]

Ankara'nın kışı yamandır, Şerif'i yatağa düşürür, hastanelik eder ama asıl derdi hastalık değildir. Türk Silahlı Kuvvetleri Reçete kâğıdına yazar: Tabibin İsmi: Yemliha. Eh onu da Yemliha'daki dert kutusuna yollar.

"Azizim,

20 gündür giriftar olduğum cismani arazdan hamdolsun hali hazır afiyet bulmuş durumdayım.

Bugüne kadar sizden hiçbir haber alamadım fakat aldım kabul edeyim. Buna mukabil gönderdiğim mektupların ne derece ehemmiyete kaydolduğunu da bilmiyorum. Anlamadığım bir geciktirmenin hafif telaşesinde olduğumu işaret etmek istiyorum.

Benden olmadıkça sizden olmayacağına inandığım hafiflemeyi düşünerek teselli olabilmekteyim.

Şu ana kadar gerek Maksudi'den ve gerekse benzeri yarenlerden hamdolsun en ufak bir anmaya nail olamadım. Yani bu bakımdan çok tabii bir halde ömre devam ediyorum. Aşk olsun o canlara ki, gönlümün erebildiği yere adımları da varıyor.

Başkentte mühim simalarla normal irtibatımız var. Âşıklar Derneği her gün daha gelişmekte, yarın için cidden bir ümittir. Gülhane'ye yatalıdan bu ana dek tanımadığım bazı ilerici insanlar da aciz varlığımı ziyaret etmekte büyük lütufta bulunuyorlar fakat arkadaki özel

---

[192] Yemliha Ertekin Arşivi, Mektuplar

kayda göre bunlar bir derecik şeyler oluyor. Zira aslan kafesine kapatılmış bülbülcük kükrese kükrese şahin kadar hükmeder.

Oysaki aslanlar homurdanırken kuşcağızın arzusu ne veya neler olabilir. Neyzen diyor ki:

'Ne şeriat, ne tarikat, ne hakikat, ne türe
Süremez hükmünü yaşadıkça bu küre,
Cahilin korku kokan defterini Tanrı düre!
Marifet mahkemesinde verilen hükme göre,
Cennet iflâs eder, efsane-i Âdem de geçer.'

Görülüyor ki davası uğrunda harcanmak istediğim en büyük ve en açık bir nişaneyi bile efsane deyip geçen herifler var. Aradığım ben olsam da bunun bir kıymeti olmadığını iddiaya kalkanların elbette bir bildiği var. Ne mutlu ki kendini aşıp gidebilenlere.

Sizden öyle bir arzum ki şu şey, vereceğiniz cevap. Beni ağlatsın, ağlatsın, yorsun, güldüre güldüre size küfürler yağdırsın, beni imandan etsin! Küfrünüze karışıp gideyim. Cevabı Hacıbektaş'a atın, olmaz mı şayet atarsanız.

Berçenek'ten bir mektup alabildim, Öztürk'e selamlarımı hasretimle bildiririm. Hüseyin, Cuma ve Kara Efendilerin ellerinden öperim.

Meraka değer bir şey yok. Suna yakınmış, Mehdi gelmek üzere.

Bütün tarafınıza hürmetlerimi bildiririm. Mahzuni."[193]

Âşıklar Derneği kurucu yönetiminin büyük bir bölümü askerde ve Ankara dışında olsa da dönemin ihtiyacı olarak doğduğu için giderek işlevselleştiğini görebiliyoruz. Mahzuni ve Maksudi'nin Ankara'ya gelmelerinden itibaren hem yazarlarla hem de TİP çevresiyle ilişkileri yavaş da olsa ilerlemeye başlamıştır.

Suna ise Hacıbektaş'da kalmaya devam etmektedir. Ve ilk çocuğunun ilk çığlıklarını atmasına günler kalmıştır.

"Er Namzedi Şerif,

Acı tatlı kelimelerle süslenmiş mektubunu aldım. Bir hayli rahatsızlıktan sonra iyileşebildiğini öğrendim. Baş satırlardan öğrendiğime

---

[193] Yemliha Ertekin Arşivi, Mektuplar

göre bizlerden haber dahi alamadığınızdan bahsediyorsunuz. İnşallah alırsın. Bu ancak seni çok sevip, sevmediğimden ileri gelmektedir. Yine baş satırlarda bulunan birkaç kelimede şunu anlatmak istiyorsunuz zannederim, 'hafiflemeler', emin olmanızı isterim fakat elimden gelmez ki, bizler bilhassa Kâmil Emmi ile Osman Öztürk'le sizi çok özlüyor ve çok rahatsız ediyoruz. Yani bizi rahatsız ediyorsunuz. Hele Öztürk seni o kadar arzu ediyor ki tarifi bile ağır aletlere muhtaç bulunmaktadır. Keşke seni ben de buna yakın olarak takdir edebilsem, ne güzel olur. Evet, bizim gönüllerimizin seyahatine arkadaşlık edemeyişimiz sizi ve bizleri perişan ediyor. Buna inanıyorum. Mehmet Yaşar'ın (postanın) bize getirdiği haberle sizin mektubunuzda anlatamadığınız şeyleri anlatmış oldu…

Arslanla şahin her biri hükümdarlık mevkiindedir. Neyzen'in dediğini de inceledim. Eğer bizlerin ağzımızdan çıkanı kulağımız işitse her şey biter, bir şey başlardı. Zevklerin zevki safaların safası devamının anlamı da herkesin ayrı varlık oluşundan, birlikten bihaber bulunuşundan olmalıdır.

Arzu ettiğiniz ağlatıcı olmam için tuzlu bir şey yemeniz kâfidir. O zaman küfür iman, iman ise küfürdür.

Aksi halde bir zamanlar Mersin'e Şerif aramaya gidene benzeyebilir. Berçenek'ten mektup alamadığınızdan yani az aldığınızdan bahsiniz de yerindedir. Cuma, Kara ve Hüseyin Efendileri gördüm. Onlarınki adet üzere, Öztürk'e gelince bizzat sohbet ettik. Sevgi ve selamlarının kabulünü istirham ediyor.

Remziye ve Fatma Hanımlar ile yeğenleriniz selamla ellerinizden, gözlerinizden öperler. Suna'ya selamla selamette ve rahatta olmasını temenni eder, her şey de hayır dilerim. Geleceğe 'hoşgelsin' derim.
13.3.1964

Yemliha Ertekin-Afşin"[194]

[194] Yemliha Ertekin Arşivi, Mektuplar

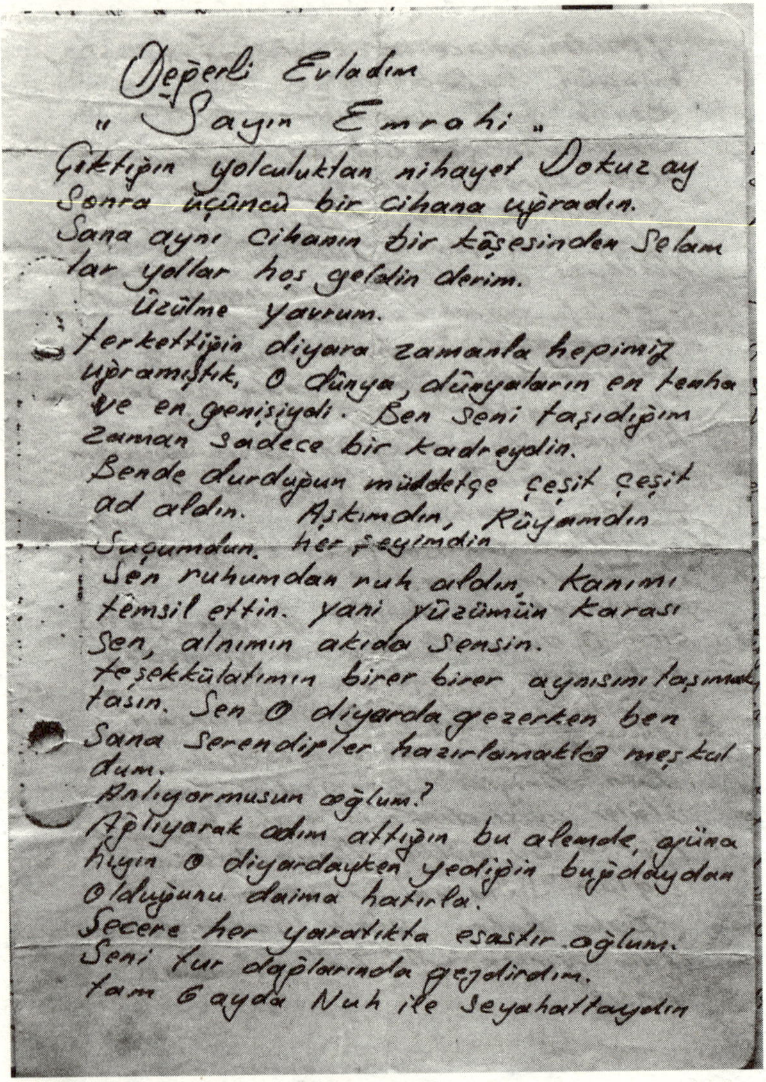

Değerli Evladım
" Sayın Emrah'i "
Çıktığın yolculuktan nihayet Dokuz ay
Sonra üçüncü bir cihana uğradın.
Sana aynı cihanın bir köşesinden Selam
lar yollar hoş geldin derim.
Üzülme yavrum.
terkettiğin diyara zamanla hepimiz
uğramıştık, O dünya, dünyaların en tenha
ve en genişiydi. Ben seni taşıdığım
zaman sadece bir kadreydin.
Bende durduğun müddetçe çeşit çeşit
ad aldın. Aşkımdın, Rüyamdın
Suçumdun. her şeyimdin
Sen ruhumdan ruh aldın, kanımı
temsil ettin. yani yüzümün karası
Sen, alnımın akıda sensin.
teşekkülatımın birer birer aynısını taşımak
tasın. Sen O diyarda gezerken ben
Sana Serendipler hazırlamakla meşkul
dum.
Anlıyormusun oğlum?
Ağlıyarak adım attığın bu alemde, güna
hıyın O diyardayken yediğin buğdaydan
Olduğunu daima hatırla.
Secere her yaratıkta esastır oğlum.
Seni tur dağlarında gezdirdim.
tam 6 ayda Nuh ile seyahattaydın

Şerif'in henüz Dünyaya gelen oğlu Emrah'a Mektubu

Yaşayacaksan Derhal Ölmeye Çalış!

Suna Hacıbektaş'ta 10 Mart 1964'de bir oğlan dünyaya getirir. Kendisi kocasız gelinken, oğlu da babasız evlat olmuştur. Kocasız-babasız da olsalar bu mutlu doğumla anne evladına kavuşur, yalnızlığına ilaç olur. Adını Emrah koyarlar. Şerif oğlu Emrah'a bir mektup yazar. Daha bu ilk mektubunda oğlunu inancının bütün yanlarıyla tanıştırır. Bu mektupla o dönemdeki yaşama bakışının bütün ipuçlarına tanık oluruz.

"Değerli Evladım, Sayın Emrahi,

Çıktığın yolculuktan nihayet dokuz ay sonra üçüncü bir cihana uğradın. Sana aynı cihanın bir köşesinden selamlar yollar, hoş geldin derim.

Üzülme yavrum, terk ettiğin diyara zamanla hepimiz uğramıştık. O dünya en tenha ve en genişiydi. Ben seni taşıdığım zaman sadece bir kadreydin. Bende durduğun müddetçe çeşit çeşit ad aldın. Aşkımdın, rüyamdın, suçumdun, her şeyimdin.

Sen ruhumdan ruh aldın, kanımı temsil ettin. Yani yüzümün karası sen, alnımın akı da sensin. Teşekkülatımın birer birer aynısını taşımaktasın. Sen o diyarda gezerken ben sana serendipler hazırlamakla meşguldüm.

Anlıyor musun oğlum?

Ağlayarak adım attığın bu âlemde, günahının o diyardayken yediğin buğdaydan olduğunu daima hatırla. Secere her yaratıkta esastır oğlum.

Seni Tur dağlarında gezdirdim. Tam altı ay Nuh ile seyahattaydın. Gemiden inince karada ancak 3 ay 9 gün kalabildin. Ben de öyle yapmıştım.

Emrahi, burası oraya benzemez değil mi? Hem burada çok şeyler dörttür. Mevsim dört, cihet dört, unsur dört, kitap dört, hatta ayakların çoğu dört. Hâlbuki orada bunların hepsi birdi.

Eee!? Anlat bakalım Emrah. Buraya geldiğine memnun musun?

Yukarda dediğim gibi burada her şey evsafa ayrılır, çeşit çeşit isim. Hâlbuki sen oradayken yalnız bir adem din ve bir de aldığın hava vardı. Şimdi Emrah'sın artık.

Oğlum bu ismi ben levhi kalemle yazdırdım sana.

Yaşayacaksan derhal ölmeye çalış zira o dünyanın kokusu gitmeden öl ki, öyle yaşayasın.

Buğdayı yediğin gibi kalırsan cennet yüzü göremezsin. Ben diriyim. Ölemedim Emrah'ım. Ölüler gerçi dirilerin mahsulüdür. Açıkça bu mülke dünya derler.
Oğlum sana yalvarıyorum. Baba hatırı Allah hatırıdır. Onu kırma. Derhal öl ama nasıl.
İnşallah sağ kalır da ölürsen oku oku oku oku!
Ama yalnız bir harfi oku
Elif, elif, elif, elif.
Senin mevcut dilinden ancak seni yapan anlar ama sen elif irfanı görmüş bir adem olduğun müddetçe her lisanın vâkıfısın.
Ben olamadım hayatım. Seni benim izimden sürüklemem. Ancak ki iz sahibi olmanı isterim.
Bulunduğun muhitin mürşit isimli birçok simaları var. Zinhar! Kitap isimli bir yığın samanı aman ha aman. Ne birini dinle ne birinden oku.
Elif ismini hatmetmeye çalış kâfi. Bekle birkaç dakika sonra geleceğim. Seni aşamadığım dağlara geçemediğim bataklıklara götüreceğim. Çünkü aradığımız yer o dağların o batakların gerisinde, anlıyor musun Emrah.
Suna'dan ayrılma.
Senin yetmiş yaş küçüklerini sakın kırma. Bir tek taşa sade yaşa.
Bekle ama sakın uyuma.
Suna'nın ilk yumruğunda kör ol.
Son narasında sağır ol.
Öyle ki söylediğini yalnız sen duyabilesin.
Oradan getirdiğin imanı derhal buradaki küfüre kat.
Anlıyorsun değil mi Emrah.
Unutmuşum demeyi. Dört sayılardan biri de dört kapıydı. Sen sen ol, bunların hiçbirini açma.
Demek istediğim eşek gibi çalış.
Tatlıların ilk başı zehirdir. Ondan başla yudum yudum.
'Ben' çıkana kadar 'sen' bal denen nesneyi katiyyen tatmaya kalkma. O seni uçurumlara ve yokluğa sürükler. Emi Emrahi?
Daha diyeceğim çok fakat şimdilik bu kadar yeter. En büyük babanın şefkatiyle ellerinden öperim sevgili yavrum.

Bacın Züleyha'ya selam eder, onun da gözlerinden öperim.
Suna'ya selam yok, kendim varım.
Not: İstersen mektup sadece sende kalsın.
Anlaşıldı mı Em-Rahım.
Emrah Şerif"[195]

Şerif'in Emrah'ın doğumundan bir süre sonra yazdığı bu mektupta aldığı kültürün hemen hemen bütün izlerini görmek mümkün. Bir babanın çocuğuna önerebileceği tek şeyi, bütün yönleriyle içerir: Yol. Bununla birlikte 24 yıllık kendi yaşamını sorgulamasına da okuyucuyu ortak eder.

Emrah'ın doğumundan sonra Suna'yı yeniden Berçenek'te görürüz. Emrah'ın Berçenek'te hastalanıp doktora götürülmesinden sonraki süreci Mahzuni Şerif'in "*Berçenek'ten Yaya Geldim/Amman Doktor Bak Bebeğe*" adıyla ilk plağında izleriz.

Gam Yeme Gönül Gam Yeme

Anadolu insanı karşılaştığı güçlüklerde kendi kendine metanet telkin ederken sık sık ya "*gam yeme gönül gam yeme*" ya da "*aldırma gönül aldırma*" diye seslenir. Hele de mapushanedeysen Sabahattin Ali "*Aldırma gönül, aldırma*" derken, Osman Dağlı da "*Gam yeme gönül, gam yeme*" der.

"Kamil olan kalmaz naçar,
Gam yeme gönül gam yeme.
Kara gündür gelir geçer,
Gam yeme gönül gam yeme.

Elif misin hece misin,
Gündüz müsün gece misin,
Hüseyin'den yüce misin?
Gam yeme gönül gam yeme

Derdinden döndüm deliye,
Derdimi döksem veliye,
Neler ettiler Ali'ye?
Gam yeme gönül gam yeme.

[195] Yemliha Ertekin Arşivi, Mektuplar

Maksudi bade içerim,
İçer serimden geçerim,
Kırar demiri kaçarım,
Gam yeme gönül gam yeme."[196]

Osman Dağlı Amasya'dan sonra Ankara'ya nakledilir ve askerliğini TBMM Mhf. Taburu'nda sürdürür. Ne var ki, Amasya Askeri Mahkemesi'nin verdiği 2 ay 15 günlük hapis cezası için Mamak Askeri Cezaevi'ne alınır. O sıra Şerif'le de kırgınlık yaşamaktadır. Bu süre içinde kendini kapatır ve sıkıntılarını dışarıya aksettirmek istemez. İşte yukardaki şiir böyle bir dönemin atmosferinde kaleme alınmıştır. Dağlı her ne kadar yıllar sonra çıkardığı şiir kitabında bu şiirin altına "1963-Mamak Cezaevi" yazsa da geriye dönük bir yanlış hatırlamadır. Çünkü kendi el yazısı ile yazılmış mektupların tarihlerine baktığımızda 2 ay 15 günlük hapis cezasının bitiş tarihi 10 Haziran 1964'tür. Bu süreci Dağlı'nın 14 Mayıs 1964'de Yemliha Abisi'ne yazdığı mektupta da ayrıntılarıyla görmek mümkün...

"Saygıların Layıkı Ağabeyciğim,

Birliğim olan TMMM MH. Taburundan naklen gönderilen kıymetli muhabbetnameniz 14.5.1964 tarihinde vuslat buldu. Hakikaten abi Zaliha'nın mektubunda onların tahammül edemeyeceği kahırlar mevcuttu. Fakat abi inan ki sevginin ulviyetini anlıyan insanın sevdiklerine karşı yüreği yufkalıyor. Mektubunuzda ihmallik diye bir kelimeyi işaretle arz etmek isterim ki, sizi hiçbir zaman ihmal etmiş değilim. İçinde bulunduğum zaman şartlarına göre hareket etmişimdir abi. Hastaneden çıktıktan sonra Ankara'ya hareket içinde 15-20 gün zaman geçti. Ankara'da ise esas sizleri şimdiye kadar üzmek istemediğim iki aylık zaman içinde ise maksat ve gayelerime sadakat esasına istinat eden Amasya As. Ceza Mahkemesi'nden aldığım 2 ay 15 gün mahkûmiyetin infazını bitirmek üzere bulunduğum Mamak 1.sınıf As. Cezaevi'nde bulunmam mani olmuştur. Şimdi ise cevap vermek zorunda kaldım. 20 günüm kaldı. Yine Meclis'te vazifeme devam edeceğim. Sakın sizleri üzmüş olmayayım.

---

[196] Osman Dağlı, *Ara Beni, Ozan Maksudi*, 2004, s.54

Malumunuz veçhile aşk yolcuları toplum kurallarını rencide etmeyerek aldıkları cezayı mukaddes sayarlar. İşte bundandır müdrik simalarca mahkûmluk vazifelerin bir nevi mukaddesidir.

Ne mutlu cezasını rıza ile çekenlere, yoksa abi beni askerlikten istifade ederek muskacı, üfürükçü, cübbeli amcalar gibi vahdete mi çekildi, zikre mi daldı zannediyorsun. İlkeci insanlar hiç birbirini ihmal eder mi, kültür ve ilim âşıkı insanlar Arap müftüleri gibi düşünmez abi. Çileden çileye sürüklendiğim halde, sayenizde ruhumda ve itidalimde çok büyük zindelik hissediyorum. Bu demir parmaklıkların arkasında binlerce mazlum ve masum insanlar hayatlarının heba olduğunu zannederek kaderlerine ağlıyorlar. Gülüyorum abi, kader niçin kahretsin onları, düşünseler burası kinlerin ve günahların sabır değirmeninde öğütüldüğü yerdir, aynı zamanda ıslahı nefs yoluna dönerek içlerini arıtanlar için hazreti Yusuf makamıdır burası. Şahsen duygu ve bilgilerime büyük yenilikler katmıştır bu kısa çile günleri. Alışacağız abi, örnek almak gerçek aşk ehlinin ilk görevidir bence. Sözde konuştuğumuz gerçek hayat mevzularından haz aldığımız malumunuz, şüphesiz yaşamakla tatbikatı da haz vericidir.

Sizin mektubunuzla birlikte bir mektup da Mahzuni'den aldım abi. Size şunu samimiyetle arz edeyim ki, Mahzuni ile hiçbir zaman ayrılmış değiliz, ayrılmamıza da imkân ve ihtimal olamaz. Çünkü gayeler iyiyi, güzeli, doğruyu seçmekten ibarettir. Binaenaleyh her ikimizin de arzusu mevcut kardeşliğin temelini çürük bir şekilde inşa etmeyelim ve bu suretle de sevgiyle ruhun yanmasından meydana gelen hummalı bir faaliyetimiz aklın içinde ve aklın dışında olan iki esasa dayanmaktadır. Bu münasebetle aşkı hakikinin taraflara yüklediği vazife çok nazik ve ağır olmakla, tarafların ciddi mücadelesi akılla hareket eden halkın görüş açısına göre taraflar arasında büyük bir boşluk ve ayrılık olduğu kanaati hâkim olmaktadır. Gerçek şudur ki, bütün dünyadaki yücelik yolcuları kendi sözleriyle bağlanır. Bizse bütünlüğümüzü daha ezel aklın içinde ve dışında kabullenmiş ve dünyaya ilan etmişiz, sonra saniyende olsa birbirimizin gönlünde sevgiyle yaşadığımıza inanıyoruz, zahirde görünen bu boşluğun kapanması için de sevgide kıskançlığın ve zorlamanın zararlı olduğunu şahsen görerek sevdiğimi haliyle serbest bırakmıştım. Bu tedbirimde son derece isabetli olmakla zaman ve mekânın da desteğiyle istediğim neticeyi tahminim üstünde almış bulunuyorum. Bilhassa son mektup bu husustaki bütün yaraları tedavi ve böyle bir boşluğun meydana gelmemesinin teminatı olmakla, beni affetmiş olması benden af dilemesi şüphesiz bendeki itidali ve gerçeği kabul edişi büyüklüğünü bir daha ispat etmiş oldu ki, son derece memnuniyeti muciptir. Şu teminatla arz edeyim ki, abi bu bir senelik mücadele içinde bulduğum gerçeklerin mahsulü otuz yıllık hayatımın bedeli olmuştur. Abi burada tasvirine imkân olmayan mukaddes mazinin mahsulünü zaman ve mekân icaplarına göre birlikte tadacağız.

Emin olun ki, zindanda dahi olsak zamanımızı aşk ve insanlık namına harcıyor ve değerlendiriyoruz. Şüphesiz sizlere düşen vazife büyüktür. Fakat Mahzuni-Maksudi'nin de karınca kararınca kaderince faaliyette olduklarını size temin ederim.

Manevi huzurunuzdan istemeyerek ayrılırken Emmime candan selamlarımı sunar ellerinden öperim. Sevgiyle soran bütün dostlara ayrı ayrı selam ve niyazlarımı emanet eylerim. Yengemgillere selam eder, çocukların gözlerinden öperim.

Osman Öztürk'e, ayrıca icaplara göre mektup yazacağım, selam edip gözlerinden öperim.

Abi, adres vermediğim halde yurdun birçok yerlerinden tanıdık veya tanımadık birçok mektuplar alıyorum, ne oldu bilmem abi. Yalnız şunu itiraf edeyim ki, hayatta ilim ve aşk üzerinde ne yoklamadığım köşe kaldı ne de içimde şüphe kaldı. Ruhum çok zinde ve mesutum.

Hoşça kal.

Aciz Maksudi

Adres: 1.Sınıf Askeri Cezaevi, Arka Hücre, Mamak"[197]

Bu mektup Dağlı'nın son bir yıl içinde katettiği yolu ve vardığı yeri de gösteren niteliktedir. Aynı günlerde Şerif'in kısa notundan da anlaşılacağı üzere artık önlerindeki yola odaklanacakları bir döneme girmişlerdir. Askerlik sonrası bir verime duracakları artık aşikârdır.

"Kardeşim,

.....

Maksudi'yle artık mektuplarımız normale dönüştü. Vaziyete göre olanlara tırpan çekeceğiz. Eskiyi yenileştirmenin azimkârlığı içinde

---

[197] Yemliha Ertekin Arşivi, Mektuplar

bekliyoruz. Hapisliği az kaldı. Benim Haziran'da izne gelme ihtimalim var..."

1961 ve 62'de ilişkilerini ve fikir alış-verişlerini kendi memleketlerinde Yemliha Abilerinin katalizörlüğünde yoğunlaştıran Şerif ile Osman 63'de bu kardeşliği Ankara'ya da taşırlar. 63 sonlarında başlayan ve 65 sonbaharına girerken biten askerlikleri boyunca da kâh didişerek kâh dayanışarak yol arkadaşlıklarını sürdürürler. Henüz plak dönemine girmemişlerdir ama Şerif'in 63 Mart'ında Berçenek'ten Poskof'a göçerken annesine yazdığı şiirin ruhuyla, 64 baharında Dağlı'nın Mamak Cezaevi'nde yazdığı şiirin daha sonra Mahzuni mahlasıyla nasıl "*Gam Yeme Gönül Gam Yeme*" plağına dönüştüğünü anlamak Mahzuni-Maksudi kardeşliğinin 65-67 dönemini de anlamak açısından önemlidir.

Maksudi'nin şiiri dört dörtlükten oluşur. Mahzuni ilk dörtlüğü alır, iki ve üçüncü dörtlükleri çıkarır, yeni bir dörtlük yazar. Son dörtlükteki "*Kırar demiri kaçarım*" mısraını çıkarıp yerine "*Alır Suna'yı göçerim*" mısraını ekleyerek şiirin temasının dayanağını değiştirir ve Mahzuni mahlasıyla plak yapar. Kuşkusuz bunu Osman Dağlı'nın onayı ve desteği ile yapar.

"Kamil olan kalmaz naçar
Gam yeme gönül gam yeme
Kara gündür gelir geçer
Gam yeme gönül gam yeme

Akıttım didemden yaşı
Sızlar yüreğimin başı
Hafif olur cahil (körün) taşı
Gam yeme gönül gam yeme

Mahzuni bade içerim
İçer serimden geçerim
Alır Suna'yı göçerim
Gam yeme gönül gam yeme"[198]

Yıllar sonra Sabahat Akkiraz bir Almanya konserinde bu parçayı söyler. Tabii Suna dönemi bitmiştir, "*Alır Suna'yı göçerim*"

---

[198] Süleyman Yağız, *Berçenekli Aşık Mahzuni*, 1976, syf:169

mısrası, olmuştur "*Alır cananı kaçarım.*" Konserde hazır bulunan Osman Dağlı ayağa kalkar protesto eder. İlginçtir, itirazı parçanın mahlas bölümüne değil, plaktan farklı okunmasınadır. "*Alır Suna'yı göçerim*" biçiminde okunması gerekir der.[199]

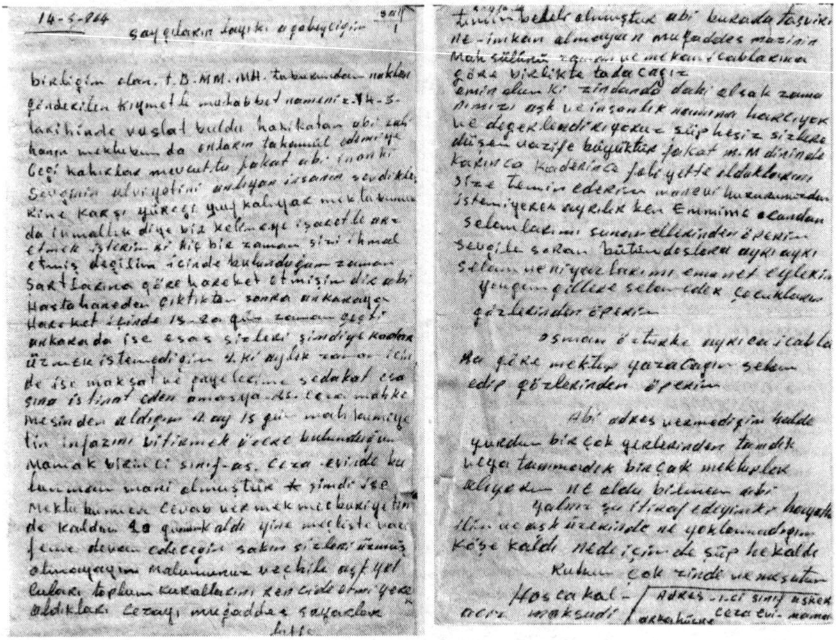

Osman Dağlı'nın Yemliha'ya Mamak'tan yazdığı mektup, ***14 Mayıs 1964***

Hunu'da Bir Komün Deneyimi, Bir Muhasebe

Afşin-Elbistan çanağında genellikle Hakikatçi-Alevilik kültürü içinde küçük gruplar halinde de olsa, ortak mülkiyeti içermese de özünde bir dayanışmayı içeren örnekler yaşandığından söz etmiştik. Hunu Köyü'nde ise Sünni kökenli olmalarına rağmen Alevi-Bektaşi kültürüne meyilli beşli bir grubun benzer bir girişimi yaşanır. Belli ki bölgedeki iklimin etkisiyle, Osman Dağlı'nın Alevi-Bektaşi kültürüyle yakınlaş-

[199] Kemal Dağlı, Sözlü aktarım. 7 Haziran 2019

ması sonrası ortaya çıkan, çok uzun ömürlü olmasa da taraflarda iz bırakan ve sonrasında dostluk olarak süren bir deneyimdir. İlişkileri göz önüne aldığımızda en erken 61 yazında en geç 63 kışında ortaya çıkan bir deneyim. Bizler bunu ancak Osman Dağlı'nın Ankara'da Mamak Cezaevi'nden tahliye olup, askerliğine devam ettiği 64 Haziran'ındaki mektubuyla belgeleyebiliyoruz. Bu mektup aynı zamanda geçmişin değerlendirilmesidir de. Girişimin sahipleriyse Osman Dağlı, Osman Öztürk, Cuma Arslan, Hüseyin Biçici ve (Kara) Mehmet Gündeşli'dir. Hepsi de Hunulu ve gençlik arkadaşlarıdır.

"Kardeşim Cuma,

Malumu aliniz beş arkadaş, diğer beş arkadaşın hayatta mesut ve müreffeh yaşamalarından örnek olarak onlar gibi olmak, onlar gibi yaşamak arzusu ile uzun zaman fikri mücadeleden sonra günün birinde zati alinizin daveti üzerine çay ocağının üç metrelik küçük kulübesinde küçük bir masanın etrafında mutaassıp halkın ayıplama korkusu içinde dost ve arkadaşlık duyguları içinde bir arada saniyende olsa samimi kadehler sunan arkadaşlarımın birkaç yudum mazide geçen günümüzün önemli saatleri sayılabilir. Örnek olarak tuttuğumuz insanların taklidini yapmak üzere toplanmıştık ve arzu edilen kararlarla bu denemeyi yapmıştık. İşte bu deneme bizim için gerçekti. Çünkü ..... ancak o saf havayı ... ondan sonrayı göremeyenler ekseriyette idi. Böylece netice taklit ve gerçekleşemeyen bir hayalden ibaret kalması tabiidir.

Buna bazılarımızın üzüldüğünü görmüyor değildim fakat neticenin aynı arkadaşlarla tam bir başarı kazanacağı düşüncesi benim için aptallık olurdu. Buna rağmen neticenin normal olduğuna kaniyim. Çünkü içimizde bilerek veya bilmeyerek iyi veya kötü niyetlilerin bulunduğu bir gerçektir. İşte bakınız netice ne olursa olsun anlayanlar için bu taklit deneme bile insanlık peşinde koşan ilkeci ilim irfan aşığı arkadaşlar için şüphesiz büyük tecrübe imtihanı olmuştur. Misal olarak arz edeyim ki, bakın Ay'ı keşfetmek için füze ve roket gemileriyle feza denemesine gönderilen bir maymunun bile insanlığa ne derece faydası olduğunu anlarsınız. Neticeden endişe duyan çok üzülen arkadaşlarımız maalesef aldanıyor. Neticeyi madem görme kudretine haiz değiliz o halde ne olursa olsun mazinin gerçek hatırasına sadık kalmamız gerekirdi.

Zaman ve mekânın ağır şartları içinde sığındığımız küçük kulübenin içinde saniyende olsa huzur içinde arkadaşlarımın sunduğu birkaç yudumu unutmak ve o samimi saatlere hıyanet etmek benim için en büyük günah sayılır. İşte bakın 8 aylık askerliğim zarfında hala içimden silinmeyen bir sevginizin olduğu bugün size şu satırları yazdırmakla unutulmak istense bile unutulmayan bir sevgi ve hakikatın olduğunu ispat etmektedir. Velhasıl netice olarak her insanın affetmeye layık olduğu gibi affedilmeye de layık olduğu çıkıyor ortaya. Arkadaşlarımın şahsıma karşı düşünceleri ne olursa olsun iyi veya kötü niyetleri de beni üzmez. Ben onları çoktan affetmişim, temennim odur ki onlar da beni affetsinler. Cuma biliyorsun cahil bir ailenin, cahil bir muhitin, cahil bir arkadaş topluluğunun yetiştirdiği gençler olarak muhitin etki ve tesirleri altında davamız gerçek bir insan olarak imece suretiyle maddi ve manevi gücümüzü birleştirerek cemiyete ve insanlığa faydalı olmaktı. Bu birlik, bu arkadaşlık taklit dahi olması birçok insanı çekememezliğe sürüklemekte idi.

Demek ki aşkın ve hakikatin bir zerresi bile bin dağı delebiliyordu. Şüphesiz her hayal ve taklidin içinde görenler için bir hakikat gizlendiği muhakkaktır. Bundan evvel geçen dostluk ve arkadaşlığımız çapraşık olmakla hayatın acı ve tatlı birçok çilelerini müşterek yaşamanın huzuru içindeyim. İçimden silinmeyen hali mazinin tatlı hatıralarını olduğu gibi hayal levhasından hakikat duvarına aksettirmekle gerçeği olduğu gibi görmekteyim. Malumu aliniz Cuma, hayatımın birçok kısımlarını seninle birlikte geçirmiştik. 13 yaşımdan beri peşinden sürüklendiğim bir aşkım olduğunu bilirsin. İşte 17 yıllık aşk hayatımın daha ziyade mecaz âleminde seninle birlikte geçmiştir. Fakat mecazdan ilahiye ilahiden de hakiki aşk âlemine elimde olmayarak yalnız gitmişim. Bugün kendimi dünyanın en bahtiyar insanı saymakta haklıyım. Çektiğim çilelerin, yediğim felek sillesinin acılarının bir gün biteceğine inanmıştım. İşte 30 yaşımda hayatta gerçek ve gerçek olmayan her ilmi idrak etmenin huzuru içindeyim. Ne mazinin hoşluğuna ne istikbalin boşluğuna endişem var. Zaman ve mekân şartları altında insanlığa hizmetle zamanımı değerlendirmek, karınca kaderince amacıma, çünkü 'hayat bir kadeh dolu zehir, yudum yudum iç, vücudu alıştır. Yoksa ya hayat sona erer yahut da kadeh dolu kalır' anlayışı ile yazdığım vecizeme sadıkım.

Kardeşim, insanlığın sırrı kendi nefsinden ziyade başkalarına hizmet etmekle çözüldüğünü idrak etmeyecek kadar kör değiliz. Artık takdir edersiniz ki bu benim ana prensibimdir. Bunu hareketimle ispat ettiğimi düşmanlarım bile görmüş takdir etmiştir. Bunlar umumiyetle aşkımı hayat ve kâinat ölçüsünde takviye eden unsurlardır. 'Edebi edepsizlerden öğrendim' diyen aydınların sözü ibret alanlar için büyük bir kılavuzdur. Ben kim olursam olayım yalnız bu dört arkadaşın iyiliğini temenni eylerim. Zaman bütün manileri kaldırır bir gün kavuşursak sana o zaman her şeyi bazı şartlar altında anlatırım. Günler bizi şimdilik uzakta tutmaktadır. Buna rağmen her haline vakıfım Cuma. Yalnız maddi ve manevi bütün âlemlerini açıkça yaz, bana bildir. Benim şimdilik kollarım bağlı fakat sen serbest hayattasın, istediğin gibi hareket edebilirsin.

Biliyorsun Hunu'dan hiçbir şahsa mektup yazmadım. İlk mektubu sana yazıyorum. Galiba acemilikte Öztürk'e cevabi bir mektup yazmıştım. Dünya ile irtibatım bu kadar, azmim kuvvetli, sıhhatim normal. Şerefli görevimi Türkiye Büyük Millet Meclisi'nde aşkla şevkle yapmaktayım. Tafsilatlı mektubunu beklerim. Hoşçakal kardeşim.

Osman Dağlı Maksudi

Bu 'şehrin şenliğine karşılık susar selvilerle mezarlık, susar hatırlatır bu kırık aynadaki hazin perişanlık'(Cahit Stkı Tarancı) cisme dokunmayan sevgi sevgi değil barbarlık.

Not: Siz bizi unutabilirsiniz fakat biz sizi asla ihmal etmiş değiliz.

Şerif ayrıca selam eder.

Sık sık görüşüyoruz, birliğimizden endişeniz olmasın. M.M"[200]

Kamil Emmi

Bir Kamil Emmi lafıdır gidiyor, Kaşanlı'da bir mecliste İbreti ile görüyoruz, Kamalak'ta Afe Ana ile Berçenek'te Şakir Babalarla. Nereye uğrasak bir Semerci Kamil lafı işitiyoruz. Okuduğumuz her mektupta selam edip ellerinden öpüyoruz.

1911 doğumlu, dolayısıyla Yemliha Abi'nin de abisi, hem de eksikliğinde kendini eksikli hissettiği abisi. Siz deyin Hayyam

[200] Aşık Aliyar Arşivi, Mektuplar

ben deyim Neyzen; yok şiir yazanı değil, şiirleri yaşayanı. Ekibin nüktedanı, az konuşanı ama ağzından hep inci çıkanı. Muhabbet ehli. Deniz kadar derin mavi gözleri hep sizi içine almaya meyilli. Ve de semerci, semerci değil de eşek, at, katır terzisi. Yani modacı.

Yemliha'nın vazgeçilmezi. Yemliha yazıhanesinin iç düzenini sık sık değiştirir. Bir gün Kamil Emmi Yemliha'ya uğrar. "*Yahu Yemliham, her gelişimde eşyaların yerini değişmiş görüyorum. Niye oynayıp duruyorsun*" der. Yemliha "*Ben bunların yerini değiştirmesem, sen dünyanın döndüğünü nasıl anlayacaksın*" diye cevap verir.

Oğlu Erol'a (Serabi) bakıp Kamil Emmi'nin yansımasını görmek de mümkün. O zaman Erol Abi'nin babasına yazdığı "*Üç Sene Önce Ölen Oğlundan Mektup-Babam'a*" şiirine bir göz atalım.

"Ölü konuşur mu diye düşünme sakın
Mezarlıktan çok ses duyarsın baba
Cehennemde oğlun sana çok yakın
Beni görmek için bakarsın baba

Beni benden daha iyi bilirsin
Bir gün olur bana doğru gelirsin
İstiyorsan bunak oğlun delirsin
Bir Mecnun sahibi kalırsın baba

Sana göre benden kalmadı eser
Herkes ölülerden umudun keser
Darıldıysan sen bir ölüye eğer
Ruhsuz bir varlığı yakarsın baba

Bu an için bilmiyorum nerdeyim
Bir ölüyüm sağ kişiye ne deyim
Yol mu var ki bir tarafa gideyim
Olmayan yolumu kaparsın baba

Hercümerç olmuşum hani varlığım
Sende çoktan öldüm, ellerde sağım
Ne kadar ölsem de kalbinde yağım
Erirsem yağsız kurursun baba

Bilmiyorum herkes keser mi kolun
Beni sarhoş eden şekerli dolun
Öyleyse yanlıştır senin de yolun
Aynı yolda beni bulursun baba

Eğer evladınsam nurum gözünde
Ölsem bile vardır yerim özünde
Ne varsa anlarım senin sözünde
Beni sen kalbinde bulursun baba

Ölsem bile kalbindedir mezarım
Kılavuzsuz bırakırsan azarım
Bunu sana cehennemden yazarım
Serabiye mihman olursun baba

Çiçeksiz kalbimin gülleri solmuş
Burda Erol vardı şimdi nicolmuş
Yontulmuş incelmiş Serabi olmuş
Belki şimdi sahip çıkarsın baba"[201]

Kamil Emmi'ye bir de Mahzuni aynasından bakalım, kimdir Semerci Kamil?

"Sevgili Semerci Emmi,

Boş lafa karnınızın tok olduğunu umarak biraz acıkmanızı bekledim. Derken ben daha fazla acıktığımdan bu orucu bozmaya karar verdim. Arzuhalci her ne kadar vurduysa da bileği zayıfmış öldüremedi. Belki de zamanla öldürdüyse de mezara galebe edecek kuvvetli bir hortlak olduğumu unutmuş. Şimdi haykırıyorum.

Hem ne de kükremişim bir görmelisin. Önüme çıkacak her semeri yırtıp geçmek istiyorum.

---

[201] Yemliha Ertekin Arşivi, Şiir Dosyası

Emmi, var evet bir bıkkınlığım var ama neden bilmiyorum. Bir de bunu bildim mi, değme keyfime.

Arzuhalci işin teknik yönünü yakalamış, başkalarının tercümanı olurken hikâyenin sonunda bir 'haberin olsun' rumuzunu kullanıp çıkıyor. Ama asker bir adamı müşkül durumda bırakmanın şerefsizlik olduğunu anlatacak bir semer aleti yok mu sizde?

Yeri gelmişken bir iki lafın belini kıralım dedik. Bakalım ne düşüneceksiniz.

Gerek siz gerekse 'acık siz' olan Hacı Türkoğlu'nu hiçbir zaman aklımdan atmış değilim. Ama ne var ki bu da boş bir laf. Lafı ne ile dolduracağımı şaştım da onun için.

Radyoyla ilgileniyorum. Plak dolduracağım. İnşallah bir gün hepimiz de bir dolu lafın muradına ereriz.

Emmi, burada birkaç merkepçi var. Şunları sormamı rica ediyorlar.

1-Merkebin en iyisi nerede çıkar.

2-En kötü semeri hangi hallaç yapar.

3-Eşeğin tadı nedir.

4-Boynu kalın eşeğin kulağı da niçin etlenmez.

5-Odun eşekte, eşek odundayken dağ nerede olur.

6-Zırlama hangi makamdadır

Niyazlar. Mahzuni."[202]

Bu mektupla Şerif'in radyoya girmeye çalıştığını ve plak döneminin başlamak üzere olduğunu da öğrenmiş oluruz.

Kamil Emmi nice insanım diyene semerini yaptı da gitti. Kaldı sedası kulaklarımızda.

---

[202] Yemliha Ertekin Arşivi, Mektuplar

Erol Büyükgenç (Kamil Emmi'nin oğlu, Serabi) ile Yemliha

Berçenek Var Berçenek Var

Bir insan homojen olamazken bir köy neden homojen olsun ki! Birçok Berçenek var bir Berçenek içinde. Yıl 1964-65, Şerif'in sarı sayfalı defterinde "Berçenek Köyü Kültür Kalkınma ve Güzelleştirme Derneği" tüzüğünün el yazması notları var. Uzun uzun tüzük maddeleri sıralanmış. Biz o kadar uzatmayacağız. Derneğin amacı ve kurucular kurulunun isimleri Berçenekler'den bir Berçenek'i görününür kılıyor.

"Gayesi:

1-Köyde okuma yazma mahrumiyeti olan vatandaşlara okuma yazma öğretmek,

2-Yol, köprü, mektep, çeşme gibi umumi ihtiyaçları imece usulüyle tamir ve temin etmek,

3-Köyde mevcut gençliği zararlı faaliyetlerden alıkoyucu kültürel tedbirler almak,

4-Geçinme zorluğuna maruz kalan fakir vatandaşlara kredi imkânı sağlayıp derneğin bünyesince malı takviyede bulunmak,

5-Yaş gözetmeksizin umumi kültürü benimsetmek, komşuluğu sevgi ve sulh bağlarıyla toplumculuğa celp etmek,
6-Okuma çağı gelmiş çocukları mutlak okula yazdırmak ve velilerine bu meyanda yardımcı bilgiler vermek,
7-Zamandan istifade maksadıyla, başıboş gençleri dernek lokâli de bir araya getirmek ve istidatlarınca kitap okumaya şevk etmek,
8-Köy merası veya okul bahçesi içinde bir spor alanı temin edip köy gençliğini futbol, voleybol, hentbol, güreş, koşu gibi atletizm değerinde beden eğitimine teşvik etmek,
9-Mahalli ve milli gazetelerden istifade amacıyla aboneliği ve okuma zevkini hasseten tanıtmak,
10-Resim, şiir, makale gibi sanat değerlerini mevcut gençliğin bir ihtiyacı haline getirebilmek ve güzel sanatları benimsetmek,
11-Köyün kır arazisini faydalı hale getirmek için imeceyle artezyenler tesis etmek, ziraatın daha verimli olabilmesi için ilgili kaza'nın ziraat kurumlarıyla irtibat sağlamak ve teknik imkânlarını genişletmek,
12-Bağcılık, sebzecilik ve rençberliği ekonomik bir düzende yürütebilmek için ilgili bakanlıklardan malı ve manevi takviyeler sağlamak,
13-Her nasılsa kabilinden ihtilafa düşen köy sakinlerinin tekrar sulh haline gelmesinde dernekçe tedbir almak,
Barış ve nezaketi bütün ihtiyaçlardan önde tutmak,
14-Yalancılık, dolandırıcılık, hırsızlık, kumar, kavga gibi cemiyet ve insanlık felaketini doğuran hadiseleri köy birliği ile yok edici tedbirler almak, önlenemeyen gayri ahlaki hadiselerin mahkemeye intikalinde, asayiş kuvvetlerine ve mülkiye mensuplarına oy birliğiyle yardımcı olmak,
15-Köyde hastalık neşredici bataklık, hela ve çöplük gibi zararlı menbaaları zararsız hale getirebilecek sosyal tedbirler almak,
16-Taşınım ve ulaşıma müsait olmayan mevsim veya zamanlarda acil hastalıklar ve yaralanmalar için mütevazı bir ecza deposu ihtas etmek,
17-Ziraat ürünlerinin devşirmesinde geç kalan komşulara imeceyle yardım etmek,
18-Dernek kudretlendiği safhada ihtiyaca müsait ve modern bir okul tesis etmek…

Başkan, Bektaş Arslan
Bşkn Yrd, Hidayet Savran
Veznedar, Pehlül Cırık
Kültür Kolu, Şükrü Şahin
Temizlik Kolu, Mehmet Bulut
İmar Kolu, Hüseyin Pasin
Düzen Kolu, Ali Gül
Spor Kolu, Durmuş Kul
Ziraat Kolu, Muhsin Kul
Sağlık Kolu, Hidayet Savran
Folklor, Bektaş Arslan
Plan Kolu, Gedayi Keleş
Katıp, Ali Gül ve Şükrü Şahin"[203]

Tüzük amaç maddesi 60'lı yılların toplumcu yaklaşımının ve her alandaki sivil örgütlenme artışının da bir göstergesidir. Bir diğer önemli durumsa dernek yöneticilerinin hemen hepsinin yeni mezun öğretmen Bektaş Arslan dışında Şakir-Cırık Baba meclisinin müdavimleri olmasıdır. Bu tüzüğün el yazmasının Şerif'in defterinde olması ise Şerif'in uzakta da olsa köyüyle bağını yansıtır.

Ve diğer Berçenekler'den bir başka Berçenek, aynı yıllarda iki çobanın Turnapınarı'ndaki görünürde su kavgası, çok sayıda köylünün şu veya bu biçimde içinde olduğu bir kavga. Sonuçta bir bıçak bir ölü. Turnapınarı kana boyanır. Köyün köylünün öteki yüzü bu olaydan sonra kendini gösterir. Köy meclisinin en değerlileri Aladeli, Mahrumi ve diğer akrabaları açlığa, perişanlığa, sürgüne gönderilir. Sırf elinde bıçak olanın akrabası oldukları için.

Şerif olayı duyduğunda Yemliha Abisi'ne yazdığı mektuba bir şiir iliştirir. Sonrasında da sazıyla sözüyle "*Kanınan akıyor da Turnapınarı*" diye ağıtlanacaktır.

> *"Eyvah eyvah ey güneş*
> *Doğmak mukadder miydi sanki o ufuktan*

---

[203] Yemliha Ertekin Arşivi, Mahzuni Elyazması Sarı Defter

Bataydı o dağlar,
Yer yarılaydı!
Düzler çökeydi keşke
Eyvah güneş ey vah

Yanık sesli çobanlar
İçli kavalları
Böylesine bir heyulanın bağrına
Feryad ile ah ile çökerken
Kesmiş meşki sabah kuşları
Eyvah viran olmuş bahçeler

Bir acı meltem
Eser eser eser, zira mevsim aniden
Son bahar oluverdi meğer
Sıra sıra gözyaşları
Sarı sarı benizler
Eyvah çehreler eyvah

Kükreyi vermiş felaket
Eyvah yıkmış insanlığın
En aziz en latif köşkünü
İmarı mümkün müdür
Eyvah saraylar eyvah
Kül olmuş puthaneler putlar vah

Bir afet ki böylesi
Akılların akıbetlerin ötesinde
Eyvah, ayvah ey vah

Bir gün diyecekler desem Mahzuni'ye
Eyvah diyecek gün mü kaldı
Mezarlar rahatsız
Kudurmuş mevtalardan
Güya aklımca bir taştım
Dikili verdim kuduz mezarının başına
Eyvah dünya eyvah"
(14.4.1965, Ankara)"[204]

---

[204] Yemliha Ertekin Arşivi, Mektuplar

9 Mahzuni'nin Plaklar Dönemi

Asker Mektuplarının Sonu, Hasretin Sonu

Şerif için 1965 sonbaharı askerliğin bittiği, özgürlüğün başladığı bir dönemdir. Plakların, konserlerin sıraya girdiği bir dönemdir. Suna içinse, yaşamında yeni bir sayfa demektir. 4-5 yıl önce ayrıldığı Ankara'ya dönecektir. Yıllarca kendi evi olmadan, başkalarında misafir olarak ve zamanın çoğunu eşinden uzak olarak geçirmiştir. Aynı evde yaşamadan 4-5 yıl evli kalmak. Hep hasret tam hasret.

"Yarpuz Güzeli,

Epeyce zaman oldu, artık mektuplaşabiliriz. Karnınızın tok olduğu boş laflara dahi özlemi hak ettik.

İnsanların alışamadığı şeyler bazan ayrı ayrı birer kazanç olduğundan bazan da alışılması helal getiren meselelerle her gün karşılaşabiliyoruz.

Şairin dediği gibi...

İnsan iri şeyleri geriye çekilmek suretiyle tam görebiliyor. Aramızdaki müspet menfi tümseği her ikimiz de gerilerde durduğumuz müddetçe çok daha iyi sınırlıyoruz. Ne var ki kuş bakışı hiçbir astronota nasip olmayan bu varlık insan sevgisidir.

Öyle inanmışım ki bütün rasatçıları iflasa sürükleyen bu problem, 'aşk' kendisini gösterdiği yerde her şey yok olur icabında, her şey de hak oluyor.

Elim değmişken bir-iki küreleyim dedim. Sevgili dost, inşallah rahatsın. Bu size Ankara'dan son mektubum. 25 Haziran'da İzmir'e gideceğimize göre cevabı düşün. Zaten ağustosta oradan dönüyoruz ki o da askerliğimin bitimine rastlıyor, ikinci mektuba yani Ankara'dan atacağım ikinci mektuba kalmaz bizzat gelirim.

Bunları yazarken ne düşünüyorum biliyor musun? Ama nereden bileceksin? Ne yanındayım ne yanımdasın.

Berçeneğe esen felaket rüzgârının getirdiği acı tipiler, bu tipide dilediği güne kavuşmanın sevinci içindeki kurtlar.

Her gün bu kurtların baskın telaşını yaşayan ağılsız çobansız koyunlar ve son olarak bu koyunları uzaktan seyreden tilkiler.

Öylesine fundalıklı bir arazinin seyrinde gözlerimin yeterli olmadığına hükmederek kapanıp uyumak istiyorum.

Geçenlerde TBMM'ne davetli olarak gittim. Bizim Çoban isimli şiir Maksudi tarafından sahneye aktarılmasıyla, kendi eserimi hayranlık içinde seyrettim. Hatta sazını da ben çaldım. Hasılı kelâm kazanç derdine düşeli sizleri unuttuk.

Söyleyecek belki de çok şeyler var ama mescit ne kadar büyük olursa olsun vaiz bildiğini okurmuş. Hepinizi tanrıya emanet ederken Remziye ve Fatma yengelere selamımı sunar, yeğenlerin gözlerinden öperim. Mahzuni

İzmir Adresim: Harb Okulu Kampı, Bando Bl. Urla İskelesi-İzmir"

(14.6.1965,Ankara)[205]

Şerif'in Harbokulu Bandosu'nda rahat bir askerlik yaptığını düşünmekte haklıyız, haklısınız. Ne var ki sonuçta askersiniz. Ne kadar rahat olsanız da birkaç günlük firar da olsa vardır bir cezası. Bu ceza falakaya eşlik eden bir aşağılama olunca Şerif'in de mısralarına düşer.

"Sazımı başıma çalmak basittir
Lütfet tellerini dinle neler var
Falakaya çeksen fikrim sabittir
Ne akıl isterim ne de bir ayar

Kur'an'dan dem vurma Kâbe'yi yıkıp
Tanrıdan bahsetme emrinden çıkıp
Omuz kumaşına bir maden takıp
İnsanlık taslama be yaşlı davar

---

[205] Yemliha Ertekin Arşivi, Mektuplar

İbnenin tasvibin bir senden duydum
Adam mı öldürdüm mezar mı soydum
Ben o dürüstlüğe beş yaşta doydum
Altuna gark olsa ne çıkar hıyar

Bir rütbe tanırım adı insanlık
Mevsim misalidir ağalık hanlık
Er oğlu erlerde gezmez şeytanlık
Utan namusuma küfretme hımar

İnkâr etmem birkaç günlük firarım
İbne olmak kadar yoktur zararım
Bu çeşit zincire girmem kırarım
Masal değil damarımda Kemal var

Şeyhülislamlığı bizzat hortlattın
Tutup Mehmetçiğe falaka attı
Benimle beraber yeminler ettin
Üst'e hürmet ast'a şefkât tarumar

Mahzuni Şerif'im gel çileden çık
Kurşuna dizil tek, bu hürmeti yık
Yarbay olmak kolay ah ey insanlık
Mustafa Kemal'e şikâyetim var"[206]

Askerlikte artık sona gelinmesi Şerif için 1963'te gelen rüzgârın yeniden yelkenleri doldurması fırsatını kullanma olanağı demektir. Askerlik boyunca birikenlerin özgürce nehire dönüşmesi olanağı demektir. Ama yaşam bu, kim bilir nereye akacak?

"Değerli Ağabey,

Bütün bir yıl bir tane olsun mektubunuzu alamadığım için çok memnunum. Hiç olmazsa sabrın bu çeşidini de öğrenmeyi kazanç addetmekteyim. Ne var ne yok demeye de lüzum görmüyorum zira var olanlar daima çoktur göze görünür ve bellidir. Yok olan şeyi sormak da budalalıktır. İnşallah rahatsınız.

---

[206] Yemliha Ertekin Arşivi, Mahzuni Elyazması Sarı Defter

Sizi çok arzu ettiğimi söylememde bir mahsur varmola? Semerci Emmi'mden de en ufak bir haber alamadım, ciddi selamlarınız lütfunuz olacaktır. Sağlam kalanların demine devrine aşk olsun. Parçalanan bütünleri seyretmek kadar da acı bir hakikât olamaz.

Bazı mektupların bitimindeki tebessümleriniz arzu ettiklerime kâfi gelmedi değil, ancak böyle hallerde kanaatsiz olduğumu açıklamakla üzgünüm.

Askerliğimin nihayetinde ümit ettiğim hicret için şimdiden endişelenmekteyim. Aksamı bozulan adalet önünde nasıl davranılacağını Osman'dan öğrenmiştim. Onun için icapları yerine getirebilme çabasındayım. Önemser bir yaramazlık yok, muhabbetimle yanaklarından öperim. Emmime ve yengelere yeğenlere şühhesiz ki selamlarım var.

Bir mektubunuza çok teşekkürüm olacaktır, hoşça kal arzuhalci. Mahzuni. 20.8.1965"[207]

Şerif'in askerliği bitmiş hızla konser ve plak çalışmalarına başlamıştır. Grafson Plak'tan çıkan *"İşte Gidiyorum Çeşmi Siyahım/Acı Doktor Bak Bebeğe"* plağının ardından yine Grafson'dan 1965 sonbaharında *"Yine Bahar Geldi Yaradan/Geçiyordum Bağınızdan"* plağı çıkar. En sevdiğim Mahzuni parçalarından olduklarını söylemeden geçemem. İyi bir para da alır.

Askerliği sırasında hafta sonları evinde kaldıklarından biri de Çorumlu Necip ve Elif Özcan çiftidir. Gecekonduları Öveçler'dedir. Öveçler Harbokulu'na yakındır. Şerif sık sık çat kapı ziyarete gider. Necip Özcan bölgeye de hâkimdir. Plak gelirinden sonra Öveçler'de Mahzuni'ye ev almak ister. Eldeki para da ev ve arsa için yeterlidir. Şerif artık Suna'yı ve Emrah'ı Berçenek'ten getirip Ankara'ya yerleşme zamanının gelip de geçmekte olduğunun farkındadır. 65 sonlarında bir kış günü Afşin'e doğru yola çıkar. Kırıkkale civarında molada yanına yarenlik etmeye gelen biri tarafından soyulur. Artık ne ev parası kalmıştır ne de yol. Sendikacı olan Necip Özcan'ı arar, başına geleni anlatır. Özcan Kırıkkale'ye gider, Şerif'i Ankara'ya

---

[207] Yemliha Ertekin Arşivi, Mektuplar

gönderir kendi de Suna ve Emrah'ı getirmek üzere Afşin'e yola çıkar.

Necip Özcan Afşin'de Arzuhalci Yemliha'yı bulur, durumu anlatır. Yemliha Abi yine abiliğini yapar, köye gider aile birliğinin artık sağlanacağı müjdesini verir, Suna ile Emrah'ı Ankara'ya uğurlar. Şerif Saimekadın'da bir ev tutmuştur. Emrah babasına, Suna kocasına kavuşmuştur sonunda. Artık Suna'nın eşi ve çocuğuyla başbaşa kalabileceği yoksul da olsa bir evi vardır.

Bir Erken Uyarı

1963 Yazındaki ozanların Ankara Âşıklar Derneği kuruluş basın toplantısından itibaren, Fikret Otyam Şerif'i yakından takip eder; evinin ve yüreğinin kapısını ona açar. Şerif ve Osman Dağlı Ankara'daki askerlikleri sırasında hafta sonları sık sık Otyam'ın evinde de kalırlar. Fikret Otyam Şerif'in hem öveni hem uyaranı olmuştur. 1980'li yıllarda olduğu gibi 60'lı yıllarda da Şerif'e lafını esirgemez. Çünkü Fikret Otyam sevmesini bilen biridir.

Şimdi bu da nereden çıktı diyenlerinizi duyuyorum. Şerif'in bir defteri var, sarı kocaman yapraklı. Karalama defteri gibi. Şiir taslakları, mektup taslakları... Sanki olayları zamanı ve yeriyle izleyelim diye bırakmış. İşte orada Fikret Otyam'a hitaben yazılmış bir mektup taslağı da var. Otyam'ın uyarısının içeriğini de dolaylı olarak öğrenebiliyoruz. Şimdi bir de "İyi de bu defter Yemliha Abi'de ne arıyor" demeyin. Diyenler ya buraya kadar anlattıklarımızdan bir şey anlamamış ya da biz anlatırken yüzümüze gözümüze bulaştırmış olmalıyız. Artık yapacak bir şey yok, geriye dönemem.

"Güzelim Dostum Fikret Ağabeyciğim,

O gece sizinle olan beş on dakikalık muharebemizde kendi oklarımın açtığı yaralarla tatlı bir yenilgiye uğradım.

Evet, bana ait olduğunu söylemiştiniz o okların, şimdi zaferinizi kutlayabilirim.

Her ne kadar ok, batacağı yeri bilirse de tevcihi son derece kutsal olan bir silaha tesadüfen bir hedef olmaklığımın da ayrıca bahtiyarlığını yaşıyorum.
Nidüğüne vakıf olamadığım bir uğultunun içinde yaptığınız teklifin aksini zannetmeme de yani 'bekliyorum' bildirinizi 'bekle' anlamama da şimdi üzülmüyorum.
Çünkü değerli hüviyetinize bir kere daha şüphesiz olduğuma inanmış bulunuyorum. Evet Fikret Ağabey.
Toplantı dağılırken beni çeken çekene etti. Kimi sazımı kimi şapkamı kimi paltomu aldı. Buna rağmen ben onlara Fikret Ağabeyim gelecek, beklemem lazım dedim. Yarım saat sizi bekledim.
Gazeteye döndüğünüzü, işinizin çok olduğunu, bu durumda bana dönemeyeceğinizi bana veren sizin arkadaşlarınız beni ite kaka aşağı indirdiler. Hayli ısrardan sonra Numan Beyle anlaştılar, sazımı o almıştı. Onlara gittik ve durumu öğrenmem için derhal telefon ettim. Oradaki gürültüleri siz de dinlediniz, fazla alkol almıştım. Ne konuştuğumu pek hatırlayamıyorum ama dost gülünden aldığım yâre halâ tazeliğini muhafaza etmektedir.
Niçin mi bu yarayı seviyorum?
Siz Tanrı'ya dahi mürailik etmeyecek kadar mert ve şuurlu bir kimsesiniz. Sizinle yürüyenlerin sapık adımına kılıç atmakta zerre kadar endişe etmiyorsunuz siz. Asıl yoldaşlık da bu ya! Asıl kervan da bu ya! Onun için aldığım yara hoş.
Bir azlıktan bahsettiniz, bir demagojiden noktaladınız.
Kime bu ağbey? Neye? Niçin?
Cevabına zahmet etmeyin çünkü biz nedenlerin içinde cevabının olduğunu bilmekteyiz. O günkü tavrım ne derece olursa olsun, itirafınız emelinizdir, işte bu emelinizi candan tebrik ediyorum.
Karşımda bir Otyam'dan bahsetmiyorum ben, ayağı yalınların, sırtı çıplakların, ciğeri parçalanmışların can yoldaşından konuşuyorum. Evet, muhatabım Fikret Otyam değil, başlı başına bir insanlık hasreti, bir insanlar derdidir. Şahsiyetiniz kendi kendini yiyip tüketse de ortada var olan yokların yoldaşı Fikret'tir.
İşte oku ondan yiyorum, ona ok atıyorum. Ondan yara alıp ona tabiblik etmek istiyorum. Görüyorsunuz ki bu varlığın karşısında hüviyetimi ispat etmekten aciz birisiyim ben. Özür dilesem basitlik ederim.

Çünkü cihanın derdi olarak bildiğim birisine yaptığım kabalık için özür yetersizdir. İşte bunun yerini tutacak bir kelimede telaşa düşüyorum. Siz gazeteci lügatında buna demagoji dermişiniz ama bizim âşıkların lügatında buna benzer bir şey var o da 'Ah'tır. Her şeye bu biricik heceyle cevap veririz biz.

Tanrım kadar sevdiğim değerli insan,

Zan'lar daima asıl neticeyi vermekten uzaktır. Beni zannettiğiniz uçurumlara sürüklenmiş görmekle bedbaht ediyorsunuz. Çünkü ben sizi her alakanızın bulunduğu insanı Tanrısı kadar bilici tanıyıcı olarak görüyorum. Neden beni böylesine acı bir değişikliğe düşmüş addediyorsunuz?

Rengine büründüğüme yorumladığınız insanlarla hakikâtte bir adım atmadığıma inanmanız için istediğiniz her şeyi yapar..."[208]

"Uçurumlara sürüklenmek... rengine büründüğüme yorumladığınız insanlarla..." burada bitiyor taslak. Otyam'ın uyarıları için 66 ve 67'yi de yaşamak, beklemekten başka şu an ne denilebilir ki!

Günlerin Getirdiği

1965 Sonbaharı Türkiye'de seçim dönemidir. Sistem 1961 Anayasası'nın getirdiği bol elbisenin daraltılması uğraşındadır. Sağ partiler seçim propagandalarını anti-komünizm üzerine kurarlar. Anti-komünizmde en etkili silahlar da komünizmin Türklük ve İslam düşmanı olduğu propagandasıdır. AP Süleyman Demirel'le tek başına iktidar olur. Ne var ki, ok yaydan çıkmıştır. TİP'le birlikte ilk kez sosyalist bir parti TBMM'de 14 milletvekili ile temsil edilir. Dünyada anti-emperyalist hareketler güçlendiği gibi Türkiye'de de hem gençlik hareketleri hem de işçi örgütlenmeleri bağlamında hız kazanmıştır. Fikir Kulüplerinin kuruluşu, Devrimci gençliğin 6. Filo protestoları da DİSK'in kuruluşu da bu dönemde gerçekleşir. MHP ve Ülkü Ocaklarının kuruluşları da bu dönemin ürünüdür. 60'ların ikinci yarısı toplumsal mücadelelerin pik yaptığı dönemdir.

[208] Yemliha Ertekin Arşivi, Mahzuni Elyazması, Sarı Defter

60'ların başındaki değişimlere paralel olarak Alevi-Bektaşi ozanları da bilinir, örgütlenir, yaygınlaşır olmuştu. Bu dönemin sonlarına doğru artık deyişlere ek olarak, ozanların toplumsal sorunlara yaklaşımlarını içeren plaklarına da tanık oluruz. Ozanların varlık gerekçeleri yeni hatta meyletmiştir. Kimisi daha 60'ların başında bu dönüşümü gerçekleştirmişken çoğu da 60'ların ikinci yarısında bu mücadelenin içinde yer almışlardır.

Yemliha birer birer kardeşlerini şehirlere salmış, artık kendi rüştlerini ispat etmelerini göz ucuyla izlemeye koyulmuştur. Kimi zaman sevinip kimi zaman üzülerek. Artık yolumu buldum diyenlere söz de kâr etmez. Ama abi her zaman abidir.

Yemliha Afşin'de kalarak daha derin daha ağır ve daha fazla sorumluluk isteyen bir noktadadır. Yörede çok geniş bir çevrenin Yemliha Abisi'dir.

1966'da bir süre akrabası olan bir avukatla büro ortaklığı yapmak durumunda kalır. Ne var ki, hoşgörülü olsa da hakâretengiz davranışlar Yemliha'nın katlanacağı şeyler arasında değildir.

"Sayın Avukat,

Bugün takındığınız hareket ve sarf ettiğiniz sözlerinizle arkadaşlık hudutlarını aşan bir durum yarattınız. Bu cinsten harekete sizin hiçbir zaman hakkınızın olmadığını bilmeniz ve düşünceli hareket etmeniz icabeder. Bunu size hatırlatmak arkadaşlık vazifemdir. Benim dinim, imanım, mezhebim, meşrebim sizi hiçbir zaman alakadar etmez. Hiçbir derecesinde bana hakimlik durumunda değilsiniz ve olamazsınız.

Arkadaşlığımız uzun veya kısa bir müddet için bulunduğuna göre ki elaleme karşı buna mecburuz. Bunun iyi olarak devam etmesi için karşılıklı olan vazifelerimizi yerine getirmeliyiz. Siz benim ben de sizin benliğinize hürmet etmesini bilelim. Bilmemiz hiç olmazsa sevgisiz de olsa el için idareye çalışmamız mecburidir.

Ben bunu size ve yanınıza gelen misafirlerinize karşı yapabilirim ve yapmaktayım. Karşılık olarak sizden de benim ve yanıma gelen dinli veya dinsiz kimselerin benliği ile eğlenerek benim benliğimle oynamamanı istiyorum.

Düşünce sahibi kimselerin yapacağı bir durumdur da zaten bu. Hayatımda senin kadar hiç kimse benim benliğimle ilgilenmedi, babam ve abilerim bile. Hâlbuki babam ve abilerime birçok şey borçluyum. Size hiçbir şey borçlu değilim.

Şuna dikkatini çekerim. Benim dinim, imanım, mezhebim, meşrebim ancak benimle benim inandığım bir tek varlığın arasında hesap konusudur. Ona karşı mesuliyet kabul ederim. Bundan gayrı hiçbir varlığın aramıza girmeye hakkı ve alakası yoktur. Olduğu takdirde cevabını münasip şekilde alacaktır. Ben din ve düşüncelerimde şüphesizim, vicdanen müsterihim. Şüpheliler kendisine bulamadıklarını aramaya mecburdurlar.

Arkadaşlık duygusuyla. Cuma, 16 Aralık 1966

Yemliha Ertekin"[209]

Yemliha, Hacı Öztürk, Ömer Topal

---

[209] Yemliha Ertekin Arşivi, Mektuplar

Kanadım Değdi Sevdaya

Şerif Ankara'da ev tutup ilk kez Suna ve Emrah'la birlikte yaşama fırsatını elde eder. Kâmil Emmisine 65 yazında yazdığı mektupta Radyo için uğraştığını ve plak yapacağını bildirmişti. Askerliğini bitirdikten sonra ilk iki plağını yapmıştı: "*İşte Gidiyorum Çeşmi Siyahım/Acı Doktor Bak Bebeğe* ve *Yine Bahar Geldi/Geçiyordum Bağınızdan.*"

Dört şiir de kahır, sitem ve hüzün içerir. Sadece "*Acı Doktor Bak Bebeğe*" kişiselden yola çıkıp toplumsal bir soruna dikkat çeker. Her iki plak da dinleyicisi tarafından benimsenir ve günümüze kadar canlılıklarını korurlar.

Radyo işi ise pek istediği gibi gitmez. Seçim sonrası hükümetin değişmesi işi engeller. 5 Mayıs 1966'da Yemliha Abisi'ne yazdığı mektupta "*Ankara Radyosuna girmek için muamelem bitmişti fakat iktidarın zararına uğradım,*" der. Geçimini konserlerle ve yeni plaklarla sağlamak dışında bir seçenek kalmamıştır.

Osman Dağlı da askerliğini bitirince köyüne, ailesine dönmez. Çoğunlukla Ankara'da kalır. Ankara'daki ortam kendini gerçekleştirebilmesi için daha elverişlidir. Zamanının çoğunu Mahzuni'nin evinde geçirir. Mahzuni'nin evi âşıkların buluşma yerine döner. Güzellikle başlayan şeyler bazen güzellikle bitmez. 5 yıl kocasına hasret yaşayan Suna Şerif'i diğer âşıklarla paylaşmak durumunda kalır.

1966'da Grafson Plak'tan "*Bana Yücelerden Seyreden Dilber/Kanadım Değdi Sevdaya*" plağı çıkar. Plaktaki her iki parça da benimsenmiş, sevgi ilgi bugüne kadar sürmüştür. "*Bana Yücelerden Seyreden Dilber*" bir Osman Dağlı şiiri uyarlamasıdır. Mahzuni'nin el yazması defterinde "*Beni Yücelerden*" diye başlar ve plak halinden epeyce farklıdır. Bir dörtlüğün üzerine çarpı atılmıştır. Kuşkusuz daha çok plak çıkarmak daha çok konsere katılmak gibi çaba içindedirler. Osman Dağlı şiirleri uyarlanırken her zaman birlikte çalışmışlardır. 1967-69 arasında çıkan 100 Mahzuni plağı içinde yaklaşık 10 Maksudi şiiri de yer alır.

Şerif'in Yemliha Abisi'ne sitemleri de arada bir mektuplarına yansır.

"Yemli Ağabey Can,
Bir mektubunuz hakikaten kıymete geçecektir, bunu sizden rica ediyorum.
Biraz tafsilatlı satırlarınızı okuyunca bir mevsim kadar değişiklik olacağından eminim. Bazı duyduklarım oldu, bunu sizin anlatmanız beni mütahassıs edecektir.
Osman'ın durumlardan bilgi verdiğini tahmin ederek fazlalık bir şeye lüzum görmüyorum. Şurası muhakkak ki sizleri çok özlemekteyiz, bu zaman zaman bizde bir çöküntü halini almaktadır.
Başarılmayan muharebeler ateş, talaz, kasırgayla sona ermezse de dağılmakla neticelenir.
Berçenek diye bir diyar duymuştum bir gün ömrümde.
Emmiye ve Hacı dosta çok kıymetli selamlarımı tebliğ edin.
Fatma ve Remziye Hanımlara, çocuklara hürmetler. Mahzuni
16.6.1966"[210]

1966'nın ikinci yarısında Suna'nın karnı burnundadır. Mahzuni şehir şehir konserlerdeyken Suna 6 Ocak 1967'de ikizleri Ferhat ve Şirin'i doğurur.

Yuh Yuh Ben Öyleysem

1967'de sekiz yaşındayım, 1967 yazına dair aklımda kalan, ilçe meydanına bakan eski Afşin Ortaokulu'nun hemen yanı başında bulunan eczaneye eski ciplerle yaralıların taşınışıdır. Sağlık Ocağı'na değil eczaneye. O tarihte hastane zaten yok. Sonraki yaşlarda bende iz bırakan sahneye ilişkin soruları sordukça o sahnenin gerisi aydınlanmaya başladı. Gördüklerim 11-12 Haziran 1967 Elbistan katliam girişiminde yaralananlardan Afşin'in payına düşenlerdi.

1967 Yılı Mahzuni'nin yaşamında kırılmalar dönemidir. Plak ve konser sayısının arttığı özellikle de Alevi-Bektaşi toplumunun bağrına bastığı bir dönem. O yıl yaptığı plaklardaki eserlerin yarısı Alevi-Bektaşi felsefesini içeren eserlerdir, kimisi eski kimisi yeni şiirlerinden. Hz. Hüseyin mersiyesinin dillerden düşmediği günlerdir. *"Hey Erenler Bir Gül Açmış Hicazda,*

[210] Yemliha Ertekin Arşivi, Mektuplar

Oturup Kalkmamız İkrara Bağlı, Duvazı 12 İmam, Mahzuni Kurban Haydara, Oy Bana, Gücenme Ey Sofu Baba" (Bir Maksudi şiiri uyarlamasıdır) yola ilişkin örneklerdendir. Göçlerle kentlere gelmiş Alevi-Bektaşi kültürüyle emekçi kültürünü birleştirmiş insanlar için bu plaklar kendilerini buldukları eserlerdir. Bu yüzden de Mahzuni ve çağdaşları sevilmiş ve hatırı sayılır hayran kitlesine ulaşmışlardır. Mahzuni'nin bu dönemde çıkardığı plakların çoğu da kahır, sitem, hüzün içerir. Bunların kaynağı genellikle de kişisel hikâyesidir.

"Geçmiyor Günlerim" plağına göz attığımızda *"Ömrümü aldı bir Suna/Dolaşırım yana yana/Mahzuni ne oldu sana/Geçmiyor günlerim/Eyvah şimdi bilinmiyor/Eyvaha da eyvah"* iç hesaplaşmasının izlerini görürüz. *"Giden Gelmez"*de yüze gülenleredir sözü: *"Mahzuni'yem eder yüze gülenler/Dar günde ok ile sinemi deler."* Yine *"Bir Kuş Bir Dünyaya"* adlı parçada *"Delik deşik yuvam çok gelmiş gibi/Tüylerim bitmeden uçurdun felek/Bir kuş bir dünyaya yük gelmiş gibi/Bağrıma pençeni geçirdin felek"* der ve o yanık sesiyle içinizi sızlatır. Dinleyici bu plaklarla hem Şerif'in derdine yanar hem kendi derdinin yansısını görür. Bir Maksudi şiiri uyarlaması olan *"Gam Yeme Gönül Gam Yeme"*de de benzer kahır ve hüznü yaşarız: *"Mahzuni bade içerim/İçer serimden geçerim/Alır Suna'yı göçerim/Gam yeme gönül gam yeme." "Yaram Kerbelâ Yarası"* parçasında hüznü ve yarası düzen tutmaz haldedir: *"Hangi avcı vurdu beni/Akıttı sinemden kanı/Hiçbir tabip sarmaz bunu/Yaralarım yaralarım."*

Ne var ki Suna-Şerif sevdasının üstüne kara bulutlar çoktan çökmüştür. 1967'de Arfon Plak'tan çıkan *"Mızrab-ı Zülfigar/Ak Güvercin"* plağındaki *"Mızrab-ı Zülfigar"* şiiri yeni sevdanın kotlarını verir.

"Başıma belalar açtın
Ey mızrabı zülfigar
Sefa ettin serden geçtin
Ey mızrabı zülfigar
Cano cano, cano cano, yar

Antep Maraş Diyarbakır
Çektiğime bin bir şükür

Özün yalan birin okur
Ey mızrabı zülfigar

Cano cano, cano cano yar
Özün başka sazım okur
Ey mızrabı zülfigar
Cano cano, cano cano yar

Akarsular aldı beni
Senin için çaldı beni
Zalim kader buldu beni
Ey mızrabı zülfigar
Cano cano, cano cano yar

Âşıklar yalan söylemez
Gönülle gönül eğlemez
Bizi gören iyi demez
Ey mızrabı zülfigar
Cano cano, cano cano yar

Gel Mahzuni etme bunu
Halden hale satma beni
Dünyaya değişmem seni
Ey mızrabı zülfigar
Cano cano, cano cano yar"[211]

Antep, Maraş, Diyarbakır sonradan eşi olacak Fatma Özdemir'in o yıllarda yaşadığı yerlerdir. *"Akarsular aldı beni"* mısrası ise 1967 Kasım'ında Maraş'tan Fatma'yı alıp Ankara ve İstanbul'a götürürkenki yol arkadaşları Muhlis Akarsu ve arkadaşıdır.

11 Haziran 1967'de Doğan Kılıç'ın yönetimindeki Ehlibeyt Yolu Gazetesi (1966'da haftalık olarak yayınlanmaya başlamıştır) öncülüğünde Elbistan'da bir konser düzenlenir. Konserde Mahzuni'nin yanı sıra Kul Ahmet, Maksudi ve Rıza Arslandoğan da vardır.

Afşin-Elbistan yöresi Alevi-Bektaşi topluluğu böyle bir konsere yılların susamışlığı ile akın eder. Sosyalist hareketlerin de

---

[211] *Mızrab-ı Zülfigar/Ak Güvercin, Arfon Plak, 1967*

hız kazandığı dönemdir. Felsefi olarak sol düşünceye yakınlıkları Alevi-Bektaşileri kendilerini solda tanımlamalarına götürmüştür. Aynı zamanda anti-komünist hareketlerin de paramiliter güçlere dönüşme evresidir. Anti-komünist hareketler için de Aleviler komünisttir.

O yıllarda konser taşradaki bürokratlar için de bir sosyal-kültürel faaliyettir. Konsere Kaymakam dâhil Elbistan bürokratları da katılır. Yörelerinin yeni şöhret ozanını dinlemek için toplumun sağ kesiminden de katılımcılar vardır.

Doğan Kılıç'ın açılışta söyledikleri *"Türkiye'de 10 milyon Alevi olmasına rağmen bir senatör dahi çıkaramıyoruz. Hürriyetlerimiz ellerimizden alınmıştır. Çoğumuz oraya buraya sürülmüşüz. Ticaretten mahrum edilmişiz..."* sözleri tahrik sayılır. Protestolara, yuh çekmelere yol açar. Konserdeki Alevi-Bektaşi deyişleri de eklenince Elbistan bürokratları konseri terk eder. Ardından protestocular sahne alır. Protestocuların tepkisinin artmasıyla konsere ara verilir. Konser tekrar başladığında Mahzuni verilen arada doğaçlama ortaya çıkan "Yuh Yuh" parçasını söyleyecektir. Bir yıl sonra Mahzuni-Maksudi bu parçayı elden geçirip plak yaparlar. Konser o atmosferde daha fazla sürdürülmez, bitirilir. Ozanlar otel ve evlerde korumaya alınıp daha sonra köylere taşınır.

Ertesi gün Elbistan'ın köy pazarı kurulma günüdür. Köylünün akın ettiği bir gündür. Her şey konser gecesinde kalmamıştır. Akşamdan saldırı hazırlıkları yapılmış günışığıyla birlikte sebze halinde, pazar yerinde ve Alevi-Bektaşilerin dükkânlarının bulunduğu bölgelerde taşlı sopalı saldırılar başlamıştır. Ezcacı Oğuz Söğüt'ün ve fotoğrafçı İbreti'nin dükkânları tahrip edilip yağmalanmıştır. Dr. Mehmet Ocak hâkim ve savcı tarafından adliyeye çağrıldığında, adliye önünde linç edilmeye çalışılmıştır. Elbistan'ın ileri gelen ailelerinden Krallar tarafından linçten kurtarılmıştır.

Ertesi gün gazeteler "Tahrikler yüzünden Elbistan ilçesinde yaratılan Alevi-Sünni çatışmasında çok sayıda vatandaş yaralanmıştır" haberini geçer. Katliam girişimi tahrike dayalı

Alevi-Sünni çatışması olarak lanse edilir. Daha sonraki olaylarda da göreceğimiz gibi çok sayıda esnaf çareyi göç etmekte bulur. Tahrik-saldırı-göç üçlemesi birbirinden ayrılmadan uygulana gelir.

Daha sonra Mahzuni'nin Yemliha Abisi'ne yazdığı mektupta o günü anar.

Dostumuz Yemliha Ağabeyciğim,

Mektupla aramayışınızın sebebi ne olursa olsun, aynı değerle sormayışımın ciheti ne olursa olsun çok özlediğimi bildirir, öperim seni.

Görüşmeyeli bir hayli zaman oldu. Bu arada hayati mevzuların çemberinde bulunmamız sizin tabirinizce hikâyelerle dost aramamıza şüphesiz ki engel olmaktadır. Zarf kapağına başka birinin ismini yazışımın sebebi sizce malum.

Ben doğduğum ülkeyi her türlü yönüyle o ülkeye nezaret eden mekanizmaya empoze etmeye kalktım. Bu kalkış geri tepti ama azmimden alıkoymadı, aksine hız verdi.

İnsanca yaşamanın gerekleri şüphesiz ki ahır esaslarıyla kıyaslanamaz. Hayvanlarda birlik tesisi ot, saman, su veya sopa yoluyla kabildir. İnsanlar konuşarak, danışarak, sevişerek hatta yarışarak hayata gider. Bunun menşei bilinçtir.

İnsan topluluklarını birbirine düşürenler, onları istemediği acılara sürükleyenler, bilinmelidir ki insan düşmanı değil insanın en vahşi hayvanıdır. Buna rağmen o hayvanlara kıyılmamalı, onlar bilim ve sevgi esaslarıyla örgütlenip hukuk düzenine temayülü sağlanmalıdır.

Aradan bir Elbistan olayı gelip geçti. Bu düşük harekete sebep olan insafsızlar veya onları bu harekete mecbur eden daha düşük alçaklar kendilerini pekâlâ tanır ve utanmadan salını salını gezer dururlar. Taşıyla toprağıyla hayran olduğum bu memlekette insanların dil, din, mezhep ve ırk farkı gözetmeksizin hayata gitmelerini ne kadar isterdim.

Hiçbir şey hiçbir şey olmasa dahi bak işte aramızda karlı dağlar yer almaktadır. Birbirimizi aramayış sebebi yalnız tatlı ihtiraslarımızdan mütevellitken küt diye başımıza umumiyet telaşesi çıkıverdi. Ve sizinle eski günleri anabilmemiz bir problem haline sokuldu.

Bu mesele tarafların hangisindeyse yani sen ve ben için konuşuyorum. Gel bu tarafların hâkim, suçlusu ol, sana ben muvafakatımı bu satıh üzerinden veriyorum. Kararının hiçbir temyiz merciinden geçmeyeceğine de ayrıca imza koyabilirim. Teklifimin nereden icap ettiği konusu herhalde sizi fazla meşgul edemez. Ettiği zaman sabah vaktinin tarlaları Emirli yolları, Eshab-ı Kehf'ler, Hacılar, Ömerler, Osmanlar, Haydarlar, falanlar filanlar bu nedenleri anlatacak gerçeklerdir.

Sözlerimi eski dilde yeni hislerimle başladım bitiriyorum. Bütün dostlara aşk ve niyazımı sunar, her zaman anarım.

Mahzuni Şerif

Ulus İşhanı Pasajı, Ozanlar Plakevi Ankara[212]

Uğradı Başıma Hayatın Kışı

1968 Hem Türkiye'de hem de dünyada toplumsal hareketliliklerin zirve yaptığı bir dönemdir. Afşin-Elbistan çanağındaki etnik ve inanç farklılıklarının farklı politik tercihlere evrilmesinin de zirve yıllarıdır. Bu çanak anti-komünist politikaların en çok verime durduğu iklime sahiptir.

Yemliha'nın 1963'de Afşin Belediye Başkanı olan ağabeyi iktidarda AP'nin olduğu 1968 yerel seçiminde seçimi kaybeder. AP'li aday belediye başkanı seçilir.

Türkiye'ye açılmış Mahzuni Şerif açısından konser ve plakların bol olduğu bir yıldır. Yıl içinde yaklaşık 30-40 civarında plak çıkarmıştır. İlginç olansa, özel yaşamındaki çalkantılara paralel olarak bu plakların yarısından fazlasının kendi hikâyeleri üzerine kurulmuş olmasıdır. Bu sınıftaki plakların tamamı kahır, sitem ve hüzün içerir. Ona göre 'dostun düşman, düşmanın dost olduğu' yıllardır. *"Vah Vah"*, *"Bilmedim"*, *"Yaralandım Yar Ali Yar"*, *"Uğradı Başıma Hayatın Kışı (Nenni Nenni)"*, *"Felek ile Şu Cihanı Bölüştük"*, *"Şikâyetin Kime Kime"*, *"Gel Gizli Gizli"*, *"Ben Canandan Ayrı Gezdim"*, *"Dünya Dedikleri Mezarlık İmiş"*, *"Boşu Boşuna"*, *"Bilmedim ve Dönemem"* bunların en belirginleridir. Örneğin; *"Bilmedim"* plağında *"Dar günümde eşim dostum çekildi/.../Bülbüllerim baykuş imiş, bilmedim"*

---

[212] Yemliha Ertekin Arşivi, Mektuplar

*derken, "Şikâyetin Kime"*de *"Yârdan yara gelmez ihanet zulüm/Bozulmuş kalmamış âşığın tadı" der. "Boşu Boşuna"*da kendine kahırlanır. *"Uğradı Başıma Hayatın Kışı"*nda *"Nöbetçi eyledim telli Suna'yı/Yavruda ölüm korkusu var nenni nenni" diye seslenirken, "Vah Vah"*ta *"Bir zaman bitmiyor gönlümün yası/Neyleyim ki dünya kahbe dünyası/Bir karınca kadar yoktur faydası/Bol keseden öğüt verenler vah vah"* der.

Kahrı arkadaşlarına, dost bildiklerine, ailesine kimi zaman da kendinedir. Aslında Mahzuni'nin bu dertlerinin toplumda da karşılığı vardır. Herkesin kahredeceği adresler vardır. Bu yüzden bu parçalar toplumda genel kabul görür.

Alevi-Bektaşi felsefesini içeren plaklara da devam eder: *"Ben Alevi Olamam ki"* parçasında Aleviliği yüceltir, ben kimim ki o yüce değerde olayım, der. İsmail Kızıldeli'den *"Ali'yi Severiz Aleviyiz"i,* Kul Hasan'dan *"On İki İmamın Âşıklarıyız ve Gülelim"*'i, Pir Sultan'dan *"Açılın Kapılar Şaha Gidelim" ve "Dağlar Ağlar"*ı plak yapar. Ayrıca Âşık Beyhani'den *"Hazin Hazin Ağlar Gönül",* Sefil Feryadi'den *"Güller Bitmiş Viraneler Yurdunda"* Derviş Ali (Muhammed)'den *"Külden Duvar Örme"*yi plak yapar. Aladeli'den de *"Gül Yüzlü Cananım"ı* uyarlar.

Zamanın ruhuna uygun olarak toplumsal eleştirilere de yer verir. Ozan ile halk iletişiminin de gereğidir bu. Özellikle Arif Arslan uyarlaması olan *"Bu Milletin Efendisi Bu Mudur?" ve "Halkım Etti Halkım Buldu"* plaklarında eleştiri oklarını doğrudan köylüye ve halka yönlendirir. Sizde de suç var, der. Ayrıca *"Kızılırmak", "Bin Yıllık Hasta", "Köyüm Köyüm Dertli Köyüm", "Yazık Yazık", "Bekâr Yatağı"* da bu dönemin toplumsal eleştirileridir.

Mahzuni en çok da 1968'de Osman Dağlı şiirlerinden plak yapar. *"Yaz Baharım Döndü Kışa", "Gördüm Melul Melul", "Sakın Boş Belleme", "Geçme Ha Geçme" ve "Mızrabı Zülfikâr" (Aynı adı taşıyan 1967 plağı Mahzuni'ye aittir)* plak yapılan Osman Dağlı şiirleridir. *"Uyan Çoban Uyan" da bir Osman Dağlı şiiri uyarlamasıdır.* Mahzuni ve Maksudi bunları birlikte üzerinde çalışarak plaklaştırırlar. 69 artık onlar için de ayrılık yılıdır.

Fatma-Mahzuni ilişkileri başlamış, Suna-Şerif birlikteliği sona yaklaşmıştır. Bu konuyu 6. mezhep tartışmalarında 60'ların başında bıraktığımız Erol Büyükgenç-Serabi'nin Yemliha Abisi'ne mektuplarından takip edelim.

Serabi 1968'de Ankara'da polisliğe başlar. Durumunu da abisine rapor eder.

Abiciğim,

Geldiğim günden beri bu sana yazdığım üçüncü mektubumdur, umarım bu da diğerleri gibi yarıda kalmaz inşallaaaah.

Abiciğim sana bu satırları Altun Hasan'ın evinde en çok 04-05 arasında geçen bir uykudan sonra yazıyorum. Alhas şu an ki saat 06.30 uyuyor yanımdaki yatağında. Gerçi hep birlikte yattık 2 saat önce. Ne var ki uyuyamadım, ben tekrar oturdum yalnız olarak, yatağımın yanındaki koltuğa, başladım Almanya'da neşredilen BELLETEN adlı dergiyi Azûmûşan'ı okumaya. Baştan sona okudum, hatmettim. İçinde gördüğüm hadislerden ANAYASO adlı kısmını senin de okumanı arzu ettim. Ve bu arzumdan doğdu alaca şafakta herkes uyurken sana mektup yazma merakım.

İşte abiciğim gün Pazar. Dün c.tesini pazara bağlayan geceydi. Ben bu gecede beraberdim Altun Hasan ve Alhas'la. Böyle bir gecede söz ettik senden ve yaşantından, yine başa güreştin tabii.

Gelmiş geçmiş ne varsa yine geldi ve geçti duygularımızda, düşüncelerimizde. Gecemizin büyük bir kısmını yarınımız için sarf ettik, bakiyesini de içinde bulunduğumuz an için kullandık, israf etmedik kanaatimce. Her şey başladığımız temel üzerinde yükselmektedir ama ne derece yükselmiş veyahut da nereye kadar gelmiştir, belki de hala yerinde sayıyor. İddiam bu değildir yalnız temel üzerinde değişen bir şey yoktur. Memnunum bundan tabii sen de memnunsun bizler de. İktisadi yön düzelecek mutlaka ama ne zaman, bunu gayretlerimiz gösterecektir. İşe başlanmıştı, bu da takdir edersiniz ki ilk ve en büyük adımdır. Anayasamız bütün ideallerimizi kapsamına almaktadır, dışarda bıraktığı husus yok zannediyorum. Ben adamışımdır benliğimi, hepimiz adamışızdır varlığımızı bu büyük gaye uğruna, inandım bütün şüphelerden uzak ve tereddütsüz olarak. Zaten şart tam olarak inanmak ve bağlanmak. Bu kaçınılmaz bir zorunluluktur dünyamızın fertlerince, ilerde yazarım iktisadi programımızı.

Şimdi senin bildiğin düşündüğünden başka bir faaliyet mevcut değildir. Ancak perçinleşmiş şeksiz şüphesiz bir inanç ve gaye birliği kökleşmiş ve sarsılmaz şekilde oturaklaşmıştır. Bu satırları düşünerek ve gayet şuurlu olarak yazıyorum. Tek kazancım budur, zaten her şey malumdur ki bundan sonra gelir.

Abiciğim Alhas aybaşından sonra fasulya almak için gelecek iktisadi ilk adım. Bense 19.8.1968 tarihinde işe başladım, haliyle ben de atmış oldum bu kutsal adımı. İşte böyle abiciğim. Şimdi o şiiri yazıyorum. Bu haftaki haberim bundan ibarettir. Haftaya bu saatte buluşmak üzere esen kalınız.

Gara dağlar gar altında galanda
Ben gülmezem
Dil bilmezem
Şavata'dan Hakkâri'ye yol bilmezem
Gurban olam, çaresi ne, hooy babooov?

...

İşte böyle abiciğim... Hoşça kalınız. Ankara, 25.8.1968

Yemliha Abeyciğim, saygı ve selamlarımı bildirir, iyi olmanızı dilerim. Abiciğim ben şimdilik Ankara'dayım. Yakında gelme ihtimalim var. Saygılarımı sunar, istemeyerek huzurunuzdan ayrılırken saadetler dilerim. Alhas Ünsalan

Yemliham,

Evet tanışıp da konuşamadığım Yemliham, konuşma ümidi ve saygılarımla...

Gözlerinizden öperim. Hasan Altun[213]

Erol Büyükgenç Ankara'dan yazdığı 23 Eylül 1968 tarihli mektubunu ise bir notla bitirir;

Dikkat Dikkat Dikkat

Duyuru

Osman-Mahzuni çifti birlikte turneye çıktılar."[214]

1968 Suna-Şerif gündemiyse Suna'nın hangi koşullarda boşanmayı kabul edeceğidir. 21 yaşında üç çocuklu, işsiz, güçsüz ve kimsesizdir. Suna çocuklarıyla birlikte yaşayacağı bir

---

[213] Yemliha Ertekin Arşivi, Mektuplar

[214] Yemliha Ertekin Arşivi, Mektuplar

ev peşindedir. Yıllarca sevdiğine kavuşmanın düşünü kurmuş, sonunda kavuşmuş ama Ankara ortamı ona mutluluk getirmemiştir.

Erol Büyükgenç'in 25 Eylül 1968 tarihli mektubundan Suna'nın hangi şartla boşanmayı kabul ettiğine dair bir veriye ulaşırız. Serabi tanıklığını şöyle anlatır:

"Abiciğim,

Sana sık mektup yazmaya başladım. Olaylardan günü gününe haberdar etmek istiyorum da ondan olsa gerek.

Başkent Notları-Özel-Gizli

24.9.1968 günü saat 19.15: Akşam işten çıktıktan sonra Akdere'ye uğradım. Yukardaki saatte eve (Hasan Altun'lara) geldim. Salona geçtim. Emrah (Mahzuni'nin oğlu) var. 'Ne geziyorsun' dedim. Çocuklar 'annesi burada' dediler.

Suna okuma yazma öğreniyor Fidan'dan. Her zaman Fidan giderdi, bu akşam o gelmiş, malum Mahzuni turnede, size yazmıştım galiba. Neyse oturduk, hoş beşten sonra Suna 'Mahzuni'den ayrılıyorum, karşılıklı dilekçe verdik, ben Almanya'ya gideceğim. Bugün için mahkemeden bana celp geldi. Mahzuni olmadığı için duruşmaya gitmedim,' dedi. Ben inanmaz göründüm ama inandırdı hepimizi. Bunun burası Suna'dır, yine de doğru dürüst inanamadım…

…

Suna bana kırgın ama neden ve niçin bilmiyorum…

…

Mektubunu şimdi aldım. Tls. Şubesi diye yazmadığından bütün şubeleri dolaştıktan sonra geldi, okudum. Akşam Hasan Altun'a okurum, neticeyi yazarım. Seni ve işini düşünüyor Hasan Altun, ancak senin gelmen şart…[215]

Erol Abi 10 Aralık 1968 tarihli mektubunda ise Osman ve Şerif'ten haberdar eder.

Ha hafta içinde Mahzuni'yi gördüm. Bir gece vardı, bol bol o sarhoş ben sarhoş sohbet ettik, içtik. Osman da sigara içti derin derin. Osman'ı sık görüyorum, pek neşeli değil."[216]

---

[215] Yemliha Ertekin Arşivi, Mektuplar

[216] Yemliha Ertekin Arşivi, Mektuplar

Çok geçmeden Mahzuni de peş peşe iki mektup yazar.

"Aziz Dostum,

Aylardır sizinle muhaberatım olmadı ama bu mektup yazmamayı âdeta bir mizaç haline getirmiş olmaklığımdandır.

Telgrafınızı aldım, Samsun olaylarının neticesini soruyorsunuz. Çok şükür ölmüş değilim çünkü Samsun'da değildim de onun için. Şimdi sormuş olayım, nasılsınız? Ben bildiğiniz gibi miyim değil miyim şimdilik keşfedemiyorum. Ancak bildiğim ve emin olmanızı istediğim tek gerçek varsa o da sizleri gayet özlemiş olmamdır. Bu duygunun aramızdaki bağın ölmezliğini muhafaza etmesiyle bir nevi kendimi kutsal görebilirim. Sizlerden cismen ayrıldıktan sonra ayrılmadığımız günlerin eylemine garkolup gittim. Bu sizlerle olan dostluk bağlarının zedelenmesi demek olmadığını hasseten hatırlatırım.

Osman zannedersem yakında Afşin'e gelecek. Kendisinden bir kaç plak okundu, onların telif haklarını almaya gitti.

Yemliha Abi, sizlerle Ankara'da bir iş yapılabilir. Fakat sermaye konusunda durumunuza vakıf değilim. Şayet ümitli bir sermaye peyda edebilirseniz sizinle belki de çok kıymetli bir iş yapabiliriz. İşin nevi hakkında hiçbir kararım yok. Fakat mevcut ve orta rakamda bir sermaye hazırlanırsa yapılacak işe şekil verilmesi çabuklaşır. Bilmem ki anlatabildim mi?

Burada satırlarıma son verir sizi hasretle öperim.

Çocukların gözlerinden, ablalarımın ellerinden öperim. Mahzuni Şerif. Ankara,14.12.1968

Bağlar Cad. 83/9 Seyranbağları-Ankara"[217]

Yemliha Ertekin'in babadan kalma bağı ve bahçesi vardır ama ticari büyüklükte değil, sadece ailesinin kışlık ihtiyaçlarını karşılayacak boyuttadır. Geliri tamamen arzuhalcilikten-dir ve günlük kazanır, günlük harcar. Sermaye biriktirebileceği bir gelir değildir. Mizaç olarak da ticarete yatkın değildir. Yine de dostları daha rahat yaşaması için zaman zaman onu teşvik ederler, sonuç alamazlar. Mahzuni çok geçmeden susuzluğunu gidermek için bir mektup daha döşenir abisine.

---

[217] Yemliha Ertekin Arşivi, Mektuplar

Benim Tatlı Dostum Arzuhalcı Efendi,

Sana aylar evvel değil ama birkaç gün evvel bir mektup yazmıştım fakat cevabını beklemek için değil sadece hasret olan sesimi duyurmak içindi.

Yıllardır uğraştığımızın mahsulü bizlere çok pahalıya mal oldu. Bu şu demektir: Sevenler sevginin gerçeğine erebilmesi için sevgisizliğin zirvesine ermesi mecburi idi. Ama artık benim buna tahammülüm kalmadı. Sana yalvarsam dahi vazifemi yapmış oluyorum ki yıllardır selahiyetli olarak yalvarmanın özlemini duymakta idim. Bir susuzun çeşme sahibine yalvarması ona mürailiği addedilirken o susuzun çektiğini ancak baba tabiat bilirdi. Ama deryalara ermişlerin yalvarısı bir düşünülür ise bunu anlayanın deryadan kaç defa daha büyük olduğunu tasavvur eden kaç kişi bulunur.

Bu da şu demektir: Seni bir gün yanımda görebilmenin benim için ne demek olduğunu anlamanızı isterdim. Gel buraya desem, bu sözün derecesini evvelki sabahlara göre akşamlayacaklar bulunacağından o kadar korkarım ki belki de ömrüm öğleye kadar biter.

Aradığım hayatın giriş kapısında ben en kızıl akşamları, en oruç zamanları, en sürülmüş tarlaları, en eşekli yolcuları hatta en yolculu eşekleri görmüştüm. Bilirsin sen bunu Yemliha dostu…

Minik seslerini dinlerken, o miniğin ses mesafesini ancak bulunduğun bahçelerde keşfedebiliyordun ama o miniğin tok bir sesle bir dünyaya havlamasını işittik, sonra kapıları o miniğe değil artık o köpeğe dip edebilirsin ki bu haktır. Minik ayrı köpek ayrı.

Vazgeçtim ima sanatından ama özel dünyamın lisanı bu tarzı taşımakta mecburdur. Zaten ordan öteye her şeyi bütün çıplaklığıyla havlamayı hak ettim artık.

Benim Afşin'e biraz daha geç geleceğim sizlerce malum. Ancak sizi Ankara'ya davet etsem bir gün gelebilir misiniz? Çok istiyorum, çok arzuluyorum.

Size selamlar, size sevgiler, size hasretler."[218]

Şerif yürür gider ama kalbinin yarısını geride bırakarak.

---

[218] Yemliha Ertekin Arşivi, Mektuplar

"Yandım Dedim İşte, Daha Ne Deyim!"

"Mektebimiz irfan mektebi idi
Cavidan ilminden okuyorduk biz
Severdik güzeli, merdi, yiğidi
Gülistan bağında şakıyorduk biz

Kırkların saçtığı tohumdan bittik
Sürdük harman ettik dosta ilettik
Teslim olduk kaç beşiğe bellettik
Gözlerimiz pınar akıyorduk biz

Aslımız insandır, neslimiz Âdem
Güzel aşığıyız seçtik dünyadan
Geçtik karşısına gördük aynadan
Dostun cemaline bakıyorduk biz

Eyüp gibi yaramızla sızladık
Yakup gibi Yusuf yolun gözledik
Mecnun olduk çölde Leyla gözledik
Ferhat ile dağlar yıkıyorduk biz

Salman olduk Şahı Merdan'a âşık
Toprakla oynatıp salladık beşik
Aladeli haktan geldi bu ışık
Muhabbet şemasın yakıyorduk biz"
(1961)[219]

Kimisi İrfan Mektebi'ni Çin'de de olsa arar bulur, kimisi de İrfan Mektebi'nin içine doğar. Haydar Kaya (Aladeli) İrfan Mektebi'nin içine doğanlardandır. Zâkirlik doğum lekesidir, yani sonradan değil, doğuştandır. Alevi-Bektaşi kültürünün içine doğmuştur.

Âşık Mamet, Âşık Aladeli, Âşık Mahrumi... Dalgalı Baba'nın çocuklarının isimlerini sayarken başlarına "âşık" sıfatını daha baştan koyabilirsiniz. Dalgalı Baba, yani Dalgalı Halil, yani Halil Kaya saz çalıp deyiş söyleyen biridir. 1872 doğumlu Dalgalı Halil'in babası da Dalgalı'dır, Dalgalı Durmuş.

[219] Mustafa Ertekin, *Aladeli-Kimim Ben Hatırlat Bana*, 2021

Dalgalı Durmuş yöresinde keramet sahibi olarak da bilinir. Çevresindekiler bedduasını almamaya çalışırlarmış. Dalgalı Halil Yemen Savaşı'na katılıp esir düşmüş, sonrasında kaçıp yayan yapıldak köyü Berçenek'e gelmiş, çiçek hastalığından iki gözünü de kaybetmiştir. Yaşıtlarının ortak kaderi gibidir esirlik, hastalık.

Dalgalı Halil 1941'de yaşamını yitirdiğinde Haydar henüz 11-12 yaşlarındadır. Annesini ise daha erken yaşta kaybetmiştir. Yoksulluk içinde geçen bir çocukluk, erken yaşta çobanlık ve tarım işçiliği. Çocuklarına o yılları şöyle anlatır: "*Yağmur sularında yıkanırdık, kışın evimizde odun olmadığında ayaklarımızı ısıtmak için köyün küllüğüne gider sıcak küllere ayağımızı sokardık, birileri bizi fark etsin de bir lokma ekmek versin diye tandırlarda beklerdik.*"[220]

Haydar eline sazını çoktan almıştır bile. Çocukluğu Ali Beşik ve Daşo Dede'nin felsefelerinin hâkim olduğu bir atmosferde geçer. Şakir ve Cırık Baba meclisinin baş zakiridir. Daha 14-15 yaşlarında sazını omzuna atıp yanına Emirilyas'tan Kul Hasan'ı alıp Pazarcık'ta Ali Qute'nin huzuruna varır el alırlar. 50'li yıllarda Binboğa Köyü'nden Ağcaşar'a, Çomu'dan Haticepınar'a gitmedikleri köy, katılmadıkları cem yok gibidir. Kimi zaman da yanlarında ya Hasan Hüseyin ya Mahrumi olur. 50'lerin sonuna doğru yanlarında Şerif'i de görürüz. 60'lı yıllardaysa artık şehir şehir turnelerde konserlerdedir.

1963 Temmuz ayında kendi toprağının ozanlarıyla; Mahrumi, Osman Dağlı ve Mahzuni ile Ankara'da "Aşıklar Derneği"nin kuruluşunda yer alır. Dernek kuruluşu ardından gerçekleştirilen Anadolu Turnesi'nin de âşıklarındandır.

En derin sevda şiirlerinin de ozanıdır; ben Karacaoğlan'ın sesinin yankılandığı dağların, ovaların ozanıyım der gibi.

"Görmeseydim senin güneş yüzlerin
Ateşi aşkınla yanmayacaktım
Tatmasaydım baldan tatlı sözlerin
Susuz çeşmelerden kanmayacaktım

---

[220] Kemal Kaya, Sözlü Anlatım, 11 Ekim 2020

Ben yanarım, sen serinsin gonca gül
Kaynar aşk ateşi görürse bülbül
Dünyanın çiçeği açılsa dal dal
Senden başka dalda konmayacaktım

Nasıl anlatayım seni ellere
Seninle dokunur elim tellere
İsmin yazmasam ovalara çöllere
Aşılmaz dağlarda kalmayacaktım

Sana da bir zerre verseydi Mevla
Kerem'de Aslıhan, Mecnun'da Leyla
Ben yanan ateşim, sevdiğim yayla
ALADELİ böyle sönmeyecektim"
(1964)[221]

Ne var ki yeryüzü insanlaşma sürecini bir türlü tamamlayamamıştır. Kazançların en büyüğünün insanı sevmek olduğunun farkına varmış değiliz henüz. Köy yakınlarındaki Turna Pınarı'nda iki çoban Kara Ali ile Hira Mehmet su sırası kavgasına tutuşur. Ardından köyden duyan gelir. Yine köyden iki kişi kavgayı özellikle kışkırtır, ismi lazım değil iki kişi. Hacı Bayram köyün kendine güvenen delikanlılarından, yumruğunu vurduğu kişiler yere devrilir. Çoban Mustafa'nın oğlu İbrahim ise kavganın en çelimsizi, en kavga istemeyeni. Kartlar güce göre karılmıyor, korktuğun kadar güçlüsün. İbrahim de korkar, bıçağını çıkarır can havliyle Hacı Bayram'a saplar. Sonuç bir ölü, birçok yaralı.

Çoban Mustafa'nın ailesi Berçenek Köyü'ne sonradan gelenlerdendir. Babadan oğula çoban bir ailedir. Binboğa'nın Kırkısrak'a açılan kapılarından birini tutan İncirli Köyü'nden göç edip gelmişlerdir. Oğlu Hasan Hüseyin Sarı eline sazı aldığında bülbül gibi konuşturur. Kızı Ayşe Haydar'la (Aladeli) evlidir. Haydar-Ayşe Kaya çiftinin yıllardır çocuğu olmamaktadır. Olay sırasında Ayşe Ana hamiledir. Aladeli kaynı İbrahim'den dolayı suçlanır.

---

221 Mustafa Ertekin, *Aladeli-Kimim Ben Hatırlat Bana*, 2021

Aladeli de saldırıya uğrar. Aladeli bunu kabullenemez. Daha düne kadar meclislerde, muhabbetlerde başköşelerde oturtulup sazı sözü dinlenen bir adamın neredeyse düşkün muamelesi görmesi Aladeli'nin ruhunun kabullenebileceği bir şey değildir. Ruhu reddeder, ruhsal tedavi görmek zorunda kalır. Hem kayınpederinin ailesi hem kendi ailesinin üyeleri her biri bir yere sürürlür. Tepebaşı'na gidenler olur, Çomu'ya gidenler, Kaşanlı'ya gidenler. Aladeli ve Mahrumi de bunlar arasındadır. Daha yeni diktikleri bağı terk ederler, bir o köye bir bu köye giderler. Bir süre Kaşanlı Köyleri'nde kalırlar. Hem aşağılanmış hem yoksulluğa mâhkum edilmişlerdir. Artık acının ve yoksulluğun katmerlendiği yeni döneme girerler.

"1965'de Kaşanlı'ya göçtük, o olaydan sonra. Yakacak yok, odun yok, Mahrumi Baba'yla dağlara gidiyoruz, keven kesiyoruz. Çalı çırpı bulursak kesiyoruz. Şeleklerimizle getirip yakıyor, geçiniyoruz. Ben dedim ki bir gün, akşam bizim hanımla böyle konuşuyoruz. Mustafa da 6-7 aylık, hasta, ateş içinde, gitti gidecek. O derece yani, ağlıyoruz. Yapalaklı bir sıhhiye varmış, Kaşanlı'ya gelmiş. Tecrübeli bir sağlık memuru, onu çağırdım, gittim buldum getirdim. 'Baba' dedi, 'Benim bu çocuktan ümidim yok' dedi. 'Yalnız ben buna bir iğne yapayım' dedi. İğneyi yaptı, 'yarım saat, bir saat sonra acıkır meme isterse, kurtuldu' dedi. Bekledik, gerçekten bir saat sonra çocuk düzeldi. Meme istedi, annesi meme verdi. Sevindik bayram ettik."[222]

Gurbet başlamıştır, sonraki dönemde Berçenek hasreti, gurbet acısı şiirlerine yansıyacaktır. Sonraki durak Maraş'tır. Köyünde işsiz kalan birçokları gibi Aladeli de Maraş'a göçer, Yörükselim Mahallesi'nde bir gecekonduya yerleşir. Amelelik, hamallık ne bulursa yapar. Güçsüzdür, perişandır, eski günlerini hatırladıkça psikolojisi daha da bozulur. Yeşil bağı kurumuştur, çevresinde konup göçenler birer birer dağılmıştır. Şerif sarı yapraklı defterine şu mısraları döşer:

"Duydum felek vurmuş aladelime
Viran olmuş yeşil bağı kurumuş

---

[222] Mustafa Kaya Arşivi, Aladeli Ses Kaydı

Kavuşmak isterim geçmez elime
Aramızı karlı dağlar bürümüş

Hani benim Çobanoğlu, Fezalim
Kanadı kırılmış döner Bozalim
Döküldü yaprağım, yandı gazelim
Bizim ilin laleleri çürümüş

Pay pay olmuş Rahmin başı dalgalı
Soldurmuş gülleri bir karaçalı
Erenler mi kaldı göğsü tulgalı
Yurdumuza fesat şerri yürümüş

Aladelim hatırımdan çıkmıyor
Ne acaip kasaveti kalkmıyor
Yuvamız dağıldı kimse bakmıyor
Dost akraba iyi günde varımış

Nerde kaldı adamlığı övenler
Hüseyin aşkına lokma yiyenler
Gelmez imdadım hakkı sevenler
Eli gören felek bize körümüş

Berçenek bağına indim dolandım
Menekşeler kokmaz güller çürümüş
Turna Pınarı'ndan içtim de yandım
Tufan olmuş selvileri kurumuş

Tatlar yaylasından geçen obalar
Viranlı'dan gelen derviş babalar
Felek bizi paylamaya çabalar
Bizim eli kara duman bürümüş

Berçenek çayında bir Suna uçar
Eşi gurbet elde çaresiz naçar
Dertliyim dertlerim beni parçalar
Dostlar varlığında güman varımış"[223]

Yörükselim'e yerleşen ve aynı kaderi paylaşan insanlar dayanışma halindedir. Kültür birliği, kader birliği bu dayanışma-

---

[223] Yemliha Ertekin Arşivi, Mahzuni Elyazması Sarı Defter

nın harcıdır. Arada bir eski günlere özlemle sazını alıp Pazarcık köylerindeki cemlere katıldığı da olur. Yoksulluk hiç hız kesmez.

Şerif artık Mahzuni'leşmiştir. Plaklar bir birini izlerken 1968'de Aşkın Plak'ta bugün de pek tutulan *A: "Boşu Boşuna", B: "Gül Yüzlü Cananım"* plağını çıkarır. *"Gül Yüzlü Cananım"* parçası bir Aladeli şiiridir. O şiirde *"Yandım dedim işte, daha ne deyim"* der. Şiir bir duyguyu bir düşünceyi sayfalarca yazıyla anlatılabileni en az sözle en etkili bir biçimde ruha, akla işleme sanatıysa Aladeli bu mısra ile en güçlüsünü yapar. Bu şiiri Mahzuni kendi mahlasıyla okur. Aladeli'nin bir itirazı yoktur, onur duyar. Aladeli'nin perişanlığını bilenler, özellikle de Yörükselim'deki gençler Aladeli'ye ödünç bir elbise ayarlayıp Ankara'ya gönderirler. Amaç plaktan kazanılan parayla Aladeli'ye Mahzuni'nin destek olmasıdır. O dönem Aladeli'nin buna ihtiyacı vardır.

"Babam Ankara'ya geliyor, Mahzuni'nin Bülbülderesi'ndeki evini bilmediği için önce Kul Ahmet'le buluşuyor. Birlikte Bülbülderesi, Çam Apartmanı'na gidiyorlar. Zili çalıyorlar, kapıyı isminin Kenan olduğunu sonradan öğrendikleri biri açıyor. Kenan 'buyrun abi' diyor. Babam 'Biz Mahzuni'yle görüşecektik' diyor. Kenan 'Mahzuni Abi evde yok' deyince babam kendi kendine söyleniyor, ta Maraş'tan gelmişim, n'olacak şimdi. O ara Kul Ahmet ' Eee Aladeli şimdi ne yapacağız?' deyince Kenan şaşırıyor ve 'Siz Aladeli misiniz?' diyor. Evet, cevabını alınca 'Bir dakika abi' diyor. İçeriye girip, geri dönüyor ve 'Buyrun Mahzuni Abi sizi bekliyor' diyor. Babamlar içeri giriyor ama Mahzuni'nin modu düşüktür, hiç muhabbet edilecek havası yoktur. Mutsuz, huzursuz bir hali vardır. Kenan babamın kulağına fısıldar 'Suna Ablayla tartıştılar, Suna Abla küsüp komşuya gitti' der. Babam yanına Kenan'ı alır komşuya gider. Suna babamı görünce sevinir, boynuna atlar, sarılır. Babam 'kızım çocukları al, eve gel' der. Suna ikiletmez, hemen çocukları alır aşağı iner. Suna aşağı inince Mahzuni'nin yüz ifadesi değişir, rahatlar. Uzun bir hoş beşten sonra Aladeli evden ayrılır."[224]

---

[224] Mustafa Kaya Ses Kaydı, 11 Ekim 2020

Telif mi? Yalnızca yol parası alır, Maraş'a döner. Maraş'taki perişanlık devam eder. O ara Maraş'ta öğrenci olan Binboğa Köyü'nden Halil Çinpolat Ticaret Lisesi'nden mezun olmuştur. Köye dönmeden önce, babasını arayıp "Baba, Aladeli burada perişan. Köye gelsin, sizin böyle bir adama ihtiyacınız var," der. Babası da gelsin, bir ev ayarlarız, erzak da veririz deyince, Halil Çinpolat durumu Aladeli'ye söyler. O da razı olur, toplanır Binboğa'ya giderler. Ama çok kalmazlar, Halil'in köyde yapacağı bir şey yoktur. Ankara'ya gitmek ister, Aladeli "ben burda ne yapacağım, ben de geliyorum" der ve 1969'da Ankara'ya giderler.

Bir süre Kul Hasan'ın Karşıyaka'daki henüz inşaat halinde olan gecekondusunda kalırlar. Sonrasında eski dostlarından Sarızlı Mustafa Çoban'ın Tuzluçayır'daki evine giderler ve hemen yanı başındaki gecekonduyu kiralarlar. Bir süre Halil Çinpolat da bu evde kalır. Bir süre işsiz gezer, 1970 baharında Opera köprüsünde amele olarak çalışır. 1971'de Anıt Otel'de 6-7 ay süreyle bulaşıkçı olarak çalışır, oradaki bir tüp patlamasıyla kolları ve omzu yanınca işten ayrılır.

Aladeli'nin son işyeri ise Tuzluçayır'daki Piyale Paşa İlkokul inşaatıdır. Bir buçuk yıl inşaatta çalışır. İnşaat sürecinde gelip giden Milli Eğitim kontrolörleri ile kurdukları dostluk sonrasında okula hademe olarak girer ama kadro verilmediği için bir süre maaş alamaz. Berçenekli sağlık memuru Hidayet Savran; bir dönem Maraş Belediye Başkanlığı da yapmış olan İbrahim Öztürk ile görüşür ve memur kadrosuna aldırır. Aladeli emekliliğine kadar Piyale Paşa İlkokulu'nda müstahdem olarak çalışır.

Bir gün Mahzuni Tuzluçayır'da bir birahaneye oturur, Aladeli'ye haber yollar, gel muhabbet edelim diye. Aladeli oğlu Mustafa ile çıkar gelir. Onlar bira içerken Mustafa'ya da meyve suyu isterler. Muhabbet ilerler, bir ara tansiyon yükselir. Aladeli "Be hey dinsiz imansız Mahzuni, senin ne zaman yeşil bağın oldu da kuruttun. Suna'yla bize geldiğinizde benim sobaya attığım defteri Suna elini sokup defterin bir kısmını kurtarmasaydı, senin yeşil bağın mı olurdu!" der.[225] Sonra hiçbir şey olmamış gibi muhabbete devam ederler.

Duruşuyla, şiirleriyle birçok ozanı etkileyen Aladeli'nin bugüne dek ne bir plağı ne bir kaseti olmuş, çok sayıda şiiri olmasına rağmen çok azı günışığına çıkmıştır. Musa Eroğlu, İsmail İpek, Aşık Aliyar Arslan birkaç şiirini müziklendirmiştir. En iyisi, Aladeli'yi anlatmayı biz Aladeli'ye bırakalım. "*Kimim Ben, Hatırlat Bana*" diyen Aladeli'ye kim olduğunu yine Aladeli anlatsın.

"Âşık oldum aşka aklım çaldırdım
*Onun için **ALADELİ** oldum ben*
Varlığımı haramiye aldırdım
*Onun için **ALADELİ** oldum ben*

"Ömrümü savurdum esen yellere
Tanesini verdim gitti sellere
Neler çektim düştüm dilden dillere
*Onun için **ALADELİ** oldum ben*

Ağladım gözyaşım silen aradım
Dertlendim derdimden bilen aradım
Dünyaya geldim de neye yaradım
*Onun için **ALADELİ** oldum ben*

Hoşgörü taşıdım, dostça konuştum
Bildim ama bilmez gibi danıştım
Zehir içtim ama sarhoş dolaştım
*Onu için **ALADELİ** oldum ben*

Sert sözle yumuşak karşılık verdim
Çiçek ektim ama hep diken derdim
Saymakla tükenmez ben neler gördüm
*Onun için **ALADELİ** oldum ben"*[226]

---

225 Mustafa Kaya ile Söyleşi, 11 Ekim 2020

226 Mustafa Ertekin, Aladeli-Kimim Ben Hatırlat Bana, 2021

Yemliha, Haydar Kaya (Aladeli), Mustafa Ertekin

Kanlı Pazar

Yemliha'yı anlatmaya çalışma süreci aynı zamanda onu anlama sürecidir de. Onu doğru anlamanın yollarından biri de beslendiği kaynaklara ulaşmak ve anlamlandırmak oldu.

1967'den 1969'a 6. Filo Protestoları anti-emperyalist gençlikle komünizmle mücadele çerçevesinde emperyalizme yedeklenen milliyetçi-mukaddesatçı gençliğin konumlarını belirleyen en önemli turnusol kâğıdıdır. O olayları takip eden biri sonraki faşist katliamlarının da izini rahatlıkla sürebilir.

"Büyük fırtına patlamak üzeredir, Müslümanlar ile kızıl kâfirler arasında topyekün savaş kaçınılmaz hale gelmiştir... Müslüman kardeşim, sen bu savaşta bitaraf kalamazsın. Ben namazımı kılar, tespihimi çekerim... Etliye, sütlüye karışmam deyip de kendine zulüm edenlerden olma, gözünü aç, bak!.. Onlarda taş, sopa, demir, molotof kokteyli mi var? Biz de aynı silahları kullanmaktan aciz değiliz... Cihat eden zelil olmaz. Sağ kalırsa gazi olur, canını verirse şehitlik şerefini kazanır." (Mehmet Şevki Eygi).

1960 öncesi ve 1970 sonrası Türkiye'sini anlamak isteyenler 60'lı yılların her ayrıntısını ortaya koymak durumundadır.

Ümit Yaşar kimdir desek, *"aşk şiirlerinin fermanıdır"* diyenler çoğunluğu oluşturur. Öyledir de. Ümit Yaşar'ın "Kanlı Pazar Koşması"nı internette aradım bulamadım. Nerden çıktı bu şiir?

Yemliha Ertekin'in arşivi onun beslendiği kaynakları ve temaları da ele veriyor. Yemliha *"Elbistan Postası"*ndan kestiği küpürle bu şiiri bize ulaştırıyor. Ve bir başka Ümit Yaşar'la tanışmamıza da vesile oluyor.

Kanlı Pazar Koşması

"Ben kanlı pazarda gördüm olanı
Saldırdılar taşla sopayla Sülü.
Arenaya döndü Taksim alanı
Bıçaklar konuştu sırayla Sülü.

Katiller bir anda yerden bittiler,
Yurtta anarşiyi ilân ettiler,
Çoğu gençler ilkyardıma gittiler.
En hafifi bir kaç yarayla Sülü.

Öyle bir dövüştü: kıran kırana,
Eder mi bu zulmü insan insana?
Kıymak istediler bilsen kaç cana
Tutulmuş adamlar parayla Sülü.

Bir kin ateşinde kaynıyor kazan,
Bekliyor başında huzuru bozan!
İnsaf eyle bağdaşır mı bu düzen
Ne baba, ne ana yasayla Sülü.

Bu kardeş kavgası acı gerçekten,
Bu günleri görmek beter ölmekten
Uyarmak isterim seni yürekten
Du... en büyük tasayla Sülü..."

ÜMİT YAŞAR[227]

---

[227] Yemliha Ertekin Arşivi, Gazete Küpürleri

Gökte Yıldız Yerde Işık Görünmez

Askerlikten sonra yoğun geçen üç yılın ardından Maksudi-Mahzuni de yollarını ayırır. Yıllar sonra Osman Dağlı bir söyleşide *(Bkz. Senden Gayrı Âşık mı Yoktur-Ulaş Özdemir)* Mahzuni'nin TİP'den ayrılıp Birlik Partisi'ne katılmasından sonra siyasi ayrılıklar nedeniyle yollarımızı ayırdık, dese de Mahzuni'nin hiçbir zaman aktif bir TİP'li olmadığını hatırlamakta yarar var. TİP ozanlara baştan beri sahip çıkmıştır, onlar da müteşekkir olmuşlardır. Hatta 1969'da TİP'ten milletvekili adayı olan Âşık İhsani biraz da dalgaya alarak "Mahzuni TİP'li olmuş diyorlar, herhalde ben yokken uğramış!" (Bkz.a.g.e) Bu bir ayrılık nedeni değildi. Doğrusunu söylemek gerekirse yoğun birlikteliğin metal yorgunluğu demek daha isabetli olur. Özellikle son üç yıldır Mahzuni özel yaşamında yorgun düşmüştü. Öte yandan ayrılık nedeni ne olursa olsun ayrılık sonrası dönemi doğru yönettikleri söylenemez.

Osman Dağlı 1971'de Almanya'ya gidene kadar Âşık Gülabi gibi dönemin bazı ozanlarıyla çalışmayı sürdürmüştür. Kimi ozanlar Maksudi şiirlerini plaklara okumuştur. Ama hiç kimseyle Mahzuni'yle tutturduğu frekansı tutturamamıştır. O yüzden ayrılıklarından sonra Maksudi sesinden, Mahzuni sözünden oldu dersek abartmış olmayız. Elbette ki Mahzuni kendi sözleri ve başka ozanların sözleriyle plak yolculuğuna devam etmiştir, Osman Dağlı'nın da şiirlerine devam ettiği gibi. Sadece birbirlerini tamamlayan ses-söz birlikteliğinden mahrum kalmışlardır.

Ayrılıktan çok sonra birbirlerine hakarete varan atışmalara girmeleri ikisini de yaralamıştır. Sonradan konuşup görüşmeye başlasalar da yaranın izi kalmıştır. Mahzuni'nin 69-70'deki Suna plaklarına karşın Mahmut Erdal, *"Ben Suna'ya Bacı Dedim/Namusu ile Reklam Yapana Yuh Yuh"* plağının söz yazarı olarak Osman Dağlı yazmıştır.

Yine Mahzuni'nin zehir zemberek *"Kerbelâ'ya Kazık Çaktı da Gitti"* şiirine Suna ile birlikte bir plakla yanıt verir. Feyzullah Çınar, Şah Turna ve Nesimi Çimen de plakla söze girer. Nesimi Çimen abice konuşur: *"Dedim sana dinleseydin/Dostun düşmanın bilseydin/Böyle olmaz ben ölseydim/Nolur kardaş uyansaydın."* Enteresan olan şu ki basın açıklamasıyla ya da mektupla kınamak yerine herkes plak yapmayı tercih etmiş.

Mahzuni'nin yaşamına 1967'de yeni bir sevda girse de artçı depremler 70'li yıllara kadar sürer. Özellikle de 1969'daki Mahzuni plaklarından o dönemdeki ruh halini görmek mümkün. "*Affetmem Seni Seni Yar, Özür Dilemiyorum Senden*" doğrudan artık geride kalmış bir ilişkiye ilişkindir. "*Kıran Kırana, Haşlayın Beni, Sultanım Ol Gel, Ne Zaman Olur, Hani Ya, Canım Millete Küfrüm Puşta, Yüz Bin Defa Güle Güle, Loy Loy*" bu dönemdeki kahır, beddua, sitem, karamsarlık ve hüzün plaklarıdır. "*Loy Loy*"da "*Dost iken dostlara kaldım yabancı/Kimi altın oldu kimisi inci*" derken, "*Canım Millete Küfürüm Puşta*"da "*Ben size ne yaptım yahu dostlarım/Siz dedikodusuz durmaz mısınız/Benim boynuzum kimi toslarım/Siz sizi aynada görmez misiniz*" diye sorar.

"*Gökte Yıldız Yerde Işık Görünmez*", "*Nem Kaldı*", "*Böyle Değil Mi*" ve "*Alamanya Gardaşımı Geri Ver*" dönem içindeki politik söylemli Mahzuni plaklarıdır. "*Gökte Yıldız Yerde Işık Görünmez*"de "*Dağılır ordular, kalkar mahkeme/İnsanlık Kavgasız kaldığı zaman" derken, "Değil mi*"de "*Namaz kılsan kılmayana dokunma/Belki haktır onu münafık sanma/İnsan dili başka başkadır amma/Hakkın huzurunda fert var değil mi?*" diyerek inanç ayrımına da etnik ayrıma da tavrını koyar.

"*Alamanya Kardaşımı Geri Ver*"de "*Bizi garip eden beyler utansın/Haksız padişahın makamı yansın*" mısralarıyla yurtdışı işçi göçünün nedenlerine değinir. Kendi de ilk kez Almanya konserleri için yurtdışına çıkar.

1961'de çıkan ve egemen güçlerin bol geldiğini, daraltılması gerektiğini ileri sürdükleri Anayasa 12 Ekim 1969 genel seçimi öncesi seçim sisteminde yapılan değişiklikle bir anlamda daraltılmış, TİP ve Birlik Partisi'nin meclise girmesi zorlaştırılmıştır. TİP 2, Birlik Partisi 8 milletvekiliyle meclise girebilmiştir. 12 Mart 1971'e çeyrek kalmıştır. Bu süreç 60'ların başında Alevi-Bektaşilik ozanların gerekçeleriyken 70'lerin başında toplumsal mücadele gerekçeleri olmuştur.

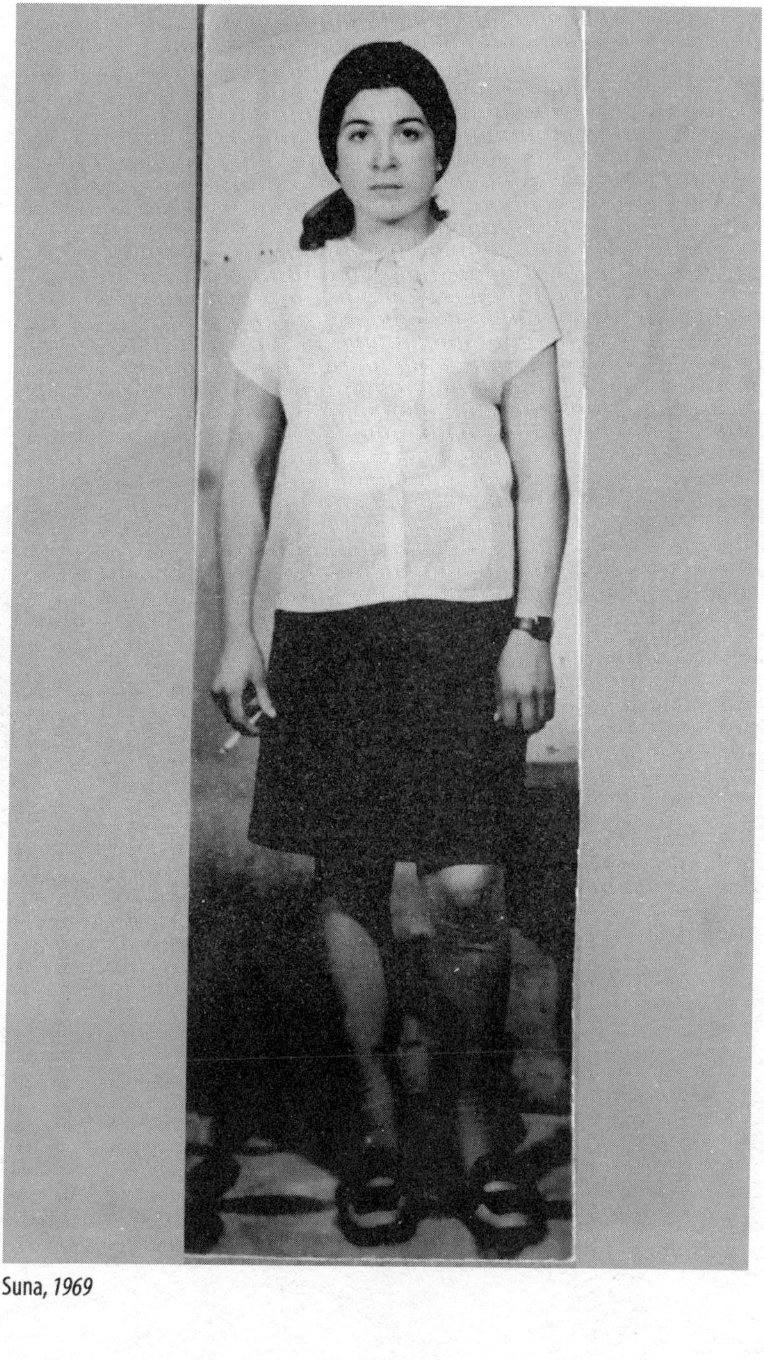

Suna, *1969*

Mahzuni'nin Mustafa Ertekin'e imzalı fotoğrafı, 1960'lı yıllar

10 Yemliha'nın İzlerini Ararken

Kaşanlı Köyleri

Perişan Güzel *'O'* der aşkı anlatırken, *"Cemal cemal'e gelmiş iki C'dir. İki C cemal cemale gelir O olur, iki cemal aşkı bulur. Tek C ile aşk olmaz. Aşk O'dur. 'O' bir varlıktır."*

"Leyla'yı aratan benim
Benim adım aşktır benim
Mevlayı yaratan benim
Benim adım aşktır benim

Bülbül olup güle öten
Mecnun olup çölde yatan
Kerem olup yanıp tüten
Benim adım aşktır benim

Garip'e gurbet gezdirdim
Nesimi'ye post yüzdürdüm
Mansur'u dara astırdım
Benim adım aşktır benim

Yusuf'la zindana düşen
Cebur'la fırında pişen
Nice 'Güzel'i Perişan'
Benim adım aşktır benim"[228]

Perişan Güzel'in bu şiiri sahipsiz kalmış, ortada bulan da üstüne adını yazdırmış. Ne ki, Perişan her yerde sahipsiz değildir. Bir gün eşeğine biner Kaşanlı'dan Afşin'e iner. Maksat saklı kalmış nüfusları nüfusuna kaydettirmektir. "Saklı kal-

[228] Kaynak kişi, Derviş Koç ve Fırat İmirza Tabak

mış nüfus" da ne ki derseniz, laf uzun ama kısaltalım. Neredeyse 1970'li yılların sonuna kadar birçok köylü çocuğunu okula, askere gideceği ya da evleneceği zaman nüfusa kaydettirirdi. Zamanında kaydedilmeyen nüfusa "saklı nüfus" denir. Bu sayede de Afşin Kürt köylerinden birçok yoksul, topraksız köylü 1965-75 yılları arasında yurtdışına işçi olarak gidebilmiştir. Perişan Amca ancak hava kararmaya yakın, nüfus idaresi kapanınca Afşin'e ulaşır. Üzgündür, Arzuhalci Yemliha'nın yanına gelir, "*İş yarına kaldı, akşama da köyde olmam lazımdı, ne yapsak ki?*" der. Yemliha düşünür, "*Şu çocukların isimlerini ve yaşlarını say hele*" der. Perişan tek tek sayar. Yemliha, Perişan'ı köyüne yollar "*Yarın ben hallederim, sen yolundan kalma,*" der.

Yemliha ertesi gün Afşin Nüfus İdaresine gider çocukları bir bir yazdırır. Birinin adını unutmuştur. Düşünür, beklemekten sıkılan nüfusçu ısrar edince, sonuncunun ismi "Yemliha" der. Bir zaman sonra Perişan Afşin'de Yemliha'ya uğrar. Yemliha durumu anlatır, böyle böyle oldu der. Perişan gülümser, "*Ben de birinin adını Yemliha diye yazdır, diyecektim. Çekindim. İyi yapmışın,*" der. Böylece Perişan Güzel'in çocuklarından birinin adı Yemliha olur.

Perişan Güzel'in ozan olarak yaşadığı evreler Kaşanlı ozanların da tarihi gibidir. 1924 doğumlu Güzel Köse'nin babası saz ustası Kâmki Mâle Kosé'dir. Perişan Güzel de erken yaşta saza ve cemlerde zakirliğe başlar. İçine doğduğu ve büyüdüğü ortam Kızılbaş Ocaklarından gelen dedelerin nefes ve deyişlerinin de Ruhsati ve Harabi gibi 19. yüzyıl Bektaşi ozanlarının deyişlerinin de muhabbet cemlerinde havalandırıldığı bir ortamdır. Pîrê Fatma'nın yüzlerce Alevi-Bektaşi nefesini ezbere bildiği bir ortamdır. O kültürel ortamı daha iyi anlamak için Kaşanlı Köyleri'nin yakın tarihine uzanmak yararlı olur.

Afşin'de Kaşanlı Köyleri denilince akla dört köy gelir: Kaşanlı, Örenli, Haticepınar ve İnci (Poskof) Köyleri. Bu köyler 19. yüzyılda bölgeye yerleşmişler. Atmi Aşireti'nden oldukları konusunda herkes hemfikir. Kaşanlı'ya gelmeden önce de zamana yayılan bir göç hikâyesi var elbette. Genel kanı İran'ın

Kaşan bölgesinden Diyarbakır Ergani'ye, oradan da Malatya Arguvan köylerine ve Doğanşehir Topraktepe Köyü'ne yerleştikleri yönündedir. Nüfus çoğaldıkça göçler devam etmiş ama çok uzaklara değil. Doğanşehir'in komşusu olan Elbistan'da Atmalıkaşanlı'yı kurmuşlar. En sonunda da Afşin-Darende-Gürün sınırlarındaki Elbistan'ın Elmalı ve Körücek Köyleri'ne komşu bugünkü Kaşanlı Köyü'ne yerleşmişler. Haticepınar ve Örenli Köyleri önceleri yaylak olarak kullanılırken zamanla köye dönüşmüşler. Kaşanlılar'dan önce, bu köyler terkedilmiş Ermeni köyleriymiş. Hrant Dink'in dedelerinin Gürün ve Malatya'ya göçmezden önce Haticepınar'da yaşadığı da rivayet edilir. Ören yerleri ve Kaşanlı'daki "Kız Oğlan" kaya kabartması Bizans'a kadar da tarihlenebileceğinin kanıtıdır.

İtgıran Dağı; Kaşanlı Köyleri'nin olduğu bölgeyi Afşin Ovası'ndan ayıran doğal bir set gibidir. Kaşanlı arkasına Örenli, Haticepınar ve Oğlakkayası'nı da alarak İtgıran'ın arkasındaki vadi boyunca Tatlar, Koçovası, Kerevin, Marabuz'dan Kırkısrak'a doğru Binboğalar'a uzanır. Diğer tarafıysa yine Kızılbaş-Kürtlerin olduğu Körücek ve Bektaşi Kürt-Türkmenlerin karışık olduğu Elmalı köyleri aracılığıyla Akdil, Yapılıpınar, Sevdilli gibi Kürt-Kızılbaşların olduğu köyler boyunca Kantarma dedelerine ve Kürecik köylerine kadar uzanır. Arkasına ise Darende ve Gürün köylerini almıştır. Kaşanlı Köyü İtgıran Dağı'ndan kafasını çıkarıp Afşin Ovasını gözetler. Önünde de Büvet, Tanır, Çomudüz, Berçenek Köyleri vardır. Kaşanlılar Berçenek'e komşu, Hurman Çayı'nın yanı başına bir köy daha kurarlar, İnci Köyü. Kaşanlı Köyleri, zaten kendisi kültürlerin kavşağı konumundaki Sarız-Yarpuz-Elbistan çanağı içinde ikinci bir kültürel kavşak gibidir.

Kaşanlılar Kızılbaş-Kürtleri olarak çoğunlukla Hızır Üryan Ocağı'na bağlıdırlar. Ayrıca Dersim'den göçüp Kaşanlı'ya yerleşen dedeler de vardır. Dede Mustafa Mısri'nin ailesi gibi. Diğer yandan bir tarafta Kantarma Dedeleri ile iletişimleri söz konusu, yine Elbistan tarafında Hakikatçi nefesin yayıldığı Yapılıpınar'da Ali Haki Edna, Aktil'de Halil Öztoprak vardır. Diğer tarafta hakikat ışığının yayıldığı Binboğalar'da Şeyh

Mamo'nun sürdürücüleri. Önlerinde ise Bektaşi ve Nakşi kültürün boy verdiği ova.

Kurutmalık üzümün yeri ayrıdır, pekmezlik üzümün ayrı. Şaraplık üzümse çok daha nazenindir. Şaraplık üzüm burukluğuna ve aromasına göre toprak ister, rüzgâr ister. Hele de özel şarap özel iklim ister. Ozanlık deyince Kaşanlı Köyleri de böyle zengin bir topraktır. Hem Kürtçe hem Türkçe nefeslerin dile geldiği, Alevi-Bektaşi deyişlerine derinlik ve zenginlik veren bir toprak.

Perişan Güzel böyle bir iklimin ozanıdır. Gençliği cemlerde zakirlikle geçer, dededen-atadan gelen nice nefeslere ses olur. Kör Fatma, Salmani Pane (Salman Emmi), Hayreti (Mustafa Ersus- Çavuş), Tevfik Dayı, Kefike Çurman, Kefike Özike, Huseni Cafte, Kamil İpek ve Kamil İsbir gibi kâmillerin irfan mektebinde kendi sözünü ve sesini bulur. Hakikat aşkına dalar.

Perişan Güzel'in ardından "*Yükü aşk olan asla yorulmaz*" diyen Vicdani çıkar; "*Hakikate bağlı olan, Dertleri saklı mı olur?*" diyen Meçhuli çıkar. İsmail İpek Ağcaşar'lı Hüseyin Kaçıran'ın "*Ruhumda bir sıkıntı var/ Gitsin diyom gitmiyor ki/ Yoksulluk başıma bela/ Gitsin diyom gitmiyor ki*" diyen sözlerine ses olur. Perişan Ali "*Gönül bir saraydır sevgi sultandır/İnsanlar kendini bildiği zaman/Ya hızır! ya hızır! ya hızır! ya hızır!/ Canım ya hızır, gözü kör olana ne yapsın hızır*" diyerek semah döner.

Muhabbet cemlerinde her söz didik didik edilir, derin anlamlar bulunur. Bu cemlere girenler Alevi-Bektaşi öğretisinin her yönünü öğrenir. Sonra elini sazına alıp da kendi sözü kendi sesiyle "*ölmeden ölmek*" üzerine bir deyiş söylerse, Pir Sultan gibi isyan ederse şaşırmamak gerekir. Çünkü o uzun kış gecelerinin irfan mektebinden geçmiştir.

1968 gelir de Perişan Güzel parkasını, botunu giyer sokağa çıkarsa yine şaşırmayın. Ardından 70'lerde Vicdani çıkar "*Vurun baştaki haksıza/La ve davlate, la ve davlate*" diye haykırır; peşinden Emekçi "*Uzun ince boyu kıvırcık saçı/Halkını sevmekti onun tek suçu/Ali Haydar ölmez ağlama bacı/ Milyon milyon doğar Ali Haydar`ım*" diye isyan eder. İsmail İpek komşu köyden

Âşık Yener'in Yılmaz Güney'e yazdığı *"Deniz'den Yusuf'tan yiğit İnan'dan/ Nurhak dağlarında cesur Sinan'dan/Sana kucak kucak selam var Yılmaz"* şiirini besteler.

Maraş Katliamı'nın en çok can aldığı köyler de Kaşanlı Köyleri'dir. Daha köyde okul yokken, çocuklara okuma-yazma öğreten Yusuf Çavuş'u kaybederler. Vicdani vicdanının sesiyle seslenir: *"Gelin kadın karnı yarın dediler/Bunlar Kürt komünist vurun dediler/Çekip işkenceye sorun dediler/Sel oldu kızıl kan aktı Maraş'ta..."*

Nice 20. yüzyıl ozanı gibi Kaşanlı ozanları da "Telli Kur'an"la başlar, yaşamın akışında telli manifestolarla devam ederler.

Şöyle bir köşede oturup, 10-15 dakika, Perişan Ali'nin üç-beş köylüsüyle havadan-sudan muhabbetine kulak verirseniz, Sarız-Yarpuz-Elbistan çanağının ne kadar etkileşimli olduğuna, Kaşanlı Köyleri'nin de bu çanağın dört bir yanıyla ne kadar hemhal olduğuna tanıklık etmiş olursunuz. Perişan Ali bir dörtlük okur, Latife Ana'dan. *"İşte böyle der Latife Ana"* diye bitirir sözü. Oradan biri *"Bu şiir Meluli'nin; Meluli bazen Latife mahlasını da kullanır,"* diyerek girer söze. Perişan Ali açıklama yapar *"Serkizçayır Köyü'nün bir mahallesinde cemlerde Fidan Ana okurdu bunu."* Anlaşılır ki, nefesler defterden deftere değil, cemden ceme, dilden dile yayılır. Sonra Berçenek'ten Mahrumi ile anılarına başlar, oradan Kırkısraklı Çapar Haydar'a döner. O anlatırken siz bütün çanağın dağında-ovasında dolaşırken bulursunuz kendinizi. Söz İbreti'ye gelir, Yemliha'nın kadim dostu Semerci Kamil'e, muhacir bir Bektaşi olan Kamil Emmi'ye. *"İbreti'yi Semerci Kamil alıştırdı bizim köylere,"* der. Anlarsınız ki, bir zamanlar Afşin'de terzi çıraklığı ve madencilik, Elbistan'da fotoğrafçılık yapan İbreti aynı zamanda Afşin-Elbistan köylerindeki cemlerin de müdavimidir. Sonra Perişan Ali sizi Dallıkavak'ta Haydar Bayrak'a, oradan İncemağara'da Caferi Gango'ya götürür. Söz oradan döner Elbistan'a, Elbistan'da kalaycılık yapan Nesimi Çimen'e... Bunca ozanla on dakikada başınız döner. Bir soluk alır bu endemik ozan topraklarını bir daha düşünürsünüz.

Siz dağlarda-ovalarda ozanların sazlarının-sözlerinin yankılarına kulak verirken, ben dönerim Kaşanlı Köylüleri'nin Yemlihası'na...

Bir gün Kamalak'tan Alhas Abi ve Karaca Emmi'nin torunu Hamdullah o sıralar Osmaniye civarında oturan Meçhuli'ye giderler, "*Kızını Afşin'den Yemliha Abi'nin oğluna istemeye geldik,*" derler. Meçhuli tersler "*Benim yobaz Afşinlilere verecek kızım da yok, selamım da!*"

Hamdullah "*Ama Arzuhalci Yemliha Ertekin'in oğluna,*" der. Meçhuli "*Bizim Yamılha Abi mi?*" der. Cevap "evet" olunca, "*Öyle desenize, Yamılha Abi başımın tacı,*" diyerek rahatlar. Kızla oğlan sonradan yollarını ayırırlar, devamı gelmez. Ama bir Kaşanlı'nın; bir Afşinliyle bir Yemliha Ertekin'e bakışına tanık oluruz.

Kulaklarımda İsmail İpek'in "*Yemliha Abi öyle bizim kültürün içindeydi ki, ben Sünni kökenli olduğunu çok sonraları öğrendim,*" sözleriyle yol'a devam ederken, size bir başka Kaşanlı'nın sahipsiz şiirinin sahibinin hatırlatarak söze devam edeyim.

"Deli gönül yine ahuzar oldu,
Dostumun gülleri sarardı soldu,
Hayat çeşmimize hasiret doldu,
Sen de benim gibi gez Leyla, Leyla,

Yârin dudağından ballar süzülür,
Gören âşıkların bağrı ezilir,
Leyla defterine mecnun yazılır,
Sen de benim gibi yaz Leyla, Leyla,

Mecnun oldum gezdim Leyla dağında,
Bülbül oldum öttüm dostun bağında,
Arzumanım kaldı gül dudağında,
Engür badesini süz Leyla, Leyla,

Hayretiyem gezdim gurbet ellerde,
Aşkın ateşiyle aştım bellerde,
Sevda deryasında ıssız çöllerde,
Yetiş imdadıma tez Leyla, Leyla"[229]
(Mustafa Çavuş-Hayreti, Kaşanlı Köyü)

---

[229] Kaynak: Derviş Koç ve Fırat İmirza Tabak

Kaşanlı Köyleri öyle bir bölge ki yüzleri hem Dede Ocakları'na hem Bektaşi Dergâhına hem de Hakikatçi felsefeye dönüktür. Haticepınar Köyü'nden 92 yaşındaki Mehmet Ali Levendiz ile muhabbet edip tarihte yolculuk yaparken ışık hızıyla sohbetin farklı anlarında geçen iki cümle koca bulmacadaki eksik bağları bir anda yerine yerleştirir. *"Bizim çocukluğumuzda Kırkısrak'tan bir âşık gelirdi, Âşık Mamo. Bizim ozanlarımız ondan çok şeyler öğrendiler."*

Kimdir bu Âşık Mamo? 1897 doğumlu olan Âşık Mamo Kırkısrak'taki Şıh Mamo cemiyetinin neredeyse baş zakiridir. Babası Çelo Şıh Mamo cemiyetinin en etkin kişilerindendir. Âşık Mamo da aynı felsefeyle yetişmiş, bölgede sazıyla sözüyle olduğu kadar dürüstlüğüyle de sevilip sayılan biridir. Her gittiği köyde iz bırakmıştır, tıpkı Haticepınar'da olduğu gibi.

Mehmet Ali Amca'nın diğer sözü ise *"Bizim köye Berçenek'ten Daşo Dede okuma-yazma öğretmeye gelirdi."*

Daşo'yu hatırlayacaksınız, Umudoğlu Bektaş. Şıh Mamo'nun mezarının yapılması için imza veren Berçenekli, Şıh Mamo cemiyetinden. Yıllar önce Hakikatçi felsefenin iki neferi biri Kırkısrak'tan diğeri Berçenek'ten yola çıkıp Haticepınar'a katkı veriyor.

Bir kez daha dönüp Yemliha ile Kaşanlı Köyleri'nin bağını anlamaya çalışırken, Mehmet Ali Amca'nın oğlu Tevfik Levendiz girer araya *"Yemliha Amca 12 Eylül'de Maraş Cezaevi'nde koğuş arkadaşımdı. Benim Haticepınarlı olduğumu öğrenince hemen ilgilendi. Bizim köylüler Yemliha Amca'yı Bektaşi olarak bilir, itirazım da yok ama benim cezaevinde tanıdığım Yemliha Amca bana göre sosyalistti."*

Tevfik'in sözleri kulaklarımda çınlarken Yemliha'nın arşivindeki iki şiir Tevfik'in köylülerinin Yemliha'yı nasıl gördüğünü hatırlatır. İlki Mustafa Çavuş'un yani Hayreti'nin yani Mustafa Ersus'un Yemliha'ya yazdığı şiir.

"Sen bir gülsün ben bülbülüm
Mürşit kapısında kulum
Kırılsın bu benim dilim
Dert yağmuru dert yağmuru

Bülbülün figanı gül için
Günahkârım bağışla suçum
Helal ile haramı seçin
Dert yağmuru dert yağmuru

Bu Yemliha kimin nesi
Ehlibeyt'e var hevesi
Bu imiş hasların hası
Dert yağmuru dert yağmuru

Bu dostun kuşları katar
Kabzası sineme batar
Gül alıban güler satar
Dert yağmuru dert yağmuru

Bu Naciye kimin kızı
Alnında Zehra yıldızı
Bu imiş dünyanın tuzu
Dert yağmuru dert yağmuru

Benim dostum Hakk'ın dostu
Geçti günler karanlık bastı
Riya kabul etmez namaz postu
Dert yağmuru dert yağmuru

Hakikâtler haktır haka
Dem bu dem dakka bu dakka
Kimdir Kırklarda olan saka
Dert yağmuru dert yağmuru

Âdem olan âdem sever
Birbiriyle etmez keder
Benim bildiğim bu kadar
Dert yağmuru dert yağmuru

Âşık Hayretiyem yürür durur
Hakk'ı âdemde bilir
İnkâr eden yolda kalır
Dert yağmuru dert yağmuru"
(Mustafa Ersus)[230]

Kaşanlı Köyleri'ndeki Yemliha'nın izleri yolculuğumuzu şimdilik Kaşanlı Köyleri'nden Poskof (İnci) Köyü'nden Kâmil Bal'ın *Yemliha* şiiriyle ara verelim.

"Sana derim insan dostu
Hoş görüşlü sevmez kastı
Renk ayırmaz ne de postu
Takdire şayan Yemliha

Hep yekün bakar cihana
Değer verir tüm insana
Kötülük bilmez iyiden yana
Görüşüne hayran Yemliha

İnsanlık yoluna ser'in vermişsin
Nesimi misali postun germişsin
Doğruyu savunum eğriyi yermişsin
Adaletin tarihe geçsin Yemliha

Kalbin temiz doğrudur özün
Leyhinde derim değil ki yüzün
Dünyayı görüyor o can gözün
Gören gözlerine hayran Yemliha

Kâmilim gerçek söyler vallaha
Bunu doğru derim billaha
Değişemem seni meşhul Allah'a
Çünkü meziyetin açık Yemliha"
(Kâmil Bal)[231]

---

230 Yemliha Ertekin Arşivi, Şiirler Dosyası
231 Yemliha Ertekin Arşivi, Şiirler Dosyası

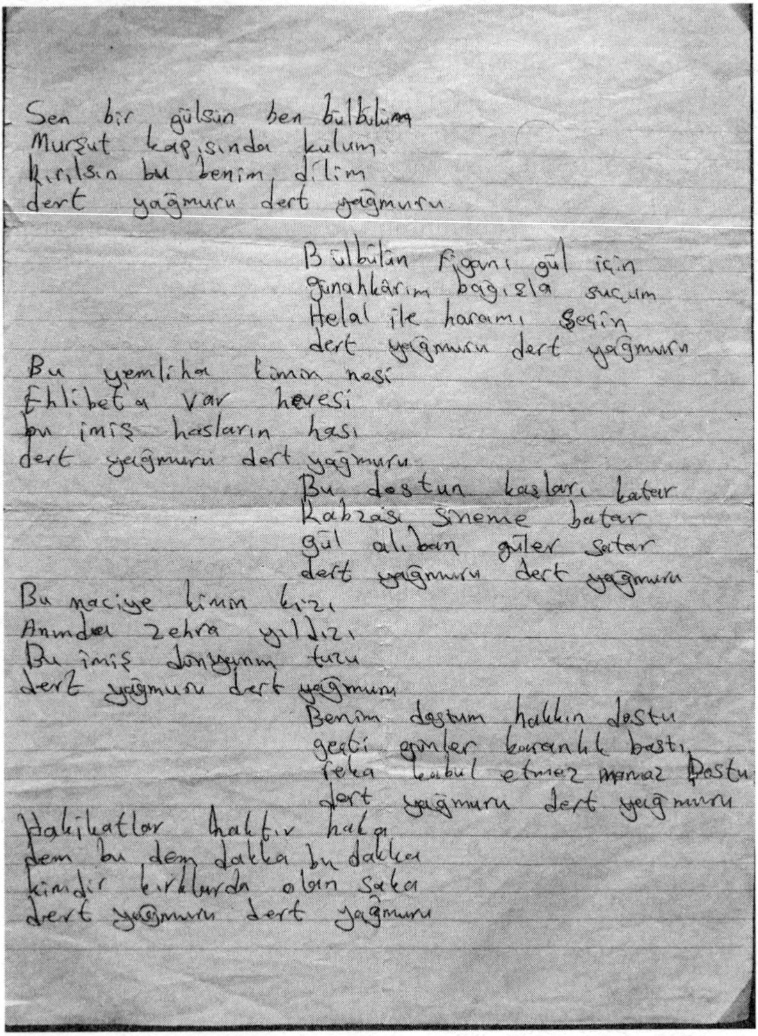
Sen bir gülsün ben bülbülüm
Murşut kapısında kulum
Kırılsın bu benim dilim
dert yağmuru dert yağmuru

Bülbülün figanı gül için
günahkârım bağışla suçum
Helal ile haramı seçin
dert yağmuru dert yağmuru

Bu yemliha kimin nesi
Ehlibeta var heresi
bu imiş hasların hası
dert yağmuru dert yağmuru

Bu dostun kaşları katar
kabzası sineme batar
gül alıban güler satar
dert yağmuru dert yağmuru

Bu maciye kimin kızı
Anında zehra yıldızı
Bu imiş dünyanın tuzu
dert yağmuru dert yağmuru

Benim dostum hakkın dostu
geçti günler karanlık bastı
feka kabul etmez namaz dostu
dert yağmuru dert yağmuru

Hakikatlar haktır hakka
dem bu dem dakka bu dakka
kimdir kırklarda olan saka
dert yağmuru dert yağmuru

Mustafa Ersus'un Yemliha'ya şiiri

60'lar 70'lere Akarken

1961 Anayasasına eşlik eden dünyadaki gelişmeler Türkiye'de toplumsal muhalefetin hem kitleselik hem etki bakımından güçlenmesinin de yolunu açmıştır. 1967'de TİP desteği ile DİSK'in kuruluşu sınıf mücadelesinin kitlesellik göstermeye başladığının işaretidir. 1970'e gelindiğinde DİSK'e geçişlerin durdurulabilmesi için hükümet Sendika Yasasında değişikliğe gitmek istemiş, DİSK'in çağrısıyla binlerce işçi işi bırakıp sokaklara dökülmüş, 15-16 Haziran 1970'de İstanbul'da hayat durmuştur.

Milli Demokratik Devrim tezini savunanların öğrenci dernekleri olan Fikir Kulüpleriyle geniş bir etki alanı oluşturmasıyla ülkedeki her konuda tavır koyma yeteneğine ulaşması, üniversite işgalleri gençlik mücadelesinin de güçlenmesinin boyutlarını gösterir. Bunların giderek Deniz Gezmiş ve Mahir Çayan gibi gençlik önderleri aracılığıyla THKO ve THKP-C gibi devrimci örgütlenmelere evrilmesi 60'lı yılların getirisidir.

Öte yandan 6. Filo'ya karşı anti-emperyalist gençlik gösterilerinde karşılarında polis gücü dışında milliyetçi-mukaddesatçı gençliği bulmaları 70'li yılların da habercisidir.

Egemen güçlerin bizim gibi ülkelerde ülkeyi yönetemez hale geldiğinde en sık başvurduğu yöntem örgütlenme ve düşünce özgürlüklerinin önünü tıkamaktır. Baskıcı ve engelleyici yasalarla da kriz yönetilemiyorsa çare askeri darbeler aracılığıyla tesis edilecek yeni düzendir. Nitekim Org. Memduh Tağmaç 9 Mart 1971'de "*Sosyal olayların temelinde ekonomik nedenler aramak, komünistlerin uydurmasıdır. Tüm olaylar, Anayasanın özgürlükçü özünden çıkmaktadır. Bu Anayasa ve özgürlüğe açık yasalar değiştirilmeden olayların üstesinden gelinemez... Ne yapılacaksa, biz yapacağız, tedbirliyiz, geç kalmayacağız,*" buyurmuştur.

12 Mart 1971 muhtırası sonrasında TİP ve DİSK kapatılırken Deniz Gezmiş, Hüseyin İnan ve Yusuf Aslan 6 Mayıs 1972'de idam edilir. Çok sayıda devrimci de katledilir. Bol gelen Anayasa da daraltılır.

70'li yılların temel dinamikleri 60'lı yıllarda oluşturulmuştur. 78 Kuşağının kurucu ögesi 68 kuşağıdır.

Yemliha, Mustafa ve Nedim Ertekin, Mehmet Datlı, *1969*

Suskunluğumuz da Abiliğe Dâhil

Azizim Yemliha Abiciğim Dostum,
Köln, 21.1.1970

Aylardan sonra merhaba.

Geç oldu ama bu merhabanın çok temiz olduğu kanaatindeyim. İnşallah iyi ve rahatsınız.

Yollar bizi bilmediğimiz yollarla görmediğimiz ülkelere kadar getirdi.

Başka başka dünyaların misafirliği zevkiyle kendi dünyamın zahmetini çekmekteyim. Gerek şahsım gerekse vicdani görevimin adına verdiğim savaştan her haliyle memnunum dersem mübalağa etmem. Ancak dostlara olan hasretimi hiçbir zaman gizlemeyecek kadar da yüzsüzüm.

Türkiye topraklarından ayaklarımın kesildiği dakikadan itibaren geride bıraktığım kocaman bir ahır hayatını üzüntüyle seyrettim. Ettim ama tek tesellim bu hayatın mensuplarından biri olmaya Türkiye'deyken isyan etmemin gururu oldu.

Gönül ister ki, memleketime geç de olsa bir gün döneceğim, dönünce de oraya medeni toplulukların yaşantılarını da mikyasımca aktaracağım. Şuna çok iyi inandım ki, mücadeleyi gerçek hedefine götürmek isteyenler kısa da olsa bir zaferin sevinci içindedirler. Bırak bunları, bana vereceğin cevapta daima işinin ve vücut sıhhatinin haberi olmalıdır.

Bütün eski dostları çok özledim, günün birinde kavuşacağız.

Abi, babama sizin elinizle 3500 lira gönderdim. Bunun 100 lirasını lütfen Cırık Baba'nın çocuklarına verin. Başka da diyeceğim şey yok. Dostlara, sizinkilere selam… Mahzuni

Not: 2 Aydır evinde kaldığım Köşklü Doğan Tunç ve ailesi Zöhre Hanım da çok selam eder, hanımlarınızın hatırını sorarlar.[232]

Şerif'in bir süre uzaklarda kalması ruhuna da bedenine de iyi gelir. Orada bulunduğu süre içinde merkezi Köln'de olan Türkofon'la 21.11.1969'da bir yıl içinde 10 plak üzerinde anlaşır. 30.11.1970 tarihinde de mukavele bir yıl daha uzatılır. 1970 ve 71'de eski yeni çok sayıda plak çıkarır.

"Bitmez Tükenmez Geceler", "Dost Uyan", "Mele Koyun Mele",

[232] Yemliha Ertekin Arşivi, Mektuplar

"Gözlerim Yolda", "İhtiyar Oldum", "İnce İnce Bir Kar Yağar", "Ham Sofu ve Alamanya Sana Giden Dönmüyor" dönemin etkili parçalarıdır.

Gaziantep Evlenme İşleri Memurluğu'nun 16.6.1971 tarihli ilâmıyla Fatma Özdemir ile resmen evlenir.

Mahzuni özel hayatında nispeten durulmuştur. 12 Mart 1971 Muhtırası sonrası ortaya çıkan koşullarda yaptığı plaklarsa yeni bir Mahzuni dönemi başlatır. Bu dönemdeki ozanlığının gerekçesi politiktir; yoksulluk, zulüm ve baskılardır. 1972-75 arasında halkta yeni bir Mahzuni fırtınası eser. Elbette ki bu bedel ödemeyi, yaşamına mahpusluğu eklemeyi de beraberinde getirir.

Yemliha Ertekin Mahzuni ile Fatma'nın Düğününde, *1971*

Ağcaşar'da Bir Yemliha Aradım,

Kimin Gözüne Baktımsa, Yemliha Gördüm

Tekne Dağı, Eshab-ı Kehf'i aşıp önünüze Nişanıt Köyü'nü alınca bir heybetle karşınıza dikilir, hele de ilk kez benim gibi çocuk yaşta gördünüzse daha da büyür. Her yıl 1 Mayıs'ta mahallenin bıyığı terlememişleri bir araya gelir, Tekne Dağı'na çıkar nevruz sümbül toplardık. Heyecanla beklediğimiz bir ritüeldi. Yürüyüşün verdiği taze nefesle baharın getirdiği tazelik doğanın bize lütfuydu.

Tekne Dağı'nın önü Afşin-Elbistan Ovasıdır. Yüzünüzü ovaya dönerseniz önünüzde Nişanıt, solunuzda Sevin köyleri, sağınızda Gözpınar ve Kötüre Köyü'nü görürsünüz. Yıllar sonra saçlarıma ak düştüğünde Nisan ayında aynı duyguyu yaşamak istediğimde kocaman bir hayal kırıklığı yaşadım. Nisan ayında gitmeme rağmen zirvede sadece bir kök, o da böcekler yemiş halde, sadece bir kök nevruz buldum. Küresel ısınmanın basit sonuçlarına bir örnekti. Özlediğin gibi kalmıyordu.

Tekne Dağı'nın sırtındaysa daha heybetlisi, daha ulusu yükselir: Köroğlu. Köroğlu'nun zirvesine ulaşmayı başarırsanız, zirve duygusunu bütün hücrelerinizde hissedersiniz. Afşin-Elbistan Ovası ayaklarınız altındadır. Bir yanda Berit Dağı el sallar diğer yanda Binboğa'nın zirveleri. Sonra Çerkes'i el sallar bir taraftan, Avşar'ı "ben de buradayım" der, Kürd'ü pos bıyığını kıvırmakla meşguldür. Dadaloğlu'nun, Karacaoğlan'ın, Derdiçok'un, Meluli'nin sesine Âşık Yener'in, Perişan Güzel'in, Aladeli'nin, Mahrumi'nin, Kul Hasan'ın, Mahzuni'nin sesi karışır.

Hemen aşağıdaki damlardan Haşimi'nin, Nizari'nin, genç Efkâri'nin sesini duyarsınız. O sesler İğdemlik'ten, Ağcaşar'dan, Kepez'den gelir. Köroğlu'nun sırtına yaslanmıştır Ağcaşar Köyü. Nişanıt ya da Gözpınar Köyü'nden çıkıp sağınıza Tekne Dağı'nı alıp Aşıt'a varmaya çalışırsanız önce solunuzda İğdemlik mezrasını görürsünüz, Aşıt'a vardığınızda Ağcaşar sizi kucaklar, vadiye dalarsanız karşınızda da Kepez mezrasını bulursunuz. Binboğaların sınır karakolu gibidir Ağcaşar. Sırtını Köroğlu'na dayamış ama onun da arkasında Binboğalar vardır, zirveleri, vadileri ve yaylalarıyla. Kömüröngözü, Çevirme, Sarpça, Kırkpınar, Camızöldüren yaylaları... Önünde de ormanlık Çerkes köyleri Berit'e kadar uzanır.

Surette insana benzer
İnsan demeyiz onlara
Nefs atına binmiş gezer
Yuh çekeriz biz onlara

"Yalan ile yarışanlar
Veresiye konuşanlar
Micaz ile görüşenler
Yuh çekeriz biz onlara

Halkı dil ile aldatan
Helalına haram katan
Fazla alıp eksik satan
Yuh çekeriz biz onlara

Yalan şehvet haset gurur
Kendi kendin över durur
Nefsin bilmez eli görür
Yuh çekeriz biz onlara

Dil ile hakka varanlar
Destursuz bağa girenler
Üstadını hor görenler
Yuh çekeriz biz onlara

Riyakârlık safsatadır
Cahil hayvandan ötedir
İşi gücü hep hatadır
Yuh çekeriz biz onlara
Ey Nizarî çok söyledin
Hakka isyan mı eyledin
Sen âlemi boş mu sandın
Hak mihmandır sağ canlara"[233]

Nizari (Ali Rıza Kutlu) Dersim'den gelen dedelerinin felsefesiyle seslenir. O sesi kimi zaman Binboğa Köyü'nde kimi zaman Berçenek'te kimi zaman Sarız köylerinde, kimi zaman da Dersim'de taliplerinin olduğu cemlerde duyarız.

---

[233] Nizarî Şiiri, Kaynak Ozan Efkâri

Ağcaşar yöredeki Alevi köylerinden biraz farklıdır, tarihleriyle, gelişleriyle, duruşlarıyla. Diğerlerine göre daha geç bir zamanda göç edip gelmişlerdir. İlk kurucu kafile ister Kepez ister Ağcaşar olsun Pertek Pilvenk Aşiretindendir. Kimisi doğrudan kimisi önce farklı bölgelere yerleşip sonra bu köye yerleşmiştir. Kuşkusuz Ağcaşar-Kepez-İğdemlik tarihini ortaya koymak bizim işimiz değil. Ali Rıza Arslan, Doğan Yeşil ve Yusuf Kaptan sorumlulukla bu işin üzerine düşenlerin başında geliyor. Öte yandan, bizi geldikleri yerden Afşin-Elbistan çanağına getirdikleri kültür ilgilendiriyor. Girdikleri sosyal, kültürel ilişkiler ilgilendiriyor ve elbette Yemliha ile kurdukları ilişkiler.

Ağcaşar eski bir Ermeni yerleşiminin üzerine kuruludur. Ağcaşarlılar 1894'de bir Ermeni aileden satın aldıkları araziyi Rıza Dede (Arslan), Hüseyin Dede (Beyazıt), Kazım Dede (Kutlu), Memedali Dede (Büyükgül), Zeynel Dede (Akgöz), Sivas'tan gelen iki Şadili aile ve Pilvenk Aşireti'nin Süleymanlı boyundan bir aile öncülüğünde paylaşır. Pilvenk Aşireti'nden Veli Dede'nin torunu Ali Rıza Arslan göçün gerekçesini ve Ağcaşar'a yerleşmeyi şöyle anlatır:

"Osmanlının feodal yapısı, yönetim şekli ve Dersim'e bakış açısı Rıza Dede'yi ve Seyit olan ailesini doğrudan etkiler. Molla Veli dini kişiliğinden dolayı sürekli Osmanlı adına orada olan Sünni kökenli beyler tarafından potansiyel suçlu olarak görüldüğü için, aile üzerinde sürekli bir baskı vardır. Bir gün, Osmanlı adına bölgeye hâkim olan ve Elazığ'da oturan Çarsancak beylerinden Sezai Bey ile Molla Veli arasında bir sürtüşme olur.

Molla Veli'nin çevrede de bilinen bir çift cins köpeği vardır. Sezai Bey bir gün Molla Veli'ye haber gönderir, köpekleri istetir. Molla Veli, 'Bugün benden köpeklerimi isteyen, yarın da başka bir şey ister. Bu istemenin sonu yok,' diye düşünür ve beyin isteğini geri çevirir. Sezai Bey'e de 'Benim evim dağ başında. Köpekler bana daha çok lazım. Sezai Bey'in kapısında bir sürü iti var. Benimkiler olmasa da olur!' şeklinde bir haber gönderir. Sezai Bey'in köpekleri istemesinin sebebi Molla Veli üzerinde gücünü göstermektir. Molla Veli bölgenin dini lideri, Sezai Bey Osmanlı'nın bölgedeki gücüdür.

Molla Veli köpekleri beye göndermez, fakat beyden de her an olumsuz bir karşılık gelmesini bekler. Molla Veli bu olaydan sonra yine taliplerine gezmeye gider. Eve döndüğünde evde kapıya asılı bir silah görür. Eşi Senem'e bu silahın kime ait olduğunu sorar. O da 'Hüseyin'in' der. Molla Veli oğlu Hüseyin'i çağırarak, 'Oğlum bu nedir... Bunu niye aldın?' -Hüseyin 'Dede Sezai Bey'in adamlarının bize bir kötülük yapacaklarını duydum. Ben de eğer böyle bir şey olursa kendimizi korumak için aldım' diye cevap verir. Molla Veli kara kara düşünür... Ya bey çocuklarına bir zarar verecek ya da çocukları bu olayda istenmeyen bir belaya girecekler. Tam bu dönemde ünlü Hamidiye alayları kurulur. Molla Veli bu alayların doğuda dini azınlıklara karşı militarist bir güç olarak kullanılacağını sezdiği için, (Bu alaylara sadece bölgedeki şafi Kürtler alınır!) Ben daha sağ iken, ailemi bu ateş çemberinin içinden kurtarmalıyım, diye düşünür ve Sarız bölgesindeki taliplerine yer almaları için para gönderir. Çocuklarına da bölgeyi terk etmelerini vasiyet eder. Molla Veli 1894 tarihinde Ağcaşar'a göç edemeden hakka yürür…

Babasının ölümünün hemen ardından, vasiyeti üzerine bir bahar ayında, bütün doğa yeşile boyanmışken Rıza Dede, altı kardeşi, iki gelin, anası ve çocuklarla birlikte güneye doğru yola koyulur. Haftalar süren, tehlikelerle dolu, yorucu bir yolculuktan sonra kendi aşiretlerinden kimsenin yaşamadığı Ağcaşar'a gelirler… Köyde, Nişanat'lı Osman isminde bir kişiye ve Ermenilere ait ağılların dışında ev yoktur. Köy alabildiğine ormanlıktır. Sapadır. Issızdır, alışması zordur! Rıza Dede ve ailesi beş yıl sonra, dayanamayıp geri Dersim'e göçmeye karar verirler. Memleket özlemi, aşiret-eş-dost-akraba hasreti ağır basar, baba vasiyeti unutulur..."[234]

Ne var ki, Dersim'de koşullar beklediklerinden daha kötüdür. Ancak 4 yıl dayanabilirler ve Ağcaşar'a geri dönerler. Zaman zaman kendilerine ait olmayan toprakları da satın alarak köyü genişletirler.

Ağcaşar Kürtçe konuşan bir dede köyüdür. Yolun gerektirdiği erkânlar uygulanır. Bağlı oldukları dedeler köye belirli zamanlarda gelip cemlere önderlik eder. Köyden kimi dedeler

---

[234] Rıza Dede Yazısı, Ali Rıza Arslan, 14 Ocak 2021

de taliplerine gider. Rıza Dede ise babası Molla Veli'nin vasiyetine uyar, dedelik yapmaz. Buna rağmen sosyal ve kültürel konularda köyün önderi konumundadır. Sadece köylüsü değil civar köylerdeki, özellikle de hemen önlerindeki Çerkes köyü Abaza'dan da insanlar onunla muhabbet etmeye gelir. Hem bilgisiyle hem adaletiyle saygın bir yerde durur. Çünkü felsefesi insan sevgisi, barış ve hoşgörü üzerine kuruludur. Rıza Dede'nin elde kalan birkaç şiirinden biri:

"Gece hasretimde gündüz fikrimde
Piri Pîrân-ı Hünkârı gördüm
Oturmuş lebinde ballar akıtır
Şerbeti indirip satanı gördüm

Yola düşürüp de himmet eyledim
Derdi mênar fikre Herat eyledim
Nığra hayrında ben Murat eyledim
Fakirler halini soranı gördüm

Şefkat ile gözyaşımı çağlayan
Firkat ile ciğerimi dağlayan
Yaralıya nice mehlem eyleyen
Derdimin tabibi lokmanı gördüm

Bu firkat olalı hayal dem oldu
Dost benim halime biçare oldu
Fikirlerin gözüm kulağım oldu
Kalbi dimağ eyleyen cihan gördüm

Gel efendim yarama urban eyle
Gönlü halime gel sen ferman eyle
Nakis Kentari'n gönlün kaman eyle
Kâmilden dertlerime derman gördüm"[235]

Hak-Muhammed-Ali üçlemesi temel düsturlarıdır. Bu köyün diğer Alevi-Bektaşi köylerinden farkı Hacı Bektaşi Veli Dergâhı ile doğrudan bağıdır. Örneğin; Haşim Kutlu Hacı Bektaş Dergâhı'nda büyümüş, anne ve babası orada Hakk'a yürümüştür. Daha önce sözünü ettiğimiz Ocaklarla Dergâh

---

[235] Ali Rıza Arslan Arşivi

arasındaki tarik-pençe tartışmasında ve Postnişin Cemalettin Efendi'nin Ağuçanlı Seyit Aziz aracılığıyla Rus Cephesi'ne Dersim bölgesinden asker toplama girişiminde Rıza Dede Dergâh'tan yana tavır alır. Bizzat Rıza Dede kendisi bir yıl süreyle Erzincan toplanma bölgesinde kalır. Hem Bektaşi ozanı Sıtkı Baba ile hem de Seyit Aziz'le yakın temas kurar. Sonrasında da Dergâhla ilişkileri sürer. Rıza Dede'nin hem yaşlılığında hem de ölümünden sonra oğlu Veli Dede babasının yolunu sürdürür. Veli Dede Hasan Dede'nin kendinden önce Hakk'a yürümesi üzerine bir sitem şiiri yazar.

"Yine gamlı gönlüm zülfü siyahım
Gülmedi sultanım bilmem nedendir
Zayi olmuş aklım yoktur ahvalim
Bilmedi sultanım bilmem nedendir

Senin aşkın beni odlara yakan
Öldürüp de dostlara eyleme tan
Bırakmadı ferim dizimde derman
Kalmadı sultanım bilmem ne haldır

O sultandır âşıkların sebebi
Onun nurunda gördüm ben habibi
Şu benim yaramı saran tabibi
Sarmadı sultanım bilmem ne haldır

Veli'm der ki aklım başımdan gitti
Beni sağlığımda selece etti
Cenazen kılarım diye vadetti
Kalmadı sultanım bilmem nedendir"
(Veli Baba 1964)[236]

Kepez Mezrası da yine Pertek'ten göçen Pilvenk Aşireti mensupları tarafından oluşturulur. Onların hikâyesi biraz daha dolambaçlıdır. Onu da Doğan Yeşil'in kaleminden izleyelim.

"Seyithan Dedemler (bir isyan sonrası katliamdan) kaçan ailelerden olmuşlar, kaçarlarken en büyük kızlarını yolda ellerinden alırlar diye Pertek'te bir akrabalarıyla evlendirmek zorunda kalmışlardır.

---

236 Ali Rıza Arslan Arşivi

Gündüzleri saklanıp geceleri yola devam ederler; yolda askerlerin yanlarından geçerken, kundaktaki bebeğin ağlama sesini duyar da kendilerini öldürürler diye belli bir süre ağzını kapatmak zorunda kalırlar ve zavallı yavrucak nefessiz kalıp ölür, dolayısıyla bir kızlarını Dersim de bırakırken, diğerini de adeta kendi elleriyle boğarak öldürmüş olurlar.

Alelacele küçücük bir çukur kazıp gömerek günler ve geceler boyu aç susuz yürüyerek Antakya'nın Amik ovasına gelirler.

Elif Ninem bunları yüzü aşmış yaşına rağmen anlatırken tarifsiz bir hüzünle dalıp giderdi. Kim bilir bize anlatmadığı ya da anlatamadığı ne acı yüklü dramlar vardı...

Seyithan dedem Amik Ovasında bir yandan ara işlerde çalışarak çocuklarının nafakasını kazanmaya çalışır diğer yandan da el altından amcaoğulları Hüseyin ve Rıza Dedeleri sorar soruşturur.

Bu arada Âğuçen (Ağuiçen ocağı aynı zamanda bizim Mürşitlerimiz olur) Seyit Hüseyin Ağcaşar'a gelir, Hüseyin Dedeler Seyithan dedemi tarif ederek Antakya taraflarına gittiğini tahmin ettiklerini, eğer o taraflara giderse arayıp sormasını ve kendilerinin Afşin'de olduklarını söylemesini isterler. Seyit Hüseyin de tarif üzerine Seyithan dedemi bulur ve amcaoğullarının Afşin'in Ağcaşar Köyü'nden olduklarını ve kendisini aradıklarını söyler. Bu arada dedem bir Ağanın koyun ağılını kermelemekle meşguldür. Daha sora helallik isteyerek oradan ayrılıp 1905 yılında Ağcaşar'a gelirler, önce Domuzdere'yi gösterirler, Dedem burada çok sinek var ben burada yaşayamam der fakat Ağcaşar'ı da çok küçük ve verimsiz bulur.

Daha sonra Kepez'i, Büyük Kızılcık köyünden satın alır ve oraya yerleşir. Üç oğlu ve iki kızı vardır, yalnız bir adamdır. Sonra Hasan ve Hüseyin adında iki oğlu daha olur.

Bir süre sonra duyar ki Pilvenklilerin Keşkexur kolundan bir aile Kavşut'a gelmişler, gidip onları da getirir, toprak ve ev yeri verir.

Çerkez köyü olan Deveboynu'na değirmene giden Mehmet Dedem yine Pertek'te akrabaları olan Süleymanlı kolundan bugünkü Kaptan ve Gökkaya ailesini görür ve gelir Seyithan dedeme haber verir, onları da getirip köye yerleştirir.

Şadi Aşiretinden Yüceler Erzincan Kemah (Eğin) bölgesinden Andırın'ın Göynük köyüne gitmiş oradan da bizim köye gelirler.

Diğer akrabaları Altun ve Yazıcı aileleri ise önce Sarız'ın Dallıkavak köyüne oradan da Kepez'e gelirler. Bir diğer Erzincanlı aile olan Bayraklılar da gelir yerleşirler.

Yine Amca çocukları Yükseller ve Güzeller gelirler.

Bir başka Akrabaları olan Dinler ailesi de gelip köye yerleşir, böylelikle bugünkü Kepez oluşur."[237]

İğdemlik mezrası ise temel olarak Gözpınar Köyü'nden gelen Kamolar'ın yerleşimiyle oluşmuştur. Oraya da Akçadağ İkinciler'den (Qerranlar) göç etmişler.

Ağcaşar olsun Kepez olsun İğdemlik olsun inancın Ocak sistemi içinde yaşandığı köylerdir. Hüseyin Dede'nin oğlu Medet Haşim (tahmini-1895-1940) babasının da katkısıyla kendini iyi yetiştirmiş, Alevi-Bektaşi inancına ve Kur'an ve İncil'e vakıf, saz çalıp deyiş söyleyen bir ozandır. Hangi inançtan olursa olsun derin bilgisiyle tartışan ve çevresinde sevilip sayılan biridir. Haşimi'nin torunu Yusuf Kaptan'ın aktarımına göre[238] Yarpuz Ulucami imamı Haşimi'nin yakın arkadaşıdır. İmamın evinde misafir olduğu bir gün imamın hastalandığını ve camiyi ihmal edeceği kaygısı içinde olduğunu görür. Ben ilgilenirim, der ve birkaç gün ezanı kendisi okur, cemaatle muhabbet eder. Bu ona olan saygıyı çevrede daha da artırır. Ne var ki evli ve çocukluyken başka bir kadına âşık olur. Zorunlu haller dışında yol ikinci eşe izin vermez ve o da sevdasından vazgeçmez. Babası Hüseyin Dede istemeyerek de olsa olumsuz bir örneğe yol açmamak için Haşim'i dışlar, Haşim 'düşkün' duruma düşer. Haşimî de sevdiği kadınla köyü terk eder. Maraş'ın Öksüzler Köyü'ne göçer. Beş-altı yıl sonra da Hakk'a yürür, geride şiirlerini bırakarak.

"Aşk şarabını içelden beri
Ne vara minnet ne yoğa minnet
Dünya devresinden geçelden beri
Ne aza minnet ne çoğa minnet

---

[237] Kepez'in Oluşumu, (Yazılı not), Doğan Yeşil, 14 Aralık 2020

[238] Yusuf Kaptan, Yazılı Anlatım, 15 Şubat 2021

Dost demanıdır varımız bizim
Yanıp yakılmaktır kârımız bizim
Bülbül gibi artar zarımız bizim
İntizarımız güledir hâra ne minnet

Sanmayın ki beyhude geldik
Secdeyi sücudum kıblem âdeme
İmanım Ali'dir aşkım hateme
Aşkın dosta ayan köre ne minnet

Haşimî Muhammed Ali şahımız
Yerden göğe direk durmuş ahımız
Hasan Hüseyin'dir kıblegâhımız
Yolumuz adalet zora ne minnet"[239]

Ağcaşar Yemliha'nın sıkça uğradığı muhabbetlere katıldığı bir köydür. Veli Dede ve Rıza Baba başta olmak üzere köyde çok sayıda yâreni, yoldaşı vardır. Köyden yurtdışına giden işçilerin gidişinde de emeği vardır. Afşin'de ortaokul ve lisede okuyan çoğu Ağcaşarlı öğrencinin okul velisidir. Gurbetten gelen mektuplar Arzuhalci Yemliha eliyle alıcısına ulaşır. Hem sosyal yaşamlarında hem kültürel yaşamlarında onların yol arkadaşıdır.

Veli Dede-Yemliha Abi yoldaşlığı için Alı Rıza Arslan'ın izlenimlerine kulak verelim.

"Yıl 1972, Afşin'de ortaokula gideceğim. Babam Keban barajında çalışıyor. Dedem bize Afşin'de bir ev kiralamış; ev Ağcaşar'dan Afşin'e gidişte yolun üstünde, yani oradan köye gidip gelmek kolaydır. Ama annem biraz tedirgin çünkü kiralanan evin ev sahibiyle birlikte kullanacağımız alanları var. Okullar açıldı, biz de traktöre eşyaları koyduk Afşin'deki yeni evimize taşındık. İlk günler biraz tedirginlik olsa da benimle yaşıt olan ev sahibimizin büyük oğlu Sefer'le çabuk kaynaştık; aynı okula, aynı sınıfa gidiyorduk ve Sefer'le aynı sırada oturuyorduk. Okul sonrasında mahallede bizden biraz daha büyük olan ve Ağcaşar'da ilkokulda öğretmenim Mehmet Ali Arslan'ın yiyenleri vardı. Tabi daha sonra bunların Yemilha Amca'nın çocukları

---

[239] Mehmet Bayrak, *İçtoroslar'da Hakikâtçı Alevilik*, 2020, s.489

olması daha öne çıktı. Mahalleye alışmamız uzun sürmedi. Bana Keban'dan sonra Afşin ve Afşin'deki komşularımız bize daha yakın gelmeye başladılar. Bu dönemde aklımda kalan ve o yaşta pek de anlayamadığım fakat zamanla bu süreci daha da iyi anlıyor insan. Bizim o mahalleyi seçmemiz ve o mahallede ve o mahalle sakinlerinin bize gösterdikleri ilgi sıradan rastgele değildi. Peki, o mahallede Kazım Amca'nın evini tutmamız tesadüf müydü? Bunları Veli Baba kimlerin aracılığıyla ve referansıyla bulmuştu? İşte burada Yemilha Amca devreye giriyordu. Bu işin baş mimarı asıl nedeni Yemilha Amca'ydı. Veli Dede'nin deyimiyle bizim Yemilha Efendi idi. Yani Veli Dede tesadüfen rastgele burayı seçmemişti. Burada dostluklarını ve güvenirliğini ispat etmiş bir Yemilha Amca ve Yemilha Amca'nın eşi Berçenekli Fadime teyzemiz ve Kazım Amca'nın eşi Hadce Ablamız vardı. Bize hep sahip çıktılar, bizi ailelerindeki çocuklarından ayırmadılar. İkinci yıl biz Afşin'de bizim Ali amcaya yakın bir evde oturduk Kale Mahallesi'nde. O baharda babaannemi kaybettik ve sonbaharda Veli Dedemle birlikte yine Afşin'e göç ettik okul zamanı. Bu sefer Yemilha Amca'nın abisi Mehmet'in purluğun hemen üstündeki evini kiralamıştık. Burada dedem Yemilha Amcayla daha da yakınlardı. Birbirlerine ve dedemin Yemilha Amca'ya güvenmesi konusunda hiçbir tereddüdü yoktu. O yıl bir olayda bunu daha net gördüm. Haşim (Kutlu) Abi'nin Ceyhan'da bir banka soyulma olayından dolayı arandığı haberini aldık. Dedem o gün Yemilha Amcaya evde silah olduğunu, Haşim Abi'nin olayından dolayı evi arayabileceklerini söylemiş. Bunun üzerine silahı başka bir yere götürmek gerektiğine karar verirler, Yemilha Amca bu durumda kendi evinin de çocuklarının siyasi konumlarından dolayı çok güvenilir olmadığını söyler ve yakında kardeşleri, akrabaları olduğu halde onları değil, Beyceğiz Mahallesi'nde oturan Berçenekli Hasan Hüseyin Hocanın evinin uygun olacağını söyler, konuyu Hasan Hüseyin Amcayla konuşur. Hoca da olumlu cevap verince akşam annem ve dayım silahı alıp bahçelerin içinde Hasan Hüseyin Hoca'ya götürüp bırakırlar.

Bu iki olayda yani bizim Afşin'e ilk taşınmamızda çocuklarını Yemilha Amca'nın referansları doğrultusunda yerleştirmesi ve daha sonraki olayda da yine Yemilha Amcaya müşkülünü aktarması ve çözümü orada araması, Veli Dede'nin gözünde Yemilha Amca'ya en zor zamanda bile her anlamda güveneceğinin işaretleriydi. Yemilha

Amca'dan bahsederken gâh bizim Yemilhanin gâh bizim Yemilha Efendinin dükkânına uğramadan eve gelmezdi. Aile arasında Yemilha Amca'dan bahsederken 'bizim Yemilha' derdi, yanında aile dışında insanlar varsa bizim 'Yemilha Efendi' derdi. Yani Mahzuni'nin Afşin'deki Yemlihası, Ağcaşar'daki Veli Dede'nin de Yemilhası'ydı hiç şüphesiz."[240]

Yakın dostu Rıza Baba'nın Hakk'a yürüdüğünü öğrenince kaleme sarılmak bu kez Yemliha'ya düşer:

"Duydum Rıza Baba gitmiş dünyadan
Duyanlar dediler vah eyvah eyvah
Her insana bir bakardı muhterem
Duyanlar dediler vah eyvah eyvah

Sevgi dolu inancının eriydi
Sever idi sevdiğimin biriydi
Tutsak değil hürriyetin varıydı
Duyanlar dediler vah eyvah eyvah

Rıza Baba dostu idi insanın
Kötülüğün demez idi kimsenin
Hakkını verirdi cümle nesnenin
Duyanlar dediler vah eyvah eyvah

Dostum gitti sevgisi de gitmedi
Gerçeği söyledi yalan etmedi
Helal yiyip haramları tatmadı
Duyanlar dediler vah eyvah eyvah

Yemliha acıya dayanmak gerek
Bırakıp gafleti uyanmak gerek
Haktan gelenleri beğenmek gerek
Duyanlar dediler vah eyvah eyvah"
(9.2.1990)[241]

---

[240] Yemliha-Veli Dede İlişkisi, (Yazılı Not), Ali Rıza Arslan,14 Ocak 2021
[241] Yemliha Ertekin, *Gönülden Damlalar*, 2000, s.66

Anılar vardır, hatırladıkça tebessüm ettiren, anılar vardır hüzünlendiren. Hiçbiri de durduk yerde çıkmaz karşına! Bir şeyler vesiledir hep. Ama bazen de hiç olmayacak şekilde karşına çıkar, ne yaşarken ne de anlatırken inanabilirsin.

41 yıl sonra seni yaratan iklimle yüzleşmek, onu yakından hissetmek ister, yollara koyulursun. Derdin Yemliha'yı anlamak ve anlatabilmektir. Sorar soruşturursun, köylerde üç-beş yaşlı dışında kimse yok denir. Hâlbuki o yaşlıların gözlerindeki gençliğindir aradığın.

İlk gördüğün eve filanı sormak için yanaşırsın, hiç de oralı durmayan genç kıza bakar, "soyadın nedir?" dersin. Kız söyler "Arslan," ama o arada gözlerinde tanıdık arayan bir teyze yanaşır, "Oğlum kimlerdensin, kimi ararsın?" der. "Yemliha Ertekin'in oğlu, Mustafayım," dediğinde dağlar başka gülümser, güneş başka seslenir, "Mustafam" dediğinde teyzenin gözlerinde gençliğini görürsün. Nurcan'ın, Özkan'ın, Alirıza'nın annesidir, Elif Ana'dır, Fadime Anamın can yoldaşı, Yemliha'nın Veli Dedesi'nin gelinidir o. Sarılırsın gençliğine sarılır gibi. Az önce geçtiğin köyde içmişindir kahveyi ama içersin cennetten çıkmış gibi yeniden kahveyi. Sarılır ayrılırsın, bir sonraki köye, Kepez'e uğramak için. Köye girersin ıssızlığına yoldaş gibi. Çok geçmeden ilerde bir köylü görür yönelirsin ona, hedefe varalım derken, yeni yapılmış evlerin arasında tek kalmış eski bir evin balkonundakilere selam verir geçersin, hedef ilerdeki köylüdür.

Bir şey dürter, "Hasan, çevir arabayı!"

Gidersin eve, "bir çayınızı içmeye geldik..."

"Hay hay başımız üstüne..."

Ben filan, filanın oğlu... Bakışlar bir başka olur. Yine teyzenin gözlerinde gençliğini görürsün, Yemliha'nın, Fadime'nin yoldaşlarının bakışıdır onlar. Buraya kadarına alıştık. Ama az sonra karşılaşacaklarım en iyi senaristle bile mümkün değil. İnternetin çektiği balkondan, daha serindir diye içeri girmişizdir artık. İçerde telefon çekmezken, onca muhabbetin gözüne vurmuşken, gözüm balkondayken internete düşmüş mesaja takılır. Badegül Kaptan "fotoğraftaki sen misin?" diye sormaktadır.

Badegül bu fotoğrafı köy sayfasında paylaşmış, fotoğrafta amcasının yanında olanları merak etmiştir. Ve Suna Akgöz de: "soldaki genç; Yemliha Ertekin'in oğlu Mustafa'ya benziyor" yorumunu yapmıştır.

Badegül fotoğrafı bana yollayıp emin olmak istemiştir.

Bu fotoğrafı tesadüfen misafirleri olduğumuz ev sahiplerine gösterdiğimde "Aaa, fotoğraftaki babamız, siz babamızın koğuş arkadaşısınız" demez mi...

Ben beni oluşturan iklimi ararken, hiç bilmeden Yemliha'nın dostu, benimse mahpus arkadaşım Hüseyin Kaptan amcanın evine, Bülent Kaptan'a misafir olmuşum. Bu muhabbette yer alan Yusuf Kaptan'ın gözündeki Yemliha Abi'yi de buraya nakşedelim.

"Yemliha Ertekin yoksulların, ezilen köylülerin, amelelerin, kimsesiz öğrencilerin, çaresiz kadınların, dara düşenlerin, parasız-pulsuz kalanların diliydi. Encamını arzuhale döker, kıssadan hisse yol gösterirdi. Eğer kişi çok çaresizse önüne düşer resmi makamların keyfi tavırlarını engelleyen çözümler bulurdu. Onun duruşu bir kale gibiydi mazlumlar için. Dışlanmış insanların gerçek dostuydu. Kerbelâ'da susuz kalanların suyuydu, karınca kararınca. Güler yüzlüydü ama acıyla harmanlanmış doygun bir gülümseme. O yedi uyurların Yemliha'sıydı. İnsanın hası, zulum görenlerin sığınağıydı. O bir hakikat yolcusuydu. O dayanışmanın, yardımlaşmanın, paylaşımın, sevgi ile sulanmış kalplerin, barış içinde demlenen düşüncelerin, eşit bir dünyanda yaşamak isteyenlerin yoluna kandil tutan bir zamane dervişiydi. Eshab-ı Kehf kültünün unutulmuş söylencesinin günümüze uyarlayan bir hakikat tanığı ve yolcusuydu. Ortaokulda velimdi. Onu çok yakınında durarak gözlemleme şansına sahip oldum. Çok sayıda köy çocuklarının velisi aynı zamanda kimsesiydi. Parası bitip çok zorda olanların son çaresiydi. Az konuşur, çok dinler ve gözlemlerdi. Derdini anlatamayanları şıppadak anlayıverirdi. O bir sevgi, şefkat, merhamet halesiydi. Bu sınırsız sevgiyi nereden aldığını hep merak etmişimdir. O bir sevgi bağbanıydı. O görkemli sessizliğiyle tarihin unuttuğu nice birikmiş acılarını kayıt altına alan, belki de katliamların son çığlığıydı. Bu acılardan süzdüklerinin bir kısmını şiirlerine döktü. Ama çokça hakikati anlatamadan gittiğini düşünenlerdenim.

Anıları biriktirdiği dostlarının kalplerinde yaşayacak. Yaşasın küçük kasabamın büyük filozofu."[242]

Ağcaşar zamanın çoraklığına ayak uydurmamış, dedelerinin yolunu sürenler de olmuştur. Bunlardan biri de Ozan Efkâri'dir.

"Yolumuz Muhammed Ali'nin yolu
İrfanda pirimiz Bektaşi Veli
Erenler aşkına içmişiz dolu
Muhabbet edelim Ali aşkına

Zulme karşı canlar birlik olalım
Gönlümüzden ikiliği silelim
İkrar verdik bir ikrarda duralım
Muhabbet edelim Ali aşkına

Yetmez mi unuttuk aşkı niyazı
Gel kışa çevirme baharı yazı
Efkâri aşk ile çalalım sazı
Muhabbet edelim Ali aşkına"[243]

Hüseyin ve Rıza Dede

[242] Bendeki Yemliha Abi, (Yazılı Not), Yusuf Kaptan, 15 Şubat 2021

[243] Kaynak, Ozan Efkâri

Bir Deli Çoban: Hüseyin Özen

"Hakikatten Hakk'a ereyim dersen
Özün bir eyleyip var yörü yörü
Hakk'ın cemalini göreyim dersen
Sadıklara özün sor yörü yörü

Hakikat noktasın götürmez leke
Kem fikirli dostlar dolaşır köke
Gözlerinden kanlı yaş döke döke
İleriye doğru sür yörü yörü

Hakikâttir Hakk'ın bir gizli sırrı
Hırsı nefsi öldür bil yörü yörü
Sana yardım etsin hakikât piri
O pirin şavkıyla sür yörü yörü

Hakikât götürmez zerrece kiri
Âdemler farkeder halis gevheri
Muhabbet silermiş gözdeki kiri
Gönül aynasın sil sür yörü yörü

Özeni hakikât kâmiller işi
Hırsı nefs olanın tükenmez kışı
Kusurun eline almayan kişi
Derde derman bulmaz sür yörü yörü"[244]

"Kusurun eline almayan kişi/Derde derman bulmaz sür yörü yörü..."

Afşin-Elbistan çanağının Alevi-Bektaşi yoluna giren erenleri kendi kusuruyla, nefsiyle, hırsıyla uğraşmayı kâmil insan olmanın, hakikâte ulaşmanın en temel düsturu olarak görmüşler, şiirlerinde de en temel motifleri olmuş.

Öksüzlük, kimsesizlik ve yoksulluk içinde yol'a ulaşmak Deli Çoban için çok daha meşakkatli olmuştur. Bilinen doğum tarihi 1897. Afşin'in Serkizçay Köyü'nde Mamo ve Döndü'nün oğlu olarak dünyaya gelen Hüseyin, daha 3 aylıkken babasını kaybeder. Hüseyin yedi yaşına geldiğinde ise annesini amcası

---

244 Kaynak, Ali Özen (Deli Çoban'ın oğlu)

Haydar'la evlendirirler. Bir öksüz çocuk olarak hayatı dayılarının yanında çobanlık yaparak geçer. Dayıları Kırkısrak'tan Kamalak'a göç eden Kubucuklardır. O yıllar Şıh Mamo'nun da önderlerinden olduğu hakikatçı anlayışın bölgede etkili olduğu yıllardır.

Haksızlık olarak gördüğü her şey onun için bir asilik nedenidir. O yüzden de 100 yılı aşan ömründe başına gelmeyen kalmamıştır. Tüm bunlar asilikten Bektaşiliğe geçişinin de hikâyesidir. Başına gelecekler önceden görülmüş gibi daha çocuk yaşta alır "Deli Çoban" lakabını. Tıpkı sonradan sık sık yolları kesişecek olan Aladeli (Haydar Kaya) gibi. Hüseyin dayılarının yanında yardımcı çoban olarak çalışırken, bir gün kafası eser sürüyü dayısının evinin karşısındaki ekin tarlasına bırakır, keçesini de armut ağacına asar, gider. Sürüyü çobansız ekinin içinde gören dayısının eşi evdekilere seslenir: "Deli çoban koyunları seyipleyip nereye gitmiş, gidip bir bakın," der. Ve bundan sonra da adı Deli Çoban olarak kalır.

Binboğa etrafında, vadilerinde bulunan köylerin temel geçim kaynaklarından biri de hayvancılıktır. Genelde de koyun sürüleri yazları Binboğa'daki yaylalarda kışları da İslahiye bölgesinde barındırılır. Kimi zaman da satış için İslahiye ve Halep'e götürülür. Deli Çoban 12-13 yaşlarındayken İslahiye'ye götürülen bir sürüye eşlik eder. Sürünün tesliminden sonra Deli Çoban bölgede kalır ve bir ağanın çiftliğinde karın tokluğuna çalışmaya başlar, bir ara ağanın kızını kaçırmaya gelenlere engel olunca ağanın güvenini de kazanır. Yaklaşık üç yıl orada kalır. Zaman kıtlık zamanıdır. Serkizçay'ından İslahiye'ye zahire temini için gelen köylüleriyle karşılaşır. Köylüleri ağadan izin alarak Deli Çoban'ı köye geri götürürler.

Gençliği genel olarak çobanlık yaparak geçer. Boylu poslu, yapılı bir delikanlıdır. 18 yaşındayken kış geldiğinde yine sürüleri Binboğa yaylalarından Çukurova'ya götüren çobanlar arasındadır. Kış boyu kiralanan otlaklarda çobanlığını sürdürürken Alo Ağa ile problem yaşar. Otlakların hemen yanında çayırlık bir alan vardır, ağanın camuzlarının otlandığı bir alandır. Es kaza koyunlardan biri bu alana girerse ağa çobanları döver, sövermiş. Olmadı koyuna el koyarmış. Çobanlar da yörenin diğer insanları da ağadan illallah etmiş. Bu durum Deli Çoban'ın eyvallah edeceği bir durum değildir. Alo Ağa'ya dersini verecektir. Diğer çobanlara "Bir gün koyunları çayırlığa süreceğim, ağa müdahale ederse karşı koyacağım," der. Çobanlar dalga geçse de ertesi sabah dediğini yapar. Alo Ağa da çok geçmeden kır atıyla çıkar ortaya, tam Deli Çoban'a vuracakken Deli Çoban topuzlu değneğinin topuzuyla atın alnına vurur, at tökezler, ağayı düşürür. Ağa canhıraş adamlarını toparlayıp saldırmaya giderken, Deli Çoban'ın arkadaşı da muhtara gidip duruma el koymasını ister. Aksi halde Deli Çoban'ı öldüreceklerdir.

Muhtar birkaç köylüyle ve çobanlarla sürüyü başka otlağa götürürken, ağa ve adamları önlerini keser, özellikle de Deli Çoban'a saldırırlar. Deli Çoban kendini sopasıyla savunur ve bu kez topuzuyla Alo Ağa'nın kafasına vurup attan düşürür. Ağa'nın adamları ağalarını yaralı görünce alıp köye götürürler. İşler iyice kızışmıştır... Çobanlar sürüleriyle daha uzak bölgelere gitmeye çalışırken ağanın adamları yeniden saldırıya geçer ve Deli Çoban'ı yakalarlar, linç etmek üzereyken Ağa'nın sözü dinlenir bir yakını araya girer, Deli Çoban'ın ellerini bağlar ve bir odaya hapsederler. Çobanlar sürü sahiplerine durumu bildirirler. Sürü sahipleri de güçlü ailelerdir, araya jandarmayı, savcılığı koyup Deli Çoban'ı kurtarırlar. Deli Çoban o olaydan sonra bir de Topuzlu Deli Çoban adını alır.

Binboğa köylerinin yokluk-yoksulluk zamanındaki bir diğer geliri de kaçakçılıktır. Suriye'den kaçak mal getirir, bölgelerinde satarlar. Riskli bir iştir, jandarmayla uğraşmak var, kimi köylerden geçerken köylülerin baskınlarından kaçmak var. Vurdulu-kırdılı bir uğraştır. Deli Çoban da delikanlılık eşiğini aştıktan sonra kaçakçılığa başlar. Bir defasında kaçakçı avındaki Bertiz köylerinden bir çete tarafından baskın yerler. Ama ava giden avlanır, Deli Çoban ve arkadaşları bu çeteyi soyup, ellerini bağlayarak bir dereye atarlar. Bir süre uzaklaştıktan sonra Deli Çoban pişman olur, dönüp bir daha yollarına çıkmamaları için yemin ettirip serbest bırakır.

Deli Çoban ve arkadaşları başka bir zaman yine kaçakçılığa giderken ihbar sonucu silahlarıyla birlikte yakalanırlar ve silahlı soygundan tutuklanırlar. Deli Çoban 8 yıldan fazla cezaevinde kalır. Maraş, Elazığ, Malatya ve Elbistan cezaevlerinde kalır. Cezaevlerinde iyi bir marangoz ustası olur.

Elazığ Maden ilçesindeki açık cezaevinden kaçışından sonra başına gelenler bir Deli Çoban efsanesi oluşturur. Açık cezaevinden kaçar; Fırat'ı aşıp Malatya tarafına geçecek ve oradan da Yarpuz'a gelecektir. Geç vakit olunca ulaştığı son köyün muhtarına sığınır. Akşamı orada geçirip sabah yoluna devam edecektir. Muhtar evine gelen biriyle köylülere haber salar "Bir kuş düştü, sabah köy çıkışında gereğini yapın." Muhtar Kürtçe söyler misafirin anlamayacağını düşünerek, Deli Çoban tuzağı anlar ama yapacağı bir şey de yoktur. Sabah iç çamaşırlarına kadar soyarlar ve kollarına kabak bağlayıp Fırat'a atarlar. Deli Çoban karşıya yüzerek geçer ama çıplaktır artık. O halde bir süre yürür. Ekin biçen köylülere rastlar fakat karşıdan da bir jandarma müfrezesini görünce ekin destelerini kendine siper eder. Jandarmalar gittikten sonra da köylüler elbise verirler ve yoluna devam eder. Malatya civarında bir at arabacısının atını çalar ama çok uzaklaşmadan yakalanır ve Malatya cezaevine gönderilir. Oradan da Elbistan cezaevine geçer.

Elbistan cezaevinde tanıştığı bir dede geçmişini sorgulamasına yol açar. Çocukluğundan beri Hakikatçi anlayışın yaygın olduğu bir ortamdadır. Fakat o güne kadar yaşadıkları yoldan uzaktır. Artık kendine ağır geleni başkasına da yapmamaya karar verir. Kendini yolun incelikleriyle marangozluğun inceliğini öğrenmeye verir. Şartlı tahliye olduğunda da her hafta karakola gidip imza vermesi gerekir. Bu zor gelir. İmzadan kurtulması için Deli Çoban'dan bir geyik postu isterler. Deli Çoban köyden arkadaşlarıyla geyik avına gider. Dolaşırlar ve bir mağarada uyuya kalırlar. Deli Çoban için geyiğe kıymak zordur artık. Rüyasına aksakallı bir pir gelir ve der ki "senin avın filan yerde, git avını al. Bundan sonra bir daha ava gelme, var git doğru yolu bul." Uyanınca arkadaşlarına durumu anlatır. Arkadaşları güler ama Deli Çoban rüyasındaki pirin söylediği yere gider. Orada üç geyik vardır, ikisi kaçar, diğeri ayağını taşa koyup kendisine bakar. Uzak olmasına rağmen nişan alıp ateş eder ve geyiği vurur. Derisini alıp, döner. İmza vermekten de kurtulur.

Otuzlu yaşlarında askere gider. Köyüne döndüğünde muhabbet meclislerinin aranan, sevilen, dinlenen erenlerinden olur. Bölgesindeki birçok evdeki ahşap işler Deli Çoban'ın elinden çıkmadır. Geçimini marangozluk ve ahşap işlemeleriyle sağlar. Cezaevinde öğrendiği okuma yazmayla da deyişler yazmaya başlar.

Ellili yıllarda Deli Çoban'ın şiirleri meclislerde dolaşmaya başlar. Sarız'da Haydar Bayrak'tan Kötüre'de Meluli'ye kadar muhabbetinde bulunmadığı kimse kalmaz. Sık sık da kendi köyündeki Mamolar Kabilesinin köy dışındaki büyük evinde muhabbete otururlardı.

"İlkokulun ilk iki yılını Serkizçay'da Çoban Emmi'nin evinde okudum. Büyük bir el becerisi vardı. Kemikten tarak yapardı, sandık yapardı genç kızların çeyizlikleri için, saz gövdesi yapardı, kapı-pencere. Harika bir sanatçıydı. Muhabbete çok aşık bir adamdı. Yazdığı şiirleri bana verirdi, hafta sonları anneme götürürdüm. Yolda açıp okurdum. Cemiyette sözleri köşe taşları gibi otururdu. Az konuşurdu, çok yumuşak bir ses tonu vardı. Aksakallı dervişane bir zattı."[245]

Şiirleri sağlıklı bir biçimde bugüne kadar derlenip toparlanamasa da kendi sesinden kaset kayıtlarının günümüze kadar gelmesi Deli Çoban'ın izlerini sürmekte bir kolaylık sağlıyor. Aynı şekilde yaptığı ahşap işleri de günümüze kadar kâh Karaca Emmi'nin evinde kâh Binboğa Köyü'ndeki kimi evde hâlâ varlığı ile Deli Çoban'ın izlerine ulaştırıyor.

Deli Çoban ellilerin sonunda iş için önce Kötüre Köyü'nün Aliler mezrasına 1960'ta da Göksun'a İsolar'ın Çiftliğine taşı-

---

[245] Hasan Kamalak, Afe Ana ile Kubucuk Mamo'nun oğlu, 20 Şubat 2021

nır. Serkizçay'dan gelen akrabalarıyla Kabayar Köyü'nü kurar. Yaşamının sonuna kadar bu köyde çiftçilik yapar. Sık sık da seyahatlere çıkarak dost meclislerinden gıdasını alıp vermeye devam eder.

12 Eylül döneminde yaşı 90'larını aşmış olanlar da eziyetten nasibini alır. 1981'de çocukları, torunları hapishanede, gözaltında olan Geyik Ali, Deli Çoban ve Karaca Emmi (Meluli) gibi aksakallılar da Maraş'ta gözaltına alınır. Deli Çoban'a sorarlar "Sen hangi örgüttensin?" Deli Çoban "Ben örgüt mörgüt ismi bilmem, ben Karaca'nın örgütündenim," der. Dönemin kırbaçlı paşası Haznedaroğlu Karaca Emmi'yi makamına alır, "Size iyi davranıyorlar mı?" der. Karaca Emmi "Bize eziyet yeni değildir, Kerbelâ'dan beri biz eziyetteyiz," diye cevap verir.

Deli Çoban 90'larındayken bir vesileyle mahkemeye ifade vermesi için çağrıldığında, hakim rutin kimlik belirleme işleminde yaşını sorar. Deli Çoban 50 yaşında olduğunu söyler; hakim burada öyle yazmıyor ama dediğinde "Hakim bey, sen o yılları sayma, yaşımı ben olduğum yıllardan sonra say," der. Onun yaşı yeniden doğduğu, kendini bulduğu yıllarda başlar.

Deli Çoban'ın iki yüz civarında şiiri olduğu söylenmekle birlikte günümüze kadar elli şiiri derlenebilmiştir. Şiirlerinde hakikat yolunu ve yolcularını işleyen Deli Çoban şiirlerinde Özeni mahlasını kullanmıştır.

2004 yılında da Hakk'a yürür.

"Nefsine uyanlar yolundan azar
Uymayın bu nefse zor bir canavar
Gafil olma nefsin yüz bin fendi var
Düşürür tuzağa aman ha aman

Öfke de nefisin öz kardeşidir
O da çok yer yıkar benlik taşıdır
Kafa sanki dağdır hırs da kışıdır
Üşütür adamı aman ha aman

Nefiste benlik var kör ola haset
Dolar kalp evine fitneyle fesat

Nefsine uyanlar çeker nedamet
Uymayın zalime aman ha aman

Dost olanlar arar derdine derman
Beyhude işlekten vazgeç eleman
Hakikatte olmaz şek ile güman
Güman menzil almaz aman ha aman

Özeni halfetten kalbe erdiysen
Hasretin çektiğin dostu gördüysen
Hâkipaya inip yüzün sürdüysen
Secde kıldığın hak aman ha aman"[246]

Binboğa Endemiği: Âşık Yener

Dağın bir yamacından Dadaloğlu, diğerinden Karacaoğlan seslenirse elbette ki Âşık Yener de bir yandan:

"Ne gezip durursun hep garip garip
Kız sen İstanbul'un neresindensin.
Gel söyle derdine olayım tabip
Kız sen İstanbul'un neresindensin''
der Emel Sayın'ın sesinden, diğer yandan:
Bitmez çile, tükenmeyen sefalet
Yıllar yılı başımızda taç bizim
Vicdansızlar kanun çiğner maharet
Gerçekleri söylememiz suç bizim

Anadolu susuz susuz kuyular
Her gün artar işsiz, güçsüz sayılar
Havyar yerken komprador dayılar
Halk sınıfı tüm midemiz aç bizim

Ankara'da türlü türlü plan var
İstanbul'da açık açık talan var
On milyona köpek satıp alan var
Sorsak hele kıymetimiz kaç bizim

---

246 Kaynak: Ali Özen (Deli Çoban'ın oğlu)

Paylaşılmış denizlerle karalar
Ağalara tapulanmış buralar
Patronların bankalarla paralar
Üretici tüm çalışan güç bizim

Kanuni Han önder olup askere
Seferi var Avrupa'ya kaç kere
Ecdadının at sürdüğü yerlere
Çöpçülüğe akıl eden göç bizim

Vurguncular sayfiyede Ada'da
Köşkleri var Şişli, Levent, Moda'da
Yedi nüfus kiracı tek odada
İki metre yerimiz yok hiç bizim

Âşık Yener bozma gene asabı
Soysun hele fırsatçılar kasabı
Elbet bir gün sorulacak hesabı
En sonunda alınacak öç bizim"[247]

der Mahzuni Şerif'in sazında sesinden, söz biraz değişse de.

Der, der de yine de aklıma takılıyor. Ve hatta "coğrafya kaderdir" diyen de var. Bunların hepsini geçtim de acaba Coğrafyamın yarattığı iklim, kendine has endemik şairler ozanlar da mı yetiştiriyor. Gürün-Afşin sınırında Güllübucak ile Akdere Köyü arasında toprağı delip Kerevin'de coşan, İtkıran Dağı ile Binboğalar'ın arasında taşıp yer yer Ayran Dede'ye dönüşüp coşa geldiği Hurman Çayı Tanır'da Afşin-Elbistan Ovası'nı emziren diri bir anaya dönüşüyor. Nasıl bir iklimdir ki, aynı şairin bir eline gül diğerine gürz veriyor. Dadaloğulu'nun, Karacaoğlan'ın, Pir Sultan Abdal'ın pınarından su içince şiir gülün rengine de gürzün rengine de bürünüyor. Sanırım çanak içine aldığı sıvıya da şeklini, ruhunu veriyor...
Bu çanağın ozanı olup da Binboğaları, Beritleri, Nurhakları anmadan olur mu?

"Seher yeli bizim ele var hele
Göğçebel'de mor sümbüller açtı mı

[247] Tanırlı Âşık Yener, *Yol Ver Dağlar Yol Ver Bana,* 1998, s.69

Eğlenip de Yaylalara sor hele
Üçgül, nergiz kokusunu saçtı mı

Serin olur Binboğa'nın havası
Yükseğinde kartal şahin yuvası
Yeşillenip Elbistan'ın ovası
Bizim köyler yoncaları biçti mi

Gurbet ele düşen yiğit der eyvah...
Yanıp yanıp kül olur da çeker ah
Meri keklik yavruları bir sabah
Kanat açıp yuvasından uçtu mu.

Mor koyun sürüsü Bostanbeli'nde
Köroğlu misali türkü dilinde
Mavzeri dalında, sazı elinde
Dirgen İsa Dikenli'ye göçtü mü.

Kalktım-ola Berit Dağın dumanı
Atamadım gönlümdeki gümanı
Bir bahar mevsimi yayla zamanı
Türkmen kızı sevdiğine kaçtı mı.

Koçyiğitte göğkıratın yuları
Sanki düz olur Nurhak Dağları
Derde derman İçmece'nin suları
Ak gelinler sularından içti mi.

Aşık Yener dilimizde ahüzar
Aramızda karlı karlı dağlar var
Yollarımı bekliyor mu nazlı yâr
Yoksa bizden farayıp da geçti mi."[248]

Tanırlı Âşık Yener Afşin-Elbistan çanağının endemik ikliminin tipik bir temsilcisidir. Şiirlerinde Bektaşi kültürünü, memleket sevdasını, aşkı, haksızlıklara isyanını yan yana görürüz. İnsanının yaşam koşullarını da dağlarının sümbül kokusunu da mısralarına nakşeder. Kimi zaman Binboğa'nın çiçekleri

[248] Tanırlı Âşık Yener, *Yol Ver Dağlar Yol Ver Bana*, 1998, s.585

kimi zaman Hurman Çayı'nın suyu şiirlerinde dile gelir. Bu nitelikleriyle onun şiirleri Mahzuni Şerif ve İsmail İpek gibi yöre ozanlarının sesine ve sazına uyumludur. Bu yüzden her ikisi de Âşık Yener şiirleriyle plak yapmıştır.

Âşık Yener'in mahpus Yılmaz Güney'e şiirle seslenişini İsmail İpek saza döker.

Doğuda batıda uzak yakından
Sana kucak kucak selam var Yılmaz
Senin çok sevdiğin fakir halkından
Sana kucak kucak selam var Yılmaz

Gönlüm sevgi dolu geldim ben sana
Kapanıp düşünme hücre odana
Seni çok özledim Mersin Adana
Sana kucak kucak selam var Yılmaz

Ceyhan Yenice'den dertli anandan
Deniz'den Yusuf'tan yiğit inandan
Nurhak dağlarından cesur Sinan'dan
Sana kucak kucak selam var Yılmaz

Biz öç alacağız halkı soyandan
Devrimci gençleri hapse atandan
Hüseyin Cevahir Mahir Çayan'dan
Sana kucak kucak selam var Yılmaz

Bir güneş doğuyor umut dağından
Yılmazlar gezecek hürlük bağından
Bütün memleketin dört bucağından
Sana kucak kucak selam var Yılmaz

Yolum insanlığa çıkar her yandan
Bakar feyz alırım fenden hünerden
Kahramanmaraşlı Aşık Yener'den
Sana kucak kucak selam var Yılmaz[249]

---

[249] Metin Yoksu, Video Kayıt

11 12 Mart ve Sonrasında Mahzuni Şerif

Erim Erim Eriyesin

Afşin-Elbistan çanağını çevreleyen dağlar 68 kuşağı devrimcileri için de stratejik öneme sahiptir. Binboğalar, Ceritler, Nurhaklar, Kürecik Dağları...

12 Mart'ın en kanlı dönemi Nihat Erim Hükümetleri dönemidir. 68 Kuşağı gençlik hareketinin önderleri olan Sinan Cemgil ve yoldaşları 31 Mayıs 1971'de, Mahir Çayan ve yoldaşları 30 Mart 1972'de vurularak öldürülür. Deniz Gezmiş, Hüseyin İnan ve Yusuf Aslan 12 Mart'ın hemen ardından tutuklanır ve 6 Mayıs 1972'de idam edilirler.

Mahzuni Şerif en gür sesiyle haykırır, adrese teslim *"Erim Erim Eriyesin"*i plağa okur.

"Musa isen Tur-i Sinan/Haktan gelmiş idi İnan/Yesin seni yılan Çayan" mısralarında Sinan Cemgil'i, Hüseyin İnan'ı ve Mahir Çayan'ı anar. *"Aslan pençesi vurulsun/Çayın Deniz'de kurusun/Gözlerin yansın çürüsün/Erim erim eriyesin"* derken de Yusuf Aslan ve Deniz Gezmiş'i anar. Mahzuni savunmasını da son dörtlüğe yerleştirir. *"Mahzuni'yi severidin/O'na sevgilim deridin/Candan başka ne yeridin/Erim erim eriyesin."* Diyeceğini demiştir ama son dörtlükte de Suna'ya sığınmıştır. Mahkemede "ben bunları zalim Suna'ya dedim" diyecektir. Çok geçmeden de tutuklanır. Plak çıktığında Denizler'in infazı henüz gerçekleşmemiştir. 6 Mayıs'ta Mahzuni bu plaktan dolayı İstanbul-Maltepe Askeri Cezaevi'nde tutukludur.

"Aziz Dostum, Kıymetli Abiciğim, Yemliha Abi,

2.5.1972, Maltepe

Cezaevine girdiğim için sana mektup atıyorum. Yoksa hatırladığım filan yoktu. Nasılsın, rahat mısın? Ben çok rahatım. Mustafa Abi'ye de anlatmıştım, kasabada plak bayi açabilmeniz için İstanbul'a kadar gelmeniz ve plakçılarla bir ticaret anlaşması imzalamanız gerekirmiş. O da yapılan anlaşma gereğince de ücret tutarının yarısını peşin ödemeniz gerekirmiş, yani anlayacağın bu iş zor. Yapabilecek durumda değilsin. Zaten ben de laf olsun hesabından yazıyorum. Yoksa başka türlü vakit geçmiyor.

Babam köye geldiyse söyle bizim evi sık sık yoklasınlar. Orayı öyle yalnız bırakmasınlar. Bir de sizden ricam olacaktır. Çomulu Dildim Mustafa'yı herhalde tanırsın. O arkadaşta benim 1800 lira alacağım var. Onu bir ehlini bulup aldırırsan çok memnun olacağım. Çünkü Fatma'nın bir yatırımı için acele lazım olacaktır. Kendisinin anlayacağı bir lisanla bunu hallediver, makbule geçer.

Sevgilerim sizinle olsun, hürmetle öperim. Mustafa Hocam'a saygılarımı bildirir, bütün çocukların gözlerinden öperim. İnşallah yakında çıkacağım benim için üzülmeyesin.

Pehlül Amcam'a da icabederse selamımı söyle. Ellerinden öpüyormuş, de.

Ve sağlıcakla kal. Mahzuni. 2.Zrhlı Tugay, As. Cezaevi Maltepe-İstanbul."[250]

İçerdekinin derdi her zaman dışardakilerdir. Yine Yemliha'nın kesip sakladığı 26.5.1972 tarihli gazete kupüründe *"Âşık Mahzuni Erim'e yazdığı şiir yüzünden tutuklandı"* haberini okuruz. Yaklaşık dört aylık tutukluluktan sonra bir ay kadar serbest kalır ve Temmuz'da tekrar tutuklanır. Bu kez Selimiye'dedir. 68 Kuşağı devrimcilerine atfen söylediği *"Yiğitler Yiğitler Bizim Yiğitler/Onu bilir Binboğalar Ceritler"* parçası da soruşturmaya dâhil edilir. Mahzuni 1972-75 arasında ikisi 72'de 4-5 ay, ikisi 73'de diğeri 75'de olmak üzere kısa süreli toplam 5 kez plak veya konserlerinden dolayı tutuklanır. Daha sonraki yıllarda Mahzuni; Sinan Cemgil için *"Nurhak Türküsü"* adlı bir ağıt da yakar: *"Hani benim ince boylu Sinan'ım/Yüreğime ataş düştü yanarım/Kaçak yiyen dağlar sizi kınarım/Bundan sonra dönmek bize ar olur."*

---

[250] Yemliha Ertekin Arşivi, Mektuplar

Bu dönemde Mahzuni ile ilgili basında çıkan haber ve yorumlar toplumsal muhalefetteki duruşuyla ilgili olmuştur. Sonuçta muhalif çizgideki herkes tarafından baş tacı edilmiştir. *"Dumanlı Dumanlı Oy Bizim Eller", "Yaylalar", "Ulan Yalan Dünya"* 1972'de çıkan plaklardır. Ve elbette Mahzuni *"Çamur Yola Basa Basa, Gel Bizim Afşin Eline"* parçasını da bu yıl yapıp aklının bir yarısının da memleketinde olduğunu gösterir.

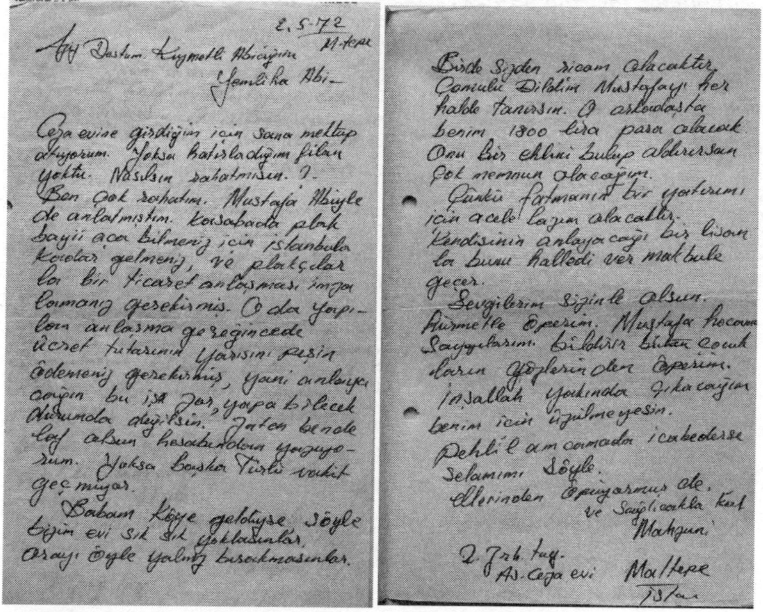
2.5.72

Aziz Dostum Kıymetli Abiciğim
Yemliha Abi

Cezaevine girdiğim için sana mektup yazıyorum. Yoksa kafesledeceğim filan yoktu. Nasılsın sıhhatmisin. ?
Ben çok sıhhatım. Mustafa Abiyle de anlatmıştım. kasabada plak bayii aça bilmeniz için istanbula kadar gelmeniz, ve plakçılarla bir ticaret anlaşması imzalamanız gerekirmiş. O da yapılan anlaşma gereğincede ücret tutarının yarısını peşin ödemeniz gerekirmiş, yani anlayacağın bu iş zor, yapa bilecek durumda değilsin. Zaten bende laf olsun hesabından yazıyorum. Yoksa başka türlü vakit geçmiyor.
Babam köye geldiyse söyle bizim evi sık sık yoklasınlar. Arayı öyle yalnız bırakmasınlar.

Birde sizden ricam olacaktır. Cemalli Dilalim Mustafayı her halde tanırsın. O arkadaşta benim 1800 lira para alacak. Onu bir ehlini bulup aldırırsan çok memnun olacağım.
Çünkü fatmanın bir yatırımı için acele lazım olacaktır. Kendisinin anlayacağı bir lisanla bunu halledi ver makbule geçer.
Sevgilerim sizinle olsun. hürmetle öperim. Mustafa hocama Saygılarım. bildiğin bütün çocukların gözlerinden öperim.
İnşallah yakında çıkacağım benim için üzülmeyesin.
Pehlil amcamada icabederse Selamımı söyle.
Ellerinden öpüyormuş de.
ve Sağlıcakla kal
Mahzuni

2. Tek. tug.
As. Ceza evi
Maltepe
İstan

Mahzuni'nin Maltepe Cezaevi'nden Yemliha'ya Mektubu, *2 Mayıs 1972*

Ey Arapça Okuyanlar

"Arkadaşım Yemliha Efendi,

Ankara, 19.7.1973

Hakikaten de mektuplaşmayalı yıllar oldu sanıyorum. Ne var ki içimden sadece düşünmediğim anlar silinmişindir. Ona da silinmek denmez de 'aslı var kendi yok' gibi bir şey işte, öyle olur.

Zaman her şeyi değiştiriyor fakat kaybettirmiyor. Sevginiz de bu zamana orantılı olarak büyüyerek değişmiştir. Burada kaybolacak şeyler nefretlerdir. Zaman nefreti çürütebiliyor. Çünkü istenilmeyen şey giderekten kaybolacaktır. Yani birinin birini sevmemesi zamanla onu unutması demektir.

Mesela benimle Osman'ı bu sözüme misal edebilirsin. Adamı senin mektubun gelince hatırladım desem pek mübalağa sayılmaz.

Mektubun iki satırcık da olsa memnun etmiştir beni. Alhaz'ın yağı çocuklara göndermesi için senin ilgilenmeni rica ediyorum. Çünkü belli olmaz, mevsim de geçer, çocuklar zorluk çeker.

Selman ziyarete geldiğinde Nedim de varmış amma kendisini göremedim. Resmini ve mektubunu aldım. Görüyorsun ki miniğin sesi bile zamanla değişmiş. Gönül ister ki, kötü olan her şey iyiye dönüşerek değişsin. Küfürler yalanlar iftiralar insanlar gibi.

Ne var ne yok aziz dostum? Vereceğin cevabı tahmin etmiş olmama rağmen adette kusur etmeyelim diye sordum.

Şayet bir mektup daha yazabilirsen benim köydeki çocuklardan da bahsediver. Şayet yakında tahliye olursam, ben Antep'teki çocukları da alıp köyü ziyaret edeceğim. Bu arada görüşmüş oluruz. Babama mektup atmıştım ve senin adresle göndermiştim. Niçin bulmadığını ben biliyorum, neyse pek zararı yok. Ben de mâlum olduğu veçhile mahkememin birinden beraat ettim, bundan da ümitliyim. 5-15 sene arası ceza isteniyor ama herhalde yargılanırsam böyle olmayacaktır. TCK'nın 141/1 maddesini ihlal etmekten sanığım.

Bazı aile toplantısında yaptığım sohbetlerin bandları üzerinde duruyorlar. İleride suçsuzluğum aşikâr olacağından eminim.

Satırlarımı bitirmek zorundayım. Sıhhatim ve moralim iyidir.

Ben yağ meselesi için Tanırlı Hayati'ye de mektup atmıştım. Bir zahmet ilgilen de biri olursa diğeri olmasın, lüzum kalmaz. Siz yine de Vasfi Efendiyle temas edin de ondan bilgi alın.

Selamlar, sevgiler.

Arkadaşınız Mahzuni.

Ev tarafına selam eder, Nedim'in Mustafa'nın gözlerinden öperim.

Sıkıyönetim 3.Nolu Tutukevi, Dışkapı/Ankara."[251]

Mahzuni için 1972-73 plak ve konserlerinden dolayı mahkeme-mapusane yılları olmuştur. Politik tutumu devrimci

[251] Yemliha Ertekin Arşivi, Mektuplar

gençlik de hayranlık, sempati oluştururken devlette de düşmanlık oluşturur. Mahzuni hem devrimcilerin, emekçilerin düzenlediği konserlerde boy gösterir hem de sosyal demokratların. Sözüne-sazına kulak verildiği her yerde vardır.

CHP'nin 9 Mart 1973'de düzenlediği bir konserde "Ey Arapça Okuyanlar/Allah Türkçe Bilmiyor mu?" okuması üzerine kısa süreli tutuklanır. Daha sonra Almanya Konseri'nde söylediklerinde suç unsuru bulunduğu için tutuklanır ve 28 Ağustos'ta tahliye olur. Yemliha Abisine de yazdığı gibi çocuklarını da toplar Berçenek'te hasret giderir. Bu tutuklulukları sırasında amcası Pehlül Cırık (Fezali) de öfkesini ve üzüntüsünü mısralarla ifade eder.

"Gökyüzünde sema eden turnalar
Şerif'e uçan Fezali misiniz?
Sızılıyor sinemdeki yaralar
İnsafınız yok mu zalim misiniz?

Mahzunim'e selamımı söylersin
Eli gözü bağlı sen de neylersin
Varıp Ankara'da tevaf eylersin
Yolunuz oraya sizin turnalar

Faşist midir cunta mıdır bu düzen
O güruhta ne marifet ne düzen
Tüm insanlara ışık tutan ozan
Varıp da görmeden gitmen turnalar

Bizi de sorarsa Fezali canım
Uykular gözüme girmiyor benim
Uçan kuşlar ile varayım derim
Gözlerin öpmeden gitmen turnalar"
(Fezali-Pehlül Cırık)[252]

Osman Dağlı 12 Mart Muhtırasından sonra konserlerde okuduğu şiirlerden dolayı arandığını öğrenince Almanya'ya kaçmıştır. Çorumlu Necip Özcan o kaçışı şöyle anlatır: *"Bir evde dostlarla muhabbetteydik, bir Türk'le evli bir Alman kadın, birkaç*

---

[252] Hacı Cırık Arşivi

üniversite öğrencisi genç ve Osman Dağlı vardı. Radyodan arandıklarını duyunca üzüldük. Alman kadın 'Üzülmeyin, size bir şey olmayacak, ben sizi Almanya'ya kaçıracağım' deyince, Osman Dağlı 'Ben de geleyim' dedi. Böylece Alman kadın minibüsüyle hepsini Almanya'ya götürdü."[253]

Bu iki yıl içindeki tutuklamalar ona mapusluğa dair plaklar da yaptırır. "*Bebek*", "*Karagözlüm Ağlama*", "*Gardiyan*", "*Kucağı Kundaklı*" ve "*Kolum Nerden Aldın Sen Bu zenciri*" bu döneme aittir. "*Benim Neyim Var ve Zam Üstüne Zam Yapılır*" da halkın yaşam koşullarını dile getirdiği eserlerdir. Bir Demirel taşlaması olan "*Bizim Köyün Çobanı*" da bu döneme aittir. 1973 yılı, muhtıra hükümetleri ardından yapılacak genel seçim dönemidir. Bülent Ecevit de bir umut olarak halkı etkiler. Mahzuni de "*Karaoğlan*" plağıyla Ecevit'e seslenir: "*Hiç benzeme senden evvel gelene/Çünkü karnımız tok böyle yalana/Bir sözüm yok milletini bilene/Yani halka kurban olacaksan gel.*" Sonraki yıllarda "bir kişi umut olamaz, umut halkın kendisidir," diyecektir.

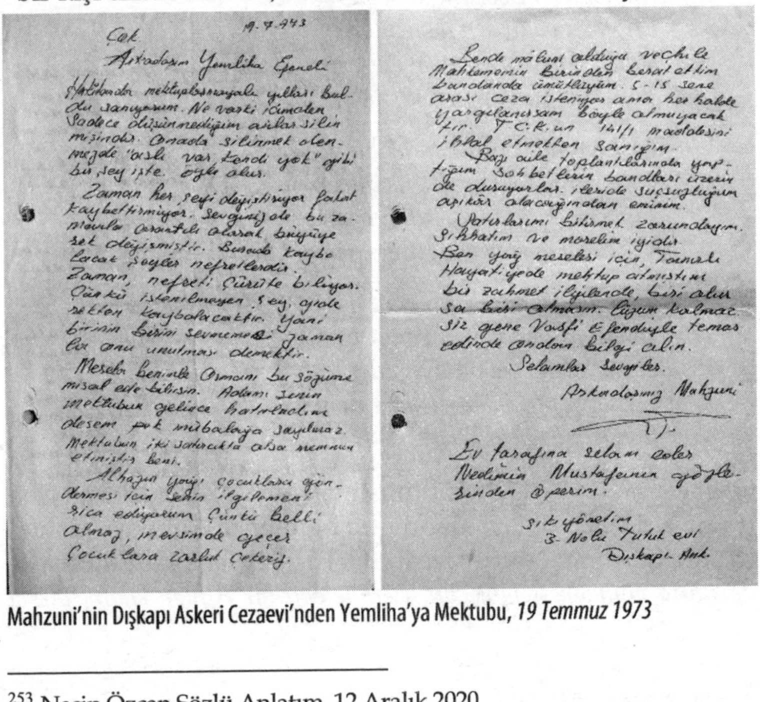
19.7.973
Çok
Arkadaşım Yemliha Efendi
Hatırlarında mektuplaşmayalı yılları buldu sanıyorum. Ne vakti [illegible] Sadece düşünmediğim aklar silinmiş midir. Arada silinmek olmuyorsa "aslı var kendi yok" gibi bir şey işte öyle olur.
Zaman her şeyi değiştiriyor fakat kaybettirmiyor. Sevgimizde bu zamanla garantili olarak büyüyerek değişmiştir. Burada kaybolacak şeyler nefretlerdir. Zaman, nefreti çürütür biliyor. Çünkü istenilmeyen şey, ayrıca zaten kaybolacaktır. Yani birinin birini sevmemesi zamanla onu unutması demektir.
Mesela benimle Osman'ı bu sözüme misal ede bilirsin. Adamı senin mektubun gelince hatırladım desem çok mübalağa sayılmaz. Mektubun iki satırcıkta olsa memnun etmiştir beni.
Alhasıl yayı çocuklara göndermesi için senin ilgilenmeni rica ediyorum. Çünkü belli olmaz, mevsimde geçer çocuklara zarlık çekeriz.

Sende malum olduğu veçhile Mahkememin birinden beraat ettim bundan da ümitleniyorum. 5-15 sene arası ceza isteniyor ama her halde yargılanırsam böyle olmuyacaktır. T.C.K.'un 141/1 maddesini ihlal etmekten sanığım.
Bazı aile toplantılarında yaptığım sohbetlerin bandları üzerinde duruyorlar. İleride suçsuzluğum aşikâr olacağından eminim.
Yatırlarımı bitirmek zorundayım. Sıhhatım ve moralim iyidir.
Ben yayı meselesi için, Temeli Hayatiyede mektup atmıştım bir zahmet ilgilenirde, biri alırsa biri almasın. Lüzum kalmaz. Siz gene Vasfi Efendiyle temas edinde ondan bilgi alın.
Selamlar Sevgiler.
Arkadaşınız Mahzuni
Ev tarafına selam eder Nedimin Mustafanın gözlerinden öperim.
Sıkıyönetim 3-Nolu Tutukevi Dışkapı Ank.

Mahzuni'nin Dışkapı Askeri Cezaevi'nden Yemliha'ya Mektubu, ***19 Temmuz 1973***

---

[253] Necip Özcan Sözlü Anlatım, 12 Aralık 2020

Bir Kırılma: Fake Mektup'a Telgraf

"Sevgili Dostum,

G.Antep, 8.4.1974

Arasıra sorsan çok iyi ama mademki sormadın ben sorayım.

Nasılsın iyi misin? Ben de rahatım biraz.

Azizim ben bir aylığına Avrupa'ya gidip geleceğim. Bir grupla gidiyorum. Yani 10 Mayıs'tan itibaren Türkiye'den ayrılmış olacağım. Bu bir Avrupa turnesi olmayacaktır.

Büyük turneyi yapabilmem için bir nabız yoklaması olacak, hem de gittiğim firmayla beş kadar konser yapıp döneceğim. Devam edebilmem için de bizim kayınbiraderle Âşık Nesimi'yi bu hususta görevlendirdim. Onlar biz döndükten sonra konser bağlamaya devam edeceklerdir. Asıl turne Eylül ayından sonra başlayacaktır. O zamana kadar da sana evvelden dediğim gibi hazırlığını yapmanı haber veriyorum. Yapacağın şey sadece ben gelinceye kadar pasaportunu hazırlaman.

Ben en geç Haziran 10 veya 15'inde gene Türkiye'ye döneceğim. Tekrar Avrupa'ya gidinceye kadar da bina işi için Berçenek'e geleceğim. Dönüşümüz zannederim beraber olur. Yanımda Fatma'yla sen, bir de kayınbiraderim yardımcı olacaksınız.

Sanatçı kadrosu olarak biz Nesimi'yle beraber bir şeyler düşüneceğiz. O konuda müsterih olasın. Döndükten sonra da yine sana söylediğim gibi Türkiye için turnelerim olacaktır.

Benim son mahkemem önümüzdeki ayın üçüne atıldı. Zannederim affa kadar o da bitecektir. Yani bu demek oluyor ki dışarıya gitmemem için bir mani olmayacaktır.

Sözlerimin şakasının olmadığını hatırlatırım.

Bu arada söyleyeceğin bir şey olursa bana telefonla bildiresin. Şimdilik söyleyeceklerim bu kadardır.

Ayrıca yapabileceğim bir arzun veya isteğin varsa lütfen bildir.

Şiddetli sevgilerimle öperim.

Arkadaşınız Mahzuni."[254]

Mahzuni Şerif'in çevresinde güvenebileceği pek kimse yoktur. İş ilişkilerinde güvenebileceği birinin desteğine ihtiyacı

[254] Yemliha Ertekin Arşivi, Mektuplar

vardır. Bu mektubun evveliyatı da var ama mektup net bir iş teklifidir. Yemliha'nın işe ihtiyacı olsa da kardeşiyle ticari bir ilişkiye girmek istemediği gibi o dönemdeki sorumlulukları Afşin'i terketmesine izin vermez. En büyüklerinin biri askerlik çağında, diğeri üniversite kapısına dayanmış dokuz çocuk ve iki eşle Afşin'i terketmesi mümkün değildir.

14 Ekim 1973 Genel Seçim sonuçları 12 Eylül 1980'e giden yolda bir kavşak gibidir. 26 Ocak-17 Kasım 1974 tarihleri arasında Ecevit'in başbakanlığında CHP-MSP koalisyon hükümeti kurulur. Kısa süreli bir hükümettir ama sonuçları bütün 70'li yılları etkiler ve 12 Eylül'e giden yolda önemli bir kilometre taşı olur. Hükümetin en önemli icraatları Erim Hükümeti'nin ABD isteğiyle koyduğu haşhaş ekimi yasağını Temmuz başında kaldırması ve Kıbrıs cumhurbaşkanı Makarios'un darbe sonrası devrilmesinin ardından, Temmuz sonunda yapılan Kıbrıs Harekâtı'dır. Ardından ABD Ambargosu gelir. Olanlar toplum içinde anti-Amerikancı tepkilerin de yükselmesine yol açar.

Mahzuni de aşka gelir "*Kıbrıs Destanı/Yürüyün Aslanlar*" plağını yapar. Kantarın topuzunu kaçırmıştır. Her fırsatta bütün insanların eşitliğini ve kardeşliğini dile getiren Mahzuni bu plakta iktidarlarla halkları karıştırır "Ey kahpe millet Yunanlı"der. Daha sonraki yıllarda Karaoğlan'a veryansın edecektir. "*Sana uydum, Kıbrıs-mıbrıs kayırdım/Rum'u hayvan saydım, seni kayırdım*" diyecektir. Mahzuni'nin "*Katil Amerika*" plağı da bu dönemin ürünüdür. Bu parça ise bugüne dek her anti-Amerikancı tavrın bayraklaştırdığı bir eser olur.

1974 yine halkın yaşam koşullarına dikkat çektiği plakları da eksik etmez. Özellikle Abdurrahim Karakoç'un yoksulluğu en iyi anlatan "*Doktor Bey*" ve "*Geç Kaldık*" şiirlerini besteler.

1974'ün sonunda Şerif faka basar. Şerif'le Yemliha'nın arasını açmak isteyen biri Yemliha adına Şerif'e bir mektup yazar. Mektubu okuyan Şerif hiç beklemediği böyle bir mektuba hemen bir telgraf çekerek yanıt verir. Yemliha Abisi telgrafı aldığında Şerif'e tane tane ve sabırla anlatır. Ona kızmak yerine hafif kulağını çekerek abiliğin ve dostluğun dersini verir...

"Şerif Mahzuni,
20.12.1974 günü saat 16 sıralarında elime bir telgraf verildi. Bunda yazılı olanlar aynen şunlar:
1. On dokuz yıldır her işlerini iyi tanırım,
2. Okumayı senden öğrenmediğime göre senin saklanmana lüzum yok,
3. Ellerinden öperken, ben Osman olmadığımı hatırlatırım,
4. Çünkü eskiden de Âşık Mahzuni, üstelik senin mektubunu sana gönderiyorum. Saygılarımla.
Âşık Mahzuni.
İşte böyle:
1. 19 yıldır benim her işlerimi iyi tanıdığına göre, hiç kimsenin kabahatı yok. Hatta benim bile.
2. Bundan hiçbir şey anlamadım. Hayatımda hiç kimseye de öğretmenlik yapmadım, yapamadım. Saklanmak belki başkalarına göredir, senden saklanamam. Çünkü lüzum görmem. Beni benim kadar bildiğinden eminim. Sana emanet ederim.
3. Ben senin Osman olduğunu hiçbir zaman iddia etmemişim, edemem. Ama yine de hatırlatmandan üzüntü duymadım. Çünkü sana veya yakınlarına veya çok uzaklarımıza böyle bir durumum olmamıştır. Samimi gördüğüm her insana mukabele eder, samimiyet duymadığım kimselere de yakınlık ihtiyacı duymam.
4. Çünkü eskiden de Mahzuni'yim diyorsun. Ben seni Mahzuni olmadan tanıdım ve senden önce onunla saf bir sevgidaş oldum. İşte bundan dolayı da Şerif Mahzuni ile paylaşacak kozum olmadığını hatırlatırım,(Gücüm nispetinde).

Yemliha olarak hiçbir zaman senden maddi olanak sağlamayı düşünenlerden olmadığım kanaatindeyim. Şu var ki başkalarının çok yakın dostluğundan Şerif'in aksi hareketlerini daha samimi görürüm. Şerif'in görünüşünü veya başka insanlardaki Mahzuni'liğini değil, ondaki en büyük varlığı çok iyi tanırım ve daima da onunla bir olmak isterim.

Yazıma başlarken de belirttim, benim kim olduğumu Şerif kadar bilen olamaz. İşte sevgimin nedeni de budur. Seni tenkit ettiğim zaman olmuştur. Belki sana acı söylemişimdir. Bunların sonradan tatlıya dönüşeceğinden emin olduğumdandır.

Sen ve ben bilmesek bile bizleri tanıyanlar bilirler ki Mahzuni benim için en büyük kıymettir, değişmez. Ben sevmeye devam ederim ve edeceğim. Buna sen de mani olamazsın. Ancak aldığım telgrafa yazılı kelimeler başka bir ağızdan veya kalemden çıkmış gibi. Görüntüden ötesini öğrenmek mümkün olabileceği ümidiyle düşündüm.

Evet, Şerif kuzu, bugüne dek yalnız senin selamın veya başkalarına yolladığın selamların kanalı ben olduğumdan iftihar ediyorum ve sevgime layık görüyorum.

Köye gelişinde bazı karşılaşma anında sana bir şeyler söylemişim, bunların nedenini yaratan sizsiniz. Sizin rahatsızlığınız beni de rahatsız etmiş ve ben de bu rahatsızlığa isyan etmişimdir. Söylediğim sözlerim de senin rahatsızlığın anında verilen iyi bir ilaçtır. Hastalığın geçtiyse bu ilacı kullanmayabilirsin, geri bana iade et. Fatma Hanım'a karşı işlediğim suç ise, ona senden dolayı kızgınlığım neden olmuştur. Görmek ve dinlemek istemediğimden ileri gelmiştir. Aile hayatınıza senin gibi ben de imrenmedim, bunu da her fırsatta belirttim. Belki bir çobanın evine misafirliğimde onun hayatına imrendiğim olmuştur. Ama sizin aile hayatınıza her rastladığımda nefret ettim. Bunun nedenini yine iyi bilirsin. Ben kendime göre gururlu bir insanım ama hiç kimseyi de horlayan değilim. İşte bu kanaatlerimle Kötüreli Hüseyin Yüce'nin orada sana söylediklerimden pişman olmadım.

Şerif işte böyle, bunun ötesini de sen söyle olmaz mı benim dostum. Yine bir şey yapabildim diyemem hatırına, ulan herif ben artık ihtiyarım. Sana en ufak bir yazı yazmadım. Bunu da ummam."[255]

---

[255] Yemliha Ertekin Arşivi, Mektuplar

12 12 Eylül Öncesi Yemliha Ve Afşin-Elbistan Çanağı

Devrimcilerin Yemliha Abisi

Kısa süren ama etkisi 70'li yılların ikinci yarısını saran CHP-MSP koalisyonunun bir icraatı da af çıkarmak olmuştur. 12 Mart fırtınasından geride kalan devrimcilerin içeriden çıkmasıyla dışardaki devrimci örgütlenmeler ivme kazanır. 68 kuşağının izleri üzerinden yeniden yollarını çizerler. Kısa sürede geniş kitleselliğe ulaşanlar olur. DİSK ve TÖB-DER çok geniş kitlelere hitap eder hale gelir.

Yemliha elbette devrimcilerin de abisidir. TSİP örgütlenmesi içinde yer alan ve Afşin TÖB-DER şube başkanı da olan Şükrü Binboğa; Yemliha Abisi'ne gider *"Abi bizim İlke Dergisi'ni dağıtmak için sabit bir yere ihtiyacımız var. Buraya bıraksak, arkadaşlar yolu düştükçe gelip buradan alsalar olur mu?"* der, Yemliha Abisi'nin işyerine bırakır. Yemliha Abi için 'hangi sol' olduğunun önemi yoktur.

Meluli'nin torunu Hamdullah Erbil de 12 Mart'ta ODTÜ öğrencisidir ve kısa süreli bir tutukluluk yaşar. Hamdullah Yemliha Abisi'ni çocukluğundan beri tanır. Ortaokul öğrenciliği sırasında kuzeni Ali İhsan Erbil'le birlikte Yemliha'nın küçük kardeşi Feramuz'un evinde kalırlar. Hep Meluli-Yemliha dostluğunun tanıklığı içinde olmuştur. Bu durum Yemliha Abisiyle yakın bir dostluk geliştirmesini beraberinde getirir.

Hamdullah Mahir Çayan'ın *"Kesintisiz Devrim"* tezlerini temel alan bir örgütlenmenin içinde yer almaktadır. Bu grup *"Türkiye Devrimi'nin Acil Sorunları"* adlı bir metin ortaya koyar. Bu metinden sonra onlara *"Acilciler"* denilecektir. Hamdullah hem TDAS'ı hem de görüşlerini içeren diğer yazıları Yemliha

Abisi'ne de verir. Evde bunları okuyan o sıralar lise öğrencisi olan oğul Mustafa olur, yani ben. Meluli-Yemliha dostluğu Hamdullah-Mustafa yoldaşlığına evrilir.

1975-76 yılları 1. Milliyetçi Cephe hükümeti dönemidir. Milliyetçi Cephe komünizmi önleme adına daha doğrusu tekelci kapitalist sistemin tıkanıklıklarını açmak adına Türk Milliyetçiliği-Sünni İslam-Kapitalizm temsilciliğinin bir hükümetle vücut bulmuş halidir. MC dönemi yaşamın bütün alanlarında olduğu gibi okullarda da kendini gösterir. Muhalif öğrenci ve öğretmenler baskı altına alınır. İş o hadde gelir ki, il milli eğitim müdürlükleri istemediği öğretmenleri il içi tayinlerle yıldırmaya başlar. Afşin Lisesi'nin bir öğretmenini bir kalemde Pazarcık'a sürebilir.

Okulda çalışkan bir öğrenci olduğum söylenir. Öte yandan iyi bir örgütçü yanım olduğunu da itiraf etmeliyim. O dönem okul yönetimini de arkasına alan okuldaki ülkücü gençliğin okul içi baskıları artırdığı, yönetimin de solcu olarak bildiği öğretmenleri il milli eğitimi aracılığıyla il içi sürgünlere göndermeye başladığı dönemdir. Arkadaşlarımla okuldaki bütün muhalif öğrencileri bir araya getirerek, sorunları tartışıp, güç birliği ettik. İlk adım olarak sınıf temsilcileri seçerek okul komitesini oluşturduk. Bir bildiriyle velileri toplantıya çağırarak sorunların kaymakamlığa taşınmasını sağladık. Maksat 'sinmeyeceğiz, her yolu deneyeceğiz' mesajıdır. Kaymakamlık okul yönetimini uyarır, daha özenli olmaları için.

Ne var ki yakın komşum tarafından okul yönetimine ihbar edildim. Okul yönetimi aleyhinde bildiri hazırlayıp dağıtmaktan disiplin kuruluna verildim. Okuldan atmak isterler ama bu o kadar kolay değildir. Öncelikle karşılarındaki öğrenci eğitim açısından okullarının medarı iftiharıdır. Diğer yandan Babamın amcaoğlu İzzet Ertekin de disiplin kurulundadır. Masaya yumruğunu vurur "yiğitseniz atın" der. 3 Günlük okuldan uzaklaştırmayla ilk siyasi eylemimin cezasını almış oldum. Babamın önüne uzaklaştırma bildirimi geldiğinde *"Bu nasıl iş! Bir hafta önce takdirname getirdiniz şimdi de takdir-*

name" diye tepki verecektir. Bu olaydan sonra babam biraz yavaşlamam telkininde bulunur. Onun kaygısı üniversiteye girişte oğlunun bir sorun yaşamamasıdır. Oğlu okul birincisidir, üniversiteye puanla giremezse, okul birinciliği kontenjanından girebilir. Ama *"Merak etme baba, puanla girerim. Ayrıca birinciliğimi de engelleyemezler. Beni derste zorlayacak hoca yok"* dediğimi hatırlıyorum. Söylediğim ukalaca da olsa, sonuçta söylediğim olur. Afşin Lisesi'nin ikinci dönem mezunlarındanım, doğrudan üniversiteye giren ilk mezunuyum. İlk bölümüm Hacettepe Üni. Kimyagerlik'tir. TÜBİTAK Bilim Adamı Yetiştirme Bursu için uzaklaştırma veren müdürümden evrak onayı istediğimde müdür "burs sana mı kaldı" dese de burs sınavına girerek, yeni bir öğretmen maaşına yakın olan 'bilim adamı yetiştirme bursu'nu kazanmıştım. Baba artık okul açısından rahattı.

Dosta Naz

"Aziz Dostum,

26.2.1976, G.Antep

Hasretliğin bu kadarı belki de yıllardan beri inandığımız, müştereken inandığımız çizginin kanıtlanmasından başka bir şey olmayabilir amma birer insan vücudu olarak dayanmanın bu türüne de nadir rastlanır.

Yirmi yılın emeğinin karşılığı elbette ki ufak tefek yanlış anlamaların ya da gerçek anlamaların bir lahzada silinmesi olamaz. Yani yukardaki çizgi sözcüğüyle ima etmek istediğim şey HASRETTEKİ SEVGİ VUSLATTAKİNİN BİN KATIDIR.

Bundan olarak ben sizi yahut da siz beni bu kadar ihmal etmiş olabiliriz. Gel görelim ki yirmi yıl evvelki attığımız imzada...

1-Dargınlığın kati surette yasak olduğuna,

2-Her türlü güçlük karşısında akli dengenin hâkim olmasına,

3-Ayıp ve günah denen isimlerin birer gerçek olduğuna,

4-Müsait aralıklarla her ikimiz de ayıp ve günahı işlemiş yahut da işleyenlere şahit olacağımıza,

5-Bütün insanlığı temel konu alan özet gerçeğe boyun eğmeye inanmış, onayları birlikte koymamış mıydık?

Tarafların birbirini suçlaması mantıksızdır bence. Çünkü mutlaka birimizin hatası diğerinden fazladır. Bunu tartışmaya bile lüzum görmüyorum. Amma insanın bu kadar katı yürekli olabilmesi için hiçbir sebep düşünemiyorum. Şurası çok muhakkak ki birimiz tarafından küsme variddir. Mademki iş böyle, neden yekdiğerimizden bunun telafisi mümkün olmasın?

Eskimiş laftır, kanı kanınan yumazlar.

Bu her ikimiz için de geçerlidir, gerçekten aramızda kan işlense dahi. Sizin adınıza ve sizin yazınıza fazla özenenler aramıza bir müddet için girmiş olabilirler. Veyahut da bizzat kendimiz bahis konusu kişileri sokabiliriz.

Be birader biz senet mi verdik başkalarının geçerliliğini senelerce korumaya. Yani demek istiyorum ki, bunca senenin hatırını her ikimizin de yıkmakta katiyen hakkı ve yetkisi yoktur.

Ben böyle düşünüyorum, bilmiyorum sen nasıl düşünürsün.

Hem böyle yaşamakta kazancımızın ne olduğunu söyleye bilir misiniz? Bunun karşılığında kaybımızın ne kadar büyük olduğunu ben her zaman söyleyebilirim.

En azından sensizlik benim benliğimi var eden düşüncelerimde büyük yaralar açmıştır. Bu satırları yazarken dahi ne acı hisler içinde olduğum sizi etkilemeyebilir de.

Boşalmam gerekti her nedense, nece zamandan sonra...

Şaşırmış padişahın kuyuya boşaldığı gibi.

Doğmak, yaşamak, ölmek en temel en gerçek konuyken... Ben bunlardan birisi değilim demek kadar saçmalık olamaz kanımca.

Şayet otlar gibi kuruyup döküldüğümüz yerden daha yeşil daha taze çıkabilsek bu küskünlüğü daha da takviye eder, her ikimizin de yeni baştan taptaze kardeş olacağımız zamanı beklerim.

Ne yazık ki, biz toprağa girdiğimiz andan itibaren yokuz ve bir daha da böyle doğmayacağımıza eminim.

Derim ki, bizler ot değiliz insanlarız. Hele de kendimizi insanların seçkinlerinden gören gururun sahipleriyiz. Küskünsek kimi sokalım aramıza ki bizi bize bağlasın. Ve tasavvur edebiliyor musun böyle bir üçüncü kişi?

Şayet özür dilemeyi öğrenmiş veya başkalarından özür dilekleri bekliyorsan al benden sana yüz binlerce defa özür.

Böyle bir şey yoksa en az benim kadar seni vicdansızlıkla suçluyorum.

Suçlarım çünkü sende benim hakkım ve yetkim vardır, senin bende olduğu gibi.

Yoksa geçti mi be kardaş geçen günler. Hani Mevlana da bir gün öyle demiş:

"Leşker leşker bütân-ı hulyâ geçti
Ettikleri naz, işve vü kavga geçti
Bu hayretimiz, şimdi ruhi hayrettir
Yoksa O, alay olup temaşa geçti.

Şayet geçen günlerimiz şimdiki düşüncelerimiz gibi geçmişse, yazıklar olsun bize ki temâşa halakasından iki ferdiz.

Seni eski senliğine terk ederken, bütün benliğimle hasretimi bildirir, inandığın kuvvetten sabır ve asanlıklar dilerim.

Bir takım olayların başında dolaştığını duymakta ve bilmekteyim. Olay günleri cezaevindeki Mehmet'ten seni sordum ve selamımı bırakmıştım. Bilmiyorum söylemiş miydi?

Neyse ev külfetine selamımı söyle... Mektubum sende kalmak kaydıyla esenlikle kal.

Unuttuğun İnsan.

Meteoroloji Arkası, No:46 Tlf 11551 G.Antep"[256]

Yorum yaparak iki kardeşin arasına girecek kadar hadsiz değiliz. Onların arasına girecek üçüncü kişi yoktur.

1975'de Mahzuni Şerif'in yaptığı plakların arasında etkili olan ve etkisini bugün de sürdüren parçalardan biri hemşerisi, Binboğaların çocuğu Âşık Yener'den söylediği *"Suç Bizim"* parçasıdır. Bir diğeri de İbrahim Kaypakkaya ağıdı *"İbom Ölüyor"* parçasıdır. *"Katil Amerika"* plağının diğer yüzüne bu yıl *"Ambargo"*yu da ekler.

---

[256] Yemliha Ertekin Arşivi, Mektuplar

Cezaevinde Yemliha Olmak

Yemliha Ertekin 24 Nisan 1975'de akşam 20.30 sularında bulunduğu kahvede ihbar sonucu tabanca yakalatır. Suçüstü muhakemeleri gereği ertesi gün 10 ay hapis cezasına çarptırılır. Büyük oğlu askerdedir, onun küçüğü ise Afşin Lisesi'nde öğrencidir. Ailenin tek geçim kaynağı günlük kazanca bağlı olan arzuhalciliktir. Bu koşullarda infazı olabildiğince erteletmesi dışında bir seçenek yoktur. 6 ay erteletir. Altı ay sonunda büyük oğlunun askerliği hâlâ sürmekte ve küçük oğlu da son sınıfta üniversite sınavına hazırlanırken bir yandan da MC dönemi koşulları altında devrimci mücadele içinde konumlanmıştır. Dışarda çare aramak için bir süre Ankara'da kaçak kalır. Küçük oğul hem okur hem de arzuhalcilik yapmaya çalışır. Bu çözüm değildir, sağlık sorunlarını gerekçe göstererek bir erteleme daha alır. Bir kaç ay daha idare eder. 76 yazına girerken bir oğlu askerden döner, diğeri de Afşin Lisesi'nin üniversiteye giren ilk mezunu olmayı başarır. Artık yazdır ve o içeri girdiğinde eve ekmek getirecek oğulları vardır. 29 Haziran 1976'da 10 aylık cezasının infazı için Afşin Hapishanesi'ne alınır. Meşruten tahliye tarihi 14 Ocak 1977'dir.

Dışarda onbir nüfuslu bir ailenin geçimi meselesi aklını ve kalbini tutsak etmişken altı ay geçmesi planlanan mahpusluk içerde Yemliha olmanın bedeli olarak pek de o kadar kısa görünmemektedir. Henüz iki haftasını dordurmuş olan mahpusluk Yemliha Abi olmanın güçlüklerini adım adım yaşatmaya başlamıştır. 16 Temmuz 1976'da C. Savcılığı'na bir dilekçe yazarak mapusluğunu bir hücrede geçirmek istediğini bildirir.

"6136 Sayılı kanuna muhalefet suçundan (10) ay hükümlü olarak Ceza ve Tevkifevi'nde cezamı çekmeye başlayalı kısa bir müddet oldu

3. Koğuşta yatmaktayım... Ve çekeceğim bu cezam müddetinde cezaevinde boş durmamayı ve hem vaktimi değerlendirmeyi hem de bir öğrenim yeri olarak şimdiye kadar okuyamadığım kitap vesair şekilde bilgi kaynaklarından istifade etmeyi hayal etmiştim.

Hâlihazırda olduğu gibi bu topluluk içerisinde hayalimin gerçekleşmesini mümkün göremiyorum. Bu bakımdan üzüntüm artmaktadır.

Bunun nedenlerini benim size anlatmama bilmem lüzum var mıdır? Takdir edersiniz ki, her insanın bir düşüncesi ve bundan doğan hareketleri mevcuttur...

Kısacası saymakla bitmez ve anlaşması imkânsız olan şeyler her gün cereyan etmektedir. Benim şahsıma karşı koğuşumuzun ve diğer koğuşların gösterdikleri saygı ve sevgi hiç de layık olmadığım derecede devam etmektedir. Kendileri arasındaki şakalaşma da olsa benim rahatsızlığıma yetmektedir. Daha önemlisi yalnızlık ve okuma imkânına sahip olma isteğimdir.

Eğer bir mahzur yok ise, hücrenin birisine verilmemle kendi kendime ve belki de aileme ve cemiyete daha faydalı bir insan olmam temin edilebilir. İsteğimin kabulü ile ben de tüm şartları isteyerek razı olduğumu arz ve istirham eylerim. Saygılarımla.

16.07.1976

Yemliha Ertekin, Afşin Ceza ve Tevkif Evi'nde Hükümlü."

Ne var ki bu isteğin hukuken yerine getirilmesi mümkün değildir, red cevabı alır. Bu cevapla her şey daha da katmerlenmeye meyilli gözükür. 31 Temmuz 1976'da kaleme aldığı anılarından yola çıkarak 3. koğuşa misafir olalım:

"Afşin Cezaevi'ne girdim ve verdikleri 3. koğuşa dâhil oldum. Dâhil olduğum koğuş arkadaşlarım 8-9 kişilik bir grup olup çoğunluğu halden anlar kimseler olmayıp tecrübesiz ve sorumsuz insanlardan meydana geliyordu. İçlerinde iki Elbistanlı arkadaş var. Birisi 60'lık olup en hafifi esrardan hükümlü. Diğer Elbistanlı da aynı suçtan hükümlü ve kendi kendini yetiştirmiş, kültürlü insanı anlayan bir karakterde. Bu arkadaş (Turan) bana daha çok yakınlık göstermiş ve ben de karşılığını vermeye çalıştığım için iyi bir arkadaşlık temeli atılmış oldu."

Ne var ki, dini kendilerine göre yazanlarla içerde de çatışmaktan kendini alıkoyamaz Yemliha:

"Diğer arkadaşlar güya dinci geçiniyorlar. Dinin ne demek olduğuna vakıf olan hiç yok. Dinin esasından konuşanlar bunlarca din düşmanı sayılıyor. Kendi aralarındaki konuşmalar şakalaşmalar hiç bir dince kabul edilemez. Birbirlerine karşı kullanılan kötü kelimeler tarafımdan tepki görmüş ve nezaketle bunların yapılmaması gerektiğini fırsatlardan yararlanarak söyledim. Ve bu koğuşta yapamaya-

cağımı anladığımdan avcılığa dilekçe vererek bir hücrede kalmak isteğimi belirttim. Maalesef kanuna uygun olmadığı gerekçesiyle isteğim reddedildi. Koğuştan mutlaka ayrılmayı istediğim için ben de bazı olumsuz ve uzlaşmacı olmayacak şekilde davrandım.

Gardiyan Ali Şahin'in bizim koğuşa sonradan gelen Çobanbeyli Köyü'nden Hamza H'ye din bilgini olduğunu düşünerek sorduğu namaz hususundaki şu cevabına karşı çıkmam durumu daha da kötüye getirdi: 'Namazın birinci vaktini geçiren kendi nefsini katlatmış gibi (intihar etmiş gibi) ikinci vaktini geçiren düşmanla çarpışırken cepheyi terk etmiş gibi, üçüncü vaktini geçiren ise bir peygamber öldürmüş gibidir,' diye bir hadis okudu. Ben de böyle bir Hadis'e inanmanın aptallık olacağını namazını geçiren bir Müslümanın ancak Allah'a olan borcunu geciktirmiş olacağını ve dilediği zaman bu namazın kaza edilerek Allah'tan af beklenebileceğini, hâlbuki bir peygamberi öldüren veya kendini öldürenin ise çok büyük bir günah işlemiş olacağını söyledim. Arkadaşlarda bomba tesiri yaptı.

Yine o günlerdeydi, aynı hoca namaz hususunda Hz. Peygamber'e gelen bir kadının ağlayıp sızladığını ve büyük günah işlediğini, kendisinin affedilmesi için ne yapması gerektiğini danışması üzerine, ki olay şöyle anlatıldı: Bir kadın gelip Hz. Peygamber'e 'Ben zina ettim, bir çocuk dünyaya getirdim, bu çocuğumu kesip sirke küpüne koydum ve sakladım. Neticede bu küpte bekledi. Bir kıtlık geldi bu sirkeyi de halka yedirdim, büyük günahkârım,' diye yakarması üzerine, güya peygamberimiz şöyle demiş: 'Bunun için yakınma. Ben zannettim ki, ikindi namazının dört rekât farzını geçirdin, git işin rastgelsin,' demesi üzerine yine ben 'Böyle bir Hadis'e inanamam' dedim. Yine bomba tesiri yaptı. Aynı hoca bozmasının 'CHP ne zaman geldiyse ne yağmur yağdı ne de mahsul oldu,' demesine karşılık 'Yahu siz nasıl Müslümansınız, Allah CHP'nin dışındakilerinin emrinde mi çalışıyor, ne kadar dar ve küçük görüş sahibisiniz, bu çeşit düşünmek küçüklüktür,' cevabımla aynı surette aptallar grubunun beyni zorladı.

Ve o güne kadarki güya bana olan yapmacık saygı ve sevgiler açığa çıktı, idareye şikâyet edildim. Olanlardan rahatsızlığım daha da arttı, aramızda bir kavga doğmadan ayrılmanın iyi olacağını kabul ederek ve bunlara söz anlatmanın imkânsızlığına inanarak 2. koğuşa gittim. Orada bulunan arkadaşlar ve bilhassa idareci olan Ali Karademir (Babo) adlı bir arkadaşın anlayışlılığı nedeniyle rahatsızlığım kalmadı. Devamının da böyle olmasını dilerim. 31.07.1976

Yemliha 2. koğuştaki yaşamına bu duygularla başladı. Henüz "beterin beteri var" sözünü hatırlamaktan uzaktı...

Yemliha mahpusluğunun birinci ayını doldurmak üzereyken 3. koğuştaki dini tartışmalarda aldığı tutum sonrası şikâyetler üzerine 2. koğuşa verilir. Başlangıçta bu değişiklik onu rahatlatır. Koğuşa şartlı kabul edilir, huzursuzluğa yol açacak davranışlardan kaçınılacaktır. Hem gardiyanlar hem de koğuş ağası tarafından sıkı bir uyarıya maruz kalır. Diğer koğuşta iyi anlaştığı Elbistanlı Turan'ın da 2. koğuşa gelmesine aracı olur. İki kişinin birbirinin dilinden anlaması onları nispeten rahatlatsa da yeni koğuşlarında tam bir ağalık sistemi vardır. Çok geçmeden sistemle yüzleşmeye başlarlar. Babo; başta Yemliha olmak üzere yeni gelenleri ezmeye kararlıydı ve koğuşa gelişleri bir fırsattı. Koğuştakiler buna ortak olmazlarsa kendilerinin de ezileceğinin farkındaydılar. Başta Yemliha'nın amcazadesi olan gardiyan dâhil herkesin yakınlığı hasımlığa dönüşmeye başlamıştı. Artık olan bitene sessiz kalmak dışında pek seçenekleri kalmamıştı.

"Ancak koğuş liderinin süper namussuzun da lideri olduğuna inanmamız gecikmedi. Bir gün koğuşun en küçüğünün eline bir bıçak verilerek koğuşun ortasına salınıp ve masaya yumruk vurularak 'Koğuş lideri hariç posta koyanın anasını-karısını sinkaf eder dilik dilik doğrarım. Bu koğuşta kimse postama posta koyamaz, varsa çıksın,' diyerek küfredildi. Kısa bir süre önce önemsiz bir nedenle Turan'la tartışmışlardı. Küfrün ona karşı yapıldığını düşünerek 'diğer koğuşlara karşı ayıp olur, yakışmaz,' diyebildim. Gerçi bana da olsa o an bu küfrü kabullenecektim, koğuşun tamamına karşı duramazdım. Bunu önceden de kestirdiğim için kendi kendime susmayı vadetmiştim. Fakat çok geçmeden bu hareketin bana karşı yapıldığını öğrendim. Bu davranışı yapan çocuk daha sonra bana gelip 'Abi bu hareket sanaydı, tasvip etmiyorum ama korkumdan yaptım, bu tür davranışlar sürecek, tedbirli ol,' dedi. Bu durum karşısında nasıl bir vaziyet almam gerektiğini uzun uzun düşündüm. Bıçaksız, silahsız bunlarla uğraşmamızın şeref ve haysiyetimiz açısından çok zararlı

olacaktır. Son derece sabırlı olmayı ve mecbur kalınırsa silah getirtip, koğuş liderini öldürmek dâhil her çareyi düşündüm.

Koğuş lideri şimdiye kadar görmediğim ve duymadığım bir karaktere sahipti. Kendisi için canını bile feda edebilecek o korkak arkadaşlarının en ufak hareketine, en küçük kusuruna karşı, ne kabahat işledim diye soracak olana karşı her türlü ağıza alınmayacak küfürlerle saldırmayı adet edinmiş biridir. Kendi köylülerinin yedi sülalesinin orospuluklarından söz ediyor, köyde tüm kadınların serbest ve hiç bir erkeğin olmadığını söylüyor. Üstelik bunları kendi köylülerinin yüzüne hiç bir şey yokken sırf hakaret olsun diye söylüyor. Şuna inandım ki, bu insanlara analarını-bacılarını, kendilerini kullanmayı teklif etse tereddütsüz 'çok münasip' diyerek kabul edecekler. Ve ettiklerini her an gördüm.''(Anılar, 12.09.1976)

Artık tedbir almak zorundadır, altı ay diye geldiği mapusluk durup dururken ömür boyu sürebilir. Ziyaretine gelen Hamdullah Erbil'e içinde bulunduğu koşulları ve açmazlarını aktarır, çocukların haberi olmasın uyarısıyla. Hamdullah "*Abi sen tedbirli ve sabırlı ol. Biz gereken hazırlıkları yaparız,*" der ve ayrılır. Yemliha içeriyi düşündüğü kadar aileyi de hesap etmek zorundadır. Onu direnmeye iten de eyvallah etmeye iten de bu duygudur. Aslında Yemliha'nın içerde başına bir şey gelmesi, yapanların Afşin Cezaevi'nin başına yıkılması demektir.

"Netice olarak birinci küfür hariç bana karşı hiçbir zaman hakaret edilmiyor, yalnızca dolaylı olarak arkadaşlardan bana da hisse ayrılıyordu. Ben bu durumda hiç bir şeyden habersizmişçesine kendilerine uymaktan başka çareye başvurmanın yanlışlığına kendimi inandırmaya çalıştım. Ayrıca ağır cezalık oldukları için er geç buradan sevk edileceklerini biliyordum. Kendilerine uyar görününce iyi geçinmeye başladık. Taklitçilik ve sahte Yemliha olduk!

Buraya aktaramadığım nice acı günler geceler ve dakikalar geçirdik. Arkadaşım Turan izinli olarak Elbistan'a gitmişti. Her şey duruldu sandım. Ama namussuz Babo esen rüzgâra küfretmeyi adet edinmiş, izinden dönecek Turan'a bir ders vermeyi kafasına koymuş. Planlarına göre yine en küçük ve zayıf olanı Turan'a yollayıp 'Sen orucu niye yiyorsun, bizim yanımızda sigara içiyorsun,' diyecek ve bir kar-

şılık geldiğinde de tüm koğuş o arkadaşa saldıracak. Bunu uygulamaya koyduklarında mapuslukta çok az günü kalmasına rağmen Turan gözlüğünü masaya koyup bir yumrukta karşısındakini yere serdi. Diğerleri hücum ettiler; her biri niyetine ve liderden korkuları derecesine göre kavgaya iştirak ettilerse de arkadaşa bir zarar veremediler. Neticede arkadaşın bıçağını yakalatıp fırsat elde ettikten sonra yiyeceklerini ve eşyalarını yaktılar. İtirazı halinde bıçağı işleme koydurup infazını yakmakla tehdit ettiler. Araya girip işin resmiyete dökülmesine engel olduk.(Anılar, 12.09.1976)

Olanlar Yemliha'nın katlanacağı veya kabulleneceği işler değil. Üç-beş hafta için her şeyin arapsaçına dönmesi ve bedel ödenmesi de pek akla yatkın değil. Yine de her an istemediği bir şey yapmanın endişesiyle de kıvranmaktadır.

"Büyük vicdan azabı içinde acı günler ve dakikalar geçirmeye devam ediyoruz. Çeşitli bahanelerle bir türlü sevkleri de gerçekleşmiyor. Şu adamlar neyim varsa alıp gitseler diye dua ediyorum. Sabırlı olmaya çalışıyorum. Çünkü bu adamı öldürmekten başka çarem yok. Bu da bana ağıra mal olacak. Yine de mecbur mu kalacağım diye bir türlü rahatlayamıyorum. Bu arada beni görmeye ve teselli etmeye gelenlerin sözleri zaman zaman beni başka yönden etkiliyor. Yahu şurada az bir günün ne kıymeti var diyen dostlara çok zor olduğunu söylemekten kendimi alamıyorum. Bu zorluk mahpusluk değil de beterin beteri ihtimalinin olması. Çok yakın arkadaşım ve sırdaşım Hacı Mehmet Teneci ve diğer yakınların gelişinde 'bitiremeyeceğimi' gayriihtiyari söylemişim. Görevli olduğu Ankara'dan yazdığı bir mektupta 'Sen iradeli, kuvvetli, tahammül eder ve her şeyi bilir bir insansın. Ben ayıplamasam da başkaları ayıplar,' diyerek beni teselli etmeye çalışıyor. Eğer yaşadıklarımı bilseydi arkadaşım da bunları bana tavsiye etmezdi. Mektubu aldığımda yine gözlerim yaşarmış ve ne yapsam diye kendi kendimi yemiştim." (Anılar, 12.09.1976)

Nihayet söz konusu grup 07.09.1976'da Elbistan'a sevk edilir. Yemliha müthiş rahatlamıştır. Onların ardından özlemini duyduğu koğuş düzeni kısa sürede yerini alır.

"O günün sevincini şükrünü bilmem ödeyebilecek miyim? Kendimi bir kuş kadar hafif hissetmeye başladım. Bana ve Turan'a karşı öne sürülen Hunulu çocuğun sevincini görmek beni ziyadesiyle memnun etti. Yeni koğuş arkadaşlarının da eklenmesiyle bayram havasında bir koğuş oldu 2. koğuş.

İyi niyetin ve sözün hâkim olduğu bir topluluk haline geldik."(Anılar, 12.09.1976)[257]

Mapusluğunun son iki ayını gündüzleri dışarda akşamları içerde geçirerek bitirir Yemliha. Ama ülkenin kara bulutları çok uzakta değildir. Yemliha'yı ve çocuklarını daha ağır mahpusluklar beklemektedir ufukta...

Yemliha Afşin Cezaevinde, *1976*

Maraş Katliamı'nı Kâmil Berk'in Yaşamından Okumak

Kaçıncı Kerbelâ'yı Sorarsın?

"Ehlibeyt yolune doğru gitmeyen
Müslümanım demiş dese ne fayda
Âdemi hor görüp secde etmeyen
Müslümanım demiş dese ne fayda

Kâbe'yi beytullah âdem seyfullah
Kendi öz nurunde yaratmış Allah
Gözü kör kulağı sağır anlamaz vallah
Müslümanım demiş dese ne fayda

257 Yemliha Ertekin Arşivi, Anılar Dosyası

Bir ikrarde bir dumanda durmiyen
Evladi Rasulun yolun bilmeyen
Öz canını Hakk yoluna vermiyen
Müslümanım demiş dese ne fayda

Sofuluk edip de yalan söyliyen
Evladı Rasulu imam bilmeyen
Yağcılık edip de yanlış yol süren
Müslümanım demiş dese ne fayda

Nefsine kul olan dolan ha dolan
Âdemdir âdemin kıymetin bilen
Erdebil Kamil der ne bilsin nadan
Müslümanım demiş dese ne fayda"[258]

Afşin'in Örenli Köyü, Gundê Ortê, adı üstünde kendinden önceki uygarlıkların viraneye döndüğü bir toprakta kurulmuş. Kaşanlı Köyleri'nin en kıraç topraklarına sahip, say ki Kerbelâ'nın susuzluğuna özenir. Öte yandan, toprağın kıraçlığına inat ozan diyarı. Okuma yazma bilmeden deyiş söyleyen, Müslümana Kur'an öğretecek kader ayet bilen, Ehlibeyt sevgisiyle büyüyüp insana tapan, Tanrı'yı kendinde gören, nefsini köreltip ölmeden ölenlerin diyarı.

Kamil Berk de 19. yüzyılda Kızılbaş-Kürtlerin mesken tuttuğu Örenli'de Ali oğlu Kübüş'ün oğlu olarak 1921'de merhaba der toprağına. Kendi el yazılarının olduğu sarı yapraklı sayfalardaki şiirlerinin arasında dolaşırken yaşamını da izleyebiliyoruz, "bir yaşama kaç Kerbelâ sığar" diye düşünmeden edemiyor insan.

Deyişler, nefesler, miraçlama, semah, mersiyeler, duvazlar Kızılbaşlar'da okulsuz öğretilen, öğrenilendir. Her köyün İrfan Mektebi vardır, kâmil insanların olduğu kimi ocaklara kimi dergâha bağlı olan. Hele de eli saz tutuyorsa geleneksel deyişler ezbere bilinir. Gezgin ozanları da eklersek eğitimin-öğretimin bütün koşulları hazır demektir. Muhabbet cemleri öğretir, eğitir. Okul varsa, okuma-yazma üstüne eklenir.

---

[258] İsa Berk Arşivi (Kamil Berk'in oğlu)

Örenli'nin yol-erkân öğrenmede bir avantajı da hem Ocak dedelerine açık olması hem dergâh ozanlarına açık olması hem de hakikatçi ozanların uğrak yeri olmasıdır. Virani de bilinir, Harabi de gönüllerde yer bulur. Hatayi de bilinir Ali Kamke de.

Kamil Berk böyle bir kültürün içine doğmuştur. Kamil İpek, Fatma Aydoğan, Keyfo Eren, Mustafa Ersus, Perişan Güzellerle dolu bir yolda yürümüştür. Erken yaşta evlilikler dönemin ve bölgenin genel bir özelliğidir. Kamil Berk de erken yaşta evlenir. Köyde yapılacak işler belli; çiftçilik, çobanlık, amelelik onun da yaptığı işlerdir. Askere gidene kadar da ekmeğini taştan çıkartır. 1941'de askere gider.

Çanakkale, Gelibolu'da, Bolayır'da 4 yılı geçer. İkinci Dünya Savaşı yıllarıdır, kıtlığın olduğu, bir lokma ekmeğin kutsandığı yıllar. Geride kalanlarsa bir anne, bir eş, en büyüğü 12 yaşında üç kardeş ve iki küçük çocuk. Her iş eşinin üzerindedir. Tarla işleri, arpa biçip nohut yolmak, yün eğirmek, duvar sıvamak ne iş varsa yapılır. Yetmez tarla satılır. Kamil askerden döndüğünde ailenin elinde avucunda neredeyse bir şey kalmamıştır. Yüksünmez, yoktan var etmeye çalışır. Çiftçilik, hayvancılık yapar. Yetmez duvar ustalığı yapar. Nefesi yettikçe de şiire düşer, saza düşer.

"Aşığım pir cemaline
Nuruna hem kemaline
Ser vereyim Hakk yolune
On iki imam aşkıne

Ereydim kırklar cemine
Hem darine didarine
Muhabbetin erkânine
Candan geçip cenanine

Yetiş mazlum imdadine
Şah-ı Merdanin aşkine
Ya Rabbim sen rast getirme
Zalimlerin zulümüne

Duraydım Mansur dar'ine
Gerçeklerin yas yerine
Gelin birlik çağıralım
Dertlilerin dermanine

Erdebil kendi haline
Sen bakma sağı solune
Hâkim ol kendi nefsine
Hem eline hem diline"[259]

Yıl 1962, büyük oğlan dayısının kızına tutulur ve kızı kaçırır. Ailenin rızası olmadan 18 yaşından küçük bir kızla evlenmesi yasalar nezdinde mümkün değildir. Ailenin rızası için araya girilir. Kız babası Nuh der peygamber demez. "Verin 10 bin lira, şikâyetten vazgeçelim," der. Kamil Emmi tam beli doğrultmaya başladık derken, ev yeniden viraneye döner. Elindekini avucundakini satsa da bu para denkleşmez. Başa gelen çekilir, çekilir çekilir de böylesi değil. Jandarma köye her gün baskın yapar. Bir süre ailenin erkekleri köyden uzak dururlar. Kaşanlı köylerinin hemen sınırında Elbistan köyleri vardır. Oğul bunlardan Uzunpınar Köyü'nde saklanmaktadır. Sonunda jandarmaya teslim olur, cezaevine gider.

Kamil Emmi'yi köyde daha büyük bir acı beklemektedir. Köyde kızamık salgını vardır. 7, 5 ve 3 yaşlarındaki üç çocuğunu bir hafta içinde kızamık salgını alır götürür. O sırada ne kendisi ne eşi köyde değildir. Çare yoktur borç alınır, satılanların üstüne eklenir 10 bin lira ödenir. Dayı şikâyetten vaz geçer ve oğul tahliye olur. Kamil Emmi artık bu dünyanın insanı değildir, malda mülkte gözü yoktur. Ama üç tomurcuk koparılıp alınmıştır hayatından... Artık üç telli curası düşmez elinden... Artık yollardadır, sitemlidir hayata, Hakk'a sığınır.

"Bir vefa görmedim fani dünyada
Ne anamda ne babamda
Gece gündüz demeden çalıştım
Bir vefa görmedim fani dünyada

[259] İsa Berk Arşivi, (Kamil Berk'in oğlu)

Zalim felek biran pençesini vurdu
Üç yavrumu birden elimde aldı
Gurbet elde diyar diyar gezdirdi
Bir vefa görmedim fani dünyada

Biçare aklımı başımdan aldı
Ezdiler yüzdüler sonu ne oldu
Gurbet elde diyar diyar gezdirdi
Bir vefa görmedim fani dünyada

Bir cura sazımı elime aldım
Özümü sözümü Hakk'a bağladım
Hem çalıp söyledim hem de ağladım
Bir vefa görmedim fani dünyada

Erdebil Kâmilim yolda kalmadım
Balık olup denizlere dalmadım
El uzatıp el malını çalmadım
Bir vefa görmedim fani dünyada"[260]

Artık yollardadır Kamil Emmi. Elinde cura, dilinde deyişler, ağıtlar Pazarcık'ın bütün köylerini dolaşır. Kâh zakirlik yapar kâh semah döner. Öz kültürüne, kendi özüne sarılır...

"Gürleyip coşarsa baharın sesi
Cana lezzet verir bülbülün sesi
Yedi dağ ardından Hakk'ın nefesi
Kamil pazarında darılmak olmaz

Gariplik dediğin yalansız kula
İnsan ol insanı bir vücut bile
Hakikat bal yazan varsın temele
Kamil pazarında darılmak olmaz

Erdebil Kâmilim sen seni tanı
Seni bilirisen görürsün beni
İki gözle görme asla insanı
Kamil pazarında darılmak olmaz"[261]

---

260 İsa Berk Arşivi, (Kamil Berk'in oğlu)
261 İsa Berk Arşivi, (Kamil Berk'in oğlu)

1970 yılına kadar bölgede gezmediği, curasını-deyişlerini dinletmediği köy kalmaz. Malatya'nın Arguvan ve Hekimhan ilçelerinde, Adıyaman köylerinde, Maraş'ın Pazarcık ve Türkoğlu ilçelerinin Alevi köylerinde girmediği cem kalmaz. Bu onun hem tesellisi hem insana sarılma biçimidir. Hakk'a kavuşma yoludur.

"Garip gönül kalktı göçmek istiyor
Göçmek birşey değil ayrılık çetin
Derman ararken derde tutuldum
Dertler birşey değil çekmesi çetin

Hani gerçek erler hani sadıklar
Tevhit çekip gözyaşını dökenler
Eyup Sultan gibi çile çekenler
Çile çekip şifa bulması çetin

Mecnun Leyla gibi sadık yar olmaz
Yalan dolanınan Hakk'a varılmaz
Çok yaşamayinan murat alınmaz
Hırka geyip çölde gezmesi çetin

Şu fani dünyaye geldim geleli
Mutlu olup doye doye gülmedim
El uzadıp gonca gülüm dermedim
Dost bağıne girip çıkması çetin

Erdebil Kamil der muhabbet özlerdim
Sazımı alıp dertli dertli söylerdim
Şiyh olup diyar diyar gezerdim
Ciğer kebap olmuş sönmesi çetin"[262]

60'lı yıllar az topraklı ya da topraksız köylülerin şehirlere göç dönemidir. Geleneksel yapıların yavaş yavaş çözülmeye başladığı yıllar. 1970'den sonra ailesini Maraş'a taşır. Seyyar satıcılığa başlar. Yetişkin çocukları işin bir ucundan tutmaya başlamışlardır. Evlenenler ayrı evler kurarlar. Bir oğlu Yörükselim Mahallesi'nde diğerleri Serintepe'de otururlar. Kaşanlı Köylerinden çok sayıda aile vardır, tıpkı onlar gibi ekmeğinin

[262] İsa Berk Arşivi, (Kamil Berk'in oğlu)

peşinde koşan, iş kuran. Yaşamın yükünü birlikte taşıdığı eşini de küstürdüğü olur. Bir şiirle alır gönlünü...

"Küstürdüm nazlı yârimi
Yok ettim küllü varımı
Kime edeyim nazımı
İncinme gönül incinme

Senin derdin bende vardır
Esen poyraz yağan kardır
Onun için dünya dardır
İncinme gönül incinme

Gel seninle konuşalım
Derdimizi bölüşelim
Yüce dağları aşalım
İncinme gönül incinme

Kaderimize biz küselim
Mecnun gibi dolaşalım
Vefasız yâri nidelim
İncinme gönül incinme

Naçar Erdebil Kamil naçar
Etme sen beni intizar
Kış giderse gelir bahar
İncinme gönül incinme"[263]

Atadan dededen biliyordu *'öteki'* olduğunu. Kürt'tü, Kızılbaş'tı. Tarih boyunca yüreklerine kazınmıştı Kerbelâ acısı, biliyordu Kerbelâ'nın dün olmadığını, Mervan'ın her daim olduğunu, olacağını. Bu yüzden 78 Aralık'ında Maraş kanrevan olunca şaşırmadı. Kerbelâları hatırladı. Mahalle sakinlerinin büyük çoğunluğu Sünni-Türk'tü. Azınlık Alevi Kürtlerin çoğunluğu Afşinli, hatta Kaşanlı Köylerindendi. Bu mahalleden çıkıp Yörükselim'e saldıranlar, Yörükselim'e giremeyince kendi mahallelerindeki komünist ve kâfir bildikleri Alevi-Kürtlere saldırmaya başladılar. Serintepe ateşe dumana bo-

[263] İsa Berk Arşivi, (Kamil Berk'in oğlu)

ğulduğunda birçoğu ya Yörükselim'e ya da gördükleri askerlere doğru koşup sığınmaya çalışır. Evinden çıkamayanlar yakılarak, kesilerek öldürülür. Kaçmaya çalışanların bazıları yollarda mermilere yakalanır. Kaşanlı Köyü'nden İmam Görür de mahalledeki diğer köylüleri gibi çocuklarını sırtlayıp kaçmaya çalışanlardandır. Kızı Hatice'nin elinden tutmuş, bir kucağında başka bir kızı her yerden gelen mermiler arasından daha güvenli bölgelere doğru kaçmaya çalışır. Kızı Hatice'nin silahla yaralandığını fark ettiğinde ortalık tam bir can pazarıdır. Kızı yaralı yerde yatarken geri dönüp almak ister ama kucağındaki kurtarmak ya da hep birlikte ölmek arasında kaldığında köylülerinin de sürüklemesiyle koşmaya devam eder. İmam Görür ailesinin geri kalanını kurtarsa da Hatice'yi kaybeder, aklının yarısı da Hatice'yle toprak olur.

Kamil Berk de köylülerinden farklı durumda değildir. Kaçıp askerlerin olduğu bölgeye sığınmaktan başka çaresi yoktur. Oğlu İsa torunlarından birini, kendisi bir başka torununu kucaklayarak koşmaya başlar. Bir süre sonra omzundan vurulur, düşer. Torunları ve oğlu uzaklaşarak güvenli bölgeye ulaşır. Ama babalarını geride bırakmışlardır. Babalarından hiç bir haber alamazlar. Kamil Emmi'nin kendine geldiğinde yapacağı tek şey gizlene gizlene evine dönmek olur. Mermi omzuna isabet etmiştir ama çok uzaktan gelip etkisini yitirdiği için ceketini delip, yere düşürmüştür.

Eve döner bodruma gizlenir. Bodrum odun doludur. Saldırganların kapıyı kırıp içeri gireceklerini hissettiğinde tandır bacası olarak yaptığı bacanın içine sığınır. Saldırganlar içeri girip evi ateşe verip dışarı çıkarlar. Tüm duman bacaya hücum eder. Kamil Emmi boğulmamak için bacadan iner. Evin önündeki kalabalık saldırıyı karşı komşu Cemal Bayır'ın evine yoğunlaştırmıştır. İçerideki yangından kaçması gerektiğini düşünür, telisleri üstüne geçirerek bahçedeki tuvalete saklanır. Orada beklerken Cemal Bayır ve yeğeni Ali Ün'ün silahla vurulmuş olduğunu fark eder. Mercan Ana kocasına Kürtçe ağıtlar yakmaktadır. Askerler gelene kadar Kamil Emmi saklandığı yerden çıkmaz. Sonrasında ailesiyle askeriyede buluşur, sarılırlar. Katliamda Kaşanlı Köylerinden 15 kişi yaşamını yitirir, çoğunluğu kendi mahallesindendir.

"Kayseri'de Rum Kalesi
Erciyes'te Nuh Gemisi
Çıkmaz oldu garip sesi
İncinme gönül incinme

Merva münkürler sahası
Bitmez Kerbela kavgası
Muharremde tutarız yası
İncinme gönül incinme

Samsurde Mansur asıldı
Maraş'da figan edildi
Kim ezildi kimler öldü
İncinme gönül incinme

Yaktılar mazlum yuvası
Nedir bu derdin çaresi
Aynı Kerbela yarası
İncinme gönül incinme

Erdebil Kamil'in derdi
Tükenmez ah-u feryadi
Kayseri'den imdat geldi
İncinme gönül incinme"[264]

Artık Maraş dardır, ekmek diye geldikleri Maraş kanlıdır. Birçok köylüsü gibi Kamil Emmi'de Maraş'ı terk eder, Mersin'e taşınır. Çocuklarının her biri ekmek peşinde farklı yerlere savrulmuştur. Kimi Kayseri'ye kimi İstanbul'a... Bir ağaç gövdesinin yaş halkaları gibi katman katman olur acıları... Hasretler biriktirir evlatlarına...

"Yüreğim ateşli gözlerim yaşlı
Ya ben ağlamayım kimler ağlasın
Hasretin çekerim yüreğim taşlı
Ya ben ağlamayım kimler ağlasın

---

[264] İsa Berk Arşivi, (Kamil Berk'in oğlu)

Aramızda dağlar yücedir yüce
Ne gündüzüm gündüz ne gecem gece
Bu hasretlik böyle devam edince
Ya ben ağlamayım kimler ağlasın

Gül boynunu eğmiş yerlere doğru
Gam yelleri esmiş solmuş yaprağı
Sararıp solmuştur gönlümün bağı
Ya ben ağlamayım kimler ağlasın

Erdebil Kamil arzuluyor gideyim dosta
Vallahi üzgünüm gönlüm pek hasta
Gözlerim yollarda gelmiyor posta
Ya ben ağlamayım kimler ağlasın"[265]

2008'de İstanbul'daki oğlu İsa Berk'in yanına taşınır. 12 ve 22 Eylül 2012'de 10 gün arayla önce kendi, peşinden yoldaşı, eşi Hakk'a yürür, Kerbelâlar'ı ardında bırakarak.

Kamil Berk

[265] İsa Berk Arşivi, (Kamil Berk'in oğlu)

13 12 Eylül'den Günümüze

12 Eylül'e Giden Yol

60'lı yıllardan itibaren hız kazanan devrimci hareket 12 Mart Muhtırasına rağmen hız kesmemiş 70'li yıllarda yaşamın her alanında örgütlü bir güç haline gelmiştir. Devrimci işçi sendikaları, mesleki örgütlenmeler ve gençlik örgütleri önemli bir kitleselliğe ulaşırken devrimci örgütler de ciddi kadrolaşmalara gitmiştir.

Kapitalist sistemin küresel ekonomik krizleri paralelinde ABD Ambargosu ve petrol kriziyle hızla ekonomik bunalıma sürüklenen Türkiye'de sistemin ayakta tutulabilmesi için gerekli görülen politik ve ekonomik kararların alınıp uygulanabilmesi için bastırılabilir bir muhalefete ihtiyacı vardır. Milliyetçi Cephe Hükümetleri bundan yoksundur. Tek yapabildikleri paramiliter güçlerin devreye sokularak devrimci güçlerin püskürtülmesidir. Onlar da yetmediğinde ötekileştirme atmosferi altında halkın kimi kesimlerinin katliamlarda rol oynamalarına zemin hazırlamak olur. DİSK eski genel başkanı Kemal Türklerin öldürülmesi, 1 Mayıs 1977 Katliamı, 7 TİP'li gencin katledilmesi ve giderek kitlesel katliamlar. Kitleselliğe varan katliamların halktaki sonucu ise ekmeğe de demokrasiye de ihtiyacımız yok yeter ki can güvenliğimiz olsun duygusu. Sıradan halkın kitlesel katliamların uygulayıcısı olması için en temel motive aracı ise ötekileştirilmiş kitleler yaratmak. Anti-komünist ikliminin yaratılmasında kullanılan öge ise komünizmin Türk ve İslam düşmanı olduğu propagandasıdır.

78 Aralık'ında Maraş sokaklarında kimi ev ve iş yerinde görülen üç hilalin kaynağı için tarihte boğulmaya gerek yok! Üç

Hilal, MHP'nin 1969'dan bugüne amblemidir... Türk Milliyetçiğinin sembollerinden bozkurt işaretinin de bir başka ifade ediliş şeklidir.

Alparslan Türkeş'in kendi ifadesiyle söylersek:

"(Bir eliyle bozkurt işareti yapar, diğer elinin başparmağıyla işaret ederek tarif eder) Bak ağabey, şu serçe parmak Türk'tür, şu işaret parmağı da İslam'dır. Şu Bozkurt işareti yaptığımız işaretin arada kalan boşluk ise cihandır(dünyadır). Son olarak kalan 3 parmağın birleştiği nokta ise mühürdür. Yani ağabey işaret ederek gösterir isek, şu çıkar: Türk İslam Mührünü Dünyaya vuracağız..."

Başka bir ifadeyle üç hilal,

"Türk Birliği Türk Milletinin yoğun olarak yaşadığı bütün yurtların birleşerek ismi Turan olan devletin kurulmasıdır.

İslam Birliği, Büyük Turan gerçekleştirildikten sonra Türk olmayan diğer Müslüman milletler de ümmet kardeşliği inancına uygun olarak birliğe katılacaktır ve Türk İslam birliği gerçekleşecektir.

Türk Cihan Hâkimiyeti, Türk-İslam birliği gerçekleştiğinde Allah'ın nizamını yaymak ve cihanda Türk hâkimiyetini sağlamaktır."

Türk Milliyetçiliği köken açısından, varoluş için geriye dönük bir tarih yaratmaya çalışsa da İslamsız hem ideolojik hem de kitlesel tabandan yoksundur. Öyle ki, *"Tanrı Dağı kadar Türk, Hira Dağı kadar Müslüman"* dırlar. Bir adım daha atarak, *"Türk, Müslüman demektir. Hattâ Müslüman olmayan kısmı, Türklükten de çıkmışlardır,"* demekte bir beis görülmez.

Bu yüzden hem etnik köken milliyetçiliğinin tek başınalığının dindar toplumda karşılığının olmaması, hem de tek partili laik cumhuriyetin milliyetçiliğinde kendilerini dışlanmış hissetmeleri, Türk Milliyetçilerinin ideologlarının, milliyetçiliği, dinle birlikte tanımlamalarını beraberinde getirmiştir.

Hem dış hem iç koşullar da bu birlikte tanımlamayı kolaylaştıran bir iklim yaratmıştır. 93 Harbi'nden miras kalan '*Moskof*' düşmanlığı, birçok Türkî topluluğun SSCB içinde olması ile ortaya çıkan '*esir Türkler* söylemi dışarda komünist Rusya, içerde onların işbirlikçisi komünistlerden oluşan bir düşman yaratılmasını sağlamıştır. Türk Milliyetçiliğinin taban bulması ve sürdürülebilirliği için düşman üretilmesi zorunlu bir evredir.

Türk Milliyetçiliğinin oluşumu ve varlığını sürdürmesindeki en önemli yapı taşı anti-komünizm olmuştur. '*Beka*' meselesi de bunun üzerine inşa edilmiştir. 2.Dünya Savaşı sonrası Amerika'nın Türkiye'de anti-komünist bir kuşak yaratması için daha uygun koşullar olamazdı. '*Komünizmle Mücadele*'' adlı dergilerden biri çıkış sayısında Truman'a teşekkürü de bir borç bilir: "*Başkan Truman Hür Dünya seni ebediyen anacaktır.*"

Türk Milliyetçiliği neredeyse '*Komünizmle Mücadele Dernekleri*' aracılığıyla kendini inşa etti. Bu derneklerin baş ideologlarının bir kaç sözü, düşmanımızı açıkça tarif ediyor!

"*Şurası da tarihi bir gerçektir ki; Türk'ün can düşmanı MOSKOF'tur. Moskof'un bugünkü adı ise: Komünist Rusya'dır. Rusya adı bir vasıtadır; Türk'ün can düşmanı: KOMÜNİZM'dir.*"(Hayrani Ilgar)

"*Sana damarlarındaki kanı hediye edenler, kanlarının son damlalarını Moskof savaşlarında döktüler. Sen bugün, yarın ne olursan ol, fakat unutma ki o şehitlerin ebedî bir yetimisin!.. Bu din, bu devlet, bu vatan gibi, bu gayız, bu kin, bu intikam da onların sana mübarek bir mirasıdır! Dünyada bir Rusya ve bir Rus kaldıkça bu hakkına ve bu vazifene hürmet et: Hakkın öldürmek, vazifen, gerekirse hemen ölmektir, Türk oğlu!..*" (Süleyman Nazif)

"*Türk milleti eğer yaşamak istiyorsa, hava kadar, su kadar, Moskof düşmanlığına muhtaçtır.*" (Necdet Sançar)

Varlık nedenimiz belli, düşmanımız belli, o halde kahrolsun komünistler ve onun yerli işbirlikçileri!

1969'da MHP ile ete-kemiğe de bürünür. Çok geçmeden kendilerine '*komando*' dedirten '*paramiliter anti-komünist*' yapılanmalar da birer birer ortaya çıkar.

Milli varlık, aile değerleri ve ahlak komünist tehdit altındaysa, sorun milli beka sorunudur. Söz konusu olan beka ise, hiç bir demokratik istek ve söylem masum değildir, hepsi komünizmin uşağıdır. Ermeni de komünisttir, Kürt alevi de CHP de.

Milli dava için her türlü iç ve dış tehditle mücadele etmek, gerektiğinde en kanlı yöntemlerle bertaraf edilmesi mubahtır. Mesele vatansa, gerisi teferruattır. Böyle ulu bir davada her Müslümanın her bir Türk'ün asli görevi bellidir. *"Komünistler Moskova'ya!", "Maraş komünistlere mezar olacak!"*

70'li yılların devrimci mücadelesinin ana damarının anti-faşist karakterde olmasının önemli bir nedeni de bu ortam olsa gerekir.

12 Eylül'de bizzat MHP'nin *"Fikri iktidarda, kendi cezaevinde olan parti..."* belirlemesi 12 Eylül'ün işleviyle, 12 Eylül öncesi MHP'nin işlevinin aynılığının en veciz anlatımıdır.

Her şeyin müsebbibi ya da tek kurucu ve sürdürücüsü MHP Milliyetçiliği mi?

Millet Olmanın Dayanılmaz Hafifliği...

Bir millet niye yaratılır? Milli şuur, milli tarih bilinci, bir millete ait olma duygusu vs. Ya da milliyetçilik niye yaratılır? Kimlerin ihtiyacından doğar?

"Milliyetçilik daha ziyade kolektif bir kimlik arayışıyla, bu kimliğe duyulan bağlılıkla ilgili olan duygusal bir tutumu politikleştiren bir dava ve eylemdir. Yerleşik bir ulusal toplumun günümüzde karşı karşıya kaldığı çok çeşitli ve karmaşık sorunlara kendi başına milliyetçiliğe dayanarak bir çözüm üretilemeyeceğinden, milliyetçilik ya başka ideolojik pozisyonların aracı haline gelir, ya da kendini idame ettirebilmek için gerginlik ve düşmanlık politikasına dönüşebilir. Bundan dolayı, milliyetçiliğin tanımı pozitif olmaktan çok negatiftir; başka bir ifadeyle milliyetçilik, esas itibariyle, karşıtlarıyla veya karşı olduklarıyla tanımlanabilir. Bu durum, onun tepkici (reaksiyoner) karakterini göstermektedir." (Mustafa Erdoğan)

*"Millet"*i tanımlarken ya da onu oluşturan ögeleri sıralarken daha doğrusu bir millet üretirken, neyi baz alırsanız alın hem bütünleştirici (farklı sınıf ve zümreleri aynı çuvala koyarak) hem de bölücü yanlarını üretmiş olursunuz. Her iki yönü de son çözümlemede dış mihrak ve iç mihrak üreterek dost ve düşmanlarımızı tanımlar... Milli şuur, milli tarih bilinci kime dost kime düşman olacağımızın da bilincidir. Önüne *"ulusal*

beka sorunu" konulan aidiyet duygusuyla yetiştirilmiş milliyetçi için tek yol vardır: *"Öl, de öleyim; öldür de öldüreyim!"* Kişisel davası için hasmını öldürmeyi milyon kez düşünüp, çoğu kez milyonuncuda vaz geçen kişinin, söz konusu ulusal beka olunca, pek de düşünmeye gerek duymamasının sosyolojisi ve psikolojisi ne ola ki?

"Ortak acı, ortak sevinç" içinde kader birliği sunulan, beka için ölen-öldüren milletin bireylerinin kaderleri ne kadar ortak, beka kimin bekası? Ulusal beka, her türlü sınıfsal çıkarların üstünde davranılmasını emrettiği kadar, milli ihtiyaçlar gerektirdiğinde, öteki milletlerin hilafına davranmayı da emreder. Milli birliğin, üretim ve paylaşımda aynı kaderi paylaşanların birlikteliğinin üstünde olmasının dayanılmaz hafifliği. Aynı zamanda, toplumu yönetmede "millet yaratma"nın dayanılmaz cazibesi.

Türk Milliyetçiliğinin tarihsel olarak ortaya çıkışı çerçevesinde *"ötekileştirici"* bir genetiği var. Milliyetçilik siyasi bir iktidar olma aracıdır. İktidar olmak ve iktidar da kalmak için de Osmanlı'nın çözülüşünden beri, İttihat ve Terakki'den beri Sünni İslam ve Türk Milliyetçiliği vazgeçilmez bir araç olarak birlikte kullanıla gelmiştir. En son her tür milliyetçiliği ayaklar altına alan AKP iktidarı da iktidarda kalabilmek için 7 Haziran 2015 seçimlerinden sonraki süreçte Türk-İslam sentezine sıkı sıkı sarılarak sahnede var olmayı sürdürmüştür.

Sünni İslam içindeki cemaatin kafasına *"Kızılbaş"* sözcüğüne dair her tür negatif çağrışımın yerleştirilmesi ne 70'lerin ne 60'ların ve ne de Cumhuriyet Türkiye'sinin eseridir. Halifeliğin getirilmesiyle Sünni İslam'ın tam anlamıyla devlet dini sayılmasından da öncesine aittir. Fetvalarla Kızılbaşlar'ın katlinin vacipliği, Kızılbaşlar'ın her tür ahlak dışı bir yaşam sürüşleri Sünniler'in toplumsal hafızasında her daim yerleşiktir. İttihat ve Terakki'nin Kızılbaşlar'ı yedeklemek için negatif algılı *"Kızılbaş"* sözcüğü yerine *"Alevi"* söylemini daha baskın öne çıkarıp, Hacı Bektaşı Veli Dergâhı aracılığıyla etkisizleştirme çabaları bile o hafızayı milim oynatamamıştır. Çünkü Kızılbaşlar ötekidir, Kürt-Kızılbaş ötekinin de ötekisidir, hele de

Komünistse ötekinin ötekisinin ötekisidir. İhtiyaç duyulduğunda iktidarlar o hafızayı canlandırmayı iyi bilir. Maraş'ta olduğu gibi.

"Size savaş açanlarla Allah yolunda çarpışın. Fakat haksız saldırıda bulunmayın (aşırı gitmeyin). Çünkü Allah, haksız saldırıda bulunanları (aşırı gidenleri) sevmez..." *(Bakara Suresi, 190.Ayet)*

"Eğer Allah yolunda öldürülür veya ölürseniz, Allah'ın bağışlaması ve rahmeti, (sizin için) onların topladıkları (dünyalıkları)ndan daha hayırlıdır." (Al-i İmran/157)

"-Yâ Resûlallah! Bir adam ganimet için savaşıyor, bir başkası kendinden bahsedilsin diye savaşıyor, bir diğeri kahramanlığını göstermek ve ırkının üstünlüğünü ispat etmek için savaşıyor, bir diğeri de öfkesinden dolayı savaşıyor. Bunların hangisi Allah yolundadır?" şeklinde sorular sorulmuştu.

Resûlullah:

"-Kim, Allah'ın dîni daha yüce olsun diye (i'lâ-yı kelimetullâh için) savaşırsa, sadece o Allah yolundadır" buyurdu. (Bkz. *Buhârî, Cihat, 15; Müslim, İmâre, 149-151)*

Potansiyel kitle oluşumu için, öncelik, ötekileştirme şartındadır. 'Ötekileştirme' egemenlerin en etkin silahıdır. Maliyetsiz halk desteği garantisi verir. Toplumlarda ötekileştirmelerin en temel araçlarından biri de din'dir, dinin kullanımıdır. Toplumlardaki baskın kültürün en önemli yapı taşı dindir, insanlara kimliğini verir, biz ve öteki diye ayırır. İster iktidar da kalmak için olsun, ister bir iktidarı devirmek için olsun, genel geçer bir yoldur. Onlar için din inanç değil, araçtır.

Ötekileştirmenin en ucunda, *'benden olmayan düşmandır'* önermesi yatar. Bir kez uygun iklim oluşturulduktan sonra, ruhlar 'öteki'ne karşı kurutulduktan sonra, bir kıvılcım yeter, bir kenti yakmaya.

Dini saikle ötekileştirmede dini kaynakların ne dediğinden ziyade, hedef kitleye nasıl algılatıldığı önemlidir. Hele de kaynakta destek varsa, her şey daha kolaylaşır.

"Allah İçin Savaşmak", 'Allah'ın kaybedilmemesi' için zorunluluktur. *'Allah Korkusu'* her şeyin üstündedir. Korku üzerine inşa edilen bir inancın kaçınılmaz sonucudur.

Sözde de olsa *'Laik Türkiye'*, Anadolu Aleviliği ve komünizm hedef kitle için Allah'ın önünde bir engeldir ve mücadele edilmelidir. Özellikle soğuk savaş döneminin en önemli argumanı komünizmin en azılı İslam düşmanı kabul edilmesi ve ettirilmesidir. İki kutuplu bir dünyada emperyalist kanat için olduğu kadar genç laik cumhuriyetle hesabı olan yerel İslamcılar için de komünizm baş düşmandır. Toplumdaki iklimin buna uygun inşa edilmesi gerekir.

Said-i Nursi ve öğrencilerinin Lozan Antlaşması çerçevesinde Mustafa Kemal ve İsmet İnönü'ye ilişkin değerlendirmeleri bu iklim için uygun adım örnekleridir.

"Konferansın birinci defasında Türk Başmurahhası, bizzat karar vermek vaziyetinde olmadığı ve büyüğüne yani Mustafa Kemal'e bildirmek zorunda olduğu için memlekete dönüyor; kendisini Haydarpaşa'dan Ankara'ya götüren tren ve devlet reisini (Mustafa Kemal) İzmir'den Ankara'ya götüren trenle Eskişehir'de buluşuyor. Bir arada ve baş başa seyahat... Sonra Ankara gizli meclis toplantıları... Fakat esas meselelerde daima baş başa... Mustafa Kemal ile İsmet beraber içtimaları ve karar: 'Din öldürülecektir!'" (Emirdağ Lahikası)

Said-i Nursi Demokrat Partiyi uyarmakla yükümlü hisseder kendini:

"Şimdi Kur'an, İslâmiyet ve bu vatan zararına üç cereyan var:

Birincisi: Komünist, dinsizlik cereyanı. Bu cereyan yüzde otuz kırk adama zarar verebilir..."

İkinci Dünya Savaşı sonrası iki kutuplu dünyanın Türkiye'si *'İslam'ın en büyük düşmanı komünizmdir ve görüldüğü yerde ezilmelidir'* ekinleriyle doludur.

"Nitekim Allah-u Teâla sure-i bakaranın 191. ayetinde: 'Fitne katilden beterdir' buyurmaktadır. İşte bir komünistin öldürülmesini icab ettiren husus, onun fitneciliği, bölücü faaliyeti, halkı birbirine düşman etmesidir. Bir itibarla cemiyetlerin bütün fertleri Allah için ko-

münizmle mücadele etmek hususunda Allah tarafından vazifelendirilmiştir..."(Komünizmin Maskesi Sosyalizmdir-Ahmet Çiftçi)

Batılılaşma adına yürütülen laik düzeni kurmaya dönük çabalar, İslam dininin resmi din olmaktan çıkarılmasından, sarığın çıkarılıp şapka giyilmesine, Arap alfabesinin yerini Latin alfabesine bırakmasına kadar bir dizi uygulama geniş halk kesimlerinde dinsizlik olarak algılandı ve algılatıldı. Tek parti döneminin iktidarının SSCB ile olan kavgasız politikası da buna eklenince, CHP Hükümetleri daha baştan zaten dinsiz ve komünistti.

Toplumun bilinçaltına *"İslam'ın baş düşmanı komünizmdir"* inancını zerk ettikten sonra, iklimi yarattıktan sonra, Ecevit Hükümeti'ni de Alevileri de veya herhangi bir grubu da komünist ilan edersiniz, gerisi gerektiği zaman devreye sokulur. Beslediğin her iklim sonucunu en nihayetinde verir.

Duvarlara, camlara *"Allah İçin Savaşa!"* yaz, *"Komünistler Ulu Camii yaktı", "Komünistler Müslümanları öldürüyor!", "Komünistlerin cenaze namazı camide kılınamaz, engel olalım!"* anonslarını minarelerden yap, ekin uygun iklimde boy versin.

Bu savaşa, bu katliama Allah'ın mı ihtiyacı var, egemen güçlerin mi, ne gam! Daha da önemlisi her inanan 'Allah İçin Savaş'a mı gidiyor. Yaşananlar gösteriyor ki, savaştıranla savaşanı ayırdığımız zaman, dar gelirli ve eğitim durumu düşük gruplar *"Allah İçin"* yapılan katliamlarda çoğunluğu oluşturuyor.

"Allah için Savaşa" giden kişi gerçekte ne için savaşıyor? Bir yanıyla *'öteki'*, düşman belletildiği için. Öte yandan, "Allah için, Din için" savunmasız insanları evlerine girip vahşice katlederken, ganimet bilip, evdeki eşyalara el koymaktan da geri durmuyorlar.

"Bir ara fırsat bulup dışarıya doğru kaçarken, merdivenlerde kayınım öğretmen Ali Rıza İşbilir'in karısı Ayşe'nin ve kızı Sebahat'ın orada yerde yattıklarını, üzerlerinde televizyon, briket, taş, tahta parçalarının bulunduğunu, her taraflarının kan olduğunu görüp üzerlerine düştüm. Sonra kendime geldim ve kalktım, aşağıya doğru

kaçmaya başladım. Arkadan tüfekle ateş ettiler, omuzumdan yaralandım. Sokakta birkaç evin kapısını dövdüm, hiçbiri içeri almadı. Arkamdan koşarak beni yakaladılar, evdeki ölülerin yanına götürdüler. Türk müsün, gâvur musun? diye sorguya çektiler. Yaralarımdan kan akıyordu. Ben de Türk'üm, buraya yeni gelin geldim dedim... Üzerimdeki bilezik, küpe ve altınlarımı aldılar. Sonra beni aşağı indirerek caddeye doğru götürdüler." (Yeter İşbilir)

"Daha sonra olaylar durunca biz Maraş'a iş yerlerimize gittik ki her yer darmadağın edilmiş, her şey yağmalanmış... Sonra kız kardeşime gittik evinde hiçbir şey bırakmamışlar. Sadece kapının arkasında bir buzdolabı kalmış. Sonra sıkıştırınca öğrendik ki kendi ev sahibi tarafından evin eşyaları yağmalanıp bağ evine götürülmüş."(Aziz Öğüt)

"Komutan 'gel, senin eşyalarını bulduk, sanıklardan biri öttü, eşyalarının bir bölümü Pazarcık'ın bir dağ köyündeymiş. Gerçi anlamadım, doğru dürüst yolu bile yok, nasıl götürmüşler' dedi. Verilen adrese gittiğimizde eşyalarımın bir kısmını salona bir güzel yerleştirdiklerini gördüm. Evin sahibi, 'Maraş'a gitmiştim, orada bu eşyalar sahipsiz, ihtiyacı olan alsın, dediler. Ben de aldım. 'dedi." (Naciye Ünver)

Belli ki, *"Allah İçin Savaşa"* giderken hem Allah'a selam çakarak "Cehennem"e gitmemeyi garantileyecek, hem de ganimetlere konarak dünyalığını garantileyecek. *"Allah İçin"* savaşan da *"Allah Rızası İçin"* dilenen de korkunun yarattığı dinin garip biçimde hem yararlananı hem yararlanılanı oluyor. En çok da din inanç olmanın ötesinde araç olmuş; hem *"Allah İçin"* savaştıranlar için hem de *"Allah İçin"* savaşanlar için. Ganimetin büyüğü ise katledilenlerin ve geride kalanların Maraş'ı ve tüm bölgeyi terk etmesi sonucu ortaya çıkan iş potansiyeli.

Din aracılığıyla yaratılan bu ötekileştirme iklimi, bu toplumun en temel iklimlerindendir. Dünü de bugünü de ve yarını da etkisi altına almış ve almaya devam edecektir. Bu topraklarda Sünni İslam, iktidarların da iktidar olmak isteyenlerin de en önemli siyasal aracı olmaya devam ediyor.

Maraş Katliamı'ndan sonra sıkıyönetim ilanı ile 12 Eylül'e ulaşmak hiç de zor olmamıştır.

12 Eylül ve Yemliha Ertekin Ailesi

Yemliha 76 Haziran'ında önceki cezasının infazı için Afşin Cezavi'ne girer. Evdeki büyük oğul olarak yaz boyunca onun yerine arzuhalcilik yapıp ailenin geçimini sağlamak bana düşer ama aynı zamanda devrimci örgütlenmenin içinde çalışmalarımı sürdürerek. Arada bir ailenin geçimiyle devrimciliği arasındaki dengeyi kuramayıp kantarın topuzunu kaçırdığım olur. 17 yaşın bütün heyecanı ve tecrübesizliğiyle donanmış olduğumu da hatırlamak gerekir. Ve koca bir ailenin sorumluluğu. Daha ilk bir ayda babamın mektuplu uyarısına muhatap oldum.

"Oğlum Mustafa,

... benim cezaevine girdiğim andan itibaren Yemliha Ertekin olman gerektiğine inanıyorum... Ben her insanın fikrine mümkün olduğu nispette hürmet etmesini bilen insanım ve seni de hem evladım hem de bir fikir arkadaşım olarak kabul ve fikirlerine hürmet ederim ve etmek isterim. Ben Yemliha Ertekin'in tüm aile sıkıntısını sana devredip bu nedenle ev kaygısı çekmeden cezamı çekmek niyetindeyim... Gençlik ve onun heyecanı olarak yaptığın bazı hataları yine de fazla incelemeden geçmek istiyorum...

Tüm ailenin mesuliyetini üzerinde hissederek hareket edip maddi ve manevi öyle hareket etmeyi görev bileceksin...

Çocukların her şeye muhtaç olduğu gibi benim de bir babaya, beni avutana, besleyene ve ihtiyaçlarımı sorana ihtiyacım vardır. O durumdayım ki küçüğünüz olan Murat'tan da güçsüzüm. Hürriyetsizim, elimden gelen hiç. Evet, benim burada sıkıntımı azaltacak sizlerin iyi hareketleridir... Belki gözden uzaktayım ama en küçük bir şeyde yanınızda ve meşverette olmayı ister gönül...

Eyvallah. 1.8.1976"[266]

Yaz boyunca arzuhalciliğim sürer, okullar açıldığında ise artık bir üniversite öğrencisi olarak Ankara yolumu gözler. Yemliha ise okullar açıldıktan sonra savcılıktan aldığı izinle gündüzleri işyerinde, akşamları cezaevinde olur. Yılsonunda da tahliye olur. Artık Yemliha'nın her gözaltı ya da tutukluluk

---

[266] Yemliha Ertekin Arşivi, Mektuplar

halinde, evde olan öğrencilerden biri arzuhalciliği üstlenir Orhan, Murat...

Hamdullah Erbil ve arkadaşları Aralık 1977'de örgüt faaliyetleri nedeniyle tutuklanınca ben de kaçak konumuna düştüm. İki yıl kaçak gezdikten sonra okuldan atıldım. Aralık 1979'da yakalanmamdan sonra, 1 Ocak 1980'de Mamak Cezaevi'nde mapusluk yıllarım başlar. 12 yıl boyunca cezaevi cezaevi dolaşacağımı bilmeden: Mamak, Selimiye, Metris, Adana Köprüköy, Adana Eski Kapalı, Adana Kürkçüler ve Ceyhan Özel Tip Cezaevi. Yemliha da kimi zaman ziyaretçi olarak kimi zaman tutuklu olarak cezaevlerindedir.

Mamak Cezaevi'ne 12 Eylül erken gelir. 12 Eylül planlamacıları öncelikle cezaevlerini susturma gereği duyarlar. Özellikle de Diyarbakır ve Mamak hedef seçilir. 28 Ağustos 1980'de rutin arama bahanesiyle bulunduğum A Blok Zemin 1-2-3 Koğuşu havalandırmaya çıkarılır. Zemin 1-2-3 A Blok'un en kalabalık ve havalandırmaya en uzak koğuşudur. Havalandırmaya çıktıktan sonra bunun rutin bir arama olmadığını hissettik. Havalandırma ve havalandırmayı saran çatı komandolarla doldurulmuştur. Saatler sonra içeriye alınırken her şey anlaşılır. Havalandırmadaki askerlere saldırı emri verilir. Uzun ve iki katlı koridor çift taraflı asker koridoruna dönüştürülmüştür. Havalandırmadan koğuşa geçecek olan her tutuklu bunu başarabilmek için sayısız cop yemek zorundadır. Koğuşa ulaştığımızda koğuşun talan edildiğini gördük. Zuladaki radyodan akşam haberlerini dinledik: *"Bugün Mamak Askeri Cezaevinde isyan başlatan tutuklularla askerler arasındaki çatışmada bir tutuklu ölmüştür."* İki hafta sonra 12 Eylül bildirisi okunduğunda operasyonun nedeni anlaşılır. Mamak artık uzun süre cehennemi yaşayacaktır. Cezaevine ilk giren birkaç gün girişte yapılan koğuşlarda bekletilip işkenceye tabi tutulur, ardından koğuşlara dağıtılır. İşkenceler günler rutine dönüşür. Ailelerle görüşmeye gidiş-gelişte de işkence rutinleşir ve 2-3 dakikaya düşürülür.

Hamdullah Erbil'le aynı olaydan yargılanmama rağmen Hamdullahların davası bitmek üzere olduğu için dosyam o dosyayla birleştirilmez ve dosya İstanbul merkez davasıyla birleştirilir, mahkemeye çıkmadan yıllarca İstanbul'a sevkimi bekledim. İstanbul'a götürülmeyi beklerken 12 Eylül'ün başka bir sürprizi ile karşılaştım. 19 Haziran 1981'de Hamdullah Erbil, Niyazi Tüten ve Hüseyin Gevher'le birlikte Mamak Cezaevi'nden alınıp, gözlerimiz bağlanarak Maraş'a götürüldük. Çok geçmeden Maraş Katliamı'nın bize yüklenmesi operasyonu içinde olduğumuzu andık. İşkenceler Maraş Katliamının başlangıcı olarak kabul edilen devrimci öğretmenlerin Hamit Kapan tarafından öldürüldüğü iddiasıyla sürdürülür. Bana ve arkadaşlarıma da "Hamit cinayetten sonra silahı size vermiş, silah nerede?" sorusu paralelinde işkenceler yapılır. Hamit'le yüzleştirildiğimde, Hamit'in eriyip gittiğini ne konuşacak ne de ayakta duracak halinin kalmadığına tanık oldum. İşkencecilere "Sizi de birileri bu hale getirse, siz de 'öğretmenleri ben öldürdüm, silahı da Mustafa'ya, Ahmet'e verdim' dersiniz" diyerek tavrımı koydum. 64 gün boyunca işkenceler bu sorunun cevabını almaya dönük olarak sürdürüldü. 24 Ağustos'ta apar topar Mamak'a geri götürüldük. Mamak'a döndüğümde Mamak sansürünü geçebilsin diye olabildiğince kapalı bir ifadeyle babama olanları yazdım.

"Baba,

Mamak, 27.8.1981

Mektuba nasıl başlayacağımı bilmiyorum. Şimdiye kadar yaşamadığım, tatmadığım acılarla baş başayım şimdi. Öyle çaresizliğin ürünü olan karmaşık duyguların içindeyim ki, ne yazmam gerektiğine bir türlü karar veremiyorum.

19 Haziran'da Maraş'a götürüldük; 24 Ağustos'ta Ankara'ya döndük. Ve hayatta o zamana kadar gördüğüm sıkıntıların bir hiç olduğunu o 64 günlük kâbuslu günlerde gördüm, anladım...

Maraş'taki durum hakkında henüz sağlıklı bilgim yok... Bu mektup evde kimin eline geçecek onu da kestiremiyorum.

2-3 sene sürecek sıkıntılı bir döneme gireceğimizi sanıyorum. Ama sizlere moral verecek hal bende hiç yok. Ne yapmalısınız, ne yapmalıyım bilemiyorum...[267]

---

[267] Yemliha Ertekin Arşivi, Mektuplar

Arkadaşlarımla birlikte bu apar topar götürülüşümüzün nedenini çok sonra öğrenecektim. 23 Ağustos'ta arkadaşımız Fehmi Özarslan işkencede öldürülmüştü. O anın paniği ile Mamak'a iade edilmiştik. Sonrasını yıllar sonra Yemliha'nın yargıç oğlu Orhan Gazi Ertekin Faruk Bildirici'yle söyleşisinde anlatır.

"Öğleyin babamın arzuhalci dükkânına gittim. Perdeler ve kapı kapalıydı. Bir girdim babam ağlıyor. 'Fehmi abini işkencede öldürdüler' dedi. 81 Ağustosu'ydu, tam 30 yıl önce. Ben de 14 yaşındayım. Mahallenin gençlerine voleybol öğreten, gözünü budaktan sakınmayan elinde büyüdüğüm bir üniversite öğrencisiydi Fehmi Özarslan. Devrimciydi. İşkencehane olarak kullanılan Maraş Eğitim Enstitüsü'nde elektrik verdikten sonra su içirmişler, iç organları tahrip olmuş. Ben de ağlayacak yer aradım. Tam çıkarken babam dedi, 'Vazifemizi yapmamız lazım.' Beraberce cenazeyi almaya gittik ama kendileri gömmüşler zaten. Jandarma bir hafta mezarının başında nöbet bekledi; mezara iki günde bir kireç döktüler çabuk çürüsün işkence kanıtı kalmasın diye."[268]

Babam o yılın sonunda yine silah cezası nedeniyle iki ay Afşin Cezaevi'nde kalır. Bu kez mektuplarımı kızkardeşim Ayşe'ye yazmaya başladım.

"Sevgili Ayşe Bacım,

Mamak, 6.1.1982

... Geçenlerde yapılan açıklamayı duymuşsunuzdur. Görüyorsun bizleri ne kadar saçma şeylerle suçluyorlar. Aslında onların amacı bizim cezalandırılmamızdan ziyade diğerlerinin kurtarılmasını sağlamaya yönelik. Ama bunu zor başarırlar. Hele bir mahkeme açılsın, o zaman hesaplaşacağız cenin düşmanlarıyla. Ceza almak ya da almamak diye bir sorunumuz yok. Sorun gerçeklerin tüm boyutlarıyla açıklanması kamuoyuna...

Bacım, 3 haftadır ziyaretçilerimizle görüşemiyoruz. Görüş yasağının ne kadar süreceği de belli değil. Bu yüzden sizden taze bilgi alamıyorum...

Maraş'taki operasyon bittiği için her an İstanbul'a götürülmeyi de bekliyorum...

---

[268] Hürriyet, 3 Temmuz 2011, Faruk Bildirici

Babamın moralinin iyi olması beni sevindirdi. Boş vakitlerini nasıl değerlendiriyor bilemem ama E. Gökçe'den, A. Kadir'den, A. Arif'ten, Hasan Hüseyin'den vs. şiir kitapları götürün. Bakarsınız şairliği tutar. Gençlikteki şiirli günlerine dönmek ister."[269]

15 Eylül 1982'de önce Selimiye'ye oradan da Metris'e sevk edildim. 1982 Sonbaharında bu kez hem babam hem kardeşlerim Ayşe ve Mehmet Akif örgüt üyesi olmak iddiasıyla gözaltına alınır. Ayşe bir hafta, babam bir ay ve Akif iki ay tutuklu kalır. Ailede 18 yaşını doldurmuş herkes böylece içeri alınmış olur. 12 Eylül döneminde tutuklu ailesi olmak böyle bir şeydir.

Ancak tutukluluğumun üzerinden dört yıl geçtikten sonra yetkili mahkemem belirlenebildi. 16 Aralık 1983'de önce Adana Köprüköy Askeri Cezaevi'ne üç hafta sonra da Adana eski kapalıya nakledildim. Ne var ki, savunma ve karar duruşması dışındaki duruşmalara çağrılmadım. Savcılık 16 Mart 1984 tarihli duruşmada mütalaasını okur. Maraş Katliamı ve öğretmenlerin öldürülmesi suçlamalarından vazgeçer. Dosya kocaman bir fiyaskoya dönüşür. Geriye benim Ankara dosyasındaki yargılanmam kalır. 10 Ekim 1984'de müebbet ceza aldım, ceza Yargıtay'dan dönse de sonraki yıllarda onaylanır. 12 Eylül'ün aile üzerindeki fırtınası yavaşlamıştır. Artık benim tahliyeme kadar cezaevleri sorunlarıyla yüz yüzedirler. Ağustos 1991'e kadar Ceyhan Özel Tip Cezaevi'nde tutukluluğum sürer. Terörle Mücadele kapsamında çıkan infaz yasası TCK 146/1'den ceza alanları kapsam dışında tutsa da Anayasa Mahkemesi eşitlik çerçevesinde tahliyeleri sağlar. Ne yazık ki, Kürtlerin yargılandığı TCK 125 içinse eşitlik prensibine aykırı bir durum tesbitinde bulunmaz. Onların tutukluluğu devam eder.

Yemliha'nın kardeşi Şerif 1985'de abisinin çektiklerini bir türküde dile getirir. Acıyı samimi olarak paylaşan bir üslup ve içeriğe sahiptir. Kıtmir Yedi Uyurlar'daki köpeğin adıdır.

---

[269] Yemliha Ertekin Arşivi, Mektuplar

*"Kurt içinde kalmış kuzular gibi"*derken Yemiha'nın yaşadığı ortama, *"Mahzuni'yim Yemliha'nın Kıtmir'i"* derken Yemliha'nın kendisi için önemine vurgu yapar.

"Yürü dünya yürü gözün kör olsun
Afşin ellerinde Yemliham kaldı
Parça parça oldun gittin gurbete
Afşin (Yarpuz) ellerinde Yemliham kaldı

Bahçeler misali gönlü nakışlım
Deniz suyu gibi durgun akışlım
Muhammet gülüşlü Ali bakışlım
Afşin ellerinde Yemliham kaldı

Gene yüreciğim sızılar gibi
Gönül Yemlihamı arzular gibi
Kurt içinde kalmış kuzular gibi
Afşin ellerinde Yemliham kaldı

Kumar oynadım ömürle çekemedim koz
Felek başımıza indirdi balyoz
Yemliha'yı bilmez münkir Takyanoz
Afşin ellerinde Yemliham kaldı

Yemliham çıkardı Eshab-ı Kehf'e
Yüzleri benzerdi aziz Mustafa
Yüzlerini görsem nolur bir defa
Yedi kişi ile gelse bir defa

Yemlihalar gezer nice bir sürü
Bu benim Yemliham veliler piri
Mahzuni'yim Yemliha'nın Kıtmir'i
Afşin (Yarpuz) ellerinde Yemliham kaldı"[270]

---

[270] Youtube-Mustafa Ertekin

Mustafa Ertekin anaları Remziye ve Fadime ile Adana Cezaevi'nde açık görüşte, 1988

Şiirler Yeniden

Şiir bir soluklanma anı veya anları işi olsa gerek. İster duygu yoğunluğunun en üste çıktığı dönemler olsun ister düşüncelerin tavan yaptığı durumlar şiir bir soluklanma anı istiyor. O soluklanma anında sözcükler mısralara dönüşüyor. Yemliha da soluklanmadan yaşadığı 25 yılın ardından 1987'den itibaren yeniden usul usul sözcükleri mısralara dönüştürmeye başlar. O yıllarda halen cezaevinde olan oğlu Mustafa'nın hasretine rağmen oğulları Orhan, Ömer ve Murat'ın Ankara'da üniversite öğrencisi olması onu rahatlatmıştır. Artık evin bir ayağı Afşin'de bir ayağı Ankara'dadır. Kendini emekliye ayırdıktan sonra da kışları Ankara'da yazları Afşin'de yaşamayı sürdürür. Şiirlerinin büyük bir çoğunluğu 90'lı yıllara aittir.

Her şeyden önce Yemliha hiçbir zaman kendine şair demez. Yazdıklarını içini boşaltmak biçimi olarak görür. Şiir bir dışavurum halidir. "Şairim diyemem" derken bile, Yemliha şiirlerinin en derinlikli örneklerinden birini sunar bize.

"Şairim diyemem tahsilim kısa
Duygularım vardır sezerim bazı
Bazen yanlış yapar çekerim tasa
Düşünür kendimi üzerim bazı

Çok istedim şu dünyayı dolaşmak
Yalnız kalıp garipliğe alışmak
İnsanlığın tümü ile gülüşmek
Kendi hayalimle gezerim bazı

Nefsim ile düşman oldum olmadı
Yaptığıma pişman oldum olmadı
Tutunacak dermanım da kalmadı
Dövünür bağrımı ezerim bazı

Aklıma geleni yapmak istedim
Gördüğüm güzeli öpmek istedim
Toplumun yolundan sapmak istedim
İnce eleklerden süzerim bazı

Doğuştan severim aşkı ozanı
Affedemem dost arası bozanı
Sevemedim tilki huylu gezeni
Özenir ozana yazarım bazı

Hep severiz hürriyetin adını
Doğru yazamadık onun kodunu
Milletçe tatmadık neden tadını
Yemliha kendime kızarım bazı"

Yemliha yaşama dair hemen her konudaki duygu ya da düşüncesini şiirle dile getirir. Sokakta karşılaştığı sıradan bir konu da doğada etkilendiği bir çiçek de iktidarların uygulamaları da inanç sahtekârlıkları da sevda da şiirene konu olur. Ortak yanlarıysa ikiyüzlülüğe, haksızlığa, adaletsizliğe karşı koyuşu; sevgiyi, hoşgörüyü temel alışıdır.

Şiirlerinde samimidir, onları okurken onun sesli düşündüğünü fark ederiz. Bu yüzden şiirlerinde yaşam felsefesini okuruz. Kendince doğruları ortaya koyarken eksiklerini ve hatalarını da şiirlerinde dile getirir. Çoğu zaman kendini suçlar, suç bizde der. Kimi zaman karamsar kimi zaman umutludur.

Sözleri açıktır, kim ne der diye düşünmez, daha doğrusu önemsemez. Sevgi en büyük ibadettir. Sevgisiz tapma olmaz. Tapılacak en yüce değer de doğa ve insandır.

2000 yılında yeğeni İsmail Ertekin *"Dayı şiirlerin defterlerde, kâğıtlarda kalmasın. Toplayıp bir kitap yapalım,"* der. 579 şiiri *"Gönülden Damlalar"* adıyla bir kitapta toplar. Sonraki şiirleri ve o kitaptaki şiirlerden bir seçki yakıcı bir görev olarak önümüzde duruyor. Bu çalışma Yemliha ve dostlarını anlama kılavuzu olduğu için, buraya Yemliha'nın yaşama bakışına örnek olacak 5-10 şiiri yorumsuz olarak eklemekle yetineceğiz.

"Dostum anlatamam akla karayı
Arifler toprağı eler de görür
Olgunlaşmak gerek ilim yönüyle
Arifler Kaf dağın eler de görür

Bütün canlıların vadesi vardır
Âşıkların tatlı badesi vardır
Susarken çağıran sedası vardır
Bakar gözlerine güler de görür

Enginde oturur yüceye bakar
Bazılar kitapsız Kur'an-ı okur
Bazılar bülbüldür cennette şakır
Bakar yazıları siler de görür

İnsanlığı bölük bölük bölenler
Söylüyorlar yıllar süren yalanlar
Yalandan riyadan ayrı kalanlar
Hakkın varlığına dalar da görür

Sevabın sayısı hesaba sığmaz
Yemliha emeksiz hakikât doğmaz
Kuru kadercilik demeyi değmez
Eliyle emeğin salar da görür
24.1.1990

***

İsteyene arzuhalin yazarım
Makamı Ali'den neyi dilersin
Biliyorsun dönen çarkı devranı
Mekânı Ali'den neyi dilersin

Binbir adı vardır birisi Ali
Sevgiyi bilmeyen bilir mi yolu
Muhammed Ali'nin bükülmez kolu
Makamı Veli'den neyi dilersin

Kendini kendine etmeyen tapu
Kâlû Belâ ile oluştu yapu
İlim ile irfan bu yola kapu
Makamı Alâ'dan neyi dilersin

Eshab-ı Kehf sırrı kapalı bize
Geçerken uğradı yolları yoza
Sözü dökebilsek biraz da saza
Makamı Ulu'dan neyi dilersin

Yemliha yolları bir edebilsek
Tutsak insanlığı hür edebilsek
Buzlanmış varlığı kor edebilsek
Makamı Dolu'dan neyi istersin
24.1.1990

***

Ela gözlüm senden ayrı düşeli
Deli miyim divane mi sor beni
Aramızda karlı dağlar var amma
Hiç olmazsa hayalinle sar beni

Uzakta da olsan sevgiyi yaşat
Sevgiyi görünce içini boşalt
Sevgisizlik beni ediyor haşat
Kolayını bul da yine sor beni

Sevgisiz yaşamak dermansız dertmiş
Yaratanım nice ayıplar örtmüş
İnsanı insandan nefret ayırtmış
Bulur isen bir sevene sor beni

Dostlar yaşam sevgi ile sürerse
İnsan sevgi ile birlik kurarsa
Sevgi ile yaraların sararsa
Sever, sorar arar ise yar beni

Yemliha yaratan neler söylemiş
Bana bir gelirsen on varım demiş
Var eden yok eden ben varım demiş
İhsan eder Cennetine kor beni
16.6.1990

***

Dünya senin dönüşüne aldandım
Seni Hakk'a âşık sandım bilmedim
Bakıyorum aşk ehline benzersin
Hak aşkına düşük sandım bilmedim

Var olalı böyle dönüp durursun
Döne döne sen nereye varırsın
Bence bir gün döne döne erirsin
Âşıkları beşik sandım bilmedim

Hiç durmadan insan eti yiyorsun
Aleyhinde bir söz etsem duyorsun
Milyonların kefenini soyorsun
Cehennemde şişik sandım bilmedim

Ahiretin tarlasıdır diyorlar
İşte seni bunun için sayorlar
Sana verip senden alıp yiyorlar
Ben de seni şaşık sandım bilmedim

Yemliha'yı mihman ettin döşünde
Bazı baharında bazı kışında
Sürükledin dostum dedin peşinde
Cennetime eşik sandım bilmedim
30.10.1990

***

Bahar geldi yeşillendi ne güzel
Topla üç beş çiçek sal yavaş yavaş
Kimseye güvenme olmasın gazel
Koynunda sakla da gel yavaş yavaş

Seni sevdiğimi söyleme ele
Sen de seviyorsan gel güle güle
Bizi çekemezler düşeriz dile
Düşün de halimi bil yavaş yavaş

Sevdim seni artık vermem ellere
Senin ile karışırım sellere
Pek yakında düşeceğim yollara
Dilersen insafa gel yavaş yavaş

İlerledi yaşım artık gidiyor
Seveni arayıp feryat ediyor
Cana kavuşmaya canlar adıyor
Derdini söylüyor dil yavaş yavaş

Sevdiğime varamadım yoruldum
Coşkun akıp bulandım da yoruldum
Gelemedim kalemime sarıldım
İstersen olurum kul yavaş yavaş

Yaşım altmış beşe geldi bitiyor
Can meleği hep yanımda yatıyor
Yemliha önüne ışık tutuyor
Kurudu çiçeğim dal yavaş yavaş
25.5.1991

***

Yaşadım eskiyi yeniye geldim
Kötüleri iyi sayana yuh yuh
Gün oldu ki aynı konuya güldüm
Yalanı dünyaya yayana yuh yuh

Çalışır birisi doyan başkası
Biri kazanıyor sayan başkası
Tükenmiyor ben diyenin laşkası
Havadan, civadan doyana yuh yuh

Gücü ile zayıfları ezene
Doğru diye eğrileri yazana
Rezaletin deryasında yüzene
Doğrulara eğri diyene yuh yuh

Ben ben ile benliğine uyana
Bir dostunun sırlarını yayana
Bildiği eğriye doğru diyene
Sahtekârın bayı bayana yuh yuh

Kılık kıyafeti sünnete sayan
Uçak haram diye gidiyor yayan
Bakma Yemliha'ya uykudan uyan
Gören gözlerimi oyana yuh yuh
22.5.1992

***

Varımızı yok edenden hesabın
Hep birlikte sormuyorsak suç bizde
Kuzumuzu erken kesen kasabın
Dirseğine vurmuyorsak suç bizde

İyiyi kötüyü aramıyorsak
Her şeyin güzelin göremiyorsak
Kavgada araya giremiyorsak
Hırsız eli görmüyorsak suç bizde

Güzellerle uzak durmak huyumuz
Fitne fesat dolu ise köyümüz
Muhammet'ten olsa bile soyumuz
Onun izin sürmüyorsak suç bizde

Aramızda sevgi saygı yoğusa
Yalan dolan cemiyette çoğusa
Üçkâğıtçı çalışana bey ise
Defterini dürmüyorsak suç bizde

Yasal tuzak kurmuyorsak kötüye
Rezillikte uyar isek batıya
Yemliha sen hazır mısın âtiye
Yaraya em sürmüyorsak suç bizde
26.6.1995

***

Buna dünya derler dostum, kandırır
Geldi, gitti, aldı, sattı desinler
Nefse uyar isen başın döndürür
Çalış, üret, hizmet etti desinler

Yolculuğun uzun sürmez burada
Doğru dürüst ol ki, kalma arada
Sabırlı ol, hele bekle sırada
Gerçeğin tadını tattı desinler

Mektup yazdım, nokta virgül aradım
İnsanı görünce destek türedim
Yaşamımda uygun bir eş aradım
Aldı bir kaç kuzu güttü desinler

Yaz gününde yola çıktım kış geldi
Seyreder kardeşim, ona hoş geldi
Güreş tuttum, ilk raundda tuş geldi
Seyirciler kendi yattı desinler

Gerçeklere yalan katma düz olsun
Yalpa yapma, sevenlerin az olsun
Yemliha'dan yaradana naz olsun
Müslüman olmadan, gitti desinler"
17.6.1999[271]

Abi-Kardeşliğin Son Yılları

"Yine duydum sazın ile sesini
İçime mutluluk doldu Mahzuni
Uzun zaman oldu görüşmeyeli
Nasıl oldu bize noldu Mahzuni

Kış gününde türlü çiçek açardı
Çiçeğimiz tatlı koku saçardı

[271] Bu bölümdeki tüm şiirler Yemliha Ertekin'in "Gönülden Damlalar" kitabından alınmıştır.

Sevenimiz oba oba göçerdi
Niye güllerimiz soldu Mahzuni

Şen idi köyümüz sevgi var idi
Sevenimiz birbirine yar idi
Ayrılık gelince bize zor idi
Dostlar parça parça oldu Mahzuni

Cırık Baba Şakir Baba kardaşlar
Sevgi alır verir idi yoldaşlar
Saygı ile saz dinlerdi haldaşlar
Ancak hatırası kaldı Mahzuni

Yemliha'ya kucak açtı köyünüz
Çok içildi ayranınız suyunuz
Sevgi dolu bayanınız bayınız
Cırık ayrılırken güldü Mahzuni"[272]

Abi-kardeş 80'li yıllarda birbirlerini arayıp sorsalar da ikisi için de zor zamanlardır. Farklı yerlerde farklı gündemlerle boğuşmaktadırlar. 90'lı yıllarda her ikisi de Ankara'ya taşındıktan sonra daha sık görüşmeye başlarlar.

Mahzuni ile Yemliha aynı kenttedirler ama Mahzuni 11.9.1998'de yaşadığı ruh halini abisine mektup olarak kaydeder. Aslında sesli düşünmektedir, kendisiyle hesaplaşmadır. Mektup bahanedir.

"Gönlümün Demirbaş Misafiri,

Yıllarımın Unutulmaz Dostluğu, Güzel İnsan Güzel Arzuhalcı,

Sevgili Yemliha Ağabeyim,

Yaklaşık kırk beş yıllık gönül birliğinin başlangıcı nasıl yoğun sevdalar, tatlı acılar içinde başladıysa aynı tanımlarla devam etmiş ve aynı güzellikler içinde ve bir ceviz ağacı serinliğinde arzu etmediğim bir vedaya şahit olmuştur.

Sizden ayrılış her nedense bütün ayrılışların üstünde bir elem çektirmektedir bana... Keşke bu ayrılışlardan ayrılsam diyorum kendi kendime.

---

[272] Yemliha Ertekin, *Gönülden Damlalar*, 2000, s.131

Aslında bütün eşyanın ayrılışı bile beni etkilemekte, üzmektedir. Veysel'in dediği gibi koyunun kurttan, benim düşündüğüm gibi insanın insandan ayrılığı acıdır.

İyi biliyorum ki fikrin fikirden ayrı olması bütün ayrılıklara olacak çok önemli bir çaredir. Yeter ki buna tahammül edilebilsin. O nedenledir ki kulların kendisini yaradandan çok ayrı görmesine zaman zaman ağlamışımdır. Ağlamayanlar bu kadar acılara rağmen Nesimilerdir, Hallaçlardır, Şakirlerdir, Cırıklardır ve niceleridir. Beni ilgilendirenler bu isimler olduğu için kısaca yazdım.

Oysaki küremizde yaşayan insan topluluklarının kendisine has toplandığı dinlerdeki Şakir Cırık, Yemliha, Pir Sultan, Nesimi isimleri muhakkak ayrıdır. Onlarda belki aynı yüceliğe Corçlar, Grikorenler, Salamonlar, Jakoplar kısacası ismini telaffuz etmekte zorlandığımız insanlar layıktır. Hatırlamak gerekirse bizdeki, Yedi Uyurlar'daki Şazenuş, Mernuş, Tebernuş gibi canlar da aynı topluluklara mensup kişilerdi.

Şu anda öyle bir ruh halindeyim ki...

Ceviz ancak kendi kabuğu içindeki sorunlarla baş başadır.

Yani başka bir anlamla, ülkemi ve ülkem insanlarını Ankara'nın yüksek bir noktasından seyretmek istiyorum ve görüyorum. Daracık balkonumdan bir gidip bir gelirken Ankara Kalesi'nde dalgalanan ülke bayrağının buruk sevdalar içinde dalgalanışını izlemekteyim. Ve Anıtkabir'in soluk beyazlığı içinde yatan, belki de yüzyılın en büyüğünü düşünüyorum...

Düşünüyorum da insan ömrünü istila eden kara bulutlarla baş edebilmenin zor sırrını bu yücelikten kapmaya çalışıyorum. Ve sonra dönüp elimdeki bir kadeh rakı bardağına tiksintiyle bakıyorum.

Ülkemde sancı var, ülkemde kan, kavga var.

Beli kambur, yüzleri soluk yiğitler geçiyor ötedeki sokaklardan. İşte bunlar bu toprakta tek Allah'a gönül vermişlerdi. Bağımsızlık adına bütün namusunu, iaşesini, atasını, örünü kökünü, canını cemalini feda etmişler bir devlet kurmuşlardı.

Şimdi o devletin bütün adalet ve güvenlik odakları o devletin halkına kafa tutmuş, o devleti kurtaranların çocuklarıyla didişmektedir. Buna Alevisi, Sünnisi, Kürdü, Türkü, Çerkez'i ve bu topraklar adına can vermiş bütün etnik yığınların çocukları dâhil...

Daldığımda elimden düşen rakı bardağımla sözde kendime geliyorum ve utanıp büzülüyorum.

Hangi gününe bir halk ozanının şevkle kafa çekmesi? Ulan diyorum namussuz Mahzuni, düşüncesi, özgürlüğü, inancı ve aşkı bilfiil işgal edilmiş bir ülkede keyf çatmak senin neyine? Kör olası gözlerinle Ankara Kalesi'ndeki bayrağı hür zannetmek senin neyine?

Ve dalgın dalgın kokmuş, pörsümüş yazıhaneme dönerek pasaklı daktilo tuşlarından bunları sana yazıyorum. Bunu sana yazmasam bile bir ayna önünde yazıp kendime okumak istiyordum.

Böyle bir ruh halimi sana aktarmak için yazdım.

Belki de senin bu kadar zamanını almamalıydım ama gönüldür işte… Dinlerin, mezheplerin, ırkların, siyasetin, ticaretin ve bilumum namussuzlukların tepiştiği bu topraklarda Ozan Mahzuni olmanın zorluğunu yaşadığımı itiraf etmeliyim.

Bir vatanı kurtarmanın adı insanlarının özgür ve rahat etmesinden geçtiğini sanıyordum. Yediği, içtiği, düşündüğü, inancı, felsefesi, tarlası, bağı bahçesi, kazancı, namusu, ırzı devlet ismi altında bir imtiyaza terkedilmiş bir vatan olmaz olsun ve yerin dibine batsın bu vatan.

Buna rağmen elim titriyor, kutsal sandığım bir kavrama hakaret etmiş olacağımdan parmaklarım duraklıyor tuşlarda.

Bu, benim ülkeme olan sevdamdan eli boş dönmekten.

Bu, hayatta Allah'tan önce taptığım Adalet sözcüğünün çürümüşlüğünden.

Sanıyorum bu kısacası, bir enteresan adam, ilginç bir kişilik Mahzuni Şerif olduğumdandır.

Satırlarımın bu noktasında içimde korkunç bir burukluk yaşamaktayım. Bir daha sizleri görebilir miyim bilmiyorum. Amma bildiğim bir şey varsa kısa zamanda dayanamayacağım bir mazerete düşebilirim.

İşte bu şerait altında dostlarımın benden dualarını kesmemelerini istemekteyim. Seni, ablalarımı öpüyor, saygılar sunuyorum.

> *Gazâdır ki duhul ettim, diyarı Berçeneğe*
> *Anladım ki mahlukâta, bilinmez nişan oldum*
> *Ermedi aklı zebunum, esrarı Berçeneğe*
> *Yıllarım tükendi gitti hayli perişan oldum*

Meclisi harâbanla, nice coştum çağladım
Hicrana düşmüş gönlümü, dost dost diye dağladım
Bir sevdai mübarekle, gâh güldüm gâh ağladım
Günbe gün eriyip gittim bir hayli ziyan oldum

Sarardım toprağa düştüm kâr etmez afet bana
Olsa da hoş olmasa da bunca zarafet bana
Aşk yolu dönmeyen yoldur dönersem lanet bana
Çünkü Mahzuni Şerif'im, ben dosta hayran oldum.
Saygılar, selamlar...
Kardeşin Mahzuni"[273]

Bu hem bir özeleştiri hem de veda mektubu gibidir. Daha görüşecek zamanları vardır. Yemliha Abisi'nin 2000'de çıkan "Gönülden Damlalar" adlı şiir kitabının önsözünü yazmak da Mahzuni'ye düşer. Mahzuni geçer daktilosunun başına bir önsöz yazar ve bir de Yemliha onun için "kimdir"i açıklayan bir şiir.

*"... **Yemliha Ertekin** bugün gövdesi görülen Mahzuni Şerif'lik binasının temelinde yatan en büyük ve en sağlam taşlardan biridir.*

Onu yaklaşık kırk beş yıl önce kendi ilçem Afşin'de tanıdım. O günlerde Türkiye'de yaşanan kısır mezhep çelişkileri içinde özellikle de Afşin gibi inanç ve geleneklerine çok katı bağlılıklar taşıyan bir toplumda mantığın, sağduyunun ve vicdanın bütün anlamını yüreğinde taşıyan bu zat benim objektif bakışımı geleceğime hazırlayan en geçerli ustadır. İnanın ne şiirlerim ne de attığım mızrap üzerinde gözle görülür bir öğüdü, tavsiyesi olmamıştır. Ancak edindiğim bütün tasavvuf ve felsefik perspektifimin tabii akışlarının tümü onun pınarından sulanmış ve insan sevmenin, merhametin, insan hukukuna olan riayetin tümünü Yemliha Ertekin ve onun dostları olan Şakir ve Cırık Baba'lardan aldığımı itiraf etmek isterim.

*Bana göre o günden bu dakikaya kadar **Yemliha Ertekin** bir bilinmeyen kutsal bir sır olarak kalmıştır. Elbetteki böyle bir değerin övülmeye hiç de ihtiyacı yoktur ama halkımızın ileride nice değerler yaratan bir değer hakkında bilgi sahibi olması özlemiyle bunları yazdım.*

---

[273] Yemliha Ertekin Arşivi, Mektuplar Dosyası

Neler'mi öğrendim ben Ertekin'den?

1-Dinler toplumlar arası etik yapının, insan hukukunun adresleridir. Onlara saygı duymak insana zarar getirmez.

2-Mezhepleri insan sevgisinin bölünme sebebi saymak ve mezhepler içinde insan hakkına tecavüz etmek, insanı bölmek, sömürmek bir züldür, günahtır, ayıptır, yasaktır.

3-Kendisine önem vermeyen zevat ailesine, toplumuna, devletine ve hatta dünyanın insanlığına önem vermez, o bir yalancıdır.

4-Hangi dilden olursa olsun insanlar Hakk'ın dilinden konuşurlar. Hangi din olursa olsun hiçbir peygambere ait değildir. Dinler özünde taşıdıkları en büyük ustanın eseridir.

Bu saydıklarım öğrendiklerimin ancak yüz veya iki yüzde biri olabilir. Yaptığım on binlerce eserde hep bu öğretiyi taşıdım. Söylediğim gibi isimsiz bir pınarın suyunun soğukluğunu gösterdim. Şimdi o pınarın adını da söylemek istedim. Onun adı ***Yemliha Ertekin****'dir. İlk yapıtı itibariyle onu kutluyor, ona başarılar diliyor, onun ellerinden saygıyla öpüyorum. Mahzuni Şerif.*

Neler Öğrendim:

"Yemliha Baba'dan canım dostumdan
Yanlış ata binmemeyi öğrendim
Hak katında ikrar verdim inandım
Güzel yoldan dönmemeyi öğrendim

Çok gıdalar aldım nur cemalinden
Fazla gam çekmedim dünya malından
Kanadım tutuldu bir gül dalından
Öttüm, bittim, inmemeyi öğrendim

O bir gerçek idi benim özümde
Onun için, dünya yoktu gözümde
Bazı bazı duramadım sözümde
Yandım ama sönmemeyi öğrendim

Böyle bir sevdayla hayli yanarak
Bazen eriyerek bazen donarak
Sisli günde denizi cam sanarak
Dalgalara konmamayı öğrendim

Dört dinimiz vardı dinsiz dediler
Gıdamız kesildi dedikodular
Bizden önce gelip gitmiş Yediler
Her haksıza yenmemeyi öğrendim

Bizi kandırmadı hiçbir görece
İhtiyaç duymadık gereç merece
Cehalet buzunda elli derece
Kaldım amma donmamayı öğrendim

Her dua başında Yemliha andım
El camiye ben vicdana kapandım
Mahzuni aşkile bir defa yandım
Cehennemde yanmamayı öğrendim"[274]

Yemliha, Mahzuni, Umut Hüseyin

Mahzuni'ye Veda

Mahzuni Şerif'in nefesleri 17 Mayıs 2002'de durur. Zapt olunmuş nefesleri nerelerde ne kadar yaşar bilinmez. 20 yılın ardından görünen o ki onun ölümünden sonra doğanların bile dilindedir Mahzuni.

---

[274] Yemliha Ertekin, *Gönülden Damlalar*, Ankara, 2000 s.e

Biz de üç yol arkadaşının onun ardından söyledikleriyle Mahzuni'ye veda edelim:

"Bin dokuz yüz ellilerde tanıdım
Geçen günler ne güzeldi Mahzuni
Sevgi vardı can içinde canıdın
Gençlik çağı ne güzeldi Mahzuni

Yeni bitirmişti ilkokul beşi
Çocukluk çağında, küçüktü yaşı
İnsanı sevmekti bu idi işi
Sevgi çağı ne güzeldi Mahzuni

Zaman zaman yaya yolculuk yaptık
Yalan falan değil gerçeğe taktık
Gösterişten geçip hak yola saptık
Köyde dostlar ne güzeldi Mahzuni

Senden ayrı olmak boşa geçerdi
Sazın sözün sonsuz neşe saçardı
Sevenimiz oba oba göçerdi
Sevgi dozu ne güzeldi Mahzuni

Eminim sözlerin ilaçtı cana
Yemliha dinledin sen kana kana
Yaşadık da geldik işte bu sona
Sohbetimiz ne güzeldi Mahzuni
(Yemliha Ertekin 17.05.2002)"[275]

1961-69 Arasında yol arkadaşlığı yapan Mahzuni-Maksudi kardeşliğinin özellikle 65-68 arası yoğun birliktelikle geçer. Mahzuni bu dönemde Maksudi'nin yaklaşık 10 şiirini plaklara okur. Osman Dağlı; Mahzuni'nin ardından yapılan bir söyleşide şunları söyler:

"Onun eserlerinin bir yönüyle yapıcısı bendim. Benim eserleriminki de oydu... 1971'de zorunlu olarak yurtdışına çıkmak zorunda kaldım... Yıllar sonra sık sık Almanya'da bir araya geldik... Ne olursa

---

[275] Yemliha Ertekin Arşivi, Şiirler Dosyası

olsun dostluğumuz bitmez... Ölene kadar o benim için sazıyla sözüyle bu toprakların en güçlü ozanlarından biri ve yıllar önce Berçenek'te tanıdığım, bizim yörenin türkülerini çok güzel söyleyen bir ozan olarak kaldı."[276]

Aynı yörenin ozanı Kul Hasan da bir şiirle uğurlar Mahzuni'yi:

"Mahzuni'nin öldüğüne inanmam
Mahzuni baharda yazda yaşıyor
Öldü diyenlerin sözüne kanmam

Kemanda, kavalda, sazda yaşıyor."
"Radyo'da, Tv'de, programlarda
İl, ilçe, köylerde kaset çalanda
Sevenleri bir araya gelende
Muhabbet, sohbette sözde yaşıyor

Ruh gıdası Mahzuni'nin telinde
Türküleri her gün halkın dilinde
Yemliha Ertekin dostun gönlünde
Sevgisi anısı özde yaşıyor

Yurt dışında tüm dünyada Mahzuni
Sazda sözde kim var sade Mahzuni
Aşk ehline şarap bade Mahzuni
Sende bende sizde bizde yaşıyor

Mahzuni ay yıldız idi güneşti
Aşkın kazanında kaynadı taştı
Tüm sanatçıların diline düştü
Tatlıses'te Kiraz kızda yaşıyor

Sevgi aşk sırrına erenler için
İnsanlığa gönül verenler için
Güzel bakıp güzel görenler için
Hilal kaşta ela gözde yaşıyor

---

[276] Ulaş Özdemir, *Senden Gayri Âşık mı Yoktur, 20.Yüzyıl Âşık Portreleri,* Kolektif Kitap, 2017, Syf. 91

Kul Hasan Mahzuni sanma ki öldü
Berçenek'te doğdu, dünyaya doldu
Hacı Bektaş Pir'e misafir oldu
Semahta, niyazda, nazda yaşıyor"
(Kul Hasan, 13 Mayıs 2003)[277]

Yemliha Hacıbektaş'ta

[277] Yemliha Ertekin Arşivi, Şiirler Dosyası

Son Söz

Vasiyet Yerine...

"Ey benim zerrelerimi taşıyan ve benim yandığımla yanan, üşüdüğümle üşüyen canlar,

Yaşadığım müddet içerisinde, hep bir insan olmayı ve ona saygı duymayı ön planda tuttum. Ancak bunu yetiştiğim ortamın bana verdiği bilgi, inanç ve kanaatim ölçüsünde yapabildim.

En büyük zararı cehaletim nedeni ile çektiğime inanıyorum. Bilgi ve görgünün birçok zor kapının anahtarı olduğuna inanıyorum ve her zaman da inandım. Bu inançla bazı kötü günleri geçirdim.

Bu kısa notlarımdan sonra, kendi ölçülerinizle zorlukları aşacağınızı biliyorum.

Saygı ve sevgilerimle. Hoşça olun, hoş kalın, hoş bulun. Yemliha Ertekin."

***

"Bir çınar daha devrildi
Şen ol şimdi Afşin eli
Yandı kavruldu kül oldu
Şen ol şimdi Afşin eli

Tohum idi bitirmedin
Su verip de yetirmedin
Gölgesinde oturmadın
Şen ol şimdi Afşin eli

Yağmur oldu yağdırmadın
Susuz çöle değdirmedin
Fazla gördün sığdırmadın
Şen ol şimdi Afşin eli

Arzuhaldi yazdı yazı
Bir döneme kazdı yazı

Dik dururdu yok avazı
Şen ol şimdi Afşin eli

Çok sakin duruşu vardı
Konuşunca gök gürlerdi
Belki tipilerin dindi
Şen ol şimdi Afşin eli

Gündüz Güneş gece Ay'dı
Hissederek gördü duydu
Mert konuşan Yemliha'ydı
Şen ol şimdi Afşin eli

Sundu meyi mest olmadın
Niyazına post olmadın
Göründün ya dost olmadın
Şen ol şimdi Afşin eli

Nerde olsa Afşin derdi
Afşin'i başka severdi
Ankara'ya mekân kurdu
Şen ol şimdi Afşin eli

İstemedi multi varlık
Düşmanıydı bakar körlük
Önünde kalmadı zorluk
Şen ol şimdi Afşin eli

Hasretle beslendi çileyle doydu
Dostun cefasını muhabbet saydı
Cahil Aliyar da hep sana uydu
Şen ol şimdi Afşin eli"
(Âşık Aliyar Arslan, 14 Haziran 2009)

Akasya çiçeği ile iğde çiçeği arasında ruhuma dokunan bir yan var...

Çocukluğumda akasyanın taze çiçeklerini koklarken yemişliğim de vardır... Akasyalar çiçeklendiğinde bolca oldukları sokaklarda dolaşmak ritüelimdi, hâlâ öyle... Doğduğum ve yaşadığım yerlerde Mayıs sonlarında çıkardı, doğduğum ayda... Baharın hoşçakal dediği günleri temsil eder... Akasya iğde ağacına el verir...

İğde çiçekleri ise yazın geldiğini duyurur, yaşadığım yerlerde Mayıs sonu Haziran başı gibi ortaya çıkardı... Babamı iğde çiçekleriyle anmamın nedeni eve her gelişinde iğde çiçekleriyle gelmesi miydi, yoksa çok sevdiği iğde kokuları arasında Haziran'da toprağa yürümesi miydi, bilemiyorum...

Bildiklerim; her iki ağacın çiçek açmasını beklemek ve kokularının dünyamı sardığı yollarda yürümek ruhuma iyi geliyor... Birinin benim doğum ayımın temsilcisi, diğerininse babamın toprağa yürüdüğü ayın temsilcisi olması...

İşte hayat doğumla ölüm arasında, akasya çiçeğinin iğde çiçeğine el uzatma süresi kadar kısa ama bir o kadar da değerli...

24 Ocak 2021

Mustafa Ertekin

Yemliha'nın yadigârları

FOTOĞRAFLAR VE BELGELER

40-Yemliha Ertekin, Hacı Mehmet Teneci 1947

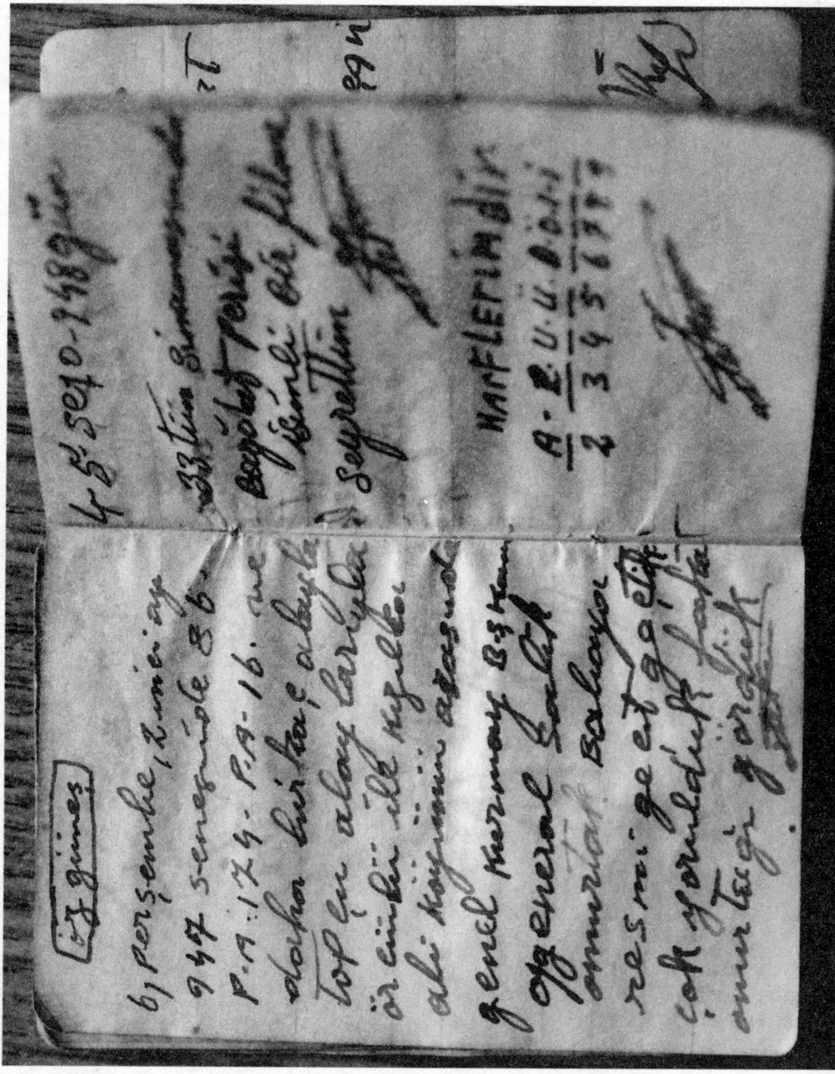

Askerlik defteri

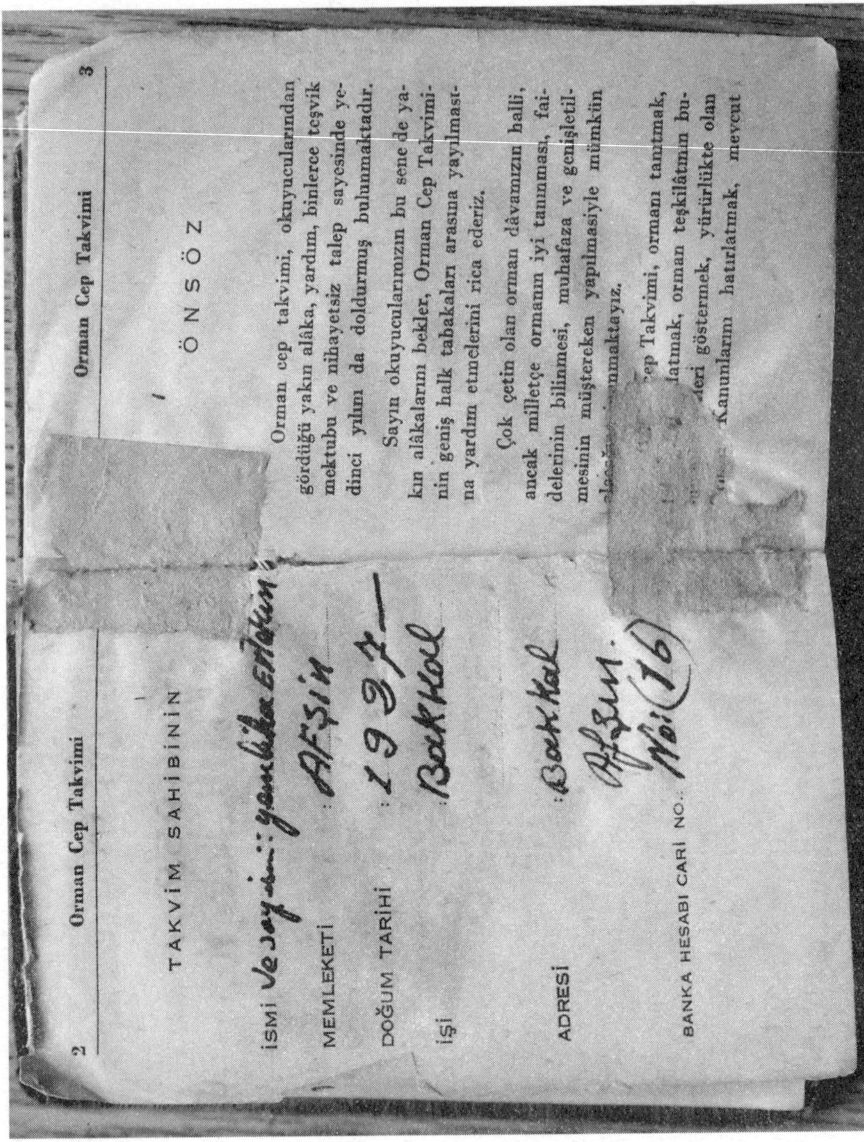
2 Orman Cep Takvimi

TAKVİM SAHİBİNİN

İSMİ : Ve sayın ... Ertekin

MEMLEKETİ : Afşin

DOĞUM TARİHİ : 1937

İŞİ : Bakkal

ADRESİ : Bakkal Afşin No: 16

BANKA HESABI CARİ NO.

Orman Cep Takvimi 3

ÖNSÖZ

Orman cep takvimi, okuyucularından gördüğü yakın alâka, yardım, binlerce teşvik mektubu ve nihayetsiz talep sayesinde yedinci yılını da doldurmuş bulunmaktadır.

Sayın okuyucularımızın bu sene de yakın alâkalarını bekler, Orman Cep Takviminin geniş halk tabakaları arasına yayılmasına yardım etmelerini rica ederiz.

Çok çetin olan orman dâvamızın halli, ancak milletçe ormanın iyi tanınması, faidelerinin bilinmesi, muhafaza ve genişletilmesinin müştereken yapılmasiyle mümkün ...maktayız.

...ep Takvimi, ormanı tanıtmak, ...latmak, orman teşkilâtının bu...leri göstermek, yürürlükte olan Kanunlarını hatırlatmak, mevcut

1957 orman ajandası 2

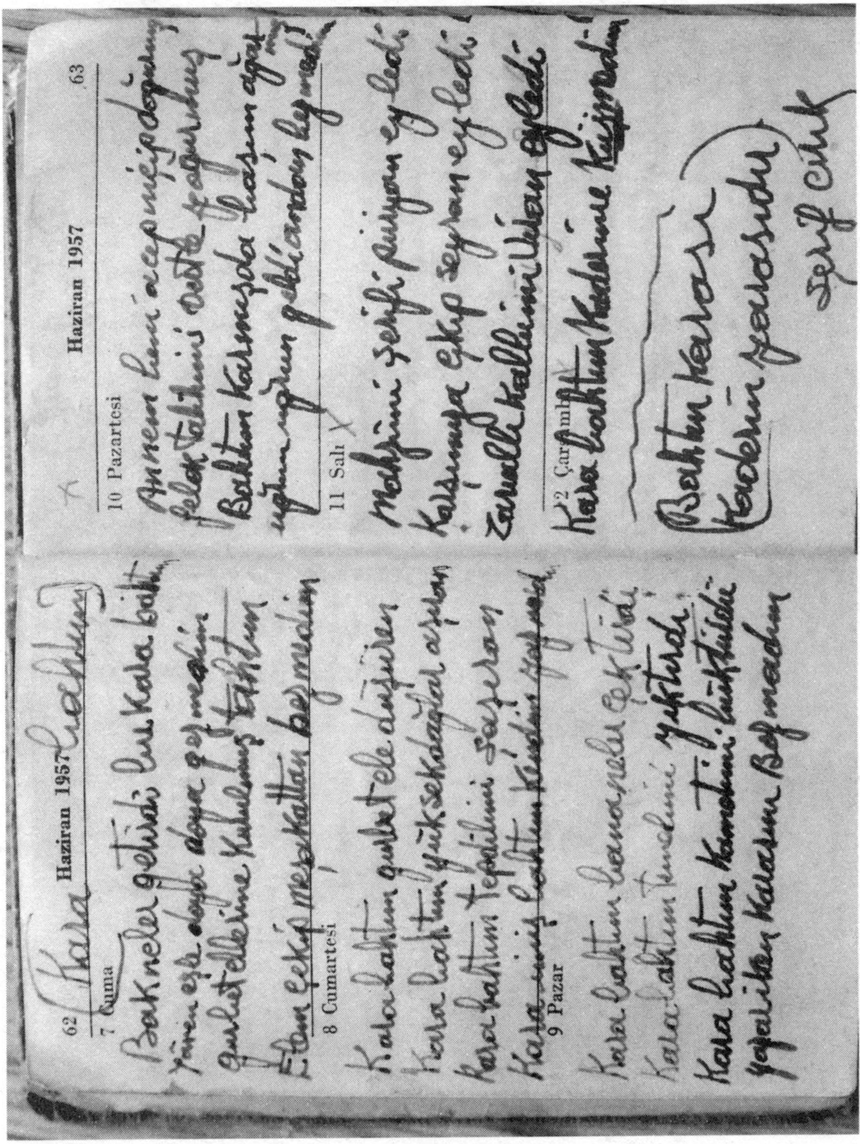

62 Haziran 1957

7 Cuma

8 Cumartesi

9 Pazar

Haziran 1957 63

10 Pazartesi

11 Salı

12 Çarşamba

1957 orman ajandası 2

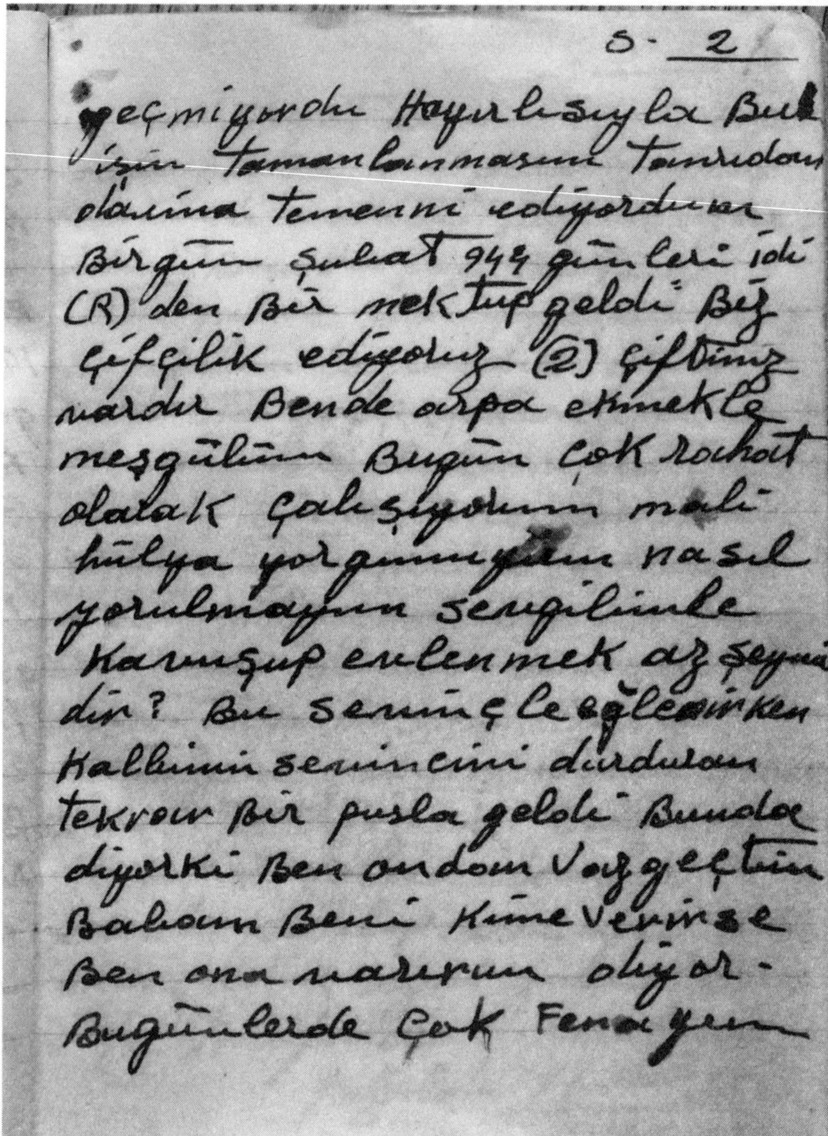

5 - 2

geçmiyordu Hayırlısıyla Bu
işin tamamlanmasını tanrıdan
daima temenni ediyordum
Birgün şubat 944 günleri idi
(R) den Bir mektup geldi Biz
çiftçilik ediyoruz (2) çiftimiz
vardır Bende arpa ekmekle
meşgulüm Bugün çok rahat
olarak çalışıyorum mali
hülya yorgunuyum nasıl
yorulmayım sevgilimle
kavuşup evlenmek az şeymi
dir? Bu sevinçle eğlenirken
Kalbimin sevincini durduran
tekrar bir pusla geldi Bunda
diyorki Ben ondan vazgeçtim
Babam Beni kime verirse
Ben ona varırım diyor.
Bugünlerde Çok Fena yem

Küçük defter

Sarı defter

Ali Rıza Kutlu - Nizari; Sultan Kutlu (ve kızı Leyla), Mehmet Ali Akgöz, Hüseyin Kutlu (Kurban Baba), Haşim Kutlu, Ali Rıza Kutlu (Nizari), Ağah ve Adnan Kutlu

Fettah Kayhan, Tevfik, Yemliha Ertekin-1956

Cırık Baba ve Şakir Baba Ailesi

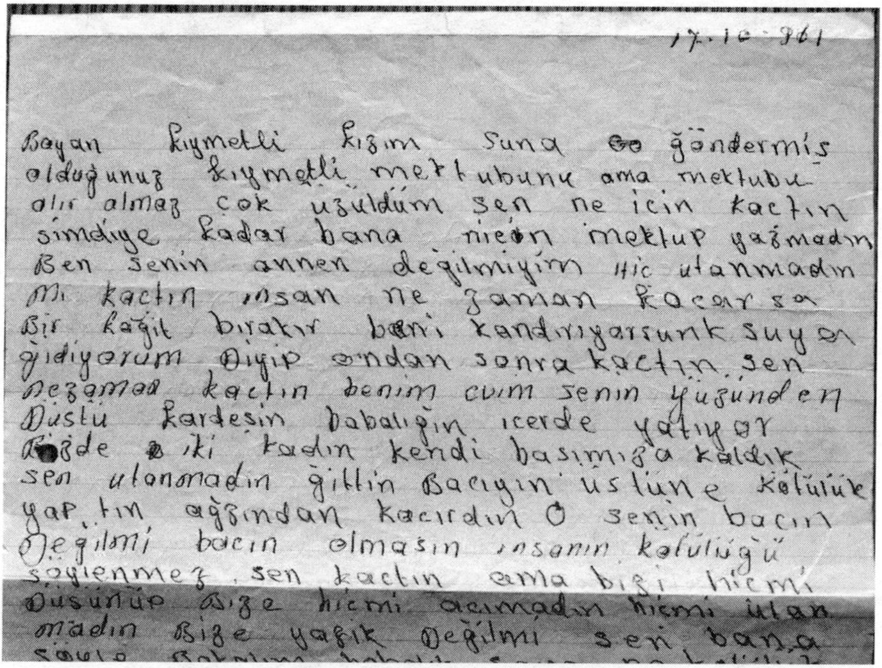

17.10.961

Bayan kıymetli kızım Suna göndermiş
olduğunuz kıymetli mektubunu ama mektubu
alır almaz çok üzüldüm sen ne için kaçtın
şimdiye kadar bana niçin mektup yazmadın
Ben senin annen değilmiyim hiç utanmadın
Mı kaçtın insan ne zaman kaçarsa
Bir kağıt bırakır beni kandırıyorsunuk suya
gidiyorum diyip ondan sonra kaçtın sen
nezaman kaçtın benim evim senin yüzünden
Düştü kardeşin babalığın içerde yatıyor
Bizde iki kadın kendi başımıza kaldık
sen utanmadın gittin Bacıyın üstüne kötülük
yaptın ağzından kaçırdın O senin bacın
Değilmi bacın olmasın insanın kötülüğü
söylenmez. sen kaçtın ama bizi hiçmi
Düşünüp bize hiçmi acımadın hiçmi utan
madın Bize yazık Değilmi sen bana

Annesinin Suna'ya yazdığı mektup

Mahzuni askerde

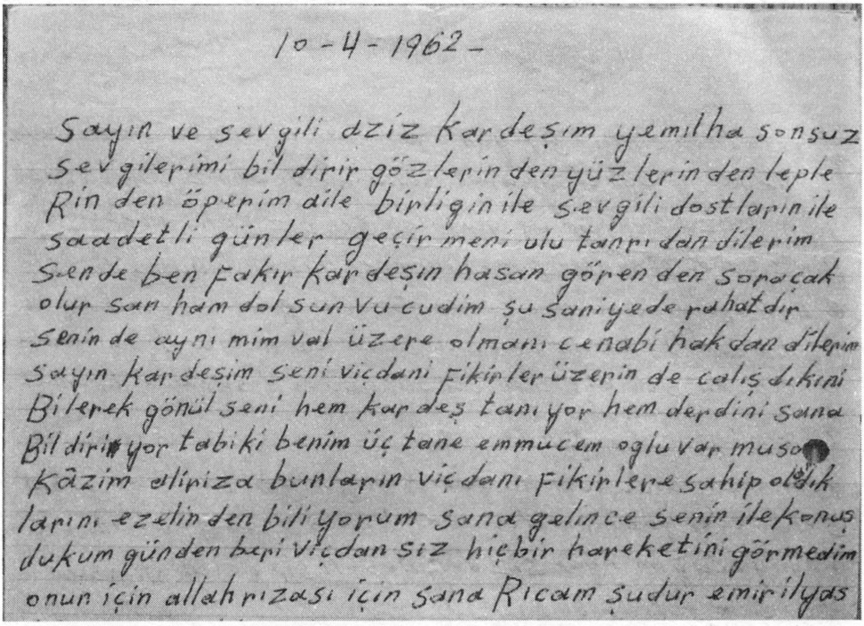

10-4-1962-

Sayın ve sevgili aziz kardeşım yemılha sonsuz
sevgilerimi bil dirir gözlerin den yüzlerin den leple
Rin den öperim aile birligin ile sevgili dostların ile
saadetli günler geçir meni ulu tanrı dan dilerim
Sen de ben fakır kardeşın hasan gören den soraçak
olur san ham dol sun vucudim şu saniyede rahat dır
senin de aynı mim val üzere olmanı cenabi hak dan dilerim
sayın kardeşim seni viçdani fikirler üzerin de calış dıkını
Bilerek gönül seni hem kardeş tanı yor hem derdini sana
Bil diri yor tabiki benim üç tane emmucem oglu var musa
Kâzim alirıza bunların viçdanı fikirlere sahip oldık
larını ezelin den bili yorum sana gelince senin ile konuş
dukum günden beri viçdan sız hiçbir hareketini görmedim
onun için allah rızası için sana Rıcam şudur emir ilyas

Kul hasan'ın Yemliha'ya 1962'deki mektubu

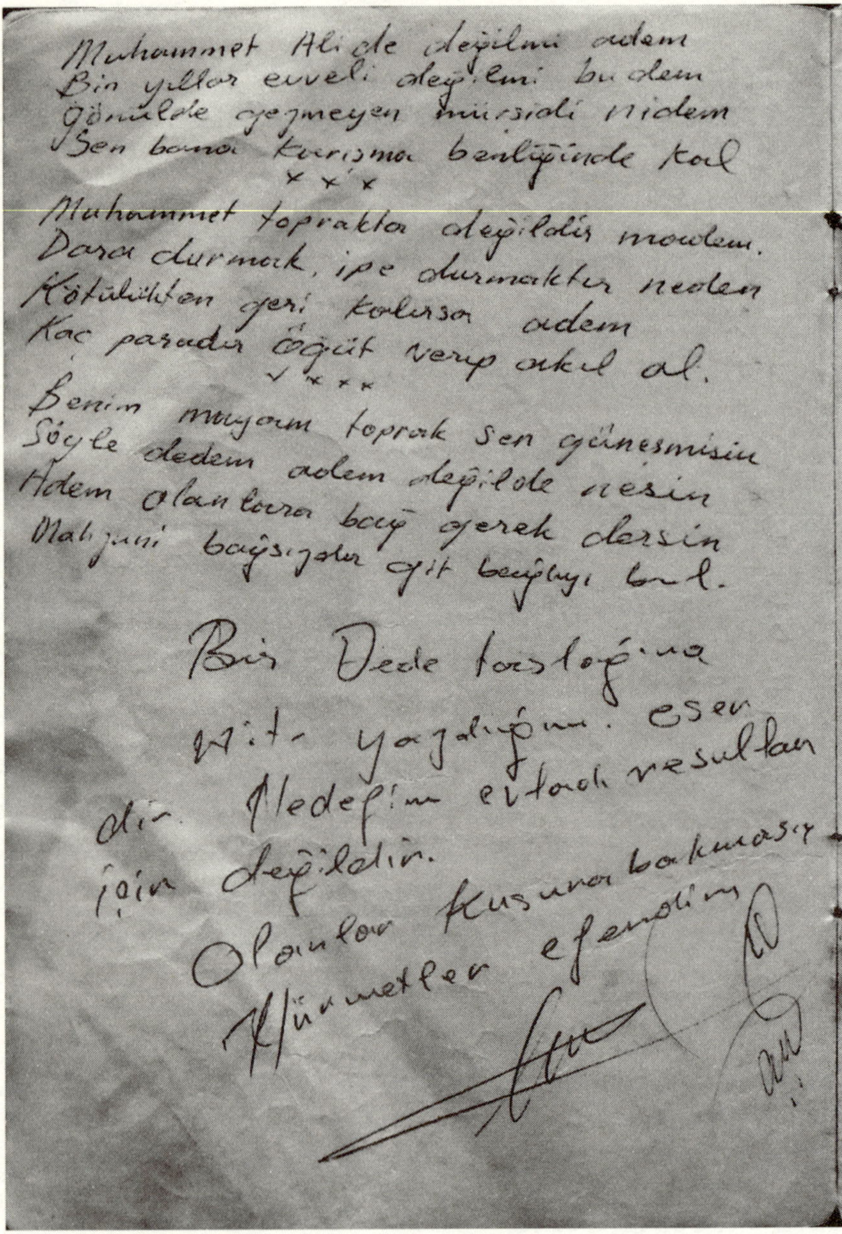
Muhammet Ali'de değil mi adem
Bir yıllar evveli değil mi bu dem
Gönülde geçmeyen müsaidi nidem
Sen bana karışma benliğinde kal
x x x
Muhammet topraktan değildir madem
Dara durmak, ipe durmaktır nedem
Kötülükten geri kalırsa adem
Kaç paradır öğüt verip akıl al.
x x x
Benim miyim toprak sen güneşmisin
Söyle dedem adem değilde nesin
Adem olanlara baş gerek dersin
Mahzuni bağışıyla git bağlayı bul.

Bir Dede tarafına
bir yazdığım eser
dir. Hedefim ehl-i resulden
için değildir.
Olanlar kusura bakmasın
Hürmetler efendim

Mahzuni el yazması defteri

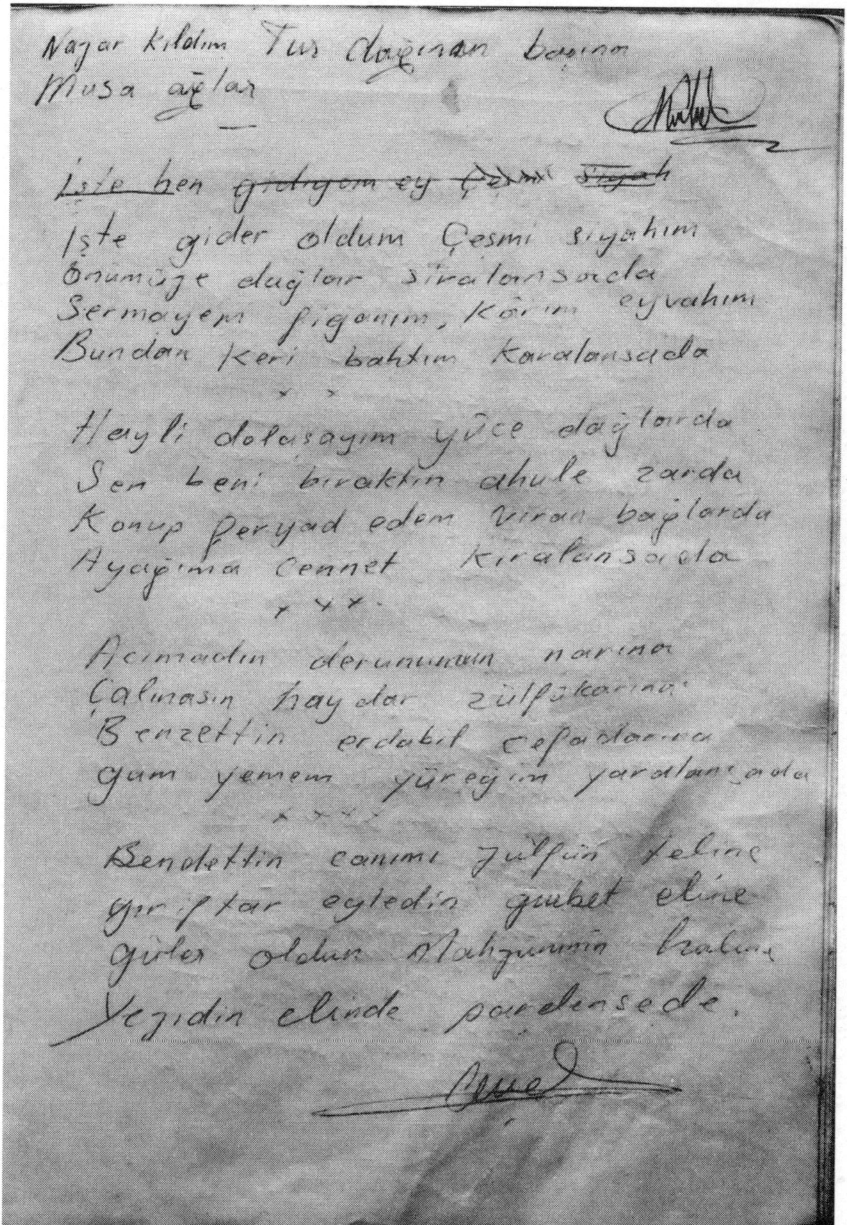

Nazar kıldım Tur dağının başına
Musa ağlar

~~İşte ben gidiyom ey Çeşmi Siyah~~

İşte gider oldum Çeşmi siyahım
Önümüze dağlar sıralansada
Sermayem figanım, kârım eyvahım
Bundan geri bahtım karalansada

x x

Hayli dolaşayım yüce dağlarda
Sen beni bıraktın ahu-le zarda
Konup feryad edem viran bağlarda
Ayağıma Cennet kiralansada

x x x.

Acımadın derunumun narına
Çalınasın haydar zülfükarına
Benzettin erdabil cefalarına
gam yemem yüreğim yaralansada

x x x

Bendettin canımı zülfün teline
giriftar eyledin gurbet eline
güler oldun ağlayanın haline
Yezidin elinde parelensede.

Mahzuni el yazması defteri

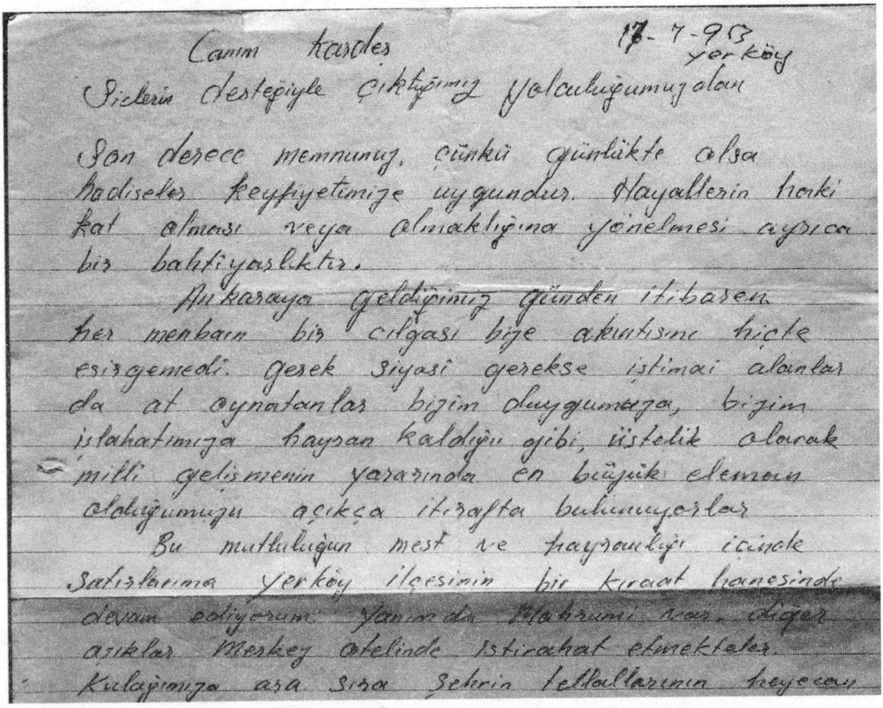

Canım kardeş 17-7-963
Yerköy

Sizlerin desteğiyle çıktığımız yolculuğumuzdan

Son derece memnunuz. Çünkü günlükte olsa
hadiseler keyfiyetimize uygundur. Hayallerin hakiki
kat alması veya almaklığına yönelmesi ayrıca
bir bahtiyarlıktır.

Ankaraya geldiğimiz günden itibaren
her menbaın bir cılgası bize akıntısını hiçte
esirgemedi. Gerek siyasi gerekse iştimai alanlar
da at oynatanlar bizim duygumuza, bizim
islahatımıza hayran kaldığı gibi, üstelik olarak
milli gelişmenin yararında en büyük elemanı
olduğumuzu açıkça itirafta bulunuyorlar

Bu mutluluğun mest ve hayranlığı içinde
satırlarımı Yerköy ilçesinin bir kıraat hanesinde
devam ediyorum. Yanımda Mahzuni var. Diğer
aşıklar Merkez otelinde istirahat etmekteler.
Kulağımıza ara sıra şehrin tellallarının heyecan

Mahzuni'nin Yerköy'den 17 Temmuz 1963'deki Mektubu

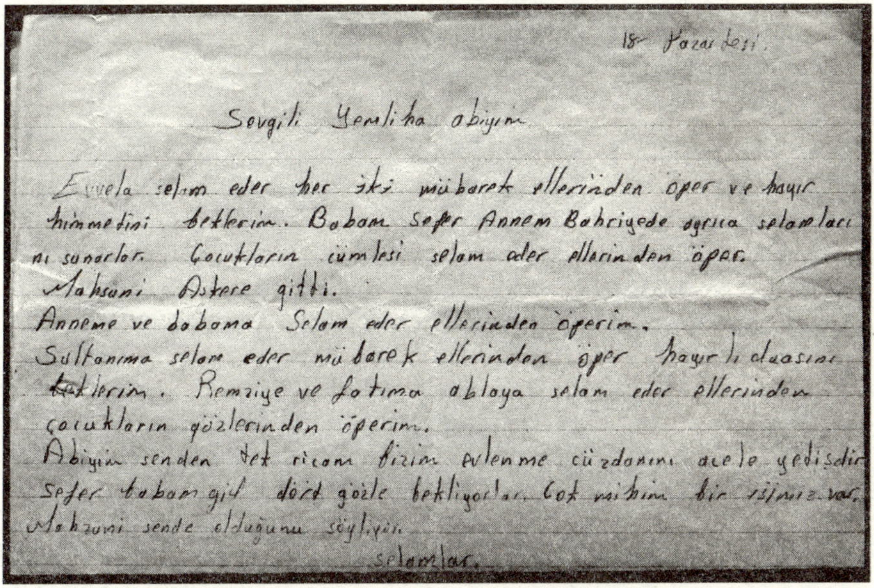

18 Pazartesi.

Sevgili Yemliha abiyim

Evvela selam eder her iki mübarek ellerinden öper ve hayır himmetini beklerim. Babam Sefer Annem Bahriyede ayrıca selamlarını sunarlar. Çocukların cümlesi selam eder ellerinden öper.
Mahsuni Astere gitti.
Anneme ve babama Selam eder ellerinden öperim.
Sultanıma selam eder mübarek ellerinden öper hayırlı duasını beklerim. Remziye ve fatıma ablaya selam eder ellerinden çocukların gözlerinden öperim.
Abiyim senden tek ricam bizim evlenme cüzdanını acele yetişdir Sefer babam gil dört gözle bekliyorlar. Çok mühim bir işimiz var. Mahzuni sende olduğunu söyliyin.

selamlar.

Suna'nın Yemliha'ya 18 Kasım 1963 tarihli mektubu

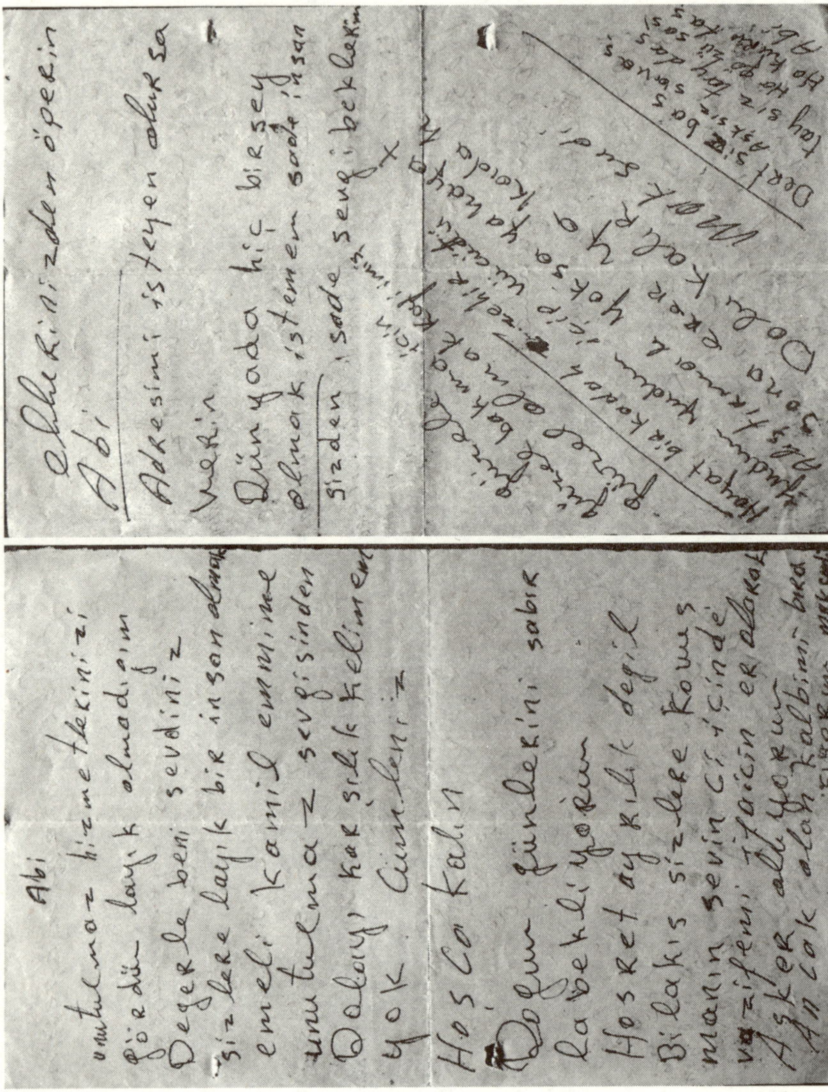

Osman Dağlı'nın Yemliha'ya Amasya'dan Asker Mektubu

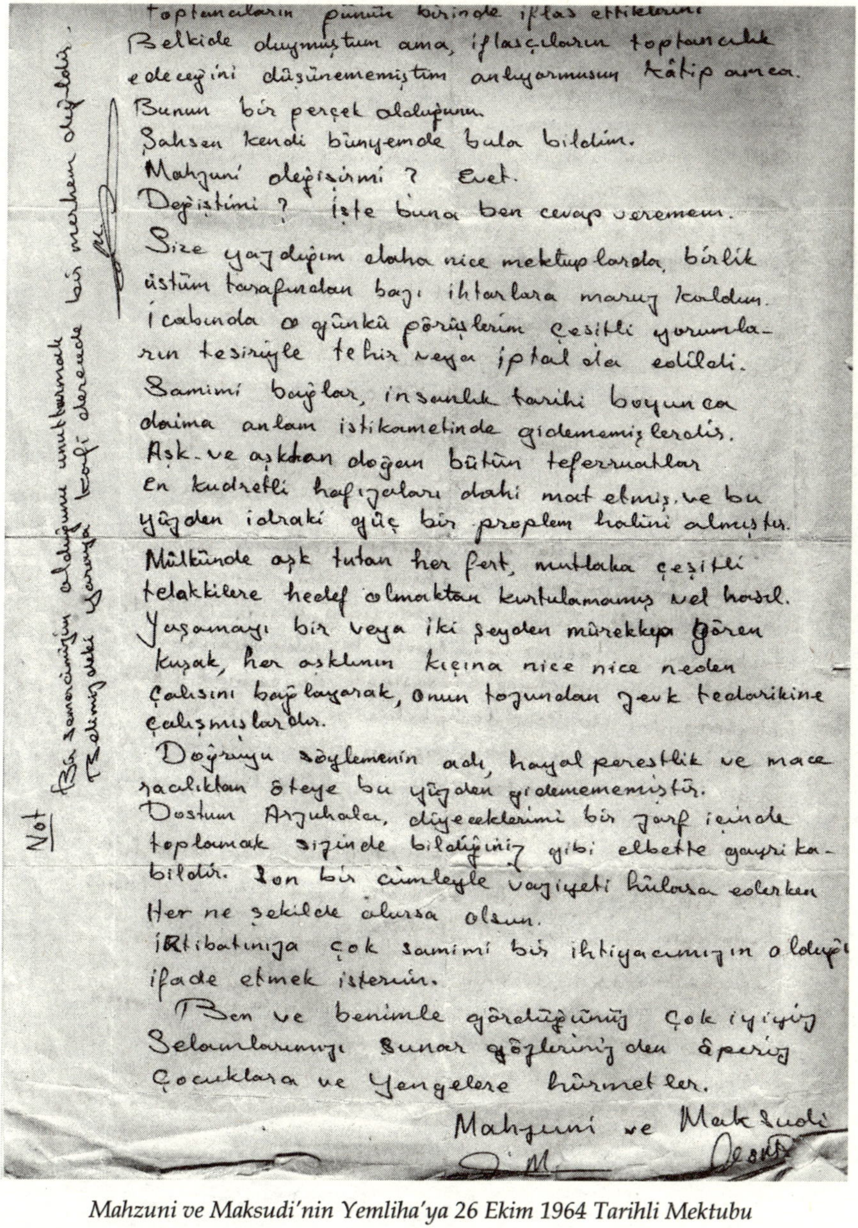
toptancıların günün birinde iflas ettiklerini
Belkide duymuştum ama, iflasçıların toptancılık
edeceğini düşünememiştim anlıyormusun kâtip amca.
Bunun bir gerçek olduğunu
Şahsen kendi bünyemde bula bildim.
Mahzuni değişirmi ? Evet.
Değiştimi ? İşte buna ben cevap veremem.
Size yazdığım daha nice mektuplarda, birlik
üstüm tarafından bazı ihtarlara maruz kaldım.
İcabında o günkü görüşlerim çeşitli yorumla-
rın tesiriyle tehir veya iptal ola edildi.
Samimi bağlar, insanlık tarihi boyunca
daima anlam istikametinde gidememişlerdir.
Aşk ve aşktan doğan bütün teferruatlar
En kudretli hafızaları dahi mat etmiş. ve bu
yüzden idraki güç bir proplem halini almıştır.
Mülkünde aşk tutan her fert, mutlaka çeşitli
telakkilere hedef olmaktan kurtulamamış vel hasıl.
Yaşamayı bir veya iki şeyden mürekkep gören
kuşak, her aşkının kıçına nice nice neden
çalısını bağlayarak, onun tozundan zevk tedarikine
çalışmışlardır.
Doğruyu söylemenin adı, hayal perestlik ve mace
racılıktan öteye bu yüzden gidememiştir.
Dostum Arzuhalcı, diyeceklerimi bir zarf içinde
toplamak sizinde bildiğiniz gibi elbette gayri ka-
bildir. Son bir cümleyle vaziyeti hülasa ederken
Her ne şekilde olursa olsun.
İrtibatınıza çok samimi bir ihtiyacımızın olduğu
ifade etmek isterim.
Ben ve benimle görüştüğünüz çok iyiyiz
Selamlarımızı sunar gözlerinizden öperiz
Çocuklara ve Yengelere hürmetler.
Mahzuni ve Maksudi

Not
Bir zamanımızın olduğunu unutturmamalı bir merhem değildir.
Elimizdeki yarayı kafi derecede

Mahzuni ve Maksudi'nin Yemliha'ya 26 Ekim 1964 Tarihli Mektubu

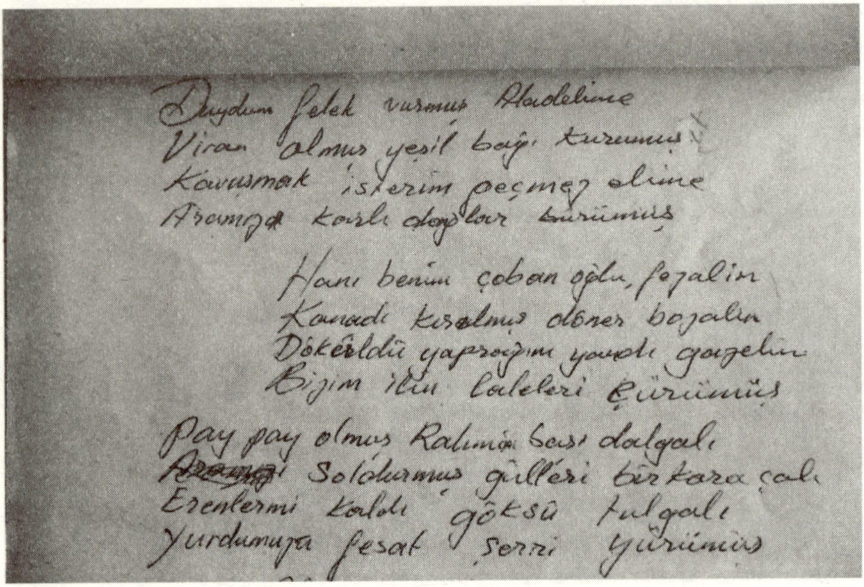

Duydum felek vurmuş Aladelime
Viran olmuş yeşil bağı kurumuş
Kavuşmak isterim geçmez elime
Aramızda karlı dağlar kürümüş

Hani benim çoban oğlu, sojalim
Kanadı kırılmış döner bajalim
Dökeldü yaprağım yandı gazelim
Bizim ilin laleleri çürümüş

Pay pay olmuş Ralımın sesi dalgalı
~~Aramızı~~ Solduruşmuş gülleri birkara çalı
Erenlermi kaldı göksü tulgalı
Yurdumuza fesat şerri yürümüş

Mahzuni'nin Aladeli'ye şiiri, 1965

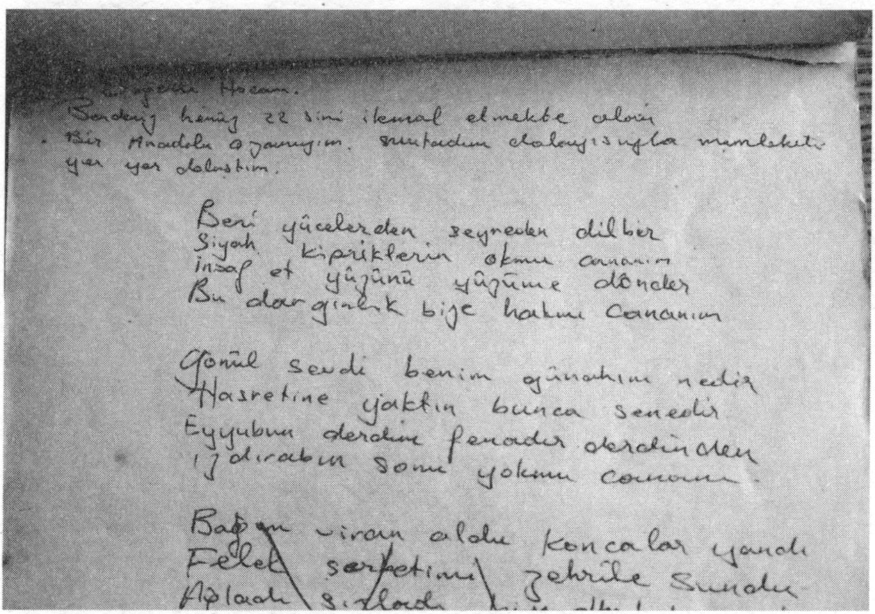

Hocam.
Bendeniz henüz 22 sini ikmal etmekte olan
Bir Anadolu ozanıyım. Mesleğim dolayısıyla memleketi
yer yer dolaştım.

Beni yücelerden seyreden dilber
Siyah kirpiklerin okmu cananım
İnsaf et yüzünü yüzüme döndür
Bu dargınlık bize hakmı cananım

Gönül sevdi benim günahım nedir
Hasretine yaktın bunca senedir
Eyyubun derdine fenadır derdinden
Dirabın sonu yokmu cananım

Bağım viran oldu koncalar yandı
Felek şerbetini zehrile sundu
Ağladı

Beni Yücelerden şiirinin defter karalaması

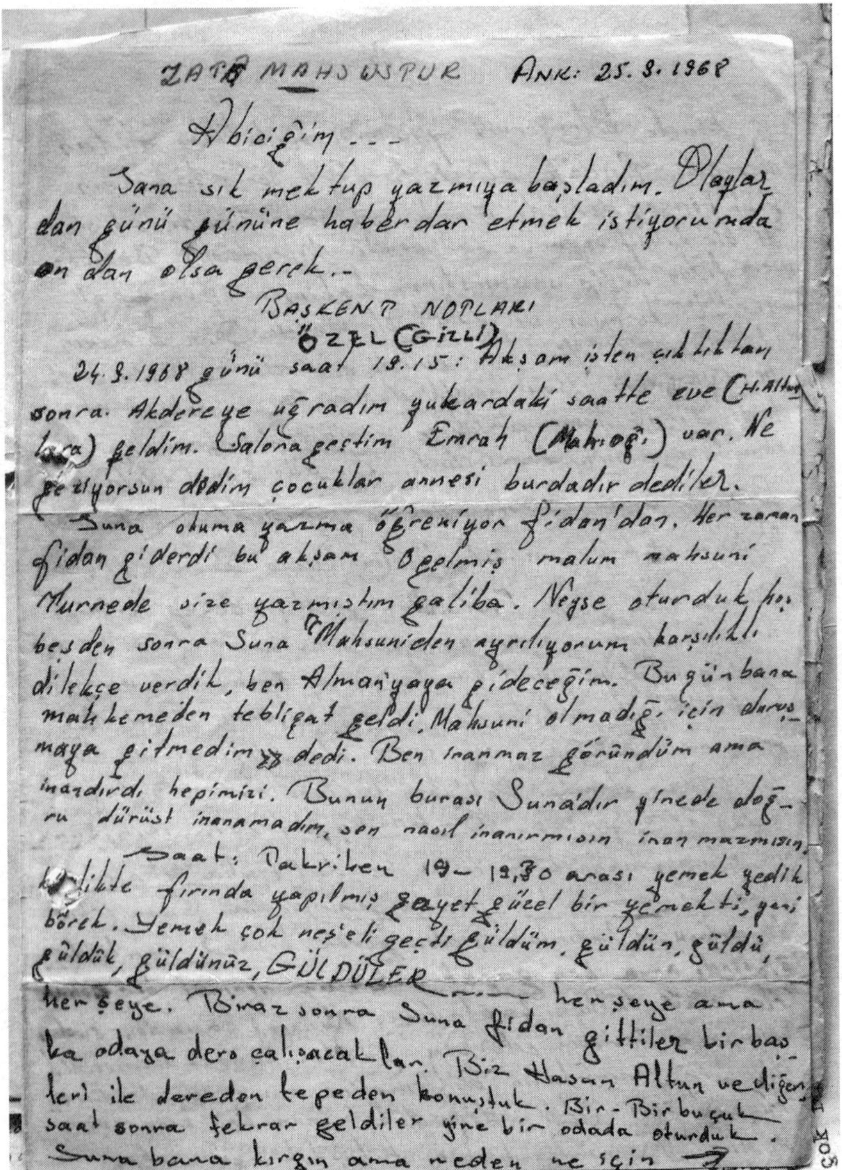

ZATA MAHSUSPUR   ANK: 25.8.1968

Abiciğim...

Sana sık mektup yazmıya başladım. Olaylar dan günü gününe haberdar etmek istiyorumda on dan olsa gerek..

BAŞKENT NOTLARI

ÖZEL (GİZLİ)

24.8.1968 günü saat 19.15: Akşam işten çıktıktan sonra Akdereye uğradım yukardaki saatte eve (H. Altunlara) geldim. Salona geçtim Emrah (Mahsunioğ.) var. Ne geliyorsun dedim çocuklar annesi burdadır dediler.

Suna okuma yazma öğreniyor Fidan'dan. Her zaman Fidan giderdi bu akşam O gelmiş malum mahsuni Murnede size yazmıştım galiba. Neyse oturduk hoş beşden sonra Suna Mahsuniden ayrılıyorum karşılıklı dilekçe verdik, ben Almanyaya gideceğim. Bugün bana mahkemeden tebligat geldi. Mahsuni olmadığı için duruşmaya gitmedim dedi. Ben inanmaz göründüm ama inandırdı hepimizi. Bunun burası Suna'dır yinede doğru dürüst inanamadım, sen nasıl inanırmısın inanmazmısın.

Saat: Takriben 19-19,30 arası yemek yedik birlikte fırında yapılmış gayet güzel bir yemekti, yani börek. Yemek çok neş'eli geçti güldüm, güldün, güldü, güldük, güldünüz, GÜLDÜLER herşeye. Biraz sonra Suna Fidan gittiler birbaşka odaya ders çalışacaklar. Biz Hasan Altun ve diğerleri ile dereden tepeden konuştuk. Bir-Birbuçuk saat sonra tekrar geldiler yine bir odada oturduk. Suna bana kırgın ama neden ne için →

Serabi'nin Yemliha'ya 25 Ağustos 1968 Tarihli mektubu

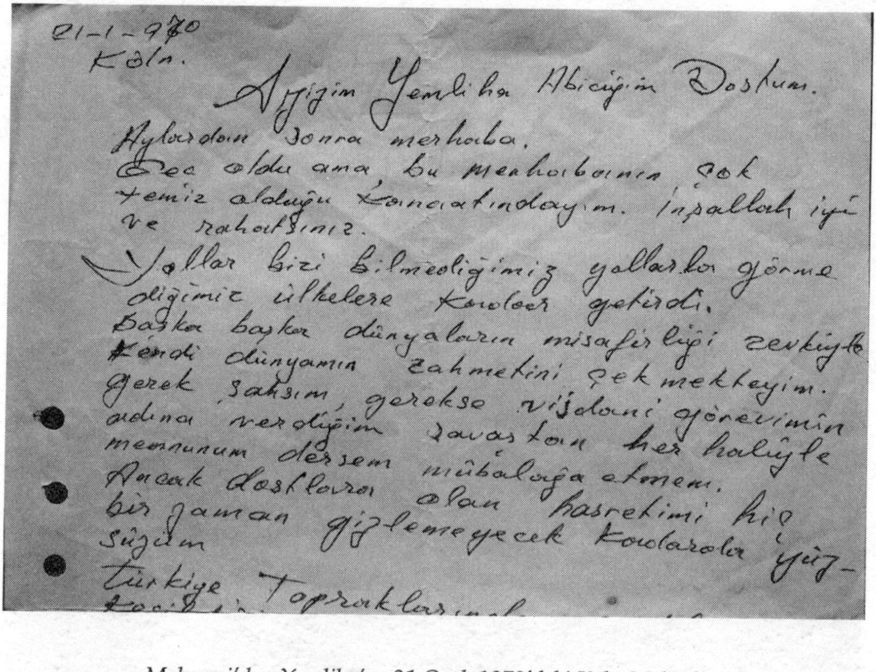

21-1-970
Köln.

Azizim Yemliha Abiciğim Dostum.

Aylardan sonra merhaba.
Geç oldu ama, bu merhabanın çok
temiz olduğu kanaatındayım. İnşallah iyi
ve rahatsınız.

Yollar bizi bilmediğimiz yollarla görme
diğimiz ülkelere kadar getirdi.
Başka başka dünyaların misafirliği zevkiyle
Kendi dünyamın zahmetini çekmekteyim.
Gerek şahsım, gerekse vijdani görevimin
adına verdiğim savaştan her haliyle
memnunum dersem mübalağa etmem.
Ancak dostlara olan hasretimi hiç
bir zaman gizlemeyecek kadarda yüz-
süzüm
Türkiye Toprakların [illegible]

Mahzuni'den Yemliha'ya 21 Ocak 1970'deki Köln Mektubu

.... Fatma Özdemir, Yusuf Levendiz (Emekçi'nin Babası), Hüseyin Pasin, Zeliha Özdemir,... Mahzuni Şerif, ...Hidayet Savran

"Erim erim eriyorsun" derken kodesi boylayan Âşık Mahzuni.

Âşık Mahzunî, Erim'e yazdığı şiir yüzünden tutuklandı

KÂMURAN ÖZBİR

ANKARA (GHA) - Âşık Mahzuni isimli bir halk ozanı eski Başbakan Nihat Erim'i hicveden bir plağı yüzünden tutuklanarak cezaevine alınmış ve hakkında dava açılmıştır.

SAVCILIK İŞE EL KOYUNCA...

Bugüne kadarki yaşantısında menfi propagandaları ile tanınan ve müteaddit defa hakkın-

Mahzuni'nin tutuklanma haberi, 1972

Mahzuni'nin 1976'da Afşin Cezaevinde Yemliha'yı ziyareti

Hüseyin Özen-Deli Çoban

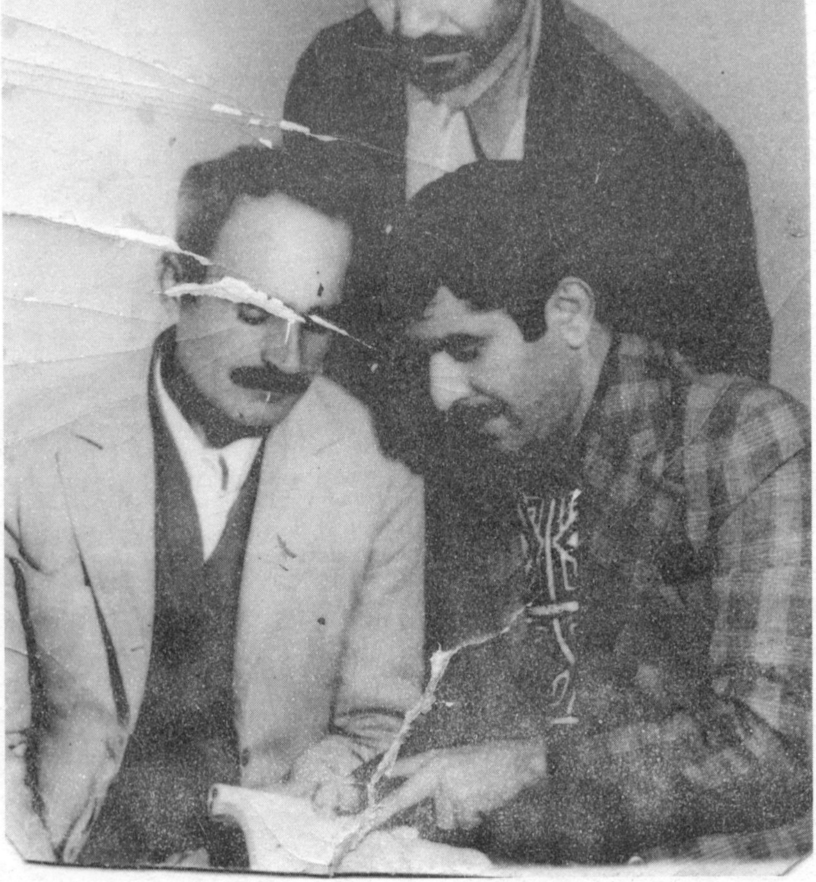

Ali ve Hüseyin Pasin, Mahzuni

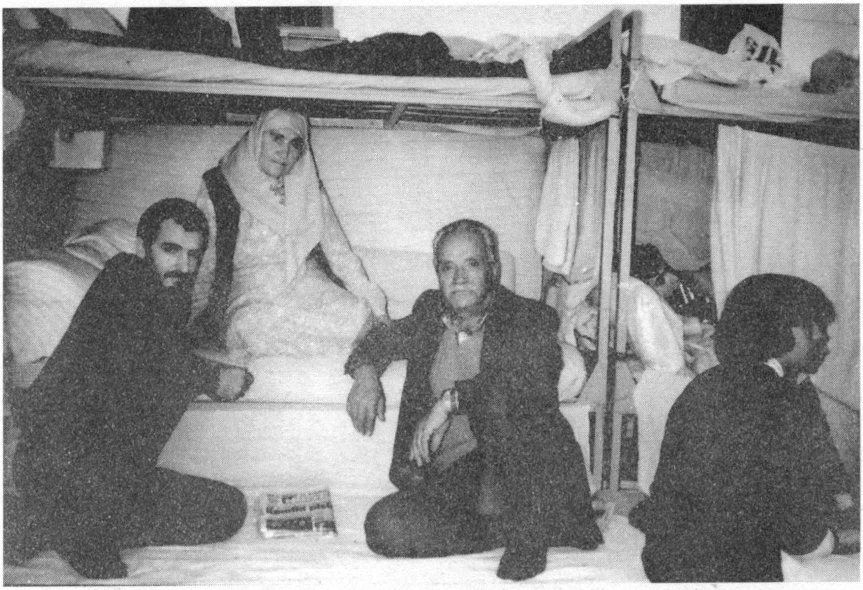

Ailesinin Mustafa Ertekin'i Ceyhan Cezaevinde ziyareti

Mustafa Ertekin ile Mahzuni bir sohbette

Kul Hasan, … Yemliha Ertekin, Cemal Traş

Abi-kardeşin ev muhabbeti

İSİM İNDEKSİ